कविता की समकालीन संस्कृति

(आलोचना)

कविता की समकालीन संस्कृति

भरत प्रसाद

भारतीय ज्ञानपीठ

लोकोदय ग्रन्थमाला : ग्रन्थांक 1328

ISBN 978-93-263-5588-9

कविता की समकालीन संस्कृति

(आलोचना)

भरत प्रसाद

प्रकाशक : **भारतीय ज्ञानपीठ**
18, इन्स्टीट्यूशनल एरिया, लोदी रोड, नयी दिल्ली–110 003

मुद्रक : विकास कम्प्यूटर्स ऐंड प्रिन्टर्स, दिल्ली–32

आवरण : महेश्वर

KAVITA KI SAMKALEEN SANSKRITI
(Criticism)
By Bharat Prasad

Published by
Bharatiya Jnanpith
18, Institutional Area, Lodi Road, New Delhi-110 003
Ph. : 011-24698417, 24626467; 23241619 (Daryaganj)
Mob. : 9350536020; e-mail : bjnanpith@gmail.com
sales@jnanpith.net; website : www.jnanpith.net

First Edition : 2017
Price : Rs. 480

बड़े भाईयों–
नरसिंह त्रिपाठी, ईश्वर शरण त्रिपाठी
और
जगदीश त्रिपाठी को,
जिनकी अनमोल
स्नेह से भरी मौन भूमिकाएँ
मेरे जीवन में किसी बड़े भाई के
योगदान से बहुत बढ़कर हैं।

चेतना की नयी सुबह का स्वप्न

'संसद से सड़क तक' अपना चट्टानी प्रतिरोध दर्ज करनेवाले सुदामा पांडेय उर्फ़ धूमिल का वक्त पीछे जा चुका है। प्रगतिवाद की पगडंडी से समकालीन कविता के दरवाज़े तक अपनी दस्तक दर्ज कराने वाले नागार्जुन की अभय वाणी भी अब पृष्ठभूमि में चली गयी है। उनके समकक्षी त्रिलोचन, केदारनाथ अग्रवाल और शमशेर बहादुर सिंह अपनी विलक्षण रचनाशीलता के बूते स्थायी शिखरत्व हासिल कर चुके हैं। आठवें-नौवें दशक की उपलब्धि भगवत रावत ने भी 75 की उम्र पार करने के पहले ही साहित्य जगत को अलविदा कह दिया। सीधी, सरल कविताओं का भारी भ्रम पैदा करते हुए जन तन-मन की गूढ़ संरचना पेश करने वाले भगवत रावत, धूमिल के बाद हिन्दी कविता के उच्च शिखर हैं।

बीती शताब्दी के अन्तिम दशक में दर्जनाधिक कवियों ने अपनी पहचान न सिर्फ़ कायम की बल्कि सदी की सरहद पर भोर की आहट दे रहे 21वीं सदी के युवा कवियों का मार्ग दर्शन भी किया। नरेश सक्सेना, ज्ञानेन्द्र पति, राजेश जोशी, मंगलेश डबराल, विजेन्द्र, अरुण कमल , ऋतुराज, चन्द्रकान्त देवताले, वेणु गोपाल, हरिश्चन्द पांडेय, मदन कश्यप, लीलाधर मंडलोई, कात्यायनी, रंजना जायसवाल, पवन करण, सुरेश सेन निशान्त, केशव तिवारी और सन्तोष चतुर्वेदी जैसे प्रगतिशील चेतना के गायकों ने नागार्जुन, धूमिल और कुमार विकल के बाद उत्पन्न गैप को भरने की महत्त्वपूर्ण कोशिश की। पिछले 50 वर्षों की हिन्दी कविता कोई मुक्तिबोध, नागार्जुन या धूमिल न दे पाने के बावजूद सृजन के उर्जस्वित नवउत्थान की उम्मीद जगाती है। राजेश जोशी के समानान्तर कवियों में नरेश सक्सेना एक ऐसे कवि हैं जिन्होंने अपनी सृजन यात्रा में तमाम धूप-छाँही उतार-चढ़ाव के बावजूद अपने आपको नयेपन की ताजगी के साथ जिलाए रखा। उबड़-खाबड़ मैदान की तरह सामने खड़ी है 21वीं सदी, जो वरिष्ठतम, वरिष्ठ, युवा और नव कवियों को एक साथ लेकर आगे बढ़ रही है। इसमें कुँवर नारायण और केदारनाथ सिंह जैसे तार सप्तकी हस्ताक्षर हैं, तो नरेश सक्सेना जैसे धूमिल के समकालीन व्यक्तित्व भी।

मौजूदा सदी अपनी बहुमुखी जटिलताओं के अन्तहीन विस्तार के साथ खड़ी है और आगे चल रही है। व्यक्ति के एक चेहरे के प्रति विश्वास का संकट, व्यक्तिगत सम्बन्धों के स्थायी महत्त्व का संकट, पारिवारिक संरचना के अस्तित्व का संकट और अपने से परे जाकर औरों के लिए ईमानदारी से कुछ नया सोचने-करने का संकट वर्तमान सदी में चरम सीमा पर है। मूल्य, मर्यादा, सम्मान, रिश्ते, कर्तव्य, निष्ठा, विश्वास, उम्मीदें कुछ इस कदर खंड-खंड होकर बिखर रही हैं, महत्त्वशून्य हो रही हैं कि एक प्रकार से अराजकता का दृश्य उत्पन्न हो गया है। सभ्यता की प्रगति का पैमाना पहले भी मनुष्य था, आज भी है और कल भी...। किन्तु आज का अलक्षित स्वार्थवादी मनुष्य यह पैमाना बनने से पीछे हट रहा है। राजनीतिज्ञ अपनी मूल भूमिका से, प्रशासक अपने कर्तव्य से, युवा अपनी जिम्मेदारी से और शिक्षक अपने मोर्चे से दिन-रात पलायन, पलायन और पलायन कर रहे हैं। इसके कारणों का विश्लेषण यदि असम्भव नहीं तो आसान भी नहीं। पिछले 50 वर्षों से पाठक विहीन होते जा रहे साहित्य का संकट अनिवार्यतः साहित्यकार के गैर मनुष्य होते जाने का संकट है। कहाँ तो सृजन को मोर्चा, कुरुक्षेत्र, प्रयोगशाला, योगाभ्यास, साधना, हथियार और करोड़ों की ढाल बनना चाहिए था-कहाँ वह फैशन, खेल, शतरंज, प्रतिस्पर्धा, रुतबा, दर्प-प्रदर्शन, बिजनेस और अमरता लूटने का ज़रिया बनता जा रहा है।

जीवन के प्रत्येक क्षेत्र में बेलगाम होती समस्याओं और जनसंघर्षों की अपार बाढ़ एक तरफ और सृजन के प्रति अपनी गहन जिम्मेदारी से भागने की आदत एक तरफ। हाशिये के धुँधलके में खोयी हुई असीम भारतीय बदहाली के दृश्य एक तरफ और उच्च स्तरीय साहित्यिक कार्यक्रमों में नशीली रातों का नीला धुँधलका दूसरी तरफ । गलते हुए लाइलाज जीवन का तिल-तिल संघर्ष एक तरफ और अमरता की सीट पक्की करने के लिए वरिष्ठ और युवा रचनाकारों की मदान्ध सिर फुटौव्वल दूसरी तरफ । अपने आस-पास मचे हाहाकार की भयावहता एक ओर और अपने ग़ैर चर्चित रह जाने का विलाप दूसरी ओर। समाज, संस्कृति, सत्ता और शासन के बदलते आन्तरिक सत्य का उद्घाटन कौन करेगा? वह जो खुद सत्ता का भूखा, गुलाम है या फिर वह जिसे समाज, संस्कृति और शासन व्यवस्था की दर हकीकतें दिन-रात जहरीले भालों की तरह चुभती हैं? विज्ञान और तकनीकी के दम पर मिली हुई अभूतपूर्व भौतिक सुविधाओं ने मनुष्य को बाहर से जितना ही शक्तिशाली बनाया है, भीतर से उतना ही खोखला, भावहीन और कायर। जीवन, समाज और संस्कृति में आधुनिकता के पदार्पण के साथ ही राजनीतिक बुद्धिमानी, बल्कि कहें शातिरी ने भी अपने पाँव फैलाए हैं। मनुष्यता के लिए साहित्य का मोर्चा सँभालना महज एक चित्ताकर्षक आदर्श है। कभी प्रेमचन्द ने भी तंग आकर बनारस को

साहित्य के सम्राटों का शहर कहा था। मुक्तिबोध को भी कहना पड़ा कि साहित्य के लिए साहित्य से निर्वासन आवश्यक है। दिल्ली या उज्जैन जाने के अन्तर्द्वन्द्व से जीवन भर जूझता रहा स्वातन्त्र्योत्तर हिन्दी कविता का महागुरु।

यह सदी सृजन को बिकाऊ माल बना देने की सदी है। रचना प्रोडक्ट बन चुकी है। वरिष्ठ और युवा दोनों प्रकार के रचनाकार अपने सृजन को, नाम को, काम को बेचने की जुगत में डूबे हैं, उपाय-दर-उपाय खोज रहे हैं और तेयम-चौथम दर्जे की कृतियों को आँखें मूँद कर पुरस्कार दिलवाने और परदेशी भाषाओं में अनुवाद करवाने की गुप्त साधनाएँ कर रहे हैं।

तो क्या एक-एक वाक्य में उफनती अन्तरात्मा की आग भरने की ज़िद कवियों में मर चुकी है? क्या एक-एक कविता को अपने वेदनामय आत्मयुद्ध का प्रतीक बनाने का दमखम चुक गया है ? क्या हमारे कवि में वह फक्कड़ता नहीं रही जो अव्वल परिवर्तन का खेल खेलती है, कीमती खतरों को गले लगाती है, अलहदा राह गढ़ने का दुस्साहस पैदा करती है? क्या हमारा कवि धारा के खिलाफ तैरना भूल चुका है? क्या वह हवाओं के रुख का गुलाम हो चुका है? ग़जब का अन्तर्विरोध यह कि आज का कवि कविताई का प्रकांड विद्वान है, मगर मियाँ की कविताएँ टाँय-टाँय फुस्स। बलखाते मौलिक अर्थों से लबरेज कविताएँ सपना होने लगी हैं। अब तो कविताओं में नेताओंवाले लम्बे भाषण होते हैं, टेबिल टेनिस की बाल की तरह जिधर-किधर भागते शब्द होते हैं और अपने शब्दों के वज़न को बिना तौले मनमाने अन्दाज में छितरा देने की कला होती है। पत्रिकाएँ पलटिए, विशेषांक उठाइए या संग्रह-दर-संग्रह छान मारिए बमुश्किल वर्षों तक याद रह जानेवाली कविताएँ नज़र आएँगी। हमारे आस-पास अनेकानेक बेमिसाल कविताओं के लिए कच्चे माल बिखरे पड़े हैं। धरती की दौलत को डाकुओं की तरह लूटा जा रहा है, माँ-बाप अपना पेट चलाने के लिए नाबालिग बेटियों के शरीर का सौदा पटा रहे हैं। नाबालिग बेटी अपने हवशी बाप की कामान्ध निगाहों से सहमी हुई है। स्त्रियों के जिस्म से खेल-खेलने की, देश में लँगड़ी आँधियाँ चल रही हैं। गले में टाई मारकर आम गरीब जनता पर रोब गाँठनेवाला अधिकारी छुटहर साँड़ से कई गुना ज्यादा देश को चर रहा है, हाशिये-दर-हाशिये के अन्धकार में जीता हुआ खाँटी भारतीय सिधाई की चोट खाकर खुद को धिक्कारता हुआ आत्महत्या करने को पागल है। सोचना पड़ जाएगा कि भारत का कौन-सा प्रदेश बचा है, जहाँ के किसानों, मजदूरों और अंचलवासियों ने हजारों की संख्या में आत्महत्या न की हो।

प्रेमचन्द के 'नमक का दारोगा' में कभी धधकती रही होगी प्रखर कर्तव्यनिष्ठा की आग। आज तो आई.ए.एस., पी.सी.एस., कमिश्नर, मैनेजर, हेड ऑफ डिपार्टमेंट भ्रष्टाचार के आगे डंके की चोट पर नंगा नाच रहे हैं। चारों ओर से घेरकर किया

पर्दाफाश मुक्तिबोध ने अपने समय में मचे सर्वशक्तिमान षड्यन्त्र का। तह-तह उघाड़कर रख दिया अन्धकारमय समय को, इस औघड़ साधक ने। आज कहाँ है, किधर है वह विलक्षण ज़िद्दी मेधा? कहाँ है धारदार शब्दों की मार से मनुष्यता के दुश्मनों को जमीन सुँघानेवाला बाजीगर? मुक्तिबोध के समय से कई गुना जटिल, निर्मम और रहस्यमय समय आज हमारे सामने खड़ा है, मगर मौजूदा पीढ़ी से वह मुक्तिबोधी प्रतिभा ही विलुप्त हो चुकी है-जो व्यक्ति, समाज, सत्ता, व्यवस्था और रहस्यमय महत्त्वाकांक्षा की प्रखर शिनाख्त कर सके।

सदियों-शताब्दियों से साहित्य की लम्बी उम्र का कर्णधार आम पाठक ही रहा है और रहेगा। यह अवश्य है कि बौद्धिक विकास की अपेक्षा शारीरिक तृप्ति को अत्यधिक तरजीह देता हुआ आम पाठक आज साहित्य को अपनी दिनचर्या से बहिष्कृत करने लगा है। दर्शन और साहित्य जिसके बगैर हृदय, आत्मा और मष्तिष्क तीनों प्रायः विकलांग ही बने रहते हैं-नयी सदी के मानव के लिए अनिवार्य नहीं रह गये हैं। आज प्रश्न यह नहीं कि साहित्य के पाठकों का अकाल क्यों पड़ गया है? बल्कि प्रश्न यह है कि पाठकों की पुनर्वापसी का आन्दोलन कैसे साकार हो? सस्ती पुस्तकें? पत्रिकाएँ? साहित्यिक लघु फ़िल्में? रचना केन्द्रित नाटक? कविताओं का अंचल स्तरीय पाठ? लेखकों का गाँवों की ओर रुख ? इन सभी सवालों पर यदि ईमानदारी से मनन किया जाए तो पाठकों के अकाल को अवश्य समाप्त किया जा सकता है। किन्तु इन प्रश्नों पर मन्थन करने से भी ज्यादा जरूरी है रचनाकार का खुद के लेखन और खुद के व्यक्तित्व पर न्यायाधीश की तरह विचार करना। विचार यह भी करना कि क्या उसकी कविता, कहानी या उपन्यास पाठक की संवेदना को संस्कारित कर रहे हैं? क्या वे पाठकों की रुढ़िग्रस्त, बासी और जंक खायी हुई सोच में तब्दीली ला रहे हैं? उसके विवेक को मानवता के पक्ष में वैज्ञानिक बना रहे हैं? साथ ही विचार यह भी करना होगा कि आज का पाठक हमसे किस ढंग के लेखन की अपेक्षा रखता है? साहित्य के प्रति उसका मोह कैसे पुनर्जागृत हो। कहते हैं-कोई भी व्यक्ति अपने बारे में देखे गए स्वप्न से अधिक नहीं हो पाया है। फिर तो अर्थ निकला कि कुछ अधिक हो पाने के लिए स्वप्न देखना अनिवार्य है। इसमें क्या दो मत कि समकालीन कविता के पास न निराला हैं, न मुक्तिबोध और न ही नागार्जुन। फिर भी उसके माथे पर धूमिल जैसे कवि की चमक कोई मामूली उपलब्धि नहीं। इक्कीसवीं सदी के फलक पर दर्जनों ऐसे अर्थवान स्वर प्रखरता से झंकृत हो रहे हैं, जिनके निनाद के दूर-दूरान्तर तक गूँजने की प्रबल सम्भावना है। निश्चय ही यह सदी 'चेतना की नयी सुबह का स्वप्न' देखने की सदी है।

भारतीय ज्ञानपीठ संस्था के प्रति आभार प्रकट करने के लिए कुछ अलग से कहने का मन है। यद्यपि इस संस्था के विरल योगदान के एवज में शाब्दिक आभार

व्यक्त करना महज एक औपचारिकता ही होगी। समकालीन लोकचित्त के पक्षधर जाने-पहचाने कवि लीलाधर मंडलोई के प्रति हृदयवत् धन्यवाद कहना जरूरी कर्तव्य जैसा है। उनके विश्वास और आत्मीयता के बिना भारतीय ज्ञानपीठ से इस पुस्तक का प्रकाशन सम्भव न होता। बेहद अभिन्न और लम्बे साहित्यिक संघर्षों के गवाह प्रिय भाई उत्तम बनर्जी को धन्यवाद कहने के लिए वाकई मेरे पास शब्द नहीं हैं। इस पुस्तक को साकार करने में उत्तम जी की भूमिका किसी नींव की ईंट से कम महत्त्व की नहीं। इन्होंने अपनी सहृदयता से साबित कर दिया कि किसी के प्रति अपने योगदान को कैसे अविस्मरणीय बनाया जाता है। आत्मीय महेश्वर जी जे.एन.यू. के मेरे दिनों के बहुत स्नेही भाई रहे हैं। इस पुस्तक को सामने लाने में उनकी भूमिका को भुलाया नहीं जा सकता।

'कविता की समकालीन संस्कृति' पुस्तक समय के हस्ताक्षरों से बुनी हुई, साहित्य के पौधों, गायकों और सिपाहियों को समर्पित है-इस उम्मीद के साथ कि साहित्य का पाठक आत्यन्तिक निरपेक्षता के साथ इस पुस्तक का मूल्यांकन करेगा।

-भरत प्रसाद

शिलांग (मेघालय)

अनुक्रम

कविता की
समकालीन संस्कृति

हिन्दी कविता का समकाल

समकालीनता से आशय

वैसे तो हर युग अपने समय के साथ आगे या पीछे बढ़ता है और बदले हुए शब्दों में उस पूरे युग को तत्कालीन ही माना जाता है। हर इतिहास का, हर संस्कृति और हर साहित्य का अपना एक निश्चित समय होता है। वह कालखंडों में बँटा होता है। जब उसको समग्रत: एक साथ देखा जाता है–तो वह अनवरत विकसित हो रही परम्परा का रूप धारण कर लेता है। चूँकि भौतिक जगत में किसी चीज़ के अस्तित्व की पहचान समय सापेक्ष ही हो सकती है, इसीलिए प्रत्येक क्षेत्र में तत्कालीन समय का अपना अनिवार्य महत्त्व है।

अब यदि हम ज्ञान-विज्ञान के अन्य क्षेत्रों को छोड़ दें और सिर्फ़ साहित्य पर ध्यान केन्द्रित करें–तो सबसे पहले यही बात उठती है कि क्या 'आदिकाल' समकालीन नहीं था या भक्तिकाल के कवि समकालीन नहीं थे। रीतिकाल के बारे में तो यह और भी प्रासंगिक है। यह काल तो बड़े मन से समकालीन रहा है, बल्कि सिर्फ़ समकालीन ही रहा है। गम्भीरता से साहित्य के समकालीन बनने की शुरुआत तो आधुनिक काल अर्थात् भारतेन्दु युग के कुछ पहले होती है। यद्यपि इस युग के बाद के साहित्य में अपने समय के साथ आँख-मिचौली भी हुई, रहस्य और आत्मालाप के गीत भी गाये गये, लेकिन कुल मिलाकर अपने समय के प्रति जवाबदेह बने रहे। यहाँ समकालीनता को शब्द के रूप में नहीं भाव के रूप में लिया जा रहा है।

यह दो शब्दों से मिलकर बना है। एक है–'सम' और दूसरा है–'काल'। अर्थात् जो अपने समय के बराबर या समय के साथ-साथ हो। अँग्रेज़ी में इसके लिए Contemporary शब्द है, जिसका आशय भी वही है। ऐसी स्थिति में यह शब्द आधुनिक होते हुए भाव के रूप में प्राचीन और मध्यकालीन साहित्य में भी प्रवेश कर जाता है। तो अब प्रश्न उठता है कि जब हर साहित्य अपना समकालीन होता है तो आज नवीनतम हिन्दी साहित्य और वह भी विशेष रूप से कविता के लिए ही

यह शब्द (समकालीन) क्यों?

इस क्यों का उत्तर संक्षेप में कठिन है और विस्तार में आसान। यह सच है कि हर युग का साहित्य चाहे वह कम रहा हो या अधिक अपने समय के साथ कहीं न कहीं जुड़ा रहा है, लेकिन वह एक गौण प्रवृत्ति के रूप में या यों कहें कि सहज स्वाभाविक अभिव्यक्ति के रूप में। यदि प्रसंगवश उसकी प्रत्यक्ष सच्चाईयाँ, जीते-जागते संघर्ष, हर्ष, विषाद, आनन्द इत्यादि आ गये तो अच्छा और यदि नहीं आए तो भी कोई बात नहीं। ईश्वर, अध्यात्म, मोक्ष, रहस्य साधना क्या कम हैं? पहले अदृश्य को साधो, फिर दिखाई पड़नेवाला अपने आप सध जाएगा। अर्थात् जिसे नहीं पकड़ पा रहे हो उसे पकड़ो और जिसे आसानी से पा सकते हो उसे छोड़े रहो। खैर, आदिकाल में यही उल्टी धारा बही, भक्तिकाल में इतनी उल्टी तो नहीं, मगर एकदम सीधी भी नहीं बही।

रीतिकाल की स्थिति पहले ही संक्षेप में स्पष्ट कर दी गयी है कि वह रस, आनन्द और मनोरंजन की कसौटी पर अपने पूर्ववर्तियों में सर्वाधिक समकालीन रहा है। यह बात और है कि उसने अपने युग को एक विशेष काव्यपद्धति (रीति) पर साधा। यद्यपि नीति और भक्ति के दोहे कहीं-कहीं देखने को मिल जाते हैं, लेकिन उनकी स्थिति प्रचंड बाढ़ में बचे हुए एकाध घरों की तरह है, जो रीति की प्रचंड श्रृंगारिक धारा में लाचार से नज़र आते हैं, लेकिन इसके बावजूद हम रीतिकाल का नाम समकालीन नहीं दे सकते। क्यों? इसका उत्तर आगे स्पष्ट हो जाएगा।

हिन्दी साहित्य में आधुनिक काल का आरम्भ फोर्ट विलियम कालेज की स्थापना से होता है। आधुनिकता का प्रमुख गुण है-तर्क, वैज्ञानिकता और भौतिकता। विगत दो सौ वर्षों का हिन्दी साहित्य प्राय: इन्हीं तीन गुणों से प्रभावित है और यह प्रभाव अचानक ही नहीं प्रकट हुआ, बल्कि समूचे विश्व में हो रहे ज्ञान-विज्ञान के प्रसार, नयी-नयी खोजों, प्रतिभाशाली दार्शनिकों के मौलिक विचारों और सदियों से चली आ रही पारलौकिक मान्यताओं एवं आस्था में सन्देह आने के फलस्वरूप प्रगट हुआ। पहले हम ऊपर के लिए सोचते थे, अब हम नीचे के लिए, नीचे के बारे में सोचने लगे। खुद के द्वारा देखे गये सच को दर्शन, विज्ञान और साहित्य के केन्द्र में लाना, यही है आधुनिकता। नवजागरण के दौर में ऐसा कोई साहित्यकार शायद ही बचा हो, जो अपने समाज में व्याप्त समस्याओं और संघर्षों से सीधे न जुड़ा हो। इस समय कर्म और कलम एक दूसरे से अभिन्नत: जुड़े हुए थे। और यही जुड़ाव ही वह कारण है, जिसने तत्कालीन भारत को सचेत, प्रबुद्ध और सशक्त बनाने में स्मरणीय योगदान दिया। अत: भारतेन्दु काल या नवजागरण काल बड़े गम्भीर दायित्व के साथ समकालीन बना रहा।

आगे फिर छायावाद की बात ही 'निराली' है। जिसमें 'निराला' 'जूही की

कली' से होते हुए इलाहाबाद के निचाट पथ पर 'वह तोड़ती पत्थर' तक पहुँच आये। यही वह महाकवि है जो संस्कृत कवियों जैसी समासयुक्त, संगीतमय कविता रचने के साथ-साथ 'कुकुरमुत्ता' जैसी व्यंग्ययुक्त, जनवादी कविता लिख उठता है। छायावाद अपने विषय, शैली और उद्देश्य में विविधताओं से भरा हुआ ऐसा काल है जो प्राचीनता से मोह करता है, वर्तमान का साथ देता है और भविष्य का मार्ग प्रशस्त करता है। अपनी विविधता में वह आदिकाल और भक्तिकाल दोनों से आगे है। इस युग के शेष श्रेष्ठ कवियों जैसे जयशंकर प्रसाद, पन्त या महादेवी पर नज़र डालें, तो महादेवी को छोड़कर शेष दोनों कवि अपने समय के प्रति अनिवार्य दायित्व का अनुभव करते रहे। यह बात और है कि एक प्राचीनता के अतिरिक्त मोह से घिरा रहा और दूसरा प्रकृति के बाल-जाल में जरूरत से ज्यादा उलझा रहा।

यहाँ यह स्पष्ट करना आवश्यक है कि इन कालों को मात्र समकालीनता की कसौटी पर ही परखा जा रहा है। यहाँ यह जानने की एक विनम्र कोशिश है कि ये साहित्यिक आन्दोलन कितने समकालीन रहे। ऐसा इसलिए भी जरूरी है ताकि समकालीन कविता से उनके अन्तर को स्पष्ट रेखांकित किया जा सके।

छायावाद समाप्त होता है और आता है-प्रगतिशील आन्दोलन का दौर। इस आन्दोलन ने तो बड़ी प्रतिबद्धता के साथ कमर कसकर और मुट्ठी बाँधकर अपने युग का सामना किया है। अर्थात् ललकारने वाला समकालीन साहित्य, और इतना बँधकर समकालीन कि आगे-पीछे और कुछ कितना ही श्रेष्ठ हो, देखने की जरूरत नहीं समझता, बस जनता की बात करता हुआ सरपट भागता चला जाता है। नागार्जुन जैसे राष्ट्रीय स्तर के जनवादी महाकवि इस आन्दोलन की उपज हैं, लेकिन कठोर प्रतिबद्धता का एक बुरा असर यह पड़ा कि उसमें विषयों की विविधता नहीं आ पायी और बाद की कविता साहित्यिक न होकर नारेबाजी बन गयी। वैसे सही तौर पर देखा जाए तो प्रगतिशील कविता ही समकालीन हिन्दी कविता की उर्वर पृष्ठभूमि है। यही आन्दोलन आज की कविता की मूल प्रेरणा है।

इसके और आगे प्रयोगवाद, नयी कविता, अकविता जैसे अच्छे और बुरे दौर आये, जिनमें से प्रत्येक आन्दोलन में व्यक्ति, समाज, संस्कृति और राजनीति से जुड़ी हुई समस्याएँ ही केन्द्र में रही हैं, और 'समकालीन' शब्द को छोड़ दिया जाए, तो सबको समकालीन कहने में कोई दिक्कत नहीं होगी, क्योंकि प्रगतिवाद और उसके बाद किसी भी आन्दोलन में रहस्य, अध्यात्म और आदर्शवादी उपदेश का रोग नहीं दिखाई देता। अर्थात् सही अर्थों में देखा जाए तो प्रगतिवादी, प्रयोगवादी और नयी कविता आन्दोलन के कवि समकालीन कवि कहलाएँगे, क्योंकि समकालीन कविता का सबसे प्रमुख लक्षण हर गलत के खिलाफ विद्रोह इन तीनों कालों में स्पष्टतः देखने को मिलता है। सर्जनात्मक विद्रोह के नये प्रतिमान मुक्तिबोध तो सबसे जरूरी

समकालीन सिद्ध होंगे। लेकिन इन सारी बातों के बावजूद जैसे सुबह प्रकाश रखते हुए भी दोपहर नहीं कहला सकती; शाम अन्धकार रखते हुए भी रात नहीं कहला सकती और आम ऊँचाई रखते हुए भी देवदार नहीं कहला सकता उसी तरह ये सारे आन्दोलन समकालीन होते हुए भी समकालीन नहीं कहला सकते। इसका पहला कारण तो उनके प्रचलित कर दिए गये नाम हैं और दूसरा कारण समकालीनता को पूरी तैयारी के साथ, निश्चयपूर्वक, योजनाबद्ध होकर काव्यविमर्श का केन्द्र न बनाना है। यही वह कारण है, जिसमें इन पूर्ववर्ती काव्यान्दोलनों से जुड़े हुए कवियों का सृजन समकालीन कविता के अन्तर्गत नहीं आएगा। उनकी पहचान उसी दौर से ही होगी, जैसे कोई शिक्षित गाँव में भले ही न रहे लेकिन उसकी पहचान उसके गाँव से ही होगी, उसका स्थायी पता हमेशा गाँव ही रहेगा।

विश्वम्भर नाथ उपाध्याय, अजय तिवारी तथा अन्य आलोचकों ने समकालीन कविता की प्रमुख विशेषताओं का स्पष्टीकरण किया है। इन विशेषताओं में खास हैं–विरोध और विद्रोह। एक हद तक देखा जाए तो इस धारा से जुड़ा हुआ लगभग हर कवि अपनी तल्खी का इजहार करता नज़र आएगा, जैसे सारी समस्याओं का समाधान विद्रोह ही हो। इसके बावजूद यह परस्पर विरोधी और भिन्न दृष्टिकोण वाली कविताओं का काल है। इसमें एक दूसरे की निरर्थकता सिद्ध करती कविताएँ और कवि स्वयं को स्थापित करने की जी-तोड़ कोशिश करते नज़र आएँगे। यह समय बदली हुए परिस्थितियों में उभरकर आयी नयी चेतना का भी संकेत करता है। इस आन्दोलन को 'समकालीन कविता' नाम देनेवाले डॉ. विश्वम्भर नाथ उपाध्याय के शब्दों में कहें तो–'समकालीन कविता में, जो हो रहा है–का सीधा खुलासा है। इसे पढ़कर वर्तमान काल का बोध हो सकता है–क्योंकि उसमें जीते, संघर्ष करते, लड़ते बौखलाते, तड़पते, गरजते तथा ठोकर खाकर सचेत वास्तविक आदमी का परिदृश्य है।''[1]

इस कविता की प्रवृत्ति है–असन्तोष परिणति है–विद्रोह, और उद्देश्य है–गलत सच्चाइयों को नग्न करना। यह कविता गुप्त वास्तविकताओं को परद-दर-परत उधेड़ती है और शक्तिशाली भ्रष्टाचार पर प्रहार करती है। अब यह उधेड़ना और यह प्रहार कितना असर करता है और कितना असरहीन होता है, इसका सविस्तार विश्लेषण तो बाद में किया जाएगा। यहाँ पर बस इतना ही जान लेना आवश्यक है कि चाहे फैशन में, चाहे मजबूरीवश या चाहे दिलोजान से ही सही अपने समय की समस्याओं से सीधा मुकाबला है। अर्थात् सारी बातें आदमी की हैं, उसकी दुनिया की हैं, उसकी चिन्ताओं की हैं।

इस कविता में गाँव है, शहर और कस्बा है। महानगर भी व्याप्त है। इसमें खेती-बारी, फसल, तालाब, खलिहान की चिन्ता तो कम है, लेकिन उसे एकदम

भुलाना भी ठीक नहीं समझा गया है। प्रसंगवश ही सही इनका ज़िक्र जरूर हुआ है। इस देश में भले ही 70 प्रतिशत लोग मिट्टी और उसकी सृजनात्मक शक्ति पर निर्भर हों, भले ही माटी की संस्कृति का सबसे बड़ा प्रतिशत दिन-दूनी रात-चौगुनी समस्याओं में उलझा पड़ा हो, लेकिन खेत खलिहान वालों की दुखदर्द भरी बातें इस कविता में कम आती हैं। इसमें आदमी तो है-मगर वह कस्बे का है, वह शहर में फँसा है या महानगरों में पिस रहा है। एक तरफ विज्ञान और प्रौद्योगिकी के विकास के साथ-साथ उच्च और मध्यवर्ग का आसमान छूता जीवन स्तर तो दूसरी ओर इस ऊँचाई के विशाल भार से दबकर पिसती सामान्य जनता की चिल्लाहट। यह कविता इस चिल्लाहट की रचनात्मक प्रतिध्वनि है। इसने समय की नब्ज पर ठीक अँगुली रखी है और पहचान गयी है कि धनी लोग और धनी, किन्तु गरीब भाई और गरीब बल्कि अन्तिम गरीब होते चले जा रहे हैं, जिसकी परिणति खुद के द्वारा पाले-पोसे हुए परिवार की सामूहिक हत्या और फिर अपनी भी समाप्ति के रूप में होती है। आन्ध्रप्रदेश में कंगाल और ऋणग्रस्त किसानों की आत्महत्या के पीछे साइबर क्रान्ति की संवेदनाहीन चकाचौंध भी है। हम सूचना क्रान्ति के युग में जनता को सूचना खिलाकर, सूचना पिलाकर उसी की साँस देकर भूखे ही जिन्दा रखना चाहते हैं? कैसी अभूतपूर्व प्रगति है-ऊपर से नीचे की ओर। खैर, यह तो एक उदाहरण है। ऐसे कई उदाहरण हैं, जिसमें जनता की बात शत-प्रतिशत निष्क्रिय भाषणबाजी के सिवा और कुछ नहीं है।

समकालीन कविता की तारीफ इसमें है कि वह इन धूर्तताओं को पहचान रही है। उससे विमुख नहीं होती। लेकिन मुक्तिबोध की कसौटी पर प्रतिबद्ध नहीं हो पाती और यदि होती भी है, तो कच्ची और कमजोर ईमानदारी के साथ। जो सबल समस्या के सामने दूध पीता हुआ बच्चा साबित होती है। उन्हीं के गौरवशाली पूर्वज मुक्तिबोध और नागार्जुन समस्याओं को कविता के दाँव से चित्त करने की कला सिखा गये, मगर खेद है कि हम उनके एक भी दाँव को ढंग से सीख नहीं पा रहे हैं।

इसमें मुखर होता है-अपने समय का जटिल अन्तर्विरोध और सामने उभरता है-द्वन्द्व, जो आगे चलकर कई रूप धारण करता है। इस कविता में लफ़्फ़ाजी भले ही लोकप्रिय हो उठी है, लेकिन सन्तोष की बात है कि वह इसे गलत सिद्ध करता है। लगता है-जैसे अपनी भी गलती का एहसास हो। वह लफ़्फ़ाजी के खिलाफ लफ़्फ़ाजी करना चाहता है, न कि गम्भीर विमर्श। 'समकालीन कविता की भूमिका' में ही उपाध्याय जी ने एक अच्छी तस्वीर पेश की है-जरा देखें-"प्रेस, सिनेमा, दूरदर्शन रात-दिन चीज़ों के स्वर्ग को पेश करते हैं, और उस स्वर्ग को लूटने के लिए लोग-बाग अपना धनधर्म सभी कुछ गँवाने को तैयार हो जाते हैं। भोग-विलास

की प्यास व्यक्ति को एक कुचक्र में पटकती है।''[2]

यह सच है कि आज के समय में व्यक्ति के निजी जीवन में आमोद-प्रमोद के साधन बढ़े हैं, और हम अपने ठीक सामने की जिन्दा समस्याओं से मुँह मोड़कर भोग-विलास में दिन-रात डूबे पड़े हैं। लापरवाही और गैर-जिम्मेदारी आज के मनुष्य की आनुवंशिक एवं संक्रामक बीमारियाँ बनती जा रही हैं। हम न तो देश के प्रति जिम्मेदार हैं, न समाज के प्रति। असलियत तो ये है कि हम अपने प्रति भी जिम्मेदार नहीं रहना चाहते। हमें एक आदमी होने के नाते कम से कम किन-किन बातों पर, नियमों और कानूनों पर अमल करना चाहिए, इसकी जिम्मेदारी अधिकांश लोगों में गायब है। और यही कारण है हम जवानी में ही बुजुर्ग की ढीली मानसिकता अपना लेते हैं, गलत तरह बहक जाते हैं, और नीच से नीच कुकर्म पर उतारू हो जाते हैं। आज आदमी सारे सामाजिक बन्धनों को तोड़ता हुआ, जिस तरह से अश्लील और भ्रष्ट बना है, उसके चलते मनुष्य की, जानवर से भी बदतर मानसिकता में कोई सन्देह नहीं रह गया है। इस तरफ ध्यान खींचते हुए डॉ. उपाध्याय ने संकेत दिया है-''वास्तविक जीवन स्थितियों में छिपी अश्लीलताओं को आज का लेखक 'एक्सपोज' करता है, नंगा करता है।''[3]

यहाँ आलोचक ने तथ्यगत सच्चाई तो दिखाई है, मगर भाव की दृष्टि से लचर उदारता दिखा दी है। दरअसल ये कवि अश्लीलता दिखाने के प्रयास में ठंडे विरोध का ऐसा राग अलापते हैं, जैसे अश्लीलता बहुत सामान्य सी स्वाभाविक समस्या हो। हालत कुछ ऐसी है-जैसे बाढ़ के वेग में एक अनाड़ी नौजवान को तैरने के लिए भेज दिया जाए। अश्लीलता पर लिखना एक बात है, पर अश्लीलता को तार-तार कर दिखा देना बिलकुल दूसरी बात है। उधर शायद ही कोई कवि ऐसा हो, जिसने अश्लीलता के खिलाफ लिखकर वाहवाही लूट ली हो। अत: स्पष्ट है कि सशक्त नग्नता के खिलाफ लड़ने में हमारी कविता बेहद कमजोर है।

विश्व के भ्रष्टतम देशों में इस समय 28वाँ पद प्राप्त करनेवाला भारत ऐसे हजारों उदाहरण रखता है, जहाँ दो, चार या पाँच साल, यहाँ तक कि एक साल से भी कम उम्र की अबोध बच्चियों के साथ निर्मम बलात्कार किया जाता है। बेरहमी से उनकी हत्या कर दी जाती है। अपने पतित अहंकार को सन्तुष्ट करने के लिए पत्नी या किसी अन्य औरत को जिन्दा जला दिया जाता है। इससे भी सन्तुष्टि नहीं मिलती तो उसका एक-एक अंग काट डाला जाता है। यहाँ इतना कहना ही पर्याप्त होगा कि औरत के ऊपर अप्रत्याशित और हतप्रभ कर देनेवाला अत्याचार इसी समकालीन दौर की देन है।

इसकी एक और प्रवृत्ति है-बाजारवाद का सर्वव्यापी विकास। इससे आदमी के जीवन का कोई पहलू अछूता नहीं। यह 'मार्केट' का पर्याय नहीं, बल्कि एक

संस्कृति है या सही अर्थों में कहें तो अपसंस्कृति, जो मानवता की समृद्ध संस्कृति पर हमला बोल रही है, और जाने-अनजाने समाज का हर वर्ग उसके प्रभाव में नीचे गिर रहा है। इसमें प्रदर्शन प्रचार और चमक-दमक की प्रमुखता है। विदेशी कम्पनी की टी.वी. अच्छी ही होगी और स्वदेशी निश्चय ही उससे घटिया। इस देश का औद्योगिक उत्पादन बाहर से आ रही वस्तुओं की तुलना में नगण्य है। ऐसी ही मानसिकता बाजार व्यवस्था को बढ़ावा दे रही है। यह प्रतिस्पर्द्धा ही नहीं, बल्कि विनाशक ईर्ष्या और भावनारहित कर्म को जन्म देती है।

क्या यह सही नहीं है कि हम टी.वी., स्कूटर, फ्रिज या 'फोर ह्वीलर' के लिए जीवन को मौत दे देते हैं। क्या यह सच नहीं कि हम धन लूटने के चक्कर में बाप को मार डालते हैं, और भ्रष्ट से भ्रष्ट रास्ता अपनाते हैं। झूठ फरेब, मक्कारी और धोखाधड़ी ही भ्रष्टाचार की नसें हैं जिनके द्वारा इस विषवृक्ष को फलने-फूलने का खुराक मिलता है। असल में बाजार मनुष्य को वस्तु बनाता है, उसके बाद अपने मोहक पंजे में प्रेम से कसता है, फिर उसे सारी भावना, सारी विवेकशक्ति और मूल्यवत्ता से रिक्त कर बस पैसा ही जीने, खाने और पीनेवाली मशीन बना देता है। इसीलिए मिखाइल गोर्वाचोव ने ठीक ही कहा था-''आनेवाले जमाने में किसी देश का महत्त्व सामाजिक सम्बन्धों से नहीं, बाजार से आँका जाएगा।''[4] इस बाजार तन्त्र में जो जितना ही विचार-शून्य है, वह उतना ही सुखी और मस्त है और जो जितना ही वैचारिक एवं विवेकवान है-वह उतना ही परेशान और तबाह है। आज की सम्पन्नता गरीबों के पेट पर लात मारकर अपना पेट सहलाते हुए निश्चित होकर आगे बढ़ जानेवाली कला का नाम है।

अपने इस दौर की सबसे भयावह सच्चाई है, देश के शीर्ष पर बैठे नेताओं का सर्वाधिक नीच बन जाना। इनकी इसी अनन्त भ्रष्टता के चलते सम्पूर्ण तन्त्र के प्रत्येक हिस्से में भ्रष्टाचार के दीमक फैले हुए हैं। सेना, पुलिस, शिक्षा, नौकरशाही, डॉक्टरी, बैंक विभाग, रेल सेवा किस-किस को गिनाया जाए। चारों ओर कुएँ में भाँग पड़ी है। सच तो ये है कि यहाँ सार्वजनिक जीवन में उच्च व उत्तरदायी पदों पर बैठे हुए आला अफसर भ्रष्टाचार में चुपचाप, चोरी-चोरी डुबकी लगाए हुए हैं। पुरानी कहावत सामने सिद्ध हो रही है कि यथा राजा तथा प्रजा। जैसे नेता वैसी व्यवस्था। इससे भी बड़ी विडम्बना यह है कि नेता जनता को साष्टांग प्रणाम करते हैं-वोट के लिए। पद पाकर भ्रष्ट होते हुए सब कुछ भूल जाते हैं-वादे, कर्तव्य, गरिमा और न्यूनतम आदमियत। इनके आगे-पीछे जो दिल को बेचकर और दिमाग से पैदल होकर दिन-रात खुशामदी का जाप करते हैं, वही इनके 'सत्कार्य' से सुखी रहते हैं। बाकी सबके सब दुखी, जिन्होंने नेताजी को वहाँ बड़े स्तर तक पहुँचाया। चाहे उड़ीसा जैसी तूफानी-त्रासदी हो, राजस्थान जैसा सूखा और अकाल या फिर गुजरात जैसी मानवता

को कँपा देनेवाली दुर्घटना, इन नेताओं की सख्त और मर चुकी संवेदना को जगा नहीं पाती। वहाँ भी राजनीति। वहाँ भी पार्टीवाद, वहाँ भी धर्म और जाति का शतरंज।

इन दिनों न सिर्फ़ राजनीति बल्कि कई प्रतिष्ठित क्षेत्रों में, दुर्भाग्य से साहित्यिक क्षेत्र में भी चाटुकारों और चमचों की तूती बोलती है, बल्कि इनकी अहमियत को देखते हुए आनेवाला युग चमचा युग न कहलाने लगे तो आश्चर्य ही होगा। बड़े-बड़े दार्शनिक विद्वान, साहित्यकार और नेता इनके मधुर वाणी पर फिदा होकर एक से बढ़कर एक गड़बड़ काम करते नज़र आएँगे। आज देश में विशेषकर हिन्दी जगत में शायद ही कोई नामी लेखक बचा हो, जिसने अपने अयोग्य किन्तु वफादार शिष्य को कोई पद दिलाने के लिए जुगाड़ न लगाया हो। ऐसे मौके पर सारे नियम, कानून, सिद्धान्त, मूल्य, सुषुप्त हो जाते हैं। वैसे भी आज के आत्मकेन्द्रित समय में ये सब बातें सिर्फ़ कहने, लिखने या सोचने भर के लिए ही हैं।

असलियत तो ये है कि चमचे नेताओं की नाटकीय स्तुति कर प्रसाद पा रहे हैं। इनके बीच का ईमानदार, परिश्रमी और स्वाभिमानी व्यक्ति आत्मघाती निराशा का शिकार हो रहा है। नेता बाहर से जनता के लिए हैं, और भीतर से भ्रष्ट पूँजीपतियों के लिए। दंगा-फसाद से लेकर मारकाट तक ये अपने स्वार्थी इशारे पर करवाते हैं। ये फलाँ जाति के हैं, अतः उन्हें अपने जाति के सारे लोगों का वोट चाहिए। चाहे वह माफिया हो या गुंडा? इससे कोई मतलब नहीं। सवर्ण पूर्वजों के स्वार्थी दिमाग की उपज जहरीली जाति व्यवस्था को इन नेताओं द्वारा अपने मतलब के लिए 'ग्लैमराइज़' किया जाता है। यद्यपि इन्हें पता है कि यह व्यवस्था सामाजिक प्रगति में कैंसर जैसी घातक है, इसके बावजूद निरक्षर जनता के लचीले दिमाग को घुमा-फिराकर अपना जातीय समर्थक बनाया जाता है। जनता की रूढ़िवादी भावना से खेलना हर पार्टी का शाश्वत शौक है। और जब तक इसका एक भी हिस्सा रहेगा, सामाजिक समानता आज तो क्या आगामी सौ वर्षों में नहीं आ पाएगी। यहाँ पर एक वक्तव्य देना जरूरी है, क्योंकि इसमें इन्हीं बातों का खुलासा कुमार विकल करते हैं-"नेता रिश्वत ले रहे हैं, प्रमोशन करवा रहे हैं,-आश्वासन दे रहे हैं।...इस गरीब मुल्क के नेता सचमुच बड़े ही अमीर हैं। नेता आदर्श भूँक रहे हैं। प्रजातन्त्र में काले अँग्रेज़ मजा लूट रहे हैं।"[5] आज की इसी व्यापक भ्रष्टता का खुलासा करते हुए गोरख पांडेय ने लिखा है-

कुर्सी खतरे में है-तो प्रजातन्त्र खतरे में है।
कुर्सी खतरे में है-तो देश खतरे में है।
कुर्सी खतरे में है-तो दुनिया खतरे में है।
कुर्सी न बचे तो भाड़ में जाए प्रजातन्त्र-

देश और दुनिया
सचमुच सत्ता का मोह भयानक है।[6]

चूँकि राजनीति सबके ऊपर है, अतः अनगनित बुराइयाँ छिपाने के बाद भी अनेक कमियाँ साफ-साफ नज़र आ जाती हैं। लेकिन समाज के वे क्षेत्र जो आधार की तरह अहम होने के बावजूद हमारी आँखों से प्रायः ओझल ही रहते हैं–उनको हमारा दौर अपनी सशक्त बुराइयों से बुरी तरह प्रभावित कर रहा है। इनकी संख्या तो बहुत है, लेकिन विशेष रूप से जातिप्रथा, साम्प्रदायिकता, धार्मिक कट्टरता, परम्परा और रूढ़ि की अत्याधुनिक वेशभूषा इत्यादि प्रमुख हैं। समग्रतः इन्हीं पूर्ववर्णित विषयों पर केन्द्रित गद्यमय काव्यशैली का नाम समकालीन कविता है। यही सारे विषय एक साथ मिलकर समकालीन कविता का नक्शा तैयार करते हैं।

काल-निर्धारण

सामान्यतः इसका समय 'अकविता' के बाद पड़ता है। अकविता का दौर है–1960 से 1964 के बीच। इन पाँच वर्षों के भीतर मूल्यों का निषेध करनेवाले काव्यान्दोलन उठते हैं, और बुलबुले की तरह तुरन्त समाप्त हो जाते हैं। असल में नयी कविता के बाद हिन्दी कविता का एक विचित्र, रहस्यमय, बियावानी और तन्त्रजाल जैसा चमत्कारिक कविताओं का दौर आता है। अगर हम प्रचार पाये व्यर्थ कवियों को सार्थक सिद्ध करने की कमजोरी त्याग दें तो इस बीच काल को पार कर मुक्तिबोध और नागार्जुन, शमशेर और त्रिलोचन जैसा कोई कवि नहीं चमका। वैसे भी कोई चमकता कैसे? अधिकांश तो जानबूझकर बड़े मन से समाज की केवल विलासपरक नग्न सच्चाइयों की धुन्ध ओढ़े हुए थे।

1962 में भारत पर चीनी आक्रमण, 1964 में नेहरू की मृत्यु और इसी के आस-पास (1967-68) जमीन के सन्तानों का नक्सलबाड़ी आन्दोलन। यही तीन ऐसी घटनाएँ हैं, जिन्होंने प्रत्यक्ष या अप्रत्यक्ष रूप से हर क्षेत्र को प्रभावित किया। हम आजाद अभी-अभी हुए थे, लेकिन ये क्या? हमारी विकसित हो रही स्वतन्त्रता की भावना पर एक और साम्राज्यवादी प्रहार? राष्ट्रीयता अपने नये रूप में मुखरित हो उठी। इससे यह भी सिद्ध हुआ कि अँग्रेज़ों को चुनौती देनेवाले वाक्पटु नेहरू चीन का सामना करने में सक्षम नहीं हैं। दरअसल उस समय हमारी सेना चीनी सेना के मुकाबले उन्नीस ही थी। इससे आक्रोश, क्षोभ और ग्लानि का जन्म हुआ। देश के हित में उस दशक के संवेदनशील युवाकवि नये विद्रोह की मुद्रा में कविताएँ लिखने लगे, जो शब्दों की कलाबाजी से पीछा छुड़ाकर इन विसंगतियों के पीछे पड़ गयी थी। इसमें बिना किसी लाग लपेट के कविताएँ सीधे समस्यापरक लिखी जाने लगीं। इनमें रचना का अन्दाज उसकी विषयवस्तु और उसकी मूलभावना पूर्ववर्ती

आधुनिक काव्यान्दोलनों से एकदम अलग नज़र आती है। इस नये उभार का राग सबसे पहले छेड़ा धूमिल ने। इनकी सुप्रसिद्ध कविता 'पटकथा' 1968 में प्रकाशित हुई। स्वयं धूमिल के कवि-मन पर नक्सलवाड़ी आन्दोलन का जबरदस्त प्रभाव था। वस्तुत: ये शुरू से अन्त तक संघर्षजीवी जनता के प्रति जवाबदेह बने रहे। अत्यन्त लोकप्रिय काव्य-संग्रह 'संसद से सड़क तक' जो इन्हीं द्वारा लिखा गया, 1972 में प्रकाशित होता है। धूमिल की कविताओं में पीछे से चली आ रही कविताओं से हटकर एक नयी, ईमानदार, विद्रोही दिशा की बेचैनी है। नेता, संसद, अफसरशाही, शासन व्यवस्था सबके सब संदिग्ध और मूलरूप से जनविरोधी हैं। इनसे जनता के आँसू नहीं रुकने वाले। और धूमिल की कलम से यह स्वर फूटा तो और कवियों की आवाज़ बनकर उनकी रचनाओं में विस्तारपूर्वक गूँजने लगा। अत: सामान्य तौर पर समकालीन कविता जिसका मूल सिद्धान्त है-अपने खास समय में सीधा-सार्थक हस्तक्षेप, आठवें दशक से शुरू होता है। इसमें सामाजिक-आर्थिक विषमता, सूखा, बाढ़ और अकाल की विनाशक विभीषिका, दलितों का जिन्दा जलाया जाना, लोगों का असफल असन्तोष, शासन की संवेदनहीनता, बुद्धिजीवियों का स्वार्थी स्वभाव, प्रशासनिक भ्रष्टाचार, ये चन्द ऐसी समस्याएँ हैं, जिनसे समकालीन कविता 36 का आँकड़ा रखते हुए सामने तनकर खड़ी होती है। वैसे उसके इस तेवर और तनाव में प्रतिबद्ध ईमानदारी न रहने की कमजोरियाँ भी हैं।

समकालीन कविता के प्रमुख कवि

समकालीन कविता करीब पाँच दशकों की लम्बी कहानी है। 20वीं सदी में कोई भी काव्यान्दोलन इतना लम्बा नहीं चला। अपनी गुणवत्ता में यह भले ही छायावाद या नयी कविता से पीछे रह जाए, लेकिन जब लम्बाई की बात उठेगी, तब यह बाजी मार लेगी। यह अभी भी (2009 ई०) चल रही है, और कब तक चलेगी, कुछ कहना मुश्किल है।

समकालीन कविता के कवियों को तीन वर्गों में बाँटा जा सकता है।

(क) वरिष्ठ कवि

(ख) युवा कवि

(ग) प्रमुख कवयित्रियाँ

अब इसके अन्तर्गत आनेवाले कवियों का नाम, काव्य-संग्रह अब इसके अन्तर्गत...

(क) वरिष्ठ कवि

1. *कुमार विकल*

    (अ) रंग खतरे में है

    (ब) छोटी सी लड़ाई

(स) निरुपमादत्त मैं बहुत उदास हूँ

2. *विजेन्द्र*

(अ) घना के पाँखी

(ब) चैत की लाल टहनी

(स) उदित क्षितिज पर

(द) ये आकृतियाँ तुम्हारी

3. *बलदेव वंशी*

(अ) उपनगर में वापसी

(ब) अँधेरे के बावजूद

(स) आत्मदान

(द) कहीं कोई आवाज़ नहीं

4. *लीलाधर जगूड़ी*

(अ) नाटक जारी है

(ब) रात अब भी मौजूद है

(स) इस यात्रा में

(द) अनुभव के आकाश में चाँद

(ह) बची हुई पृथ्वी

5. *चन्द्रकान्त देवताले*

(अ) दीवारों पर खून से

(ब) लकड़बग्घा हँस रहा है

(स) रोशनी के मैदान की तरफ

(द) भूखंड तप रहा है

(ह) उसके सपने

6. *राजेश जोशी*

(अ) एक दिन बोलेंगे पेड़

(ब) नेपथ्य में हँसी

7. *इब्बार रब्बी*

(अ) घोषणा पत्र

(ब) लोग-बाग

8. *वीरेन डंगवाल*

(अ) इसी दुनिगा में

(ब) दुष्चक्र में सृष्टा

9. *विष्णु नागर*
   (अ) उस चिड़िया का नाम
   (ब) तालाब में डूबी छः लड़कियाँ
10. *अरुण कमल*
   (अ) अपनी केवल धार
   (ब) सबूत
   (स) नये इलाके में
11. *विनोद कुमार शुक्ल*
   (अ) लगभग जयहिन्द
   (ब) सब कुछ होना बचा रहेगा
   (स) अतिरिक्त नहीं
12. *उदय प्रकाश*
   (अ) रात में हारमोनियम
   (ब) अबूतर-कबूतर
   (स) सुनो कारीगर
13. *वेणु गोपाल*
   (अ) हवाएँ चुप नहीं रहतीं
   (ब) वे हाथ होते हैं
14. *प्रयाग शुक्ल*
   (अ) रात का पेड़
   (ब) यह एक दिन है
   (स) बीते कितने बरस
15. *मंगलेश डबराल*
   (अ) पहाड़ पर लालटेन
   (ब) घर का रास्ता
   (स) हम जो देखते हैं
   (द) आवाज़ भी एक जगह है
16. *ओम प्रकाश बाल्मीकि*
   बस्स! बहुत हो चुका
17. *ज्ञानेन्द्रपति*
   (अ) गंगातट
   (ब) शब्द लिखने के लिए ही यह काग़ज़ बना है
   (स) संशयात्मा

18. *आलोक धन्वा*

दुनिया रोज बनती है

19. *नरेश सक्सेना*

समुद्र पर हो रही है बारिश

सुनो चारुशीला

(ख) युवा कवि

1. संजय चतुर्वेदी
2. स्वप्निल श्रीवास्तव
3. दिनेश कुमार शुक्ल
4. कुमार अम्बुज
5. देवी प्रसाद मिश्र
6. गोबिन्द प्रसाद
7. बद्री नारायण
8. निलय उपाध्याय
9. बोधिसत्व
10. दिनेश कुशवाह
11. संजय कुन्दन
12. हरिश्चन्द्र पांडेय
13. लीलाधर मंडलोई
14. राजीव सभरवाल
15. पवन करण
16. गिरिराज किराडू
17. सुन्दर चन्द ठाकुर
18. सुरेश सेन निशान्त
19. दिनकर कुमार
20. सन्तोष चतुर्वेदी

(ग) प्रमुख कवयित्रियाँ

1. अनामिका
2. कात्यानी
3. सविता सिंह
4. निर्मला गर्ग
5. रंजना जायसवाल

सन्दर्भ सूची

1. डॉ. विश्वम्भर नाथ उपाध्याय, समकालीन कविता की भूमिका, प्रथम संस्करण 1976
2. डॉ. विश्वम्भर नाथ उपाध्याय, समकालीन कविता की भूमिका, प्रथम संस्करण 1976
3. डॉ. विश्वम्भर नाथ उपाध्याय, समकालीन कविता की भूमिका, प्रथम संस्करण 1976 ई०
4. अजय तिवारी, स्रोत-समकालीन कविता और कुलीनतावाद, प्रथम संस्करण 1902 ई०
5. मनोज सोनकर, साठोत्तरी हिन्दी कविता, प्रथम संस्करण 1994 ई०
6. मनोज सोनकर, साठोत्तरी हिन्दी कविता, प्रथम संस्करण 1994 ई०

समय की कसौटी पर आधुनिक कविता

समाज और संस्कृति क्या है?

हम जिसमें पले, बढ़े और आदमी बने, वह है–समाज और जिसने हमें बढ़ने का ढंग सिखाया, आदमी बनने का तरीका बताया, वह है–संस्कृति। लेकिन यह तो दोनों को समझने के लिए मात्र एक उदाहरण जैसा है। जबकि सच्चाई यह है कि दोनों एक दूसरे से अभिन्न होते हुए भी अपनी अलग-अलग कीमत रखते हैं। इसके पहले कि हम दोनों के विस्तार या विवेचन में जाएँ, इतना लिख देना जरूरी होगा, कि समाज काल और स्थान की सीमा में बँधा हुआ अस्तित्व है। यह भौतिक, यथार्थ जीवन को केन्द्र में रखकर चलता है। एक ही समय में अनेक समाज विद्यमान होते हैं। लेकिन जब हम संस्कृति की बात करेंगे, तो अपनी कल्पना को थोड़ा विस्तार देना होगा, क्योंकि संस्कृति कल्पना के सच में बदल जाने की भी उत्तम अवस्था होती है, और इसके बिना वह स्पन्दनहीन होती है। समाज के लिए जहाँ हृदय जरूरी है, वहीं संस्कृति के लिए मस्तिष्क और कल्पना। क्योंकि समाज वह घर है, वह जमीन है, जिसमें हमारा व्यक्तित्व विकसित होता है, और जीने का आधार मिलता है। आत्मीयता की शक्ति यहीं पनपती है। इसी तरह संस्कृति वह दिशा, वह आकाश, वह विशाल मैदान है जिसमें हम जीवन की राह तय करते हैं, ऊँचाइयों का शौक पैदा करते हैं और स्वस्थ बनने के लिए दौड़ लगाते हैं। समाज जहाँ एक निश्चित उम्र पाकर समाप्त हो जाता है, वहीं संस्कृति बदलते हुए परिवेश और समय के अनुसार खुद को बदलकर कालजयी बना लेती है, अर्थात् समाज कालजीवी है, और संस्कृति कालजयी। भारत में कई समाज हैं, जैसे–हिन्दू समाज, मुस्लिम समाज, ईसाई समाज इत्यादि, लेकिन जब संस्कृति की बात आती है तो यह भेद समाप्त हो जाता और रह जाती है–भारतीय संस्कृति। अर्थात् वह संस्कृति जो समूचे भारत की है और जिसके अन्तर्गत सभी भारतवासी हैं। संस्कृतियाँ भी पृथक्-पृथक् होती हैं, लेकिन पृथ्वी के महाद्वीपों की भाँति। अर्थात् पृथक्, किन्तु अत्यन्त विशाल। इस

तरह देखा जाए तो संस्कृति समाज से कहीं बड़ी और आगे है, जबकि समाज एक शरीर की भाँति आयुबद्ध और सुनिश्चित आकार-प्रकार का। संस्कृति मनुष्य की भीतरी प्रगति का इतिहास है और समाज इस इतिहास की मूल कथा। यद्यपि कि संस्कृति में मनुष्य के आन्तरिक उत्थान के साथ उसके बाहरी क्रिया-कलापों और भौतिक, वैज्ञानिक, आर्थिक प्रगति का इतिहास भी शामिल है। अब इन दोनों की कुछ परिभाषाओं पर ध्यान केन्द्रित करें। सबसे पहले 'समाज' की परिभाषा इन शब्दों में-"किंचित संकुचित अर्थ में समाज उन व्यक्तियों का विशिष्ट समूह है जो किसी विशेष देश, काल, प्रथा, संस्कृति, भाषा तथा धर्म से आबद्ध हैं।"[1] इसी तरह की एक और परिभाषा 'राइट' (right) की तरफ से।

"समाज का अर्थ केवल व्यक्तियों का समूह ही नहीं है, समूह में रहनेवाले व्यक्तियों के जो पारस्परिक सम्बन्ध हैं, उन सम्बन्धों के संगठित रूप को समाज कहते हैं।"[2]

इन दोनों परिभाषाओं में कुछ बातें बिलकुल साफ हैं। जैसे यह कि समाज व्यक्तियों का समूह है। उन व्यक्तियों के बीच पारस्परिक सम्बन्धों का क्रियाशील बने रहना जरूरी है। इसके साथ-साथ समाज एक देश, एक निश्चित समय, उस समय की प्रचलित प्रथाओं, तत्कालीन संस्कृति, बोली जाने वाली भाषा और धर्म से अभिन्न है। इससे एक बात स्पष्ट हो जाती है, कि इसकी अपनी एक सीमा है। वैसे ये बातें पहले ही स्पष्ट की जा चुकी हैं, इसके बावजूद समाज के बारे में कुछ ऐसी मान्यताएँ हैं, जिसका ज़िक्र करना जरूरी है। पहले यह कि समाज अपने आपमें कोई आदर्श अस्तित्व नहीं है। अर्थात् वह कभी भी ऐसी श्रेष्ठ अवस्था में नहीं होता कि उसके प्रति आस्थावान रहते हुए खुद को नतमस्तक कर लिया जाए। यह हमारे उस माँ-बाप की तरह है, जो हमें पालते-पोसते और बड़ा करते हैं, शिक्षित करते हैं, लेकिन यह कोई जरूरी नहीं कि वे व्यक्ति के रूप में, बौद्धिक परिपक्वता और मानवीय गुणों की दृष्टि से श्रेष्ठ ही हों। प्रायः ऐसा होता भी नहीं है। इसलिए समाज के प्रति आदर का भाव रखते हुए भी हम उसकी साफ, सीधी और खरी आलोचना का हक रखते हैं, ऐसा करना हमारा कर्तव्य भी है। अकसर होता है कि समाज का एक अधिकार सम्पन्न और शक्तिशाली वर्ग अपने लम्बे और अखंड स्वार्थों के लिए ऐसा कानून बनाता है-जो देखने में हो सकता है-सबका हित साधक हो, पर वह होता है-शक्तिशाली मात्र के लिए ही। चूँकि सामान्य लोगों की शक्ति नगण्य होती है-अतः वे जानते हुए और अपनी मानसिक, भौतिक और नैतिक हानि महसूस करते हुए भी ऐसे कानून और नियम का कुछ भी नहीं बिगाड़ पाते। और जब ये नियम-कानून समाज में एक लम्बी उम्र पा लेते हैं तो परम्परा का रूप धारण कर लेते हैं और इस रूप में वे सर्वमान्य एवं सर्वव्यापी होने लगते हैं। वे

अपने चरित्र में तानाशाह और अलोकतान्त्रिक होते हुए भी लोगों के मन को वशीभूत कर लेते हैं, और धीरे-धीरे व्यापक समाज में स्वीकृति पा लेते हैं, फिर तो उनका बाल भी बाँका करना नाकों चने चबाने की तरह होता है। आज हम मंच पर, सेमीनार में या किताबों में प्रेम विवाह के चाहे जितने बढ़े समर्थक बन जाएँ, पर जीवन में पारम्परिक विवाह को ही प्रेमपूर्वक अपनाए हुए हैं। यही हैसियत अतार्किक और पाखंडी मुद्दों की भी है। खैर, यहाँ सामाजिक मुद्दों का विस्तार नहीं हो रहा है। पुनः एक बार यही बात कि समाज सिर्फ़ यथार्थ है। उसे आदर्श बनना है संस्कृति के रूप में। और वह हमारे प्रयासों का अहम लक्ष्य है।

अब संस्कृति पर विचार करें। यह शब्द मूलतः 'संस्कृत' शब्द से बना है। मोटे तौर पर इसका अर्थ हुआ संस्कृत भाषा बोलने वाले लोगों की जीवन पद्धति। चूँकि वह साहित्य से लेकर राजकाज और जीवन के अधिकांश क्षेत्रों में व्याप्त रही। एक लम्बे समय तक इस भाषा की सत्ता लोगों के दिलो-दिमाग, रहन-सहन और सोचने-समझने के तरीके पर छाई रही। बल्कि बदले हुए रूप में उसका प्रभाव भी बरकरार है। लेकिन अब इस शब्द ने खुद को बहुत व्यापक कर लिया है। यह अब प्राचीनकाल में पैदा होकर मध्यकाल में जिन्दा रहते हुए, बहुत विस्तार करते हुए आधुनिक काल में प्रवेश कर गयी और पूरे देश में अपनी उपस्थिति किसी न किसी रूप में अब भी सिद्ध कर रही है। यहाँ भी संस्कृति की कुछ परिभाषाएँ दी जा रही हैं। चूँकि यह समाज से बड़ी और व्यापक है, अतः इसकी परिभाषाएँ भी स्वभावतः उससे कहीं अधिक विस्तार की अपेक्षा रखती हैं।

सबसे पहले 'कोश' में देखें, कि वह इस शब्द पर क्या बोलता है?

"उन समस्त भौतिक तथा आत्मिक मूल्यों का योग जिनका सामाजिक, ऐतिहासिक व्यवहार की प्रक्रिया में मनुष्य द्वारा निर्माण किया गया तथा किया जा रहा है, और जो समाज के विकास में हासिल ऐतिहासिक मंजिल को अभिलक्षित करते हैं।"[3]

इसकी परिभाषा 'मानवेन्द्र राय' के शब्दों में-"किसी भी संस्कृति की प्रकृति और स्वरूप का निर्धारण वे आदर्श या मूल्य करते हैं, जिनकी सिद्धि में ही कोई समाज अपनी सार्थकता स्वीकार करता है। संस्कृति को इसलिए मूल्य-दृष्टि कहा जाता है, क्योंकि उन चरम मूल्यों के अर्जन की प्रक्रिया ही सांस्कृतिक प्रक्रिया है।"[4]

प्रसंगतः संस्कृति की एक और सार्थक परिभाषा -"संस्कृति का विकास उस दर्जे का द्योतक है, जिस दर्जे तक मनुष्य ने प्रकृति की शक्तियों पर काबू पा लिया है, और यह स्वयं मनुष्य के विकास के स्तर को, उसके ज्ञान के विस्तार को तथा यह दर्शाती है कि मनुष्य ने किस हद तक अपनी योग्यताओं आदि को बेहतर बनाया है।"[5]

वैसे संस्कृति पर और भी परिभाषाएँ हैं, जो कि बहुत ही तार्किक एवं सुव्यवस्थित हैं, लेकिन सभी परिभाषाओं को जगह न दे पाने की विवशतावश उपरोक्त तथ्यों एवं मान्यताओं के आलोक में ही इस पर विचार करना है। इन तीनों परिभाषाओं से यह बात साफ हो जाती है कि यह अभी तक मनुष्य की आभ्यान्तरिक एवं बाह्य प्रगति की अवस्था है। एक मुकाम जैसी, जिसे अब तक मनुष्य ने हासिल किया है। वैसे इसको एक उच्च लक्ष्य के रूप में भले देख लें, किन्तु दूसरे रूप में यह तरह-तरह की विसंगतियों, विषमताओं और परम्पराओं से भरी हुई मनुष्य के जीवन की एक दिशाहीन दशा भी है। जैसे समाज हमारे सामने आदर्श के रूप में नहीं बल्कि खट्टे-मीठे-तीते यथार्थ के रूप में होता है, उसी तरह संस्कृति भी।

अब आगे इन तीनों परिभाषाओं के मुख्य प्रतिमानों की आलोचना प्रस्तुत करेंगे, जिसके चलते आज भी संस्कृति यथावस्था में पड़ी हुई है और उसकी तमाम गन्दगियों के बावजूद उसे उज्जवल और उदात्त मानकर पूजा जा रहा है।

पहली परिभाषा में आया है कि संस्कृति भौतिक और आत्मिक मूल्यों का योग है। तो सवाल यह है कि भौतिक और आत्मिक मूल्य हैं क्या? सामान्यतः भौतिक मूल्यों का तात्पर्य आचार-व्यवहार, सामाजिक प्रथाओं और परम्पराओं से है। मोटे तौर पर ये वे मूल्य हैं जिससे हमारे पारिवारिक, सामाजिक और व्यक्तिगत व्यवहार एवं कार्य संचालित होते हैं। इसमें कोई दो राय नहीं कि मनुष्य होने की पहली पहचान यही है कि हमारा आचरण, व्यवहार और कार्य कुछ इस तरह का हो, जिससे कोई ग्लानि, हानि या अपमान महसूस न करे। दूसरों शब्दों में हमें व्यावहारिक स्तर पर किसी भी अन्य के प्रति एक जिम्मेदार और जवाबदेह नागरिक बनना है। ये ही वे मूल्य हैं-जो सामाजिक खुशहाली और सौहार्द्र की सृष्टि करते हैं एवं धीरे-धीरे एक दूसरे के प्रति आत्मीयता का भाव पैदा करते हैं। इसके अलावा हमने आर्थिक प्रगति करके जो व्यापक और बड़ी-बड़ी उपलब्धियाँ हासिल की हैं-वे सभी भौतिक मूल्यों के अन्तर्गत आते हैं, लेकिन आर्थिक और वैज्ञानिक तरक्की को हम मूल्य के बजाय उपलब्धियाँ कहें तो ज्यादा बेहतर होगा, क्योंकि मूल्य कहीं न कहीं एक नियम या विधान के रूप में होते हैं-वे समय को गति देने में निर्देशक-सूत्र का काम करते हैं। मूल्य प्रायः सर्वमान्य होते हैं, उसमें व्यापक स्वीकृति का भाव छिपा होता है।

अब जरा ग़ौर करें इन भौतिक मूल्यों की असली कीमत पर। यह सच है-हमें एक दूसरे के प्रति ऐसा सन्तुलित और सुलझा हुआ व्यवहार करना ही चाहिए। लेकिन इसको प्रसंगतः ही सच मानकर चलें। हमारे समाज के, आसपास के बहुत सारे लोग न तो अपने विचार से और न ही व्यवहार से उत्तम होते हैं-उनके प्रति हम अच्छे बनकर स्वयं को सामाजिक हित में कमजोर और निरर्थक बना लेते हैं।

जिन लोगों को हम बहुत अच्छी तरह से जानते हैं कि इनका काम ही है–दूसरों को लूटना, बर्बाद करना, घृणा और विद्वेष पैदा करना, ऐसे लोगों के प्रति मौन और विनम्र रहकर हम अपनी मनुष्यता का और मानवता की सेहत का भारी नुकसान कर रहे हैं। प्रकाश सीधा चलता है–यह सच है, लेकिन मार्ग में रुकावट आने पर वह टेढ़ा होकर मार्ग बदल देता है–यह भी सच है। नन्दकिशोर आचार्य के इन शब्दों पर जरा हम ध्यान दें–''मनुष्य के मनुष्य बने रहने के लिए यह आवश्यक है कि उसका आचरण उत्तरदायी हो, सर्जनशील हो और विभिन्न स्तरों पर अमानवीयता का विरोधी हो, यही नैतिकता है।''[6]

वैसे 'मूल्य' में स्वीकृति की शर्त होती है, लेकिन यह आवश्यक नहीं कि वह मानवीय और प्रगतिशील हो ही। जैसे बड़ों को प्रणाम या छोटों को स्नेह या आशीष एक सामाजिक मूल्य है, लेकिन जब हम किसी ऐसे बड़े को प्रणाम करते हैं–जो अपराधी प्रवृत्ति का, हिंसक और बदमाश है–तो हम स्वयं को सामाजिक प्रगति के खिलाफ खड़े कर रहे हैं, बल्कि उस अपराधी को प्रणाम कर, दूसरे शब्दों में सभ्य समाज को गाली दे रहे हैं। इसलिए वह कितना ही करीबी क्यों न हो, यदि उसे सम्मान देना बन्द कर दें–तो उत्तम। जिससे कि उसे इस बात का पता चल जाए कि मात्र उम्र में बड़ा हो जाना किसी का सम्मान अर्जित करने के लिए पर्याप्त नहीं होता, बल्कि उसके साथ साथ मनुष्यता को धारण करके हमें बड़ा बनना पड़ेगा। काठी नहीं, क़द बड़ा होना चाहिए। इसी तरह आत्मिक मूल्यों के सन्दर्भ में इतना ही लिखना पर्याप्त होगा कि ये आत्मा से निकलते हैं और वहीं से सीधे जुड़ते हैं। जो मानसिक और भावनात्मक होते हैं, जो अनुभूति, प्रेरणा और संवेदनशीलता से संचालित होते हैं, जो अमूर्त होने के बावजूद हमारी भावनाओं में मूर्त और सजीव बने रहते हैं, जिनके आचरण से हमारी भीतरी दुनिया में प्रकाश फैलता है उसमें नयी–नयी दिशाएँ खिलती हैं और हृदयाकाश का विस्तार होता है; लेकिन इन आत्मिक मूल्यों के निर्माण में बड़ी ही सावधानी बरतनी पड़ती है–क्योंकि इस देश में धर्म के प्रति अन्ध–भक्ति आत्मिक मूल्यों का बेड़ा गर्क कर देती है और वह आध्यात्मिकता की रहस्यमय भूलभुलैया में उलझाकर उसे मार डालती है। 'मानवेन्द्र राय' की इस चेतावनी से बात और स्पष्ट हो जाएगी–''आध्यात्मिक संस्कृति ने भारतीयों को अकर्मण्य बने रहना सिखाया है। उसमें आमूल सोच का माद्दा नहीं रह गया है। उन्हें क्रान्ति करनी पड़ेगी, उद्यत होना ही पड़ेगा, वरना अपनी संस्कृति की दुहाई देकर दुनिया को सँवारने के बजाय वे खुद अन्य प्राचीन संस्कृतियों की तरह स्मृति के गर्भ में समा जाएँगे।''[7]

तीसरी परिभाषा में एक बहुत रोचक वाक्य आया है कि संस्कृति प्रकृति की शक्तियों पर काबू पाने की एक अवस्था है। निश्चित रूप से यह संस्कृति को

शक्तिशाली बनानेवाली शैली है, जो कि हमारी भौतिक और वैज्ञानिक प्रगति की ओर इशारा करती है। कभी जयशंकर प्रसाद के मनु ने प्रलय की सर्वनाशी विपदा में हिमगिरी के उत्तुंग शिखर पर बैठकर, इन्हीं प्रकृति की शक्तियों पर मनमाना काबू पाने के दुष्परिणाम का मार्मिक विलाप किया था। यहाँ एक कालजयी रचना का उदाहरण देकर हम यह नहीं सिद्ध करना चाहते कि प्रकृति को अपने अनुकूल बनाना गलत है, लेकिन अपने को भी प्रकृति के अनुकूल बनाना और उसी में, उसी का बनकर रहना भी कुछ गलत नहीं है। इसमें ध्यान देने योग्य है कि प्रकृति की वे शक्तियाँ जो किसी न किसी रूप में हमारी सभ्यता के लिए घातक और विनाशकारी हैं उस पर विजय पाना जरूरी है पर सम्पूर्ण प्रकृति पर नहीं। प्रकृति के वे वरदान जिस पर हमारा अस्तित्व टिका हुआ है, काबू करने का प्रयास करना किसी प्रगति का नहीं, अवनति का संकेत है।

यहाँ समाज और संस्कृति को सिर्फ़ परिभाषाबद्ध न करके उसे थोड़ा विस्तार और विश्लेषण के दायरे में लाया गया है। निश्चित तौर पर दोनों की नयी और उत्साहवर्धक परिभाषाएँ हो सकती हैं–जिन पर अभी तक लोगों का ध्यान नहीं गया है। यहाँ पर 'हजारी प्रसाद द्विवेदी' की अत्यन्त संक्षिप्त किन्तु सारगर्भित टिप्पणी जो कि संस्कृति पर है, ये है–"मनुष्य की श्रेष्ठ साधनाएँ ही संस्कृति हैं।"[8]

समाज और संस्कृति का अन्तःसम्बन्ध–वैसे इसके पहले दोनों के सम्बन्धों की चर्चा हो चुकी है, लेकिन प्रसंगवश सूत्र का हल चाहिए, उसका विस्तार चाहिए उसी तरह यहाँ दोनों के अन्तर्सम्बन्धों की व्याख्या चाहिए। तो शुरुआत हम क्यों न इस उदाहरण से करें कि समाज पेड़ का ढाँचा है और संस्कृति उसका फूल, पत्तियाँ, डालें और बदलते मौसम के अनुसार लगनेवाले फल। जो वक्त के अनुसार अपनी पुरानी और पीली पत्तियाँ गिरा देता है और नयी ताजा, कोपलें धारण करता है। या फिर समाज की कल्पना उस कलम से कीजिए, जिसके सिरो-भाग से संस्कृति रूपी साहित्य लिखा जाता है, दर्शन के नये-नये रास्ते खुलते हैं, मौलिक भावनाओं के नये शब्दकोश तैयार होते हैं, और भौतिक प्रगति के नये वैज्ञानिक सूत्र खोजे जाते हैं। अर्थात् समाज कलम है–तो संस्कृति उसकी सृजन क्षमता।

'अन्तर्सम्बन्ध' शब्द एक बात स्पष्ट करता है कि दोनों वस्तुतः अभिन्न हैं। एक के हटते ही दूसरा अपने आप समाप्त हो जाता है। अर्थात् समाज के बिना संस्कृतिक नहीं, और वह समाज ही क्या जिसकी कोई संस्कृति न हो। जो बाहर से जुड़े हैं–यदि पृथक् हो जाते हैं–तो अलग होने के बावजूद उनकी सेहत पर कोई खास असर नहीं पड़ेगा–वे वैसे ही रहेंगे–जैसे जुड़ने के पहले थे। लेकिन जिसका सम्बन्ध, दूसरे से भीतर तक है–वह अलग रहकर जीवित रह ही नहीं सकता, क्योंकि जीवित रहने के लिए प्राण चाहिए और प्राण जीवन का केन्द्र है। वह जाता है–तो दूसरे को

भी लेकर जाता है। अकेला नहीं। वह टूटता है तो तोड़ता है और जुड़ता है तो जोड़ता है। वह कुछ भी एकतरफा नहीं करता।

यहाँ दोनों के अन्तर्सम्बन्ध इस बात से व्याख्यायित होंगे कि किन-किन मुद्दों पर दोनों आपस में एक दूसरे को प्रभावित करते हैं। या यों कहें कि कैसा समाज किस तरह की संस्कृति विकसित करता है। या फिर किस तरह की संस्कृति में बेहतर समाज सम्भव है। तो सबसे पहले हमारे सामने जो समाज प्रस्तुत है-उसकी और उसमें विकसित या विकासरहित संस्कृति की व्याख्या। जैसा कि पहले ही कहा जा चुका है-समाज कई होते हैं-जैसे हिन्दू समाज, मुस्लिम समाज, बौद्ध या आदिवासी समाज। सच पूछा जाए तो ये स्वयं एक पुस्तकाकार व्याख्या की माँग करते हैं-और ऐसा हुआ भी है-लेकिन यहाँ उसका संक्षिप्त रूप ही प्रस्तुत किया जाएगा। ऊपर जिन-जिन समाजों का ज़िक्र किया गया है-उन सबकी अपनी एक शैली है, उनके अलग-अलग विश्वास, रीति-रिवाज और विचार हैं, वस्तुतः वे अपने इन्हीं पृथक् गुणों के कारण विशिष्ट महत्त्व रखते हैं, लेकिन इसके बावजूद इन सबमें सैद्धान्तिक तौर पर ही सही कुछ ऐसी विशेषताएँ मिलेंगी, जिनके कारण सबमें एकता का भाव विकसित हो उठता है-इसी तरह से और जो भी पृथक्-पृथक् समाज है-उन सबमें कहीं-न-कहीं मूलभूत एकता के सूत्र मौजूद हैं। इसीलिए समग्र रूप में जब हम भारतीय संस्कृति की बात करते हैं-तो एक बनानेवाले अमिट सूत्र ही इस विशाल अवधारणा को सिद्ध करने में सहायक हो पाते हैं वरना भारत जैसे उपमहाद्वीप में एक संस्कृति की बात करना किसी मोटे आदमी को मोटा कह देने की तरह लगता है। अर्थात् है-तो सही, लेकिन थोड़ा हास्यापद मजाक के साथ। यह हमारा गम्भीर शौक है कि हिन्दू और मुस्लिम या बौद्ध समाज-एक जमीन-भारतीय जमीन की पहचान बने, लेकिन शुभ-अशुभ, गलत-सही, प्रतिगामी-स्थिर या इसी तरह की अल्प-लाभकर और प्रचुर हानिकारक रूढ़ियों, मूल्यों एवं मान्यताओं को बढ़-चढ़कर बनाए रखते हुए राष्ट्रीय-संस्कृति का निर्माण करना चाहेंगे-तो इस देश की संस्कृति न तो मरेगी, न जिन्दा रहेगी, न बैठी रहेगी, न चल पाएगी। न ठीक से सो पाएगी, और न ही जाग पाएगी। वह न तो शान्त रहेगी और न ही बोलेगी। अर्थात् उसकी अपनी कोई स्वास्थ्यवर्धक दिशा नहीं तय हो पाएगी इसलिए योगेन्द्र सिंह की यह पंक्तियाँ स्वीकार करनी ही पड़ेंगी-"देश में समाज के परिवर्तन की दर बहुत धीमी है। यदि भविष्य की ओर देखा जाए तो भारतीय समाज के परिवर्तन व गतिशीलता की गति कुछ तेज तो अवश्य हो रही है-फिर भी इसके संरचनात्मक परिवर्तन के लिए (कृषि प्रधान व्यवस्था से औद्योगिक व सेवा प्रधान समाज में विकसित होने में) अभी कुछ दशक और लगेंगे।"[7]

वैसे यह तो सच है कि हम भारत के लोग एक निश्चित भौगोलिक विस्तार

में जीने-रहने और काम करने वाले नागरिक हैं-लेकिन यहाँ विविधता कुछ उसी तरह की है-जैसे किसी कोलाज के रंग-बिरंगे, सादे और आपस में किसी से कोई खास तालमेल न खाते हुए चित्र। हम उन्हें भारतीय भले कह दें-लेकिन इसके बावजूद हमारे भीतर अलगाव का एक भाव बना रहता है-स्थिति तो यहाँ तक पहुँच जाती है कि एक पहाड़ी क्षेत्र का निवासी किसी मैदानी इलाके के पुरुष को विदेशी नज़रों से देखता है-और खुद भी एक दूरन्देशी आदमी की तरह पेश आता है। कारण साफ है-उसकी भाषा, संस्कृति, सोच और जीने की शैली में बहुत-बहुत अन्तर है। उसके दिमाग में सूचना के तौर पर बस इतना बैठा दिया गया है कि वह इसी देश का है-हमारी तरह वह भी भारतीय है-लेकिन इसके अलावा अन्य सम्पर्क-सूत्र नहीं के बराबर मिलते हैं-जिससे वह नजदीकी कायम कर सके। इसीलिए-युवा मार्क्सवादी विचारक 'आनन्द प्रधान' इसी स्थिति को एक सवाल के रूप में हमारे सामने रखते हैं-तो अनुचित क्या है? लिखते हैं-"विविधता में एकता का छद्म नंगा हो गया है। एक ओर भारतीय समाज में चाहे वह जाति के आधार पर हो अथवा वर्गीय लैंगिक, भाषाई, राष्ट्रीयता, धार्मिक और एथनिक आधारों पर गैर बराबरी, भेदभाव, शोषण और दमन, नित नये-नये और अत्यन्त बर्बर व नग्न रूपों में प्रकट हो रहा है।"[10]

सच पूछा जाए तो 'आन्द प्रधान' की टिप्पणी कई देशों के समाज पर सच साबित हो जाएगी-क्योंकि सही अर्थों में देखा जाए तो न सिर्फ़ भारतीय समाज एवं संस्कृति में विकृत जटिलताएँ प्रबल और सघन हुई हैं-बल्कि वैश्विक स्तर पर भी यही दुर्दशा है। इतना जरूर माना जा सकता है कि बिगड़ने की यह दर कहीं धीमी है, कहीं तेज और कहीं काबू के बाहर। यह इस बात पर निर्भर करता है कि वहाँ का मानसिक स्तर कितना विकसित हो चुका है। वहाँ का आर्थिक विकास कितना मानवीय रहते हुए विकसित हुआ है, और वहाँ की राजनीतिक व्यवस्था कितने स्वस्थ रूप में लोकतान्त्रिक है। इसके साथ-साथ वहाँ की वैज्ञानिक, दार्शनिक और साहित्यिक प्रगति किस दर्जे तक पहुँच चुकी है। ये सभी वहाँ के समाज में घटित हो रही बदतर घटनाओं को सीमित, नियन्त्रित या कम करने में मन्दक छड़ (परमाणु ऊर्जा में प्रयुक्त) का कार्य करेगी।

हम संयोग से ऐसे समय में जी रहे हैं, जब तार्किक स्तर पर यह पूरी तरह से सिद्ध हो चुका है कि भारतीय समाज जो कि हजारों वर्षों से धीरे-धीरे बढ़ता चला आ रहा है-निहायत अमानवीय, अनुचित और अवैज्ञानिक वर्ण-व्यवस्था पर आधारित है। हो सकता है-यहाँ के रूढ़िग्रस्त धर्म, परम्पराओं और नियमों में लोककल्याण या परहित के भाव देखने को मिल जाएँ, लेकिन वर्ण-व्यवस्था अब कोई भी लाभदायक सन्देश नहीं छोड़ती है। यह स्वयं स्वामी और दास की निर्मम एवं अपमानजनक

संस्कृति पर आधारित है। इतना तो माना जा सकता है कि व्यापक हित की कसौटी पर लोगों के कर्म और व्यवहार कसे जा सकते हैं–और उन्हें भला या बुरा ठहराया जा सकता है। क्योंकि यह तय है कि बराबरी के नाम पर सारे के सारे लोगों को एक ही पंक्ति में नहीं रखा जा सकता। एक अपराधी और एक समाज सेवक को बराबर नहीं मान सकते। लेकिन इसमें भी हमें उन आधारों की खोज करनी होगी, वे मानदंड निर्धारित करने होंगे, जिसके आधार पर अपराधी सचमुच अपराधी लगे और जनसेवी वास्तव में सेवक। सम्भवतः इसकी एक कसौटी यह हो सकती है कि जिसको आम लोग व्यापक पैमाने पर, बहुमत से मानें और विश्वास करें। अर्थात् जागरूक बहुमत द्वारा स्थापित मान्यता ही किसी के भले और बुरे होने की कसौटी हो सकती है; इस बहुमत को सुशिक्षित होना चाहिए। उसमें तर्क और विवेक की उर्वर चेतना हो, वह मानवीयता का विधिवत् सम्मान करता हो।

खैर! यह तो एक कल्पना जैसी अवस्था है–वस्तुस्थिति तो यही है कि इस देश का समाज जन्म पर आधारित वर्ण–व्यवस्था पर सदियों से खड़ा है। और इतना तो तय है कि इस प्राचीन अन्धकार को पूरी तरह समाप्त करके ही स्वस्थ समाज की नयी सुबह को लाया जा सकता है। स्वयं अम्बेडकर भी इस तथ्य से परिचित थे, इसीलिए उन्होंने चेतावनी दी–"मुझे सन्देह है कि जब तक समाज के एक वर्ग द्वारा दूसरे का दमन और दुर्व्यवहार जारी है–तब तक भारत में एक मुक्त समाज की स्थापना हो सकेगी।"[11]

अब हमें उन परिणामों पर भी ग़ौर करना चाहिए जो ऐसी वर्णाधारित समाज व्यवस्था से पैदा हो रहे हैं। तस्वीर साफ है–सबसे ऊपर ब्राह्मण, उससे नीचे–क्षत्रिय, उसके पीछे वैश्व और अन्ततः शूद्र। लेकिन सच पूछा जाए तो ब्राह्मण और क्षत्रिय ही ऊपर हैं–उसके बाद वैश्य हैं तो जरूर, लेकिन बहुत नीचे अर्थात् बचा–खुचा सम्मान पानेवाले। वह भी इसलिए कि व्यापार और वाणिज्य पर उनकी मुहर लगी हुई है। वैश्यों में ऐसे उपवर्ग हैं–जिनको शुभ कार्यों में देख लेना निहायत अशुभ माना जाता है। जबकि ब्राह्मण और क्षत्रिय में सभी हरे–हरे हैं–अर्थात् सभी शुभ हैं सभी देवतुल्य हैं, सभी मानवेतर हैं और परम श्रेष्ठ हैं। इस समय क्षत्रिय और वैश्य के बीच सम्मान पाने का जो विशाल अन्तर है–उसके अनुसार लगता है कि ऋग्वेद में कुछ और वर्णों की चर्चा होनी चाहिए थी, जो कि नहीं हुई। हो सकता है भूल हो गयी हो। वैसे उसमें भूलें तो हुई हैं–पर ऐसी भूल जिस पर कि पूरी उत्तर–वैदिक संस्कृति आगे बढ़ी हो, आश्चर्य होता है। अगर इन दिनों वेदों को संशोधित संस्करण निकालने का अधिकार ब्रह्मा ने दे दिया होता, तो वेदभक्त निश्चित तौर पर क्षत्रिय और वैश्य के बीच में वैदिक मन्त्रोच्चारण के साथ एक–दो अन्य वर्गों को जोड़ते। शायद तर्क देते कि यदि संविधान का संशोधन हो सकता है–तो वेदों

का क्यों नहीं? आखिर उनके संविधान तो वेद ही हैं। इसीलिए वे देश का संविधान नहीं मानते, नहीं चलने देते, उसका सम्मान नहीं करते, तो इसमें उनका क्या दोष? उनका अपना नियम है, अपना राज है, अपने रूल की दादागिरी है।

यहाँ के रूढ़िप्रेमी मस्तिष्क की सबसे बड़ी समस्या है–वर्तमान में जीवित रहते हुए भी, उसकी खुराक, खाद, पानी और हवा प्राचीनता से ग्रहण करना। यहाँ पत्थर और माटी के सूनसान किले जैसी विस्तृत प्राचीनता को इतना ग्लैमराइज़ और बढ़ा-चढ़ाकर पेश किया गया है कि उसके सामने हम अपने को नाचीज़ समझते हैं। पहले का चिन्तन, पहले का विवेक, उसका संयम एवं सादगी से भरा जीवन हमें आस्था और भक्ति से सराबोर कर मन को इतना गद्‌गद कर देता है कि उसके अन्धबिन्दुओं को देखने की शक्ति और इच्छा दोनों समाप्त हो जाती है। भला हम आज के बच्चे, कल के निर्माता, पितामह से क्या आँख मिलाएँगे? इसलिए उनको देखने का साहस भी नहीं होता है। यहाँ एक वर्ग को आँख बन्द करके प्राचीनता को देखने, समझने और मानने का पाठ पढ़ाया जाता है। इस देश का समाज यथास्थिति वादी है वह जहाँ है, बस वहीं बैठे रहना पसन्द करता है। अगर बढ़ता है तो धक्का देने पर या कान ऐंठने पर। जैसे परूवा बैल हो।

शूद्र की स्थिति जग ज़ाहिर होते हुए भी आज नयी व्याख्या की माँग करती है। यहाँ जो स्थिति क्षत्रिय और वैश्य के बीच बताई गयी, वही स्थिति वैश्य और शूद्र की है। वैश्य स्वयं को शूद्र से बहुत बड़ा मानता है–लगभग ब्राह्मण जैसा। इसको अर्थब्राह्मण या व्यापारी-ब्राह्मण कहें तो अतिशयोक्ति नहीं। ये शूद्र को सम्मान की सीमा से बाहर समझते हैं। शूद्र के खाते में सम्मान जैसा शब्द गायब है। उनके खाते में खाली अपमान बढ़ा है। जिसके ऊपर तीनों ऊपर वालों की तथाकथित श्रेष्ठ संस्कृति टिकी हुई है। निःसन्देह अभी तक के कार्यों और मानवीय गुणों की कीमत के आधार पर यह श्रेणी ठीक उल्टी होनी चाहिए, लेकिन ऐसा हुआ नहीं है, हाँ अब हो जरूर रहा है। और एक दिन यह श्रेणी उलट जाएगी, ऐसी सम्भावना से इनकार नहीं किया जा सकता। डॉ. अम्बेडकर इसी सन्दर्भ में पुनः याद करने योग्य हैं–''भारत का तो इतिहास ही इस बात का साक्षी है कि यहाँ पुरोहित का शासन मजिस्ट्रेट के शासन से भी बढ़कर है।''[12]

चूँकि यह सामाजिक व्यवस्था समानान्तर क्रम के बजाय श्रेणीक्रम में गतिमान है, इसीलिए उनमें से प्रत्येक की संस्कृति भी ऊपर नीचे की क्रम-व्यवस्था पर स्थिर है। सवर्णों की जो परम्परा, नियम कानून और मर्यादा की संस्कृति है वह अपने निरर्थक तामझाम के साथ कठोर और कूपमंडूक है। एक तो उनके पारिवारिक बन्धनों, रीतियों और मर्यादाओं में स्वस्थ जीवन्तता नहीं है, दूसरे उनका पालन करने में इतनी सख्त प्रतिबद्धता है कि उसके उल्लंघन की छूट कोई सपने में भी न ले, और यदि

कोई ऐसा कर दिया, तो न सिर्फ़ सवर्ण समाज से, बल्कि अपने परिवार के द्वारा भी अपना जीवन तबाह होता देखने के लिए तैयार रहे। इस समय चारों वर्णों में बिना नींद के सबसे अधिक कोई सो रहा है तो सवर्ण। देखते हुए भी, आँख मूँदकर चल रहा है–तो सवर्ण, वर्तमान में जीते हुए प्राचीन धर्म, अध्यात्म और जाति के बिस्तर पर सोने के लिए पीछे भाग रहा है तो सवर्ण। इनकी स्थिति वास्तव में उस घूसखोर पुलिस जैसी है जो एक हाथ पीछे करके मुलजिम से नोट ऐंठता है और सामने प्रताड़ित व्यक्ति को धमकाता है–कि निकाल जेब से नहीं तो...। अर्थात् दोनों हाथों में लड्डू। आज जबकि ग्रामीण स्तर के भारतीय समाज में विभिन्न उत्सवों, त्योहारों और पर्वों को मनाने के ढंग महज औपचारिक और काफी हद तक संक्षिप्त हो गये हैं, मात्र सवर्ण ही ऐसे हैं जो पूरे जोशोखरोश के साथ, सारा तामझाम फैलाए हुए उन्हें ढोते चले जा रहे हैं। चाहे विवाह हो, मेला, दीपावली हो या पर्वत–तुला दान, सबमें पूरी पुरोहिती–व्यवस्था हावी रहती है। बाकायदा वैदिक और पौराणिक मन्त्रोच्चारण के साथ निराकार, अरूप, अजन्मा, दर्शनातीत देवी-देवताओं की विह्वल भाव से पूजा के साथ। वे अपने भीतर अपने आराध्य को इतना जीवित कर लिए हैं–कि स्वयं को मार लिया है। वे जिन्दा हैं–यह मिथ्या है–क्योंकि उनके लिए यह जगत ही मिथ्या है माया है। फिर तो हम क्या? यह प्रश्नवाचक सच्चाई वास्तव में आज भी आश्चर्य पैदा करती है कि देवी देवताओं के भ्रम–जाल में उलझा हुआ यह हिन्दू धर्म प्राय: सवर्णों के ही भीतर किले की तरह क्यों स्थापित है? बाकी तो उसे अनिवार्य बोझ मानकर ढोते हैं। स्वयं अज्ञेय के शब्दों में–"पाखंड को निबाहते चलने की सामर्थ्य या सहनशीलता हमारे समाज में अपेक्षया अधिक है।"[13]

अभी ऊपर सवर्णों के समयातीत संस्कृति की जो आलोचना हुई है उसमें ब्राह्मण और क्षत्रिय दोनों समान रूप से सवाल के दायरे में हैं। अब नीचे की बल्कि सचमुच दलित लोगों की संस्कृति व्याख्यातित होगी। इस समाज का वैश्य समुदाय सवर्ण–संस्कृति को तो अपना नहीं पाता, लेकिन ठीक वैसा ही बनने, वही कंठी–माला, भजन, पूजा और कीर्तन में स्वयं को व्यस्त रखता है। इनकी इच्छा रहती है कि वह भी समाज में उसी तरह सामाजिक हैसियत का लाभ उठाए जैसे ऊपर के वर्ण उठा रहे हैं। निश्चित तौर पर वह शास्त्रों, स्मृतियों या पुराणों द्वारा फैलाई गयी उस सुनियोजित कुव्यवस्था से मुक्त नहीं है, लेकिन इसका एहसास उसे उतनी पीड़ा नहीं देता कि इस आश्रम–व्यवस्था को नासूर मान ले। पीड़ा पारदर्शी दृष्टि देती है वह अन्तर्दृष्टि को परिपक्व और सजग बनाती है। सबसे खास बात कि यह पीड़ित के भीतर सत्य के प्रति ईमानदारी से खड़ा होने की शक्ति और साहस देती है। जिसकी पीड़ा जितनी ही मार्मिक और गहरी होती है, दूसरे पीड़ित के प्रति उसकी समझ उतनी ही साफ, मौलिक और यथार्थ होती है। पीड़ा थोथे आदर्श को तोड़ती है और

बेहतर, स्वस्थ यथार्थ का निर्माण करती है। और यही बात आज शूद्र वर्ण के साथ लागू हो रही है, यद्यपि इनमें भी आपसी 'ब्राह्मणवाद' मचा हुआ है, पर कुछ विसंगतियों के बावजूद उनका लक्ष्य बेहतर है, अत: स्वस्थ होने की भी उम्मीद की जा सकती है।

वैश्य वर्ण की स्थिति यह है कि हिन्दू धर्म, संस्कृति और रीति-रिवाज के प्रति शंकालु और आलोचनाशील होने के बावजूद अन्तत: उसके बाहर नहीं जाता। वह भीतर ही भीतर खुन्दक तो खाता है, कि ब्राह्मण और क्षत्रिय कैसा मिल-बाँटकर सामाजिक श्रेष्ठता को आपस में हजम कर लिए हैं और मुझे सन्तोष देने के लिए पैसे का एक सिक्का थमा दिया-मगर चूँकि खान-पान, शादी, त्योहार इत्यादि में इनसे आपसी-व्यवहार बना रहता है और अस्पृश्यता जैसी प्राणघातक मान्यता उनके जीवन में नहीं लागू होती इसीलिए बाहरी तौर पर उनको वर्ण-व्यवस्था से कोई खास शिकायत नहीं है। हाँ, यह तब होता जब उनको भी शीशे के 'स्पेशल' गिलास में चाय या पानी पीने को दिया जाता। उन्हें भी थाली के बजाय पत्तल में खाना परोसा जाता, उन्हें भी बर्तन छूने से मना कर दिया जाता और सवर्णों के घर-द्वार की सफाई एवं लिपाई-पुताई करने के लिए नियमित तौर पर सेवक या दास की तरह बुलाया जाता और रात में उसके पुरस्कारस्वरूप सबके खाने से बच गये भोजन को एक साथ समेटकर दे दिया जाता। जब उन्हें वर्णव्यवस्था की घुप्प रात में सामाजिक सम्मान रोशनी की अनिवार्यता की तरह महसूस होता लेकिन नहीं, दुर्भाग्य से उनमें यह पीड़ा नहीं है। जो पीड़ित है उनकी व्यथा को जरा अम्बेडकर जी से सुनिए- "पूना में अछूत को गले में मिट्टी की हांड़ी लटकाकर चलना पड़ता था, ताकि उसे थूकना हो तो उसमें थूके, क्योंकि भूमि पर थूकने से यदि उसके थूक पर किसी हिन्दू का पैर पड़ गया तो वह अपवित्र हो जाएगा।"[14]

वैसे दलित लेखकों द्वारा लिखा गया विपुल साहित्य बहुत सार्थक और जीवन्त रूप में हमारे सामने है। उनमें दलित पीड़ा का बयान काबिले-तारीफ़ और सावधान करनेवाला है, किन्तु प्रसंगवश यहाँ उनकी संक्षिप्त चर्चा आवश्यक है। मोटे तौर पर यह कि उनकी अपनी संस्कृति कैसे अज्ञानता में, लादी गयी सवर्ण संस्कृति को मानती है, पसन्द करती है-और उसमें स्वाभाविक रूप से ढल जाती है। यह चर्चा विशेष रूप से ग्रामीण स्तर पर केन्द्रित होगी। जादू, टोना, पूजा, चढ़ावा इत्यादि जो कि गाँवों की ठेठ पहचान बन चुके हैं, किसी से संचालित होते हैं-तो किसी को संचालित करते हैं। निहायत गरीब और रोज-रोज मरकर जीनेवाले ग्रामीणों के जीवन में देवी के रूप में अनेक माईयों (जैसे-ओबा, समय और शीतला माई) की सत्ता सदैव छाई रहती है। पैसों के अभाव में महँगी चिकित्सा के मोहताज ये ग्रामीण लोग अन्तत: अपने पुराने और कठिन रोग का इलाज अपनी अस्तित्वहीन माईयों की

दया में ढूँढ़ते हैं। रात-दिन उन्हीं का स्मरण, उन्हीं का पूजन और उन्हीं का नाम रटते हैं। माताजी भक्त के सिर आती हैं-वह दैवीय अवस्था में होता है-माताजी के स्वरों में स्वयं को पटक-पटककर रोगी का इलाज करता है-और कुछ दिन बाद पता चलता है कि रोगी चल बसा। क्यों? देवी जी, पूजा ठीक से न मिलने पर नाराज हो गयी थीं। इस तरह व्यापक अज्ञानता में एक सन्तोष, एक नासमझी विकसित हो गयी है, जो समय के लाख आधुनिक होने के बावजूद टस से मस नहीं होती। अज्ञानता में सन्तोष, दोनों आँखें फूट जाने से कहीं अधिक अन्धकारमय और कष्टकर होता है-क्योंकि इसमें हम लुटते रहते हैं-फिर भी हम खुद को सम्पन्न मानते हैं-हम पिछड़ते जाते हैं-लेकिन आत्मविश्वास बनाए रखते हैं कि हम नये जमाने के हैं। हम बीतते जाते हैं-पर आगे जाते रहने का दम्भ पाले रहते हैं। यह नशीले पदार्थ की तरह हमें अपने वास्तविक एहसास से वंचित कर देता है। जरा 'भगतसिंह' के इन शब्दों पर ध्यान दिया जाए "सिर्फ़ विश्वास और अन्धविश्वास खतरनाक है। यह मस्तिष्क को मूढ़ तथा मनुष्य को प्रतिक्रिया वादी बना देता है।"[15] पर बहस यहीं पर खत्म नहीं होती, यह तो सुदूर लक्ष्य को पाने की एक शुरुआत है।

गाँवों के ऊपर इस संक्षिप्त विरोध से अभी केवल इतना ही निष्कर्ष निकलता है कि वहाँ की मानसिकता तन्त्र-मन्त्र और अयथार्थ की पूजा के जबरदस्त मायाजाल में उलझी हुई है। वहाँ इस समस्या को सीधे पिछड़ापन कहकर बचा नहीं जा सकता। इसमें हमारे और आप जैसे डिग्री हासिल करनेवाले डॉ. साहब भी हैं। अगर इनके जीवन-चरित्र पर इन भ्रम-जालों के गहरे प्रभाव का अध्ययन किया जाए, तो हम पाएँगे कि 95 प्रतिशत शिक्षित सज्जन इनमें आँख मूँदकर डूबे हुए हैं। उनमें से काफी तो सीधे-सीधे, पूरी रुचि और योजना के साथ सक्रिय हैं, कुछ ऐसे हैं जो कर्मकांडों से सीधे जुड़ने के बजाय पिछले, चोर दरवाज़े से आना पसन्द करते हैं, और कुछ ऐसे हैं, जो आधुनिक और प्रगतिशील बनने की अपार चिन्ता में बात करेंगे वैज्ञानिक, मानवीय और तार्किक सोच अपनाने की, जबकि व्यवहार में वे मात्र ऐसे लोगों को पसन्द करते हैं, जो उनके विचारों के खिलाफ काम करते हैं, जो घोर प्रतिक्रियावादी और मज़हबी व्यक्ति हैं, जो रात-दिन समाज को दो कदम पीछे कर देने के लिए कमर कसकर तैयार हैं। ऐसे तथाकथित बुद्धिजीवी अपने जीवन में बड़े प्रेम से दोहरापन जीते हैं। वे आड़ में उन जहरीले लोगों को भी साधे रहते हैं-जो समाज की खुशहाली को डँसकर उसे मृतक हालत में पहुँचा देते हैं और सामने अपनी भाषण कला के माध्यम से भावुक, सरल और सीधी जनता को उत्कृष्ट विचारों और मानवीय भावनाओं से ओत-प्रोत किए रहते हैं। इन्हें यह अच्छी तरह से मालूम है कि किस मौके पर कैसी वाक्कला का नमूना पेश करना है। इनका अपना कुछ नहीं, जो कुछ है जमाने का, जमाने के लिए और जमाने के प्रति। अर्थात् जैसी हो महफिल, वैसा गाइए गाना।

वास्तव में यदि देखा जाए तो चालाक राजनेताओं की तरह चतुर बुद्धिजीवियों का भी एक ऐसा विशाल वर्ग तैयार हो गया है जो अपनी सन्तुलित, सधी हुई और लचकदार व्यवहार-शैली अपना चुका है–जिसको कहीं भी, किसी से भी किसी प्रकार की दिक्कत नहीं होती, सबको 'डील' कर लेता है। सबको आत्मीय बना लेता है और सबका आत्मीय हो जाता है। सबके साथ बैठ लेता है, सबसे घुल-मिलकर, हँस-बोल लेता है। वह शायद ही किसी मौके पर अपना सच्चा विरोध दर्ज करता है। वह हर मौके पर सफल है। उसकी सब जगह पूछ है। उसे भ्रष्ट से लेकर श्रेष्ठ तक सभी चाहते हैं। वह एक दिन दौलत और प्रतिष्ठा के शीर्ष पर होता है। सच मानिए, यदि केंचुआ बौद्धिकों की यह शैली ऐसी ही बनी रही तो शिक्षितों, बुद्धिमानों और बने हुए दार्शनिकों के खिलाफ भविष्य में खुला विद्रोह होने से कोई रोक न सकेगा। आइए अब जरा मुक्तिबोध की इन पंक्तियों को फिर से याद करें–

गह्वर, गह्वर में करते हैं–आराम श्वान
ये रोज शाम
उद्ध्वस्त मुहल्लों की जमीन सूँघते हुए
फिरते रहते चिर उदरम्भरि ये कामचोर
अवसरवादी ये बुद्धिमान[16]

यदि हम कहें कि भारतीय समाज को अनपढ़ और बेचारे की हालत में रखने के लिए एक स्तर पर जिम्मेदार ये छद्म बुद्धिजीवी भी हैं–तो गलत क्या है? निश्चित तौर पर जो जान चुका है–उसे ही और अनजानों को जानकारी देनी चाहिए। बताएगा वही, जिसे पता है। दिखाएगा वही, जो देख रहा है। लेकिन जिन्हें काले और सफेद की जानकारी बहुत अच्छी तरह से है वे स्वयं या तो चुप हैं या फिर एक दूसरे को उलटकर बताने के शौकीन बन गये हैं। सही पूछा जाए तो अपने हित और विकास तथा सुविधाजनक जीवन की चिन्ता में जरूरतमन्द समाज को इस कदर भुला दिया है, कि उसके मामूली लोभ के लिए अपनी छोटी से छोटी कुर्बानी देने को तैयार नहीं है, और इसी नाते यहाँ सही अर्थों में प्रगति की चाल रेगिस्तान में किसी बच्चे के चलने की तरह है, जो हर कदम पर लुढ़ककर बालू फाँकता है, फिर भी चलना नहीं छोड़ता। हमें इस सन्दर्भ में पुनः भगतसिंह को याद करना चाहिए–"प्रत्येक मनुष्य जो विकास के लिए खड़ा है–उसको रूढ़िगत विश्वासों के हर पहलू की आलोचना तथा उन पर अविश्वास करना होगा और उनको चुनौती देनी होगी। प्रचलित मत के प्रत्येक विषय को कोने-कोने से तर्क की कसौटी पर कसना होगा।"[17]

सच पूछा जाए तो इन मजे हुए कलाकारों की भी कई कोटियाँ हैं। यहाँ आलोचना का उद्देश्य उनका विस्तारपूर्वक इनकार नहीं है। यह तो सिर्फ़ एक चेतावनी, एक संकेत है। चूँकि विश्लेषण के केन्द्र में समाज और संस्कृति है, अतः उससे दूर न

जाते हुए हम आगे कस्बाई, शहरी और महानगरी जीवन, विचार एवं व्यवस्था की समीक्षा प्रस्तुत करेंगे।

इस देश में गाँवों के बाद सामूहिक जीवन को समेटने वाली इकाइयों में कस्बों का नम्बर आता है। इन्हें विकसित गाँव या अविकसित शहर कहें तो गलत न होगा। प्राय: ये अपने आस-पास गाँवों की एक मेखला धारण किये रहते हैं और कस्बाई जीवन में गाँवों का बिलकुल सीधा हस्तक्षेप होता है। कस्बा अपनी बहुत सारी दैनिक जरूरतों के लिए गाँवों पर निर्भर रहता है। फल, सब्जी, दूध, अनाज जैसी अनिवार्य चीज़ें उसे गाँव से ही मुहैया होती हैं। इसीलिए देखा जाए तो कस्बों में जीवन स्तर गाँवों के बाद सबसे सस्ता होता है-यहाँ तक कि शहरों से सीधे दुगुना कम। कस्बे गाँवों के और गाँव भी कस्बों के सीधे आर्थिक आधार बनते हैं। लेकिन लगता है-जो आर्थिक आधार बनता है वह धीरे-धीरे वैचारिक और सांस्कृतिक आधार भी बनने लगता है। अर्थ में विचार और संस्कार थोपने की अजेय शक्ति होती है।

इस देश में चारों ओर फैले हुए अनगिनत कस्बों को एक श्रेणी में नहीं रखा जा सकता। निश्चित रूप से उन सबमें पर्याप्त भिन्नताएँ होंगी, जिसका कारण वहाँ का रहन-सहन, वहाँ की भाषा-बोली, वहाँ के स्थानीय संस्कार और वर्षों से चली आ रही प्रचलित मान्यताएँ होंगी। ऐसा भी हो सकता है कि केरल जैसे साक्षर प्रदेश का कस्बा अपनी स्थितियों से परिचित हो, भीतर से जागरूक हो और वहाँ जीने-रहने का अन्दाज बेहतर ढंग का हो। इसलिए सबको एक ही आलोचना दृष्टि में घेर लेना अनुचित होगा। यहाँ पर जिस कस्बाई संस्कृति और उसके सामाजिक परिवेश के अन्तरंग सम्बन्धों का विश्लेषण किया जा रहा है-इसके अन्तर्गत बीमारू प्रदेश अर्थात् बिहार, मध्य प्रदेश, राजस्थान और उत्तर प्रदेश आएँगे। क्योंकि ये प्रदेश अपने निचले पायदान अर्थात् कस्बाई स्तर पर लगभग समान विचारों, परम्पराओं, विश्वासों और आस्थाओं से संचालित हैं। उनका मानसिक स्तर भी करीब एक जैसा है, आर्थिक प्रगति भी एक जैसी दिखेगी। यहाँ तक कि राजस्थान के धौलपुर को आप उत्तर प्रदेश का फरेन्दा, पीपीगंज या इसी तरह का कोई और कस्बा समझ बैठें तो आश्चर्य नहीं। वहीं छोटी-छोटी असंख्य दुकानें, बूढ़ी-व्यस्त सड़कों के दोनों तरफ गाँवों से आये हुए रोजगारियों का वही फैला-पसरा धन्धा। उनके साग, धनिया, मिर्ची, आलू, अनाज और केलों का बिखरा-बिखरा जमावड़ा। रिक्शेवालों की वही प्रतीक्षातुर निगाहें। किराया कमबेशी करवा लेने के लिए सवारी और उसमें वहीं मौखिक बहस! खैर! इस प्रस्तुतिकरण का लक्ष्य मात्र कस्बाई एकरूपता को स्पष्ट करना ही नहीं है, बल्कि उसके बहाने यह दिखाने का प्रयास करना है कि उस व्यस्त और संक्षिप्त जीवन में कहाँ असंगतियाँ हैं, और कहाँ खासियत छिपी है। स्पष्ट तौर पर पहली सर्वव्यापक असंगति जातीय और धार्मिक है। इन दोनों रूपों में ये खुद को अलग बनाये हुए हैं।

उनका अन्य धार्मिकों और अन्य जातियों से खूब ताल-मेल और लेन-देन होगा। बैठकर एक साथ खा-पी भी लेंगे, पर किसी को बाबू साहब के नाम पर स्थूल घमंड है और किसी को अपने दलित होने पर असन्तोष। जरा अज्ञेय की इन आधुनिक सी पंक्तियों पर ध्यान दें। लिखा है-''हम कौन होते हैं? का जवाब यह नहीं सिखाया जाता कि हम इंसान होते हैं या कि हम भारतीय होते हैं। बल्कि यह सिखाया जाता है-कि तू कह हम अरोड़ा होते हैं, या हम ठाकुर होते हैं, हम यादव होते हैं, हम जाट होते हैं, ब्राह्मण होते हैं, कायस्थ होते हैं, अग्रवाल होते हैं, कुछ भी होते हैं, केवल भारतीय नहीं होते।''[18]

असल में आस-पास और दूर-दराज के गाँव ही प्रछन्न रूप में यहाँ अपनी जड़ जमाए हैं। यहाँ छोटे-मोटे रोजी रोजगार करने वाले आम लोग तो अस्त-व्यस्त गली-मुहल्लों में जीवन तो काटते ही हैं, प्राइवेट या सरकारी नौकरी करने वाले कर्मचारी भी थोड़ा बेहतर आवास और रहन-सहन के साथ अपने में व्यस्त रहते हैं। ये नौकरी-पेशा लोग भी सीधे किसी न किसी गाँव के ही होते हैं, और शिक्षित एवं बेहतर सोच-समझ हो जाने के बावजूद वे यहाँ अपने ग्रामीण संस्कारों से संचालित होते हैं। एक तो उनके ऊपर परम्परा निबाहते चलने की अनिवार्य जिम्मेदारी होती है, दूसरे उनमें भय बना रहता है कि यदि पूर्वजों के नियम-कानून या मर्यादा को तोड़ दिया तो मेरा और मेरे बीबी-बच्चों का क्या होगा? वे यह जानते हुए भी कि धर्म और जाति व्यवस्था दूरदर्शी प्रश्नों के दायरे में आ गये हैं, फिर भी वे आँख मूँदकर निश्चिन्त भाव से इन सबको निबाहते चलते हैं। इनमें भी कुछ ऐसे हैं जिनका स्वभाव बन गया है-जातिवादी और धार्मिक बने रहना। संयोग से ये दोनों रूढ़ियाँ अभिन्नतः एक-दूसरे से जुड़ी हुई हैं। कम से कम इस देश में तो ऐसा ही है। इसलिए अक्सर जो जाति व्यवस्था का वकील है, वह बढ़-चढ़कर पूजा-पाठ करता है। खैर! कस्बों के अन्य पक्ष भी हैं। यहाँ भी विभाजन है-मगर उसका मुख्य आधार जाति या धर्म नहीं बल्कि नौकरी-पेशा है। छोटी आमदनी की नौकरी करनेवाले का रंग-ढंग अलग और प्रायः मजबूरी-वश सादे अन्दाज का है। उनकी जरूरतें हैं तो काफी, मगर सीमित पूँजी के दवाब में सिमट गयी हैं। इसके बावजूद मौके-बेमौके उनकी दबी महत्त्वाकांक्षा उभर आती है। कभी-कभी लगता है कि आर्थिक आधार पर विभाजित समाज प्राचीन जाति-व्यवस्था को तोड़कर या कमजोर करके एक नये विभाजन को जन्म देता है-जहाँ अस्पृश्यता जैसी अमानवीयता तो नहीं दिखती, लेकिन वह मनुष्य के हार्दिक रिश्तों को चालाक बनाकर प्रतिस्पर्धात्मक और कभी-कभी भयानक अपराधी प्रवृत्ति का बना देती है। पूँजी में सहज भावनाओं और मानवीय अनुभूतियों को भोथरा और कुन्द कर देने की घातक शक्ति होती है। इसका साकार रूप हमें महानगरों और शहरों में देखने को तो मिलेगा ही, कस्बे भी, जहाँ कि

मानवीय सम्बन्धों के स्थायित्व की काफी गुंजाइश होती है, अछूते नहीं हैं। शिक्षा का सही दिशा में मानवतावादी और वैज्ञानिक विस्तार तथा स्वस्थ आर्थिक प्रगति ही वे मुख्य आधार हैं जो देश के इन अनगिनत कस्बों के बन्द जीवन को नव चेतना के आकाश की ओर देखने की हिम्मत दे सकते हैं–मगर संयोग से ये दोनों चीज़ें वहाँ विधिवत् सुला दी गयी हैं, या रूढ़ियों का लबादा ओढ़े प्रभुओं की जबरदस्त सत्ता के प्रहार से उन्हें अपने नाम पर रोना आता है। यहाँ कस्बों में हलचल, भागदौड़, सब कुछ प्रगतिनुमा दिखता है। लेकिन वास्तविकता दूसरी है–जैसे लगता है वर्षों से रोज-रोज भागता यहाँ का समाज, यहाँ का जीवन, यहाँ का मनुष्य, जहाँ का तहाँ, ज्यों का त्यों पड़ा है। यहाँ अज्ञेय की पंक्तियाँ इस सन्दर्भ में अपनी पूरी सार्थकता रखती हैं–"आधुनिक युग मशीनी युग है। मशीन के विस्तार से समाज-व्यवस्था और संस्कृति नष्ट हो रही है–पुरानी संस्कृति के मरने के साथ नयी को मान नहीं रहे हैं। हमारा मन और आत्मा संकुचित हो रही है और हम यथार्थ का सामना करने के अयोग्य बनते हैं।"[19]

वैसे कस्बाई संस्कृति पर और अधिक सोचने, विश्लेषण करने की आवश्यकता है, बल्कि उस पर बाकायदा एक खोजपूर्ण पुस्तक तैयार की जानी चाहिए, यहाँ उसके मात्र कुछ बिन्दुओं को ही छुआ गया है। अब आगे हम शहर की ओर चलते हैं। जिस तरह से और जिस ढंग का इस देश का मध्यवर्ग है उसी तरह से यहाँ के शहर भी। अर्थात् न तो बहुत सम्पन्न और न ही गरीब। न ही बहुत शिक्षित और न ही अशिक्षित। यहाँ अधिकांश लोग सरकारी नौकरी करते हैं। उनके अपने आश्रित परिवार हैं। परम्परा, पूजा-पाठ और व्रत सहित उनके अपने जीने के ढंग हैं। वे न तो प्रगतिशील हैं, न प्रगति विरोधी। बस यथास्थिति प्रेमी हैं। उन्हें बस अपने परिवार, अपने मित्रों और सगे-सम्बन्धियों की चिन्ता है उनकी खुशहाली, उनकी प्रगति और उन्हीं के साथ उठने-बैठने में इन सबका जीवन कटता है। उन्हें न तो तीन लेना है और न तेरह देना है। न बनना है नेता, न बनना है सुधारक। न नाम कमाने की महत्त्वाकांक्षा है, न युग-प्रवर्तक बनने का सपना। सरकारी नौकरी में लगे हुए अधिकांश शहरी बाबुओं की स्थिति यही है। इनमें से जो प्रशासनिक सेवाओं में जमे हुए हैं–उनकी हैसियत काफी अच्छी है। गाड़ी बँगला, नौकर इत्यादि तो हैं ही। उन्हें समाज को हाँकने का अधिकार भी अपरिमित मिला हुआ है, इसीलिए वे उच्च श्रेणी में न आते हुए भी मध्य वर्ग में सबसे ऊपर हैं। लूटते हैं–मगर शान से। रिश्वत गाँठते हैं और दबंग भी बने रहते हैं, वे उलट-फेर भी करते हैं और ईमानदारी की मिसाल भी कायम रखना चाहते हैं। पूरी भारतीय व्यवस्था में इनसे ज्यादा दोहरापन, इनसे ज्यादा अन्तर्विरोधी जीवन और इनसे ज्यादा भटका हुआ वर्ग आपको शायद ही मिले। खैर! शहर में छोटे-मोटे काम वाले प्रतिशत में कम तो नहीं, मगर कस्बों की अपेक्षा

थोड़े ही हैं; शहर में रहते-रहते उनका शहरीकरण हो चुका है। यहाँ भी देश के विस्तृत ग्रामीण इलाकों से आये लोग रहते हैं, लेकिन उनकी भी कई श्रेणियाँ हैं। एक तो वे जो आसपास के गाँवों से प्रतिदिन आते हैं और शहर में शाम आते ही अपने गाँव वापस चले जाते हैं, प्रायः इनका रोजगार बहुत छोटे स्तर का, धीमा और अस्थायी होता है। ये मौसम को देखकर अपना व्यवसाय बदलते रहते हैं। शहर इनका शौक नहीं, जरूरत है। ये उस तरह से यहाँ आते हैं-जैसे बड़ों की महफिल में खाना परोसने वाले बैरे। ये शहर को अपना श्रम सौंपते हैं, दाम पाते हैं और चले जाते हैं। ये शहर की आधुनिकता से अप्रभावित रहते हैं, और शहर भी इनसे पृथक्। इन्हीं की श्रेणी के वे लोग जो काम-धन्धा करते-करते शहर में स्थायी रूप से बस गये हैं-काफी हैं। इनका रहन-सहन, सोच-विचार और व्यवहार थोड़ा आधुनिक और बहुत कछ ग्रामोन्मुख है। इनका शौक और प्रयास दोनों है, कि शहरी होकर रहें, मगर अर्थाभाव में वह स्वप्निल स्तर हासिल नहीं कर पाते इसलिए उस स्थिति के प्रति सदैव लोलुप बने रहते हैं। ये परम्परागत मार्ग के अनुयायी होने के कारण अपनी गँवई संस्कृति को भी बनाये रखते हैं। अर्थात् इनकी दशा बीच की है-न तो शहरी, न ही ग्रामीण,-बल्कि शहरी-ग्रामीण।

इस तरह से देखा जाए तो सामान्य तौर पर शहरी-समाज कुल चार वर्गों में बँटा हुआ है। यहाँ भेद का आधार आर्थिक है, न कि धार्मिक या जातिगत। वैसे ये दोनों भी वहाँ मौजूद हैं, परन्तु भेद का मुख्य कारण यहाँ पैसा है। यह भेद नीचे से ऊपर की ओर इस प्रकार है-1. सामान्य रोजगार करनेवाले, 2. निजी व्यवसाय या व्यापार चलानेवाले 3. सरकारी या ग़ैर-सरकारी नौकरी में लगे हुए और 4. उद्योग धन्धे या कम्पनियाँ चलानेवाले। यहाँ दो वर्गों का विश्लेषण संक्षिप्त रूप में किया जा चुका है। अब बचते हैं-2 और 4, अर्थात् बड़े व्यवसायी एवं उद्योगपति। इन दोनों लोगों को छोटे-बड़े भाई मान लिया जाए तो बुरा नहीं, क्योंकि दोनों वर्गों का एक ही उद्देश्य होता है-धन कमाना और वो भी जितना हो सके। व्यापारी और व्यवसायी का उद्देश्य होता है-जल्दी से जल्दी एक कम्पनी खड़ा कर ले या होटल, फर्म इत्यादि स्थापित कर ले, और उद्योगपति का उद्देश्य होता है और अधिक उद्योगों का विस्तार कर ले। व्यवसायी पैसा कमाता है और बचाता है-मगर उद्योगपति पैसा बचाने की प्रक्रिया से ऊपर उठ चुका है। उसे बँगला, गाड़ी किसी भी चीज़ की कमी नहीं। उसका अपना स्थायी घर कहाँ? यदि है तो बस कहने के लिए। उसकी पूरी ज़िन्दगी पंचसितारा होटलों, स्वर्गोपम महफिलों और एअर कंडीशन-यात्राओं में गुजरती है। एक सामान्य कर्मचारी अपने जीवन में जितना पैसा बड़ी मुश्किल से बचा पाता है, उतना ये उद्योग-शिरोमणि किसी पंच सितारा के चन्द दिनी निवास में उड़ा देते हैं। सौ-दो सौ या एक हजार उनके लिए उस चवन्नी की तरह है-जो यूँ

ही दुकानदार की तिजोरी में पड़ी रहती है। वैसे शहरों में इनका प्रतिशत अभी भी कम है–लेकिन विज्ञान और तकनीक के भविष्य को कौन जानता है। उद्योगपतियों का भविष्य उज्ज्वल है।

और अन्त में महानगर। वैसे यह सुविकसित संस्कृति के ऐसे अत्याधुनिक उदाहरण हैं–जिसे समाज और संस्कृति के दायरे में लाना किसी ग्रामीण पिता द्वारा अपने महानिदेशक पुत्र को नाम लेकर बुलाने जैसा होगा। यहाँ समाज और संस्कृति के बने-बनाये प्रतिमान बड़ी मुश्किल से लागू होते हैं। इसका अपना अन्दाज है, अपनी मस्ती है, अपने सपने हैं और इन सबसे बढ़कर कि अपनी बेफ़िक्र चाल है। एक वह समाज जो गाँव के स्तर पर देश के कोने-कोने में फैला है–और एक यह जो प्रतिशत में बहुत कम मगर वृक्ष के सिर की तरह नभ के नजदीक, झूमता हुआ, लचीला और कोमल-हरा। वैसे गाँव की जड़ से इनका सम्बन्ध बस इतना ही है कि वृक्ष की तरह इन्हें भी अपनी जड़ों की ओर जाकर पेट भरने के लिए खुराक लेनी पड़ती है। अनाज, फल, सब्जियाँ कम से कम ये भी खाते हैं, लेकिन ये जड़ों से इतने कटे हैं, अलग और अपरिचित हैं कि इनका सामान्य ज्ञान शायद ही यह भाव जगा पाता हो कि अनाज किसान पैदा करता है। उनके अनुसार कोई भी खाद्य पदार्थ रुपये की हवा, पानी, रोशनी और उसी की मिट्टी में 'आटोमैटिक' तैयार होता है जिसे वे परमाधिकार के साथ ग्रहण करते हैं–और अपने प्राण की वास्तविक जड़ों से बेफ़िक्र रहते हैं। इस बेफ़िक्री की परम्परा और बेइन्तहा गरीबी में कहीं न कहीं सम्बन्ध है। अज्ञेय के शब्दों में देखें–"एक तरफ किसान और निर्धन आदिवासी का झोंपड़ा दो हजार वर्षों में जरा सा भी नहीं बदला है।"[20]

शहर की तरह महानगर में भी सबसे विशाल तबका मध्यवर्ग का ही है, जो कि उठा तो है–गाँवों से, मगर काफी लम्बे समय से महानगर में रह रहा है, और अपनी बहुत सारी उपलब्धियों में वह महानगरी बन चुका है। इन्हें सीधे तौर पर मध्य वर्ग भी नहीं कह सकते, क्योंकि इतना ताम-झाम और उत्तरोत्तर आराम उच्चवर्ग के करीब ला खड़ा करता है–लेकिन भीतर झाँकने पर बात ऐसी नहीं लगती। मध्यवर्गीय जीवन की ढेर सारी प्रवृत्तियाँ जैसे छोटी-छोटी चिन्ताएँ, घर-परिवार और व्यक्तिगत सम्बन्धों को निभाने की जिम्मेदारी, कहीं न कहीं सामाजिक प्रतिष्ठा का शौक, पारिवारिक मूल्यों को चलाते रहने की मजबूरी इत्यादि। ये शासन-व्यवस्था के बड़े से बड़े पदों पर होते हुए भी न तो इतने सम्पन्न हैं कि आकाश चूमते शीश महलों में प्रतिरात लाख-लाख खर्च कर सकें, न तो इतने अभावग्रस्त हैं कि घर में कैंसरग्रस्त सदस्य का इलाज न करा सकें। मोटे तौर पर ये मजे में हैं। खूब आराम है, सुख है, सुविधाएँ हैं। मगर थोड़ी चिन्ता, थोड़ी जिम्मेदारी और मामूली संघर्ष के साथ। इन्हीं की श्रेणी में थोड़ा नीचे मध्यम स्तर के नौकरीशुदा हैं। नयी शादी हुई

है, घर, गाँव में या कस्बों में या फिर छोटे शहर में। इनके ऊपर जिम्मेदारी अपने प्रौढ़ रूप में है। तनख्वाह पूरी नहीं पड़ती। खर्च के कई स्रोत मुँह बाए खड़े हैं। अपना अकेला खर्च भारी पड़ता है–उसमें भाई-बहनों और माँ-बाप को देखना है। उनकी उचित शिक्षा, स्वास्थ्य और खान-पान की व्यवस्था करनी है। इसलिए बचत के नाम पर रिक्त खाता हाथ लगता है। यदि सौभाग्य से बच भी गया तो परिवार में आये दिन किसी की शादी, किसी की तीर्थयात्रा, किसी के धार्मिक उत्सव में उठ जाता है। वह सुशिक्षित, सचेत और मानवीय हैं–उसकी महत्त्वाकांक्षा सबको सम्भाल लेने की है–लेकिन अनियन्त्रित यथार्थ उसकी इस शुभेच्छा पर भारी पड़ता है–अतः वह हमेशा चिन्ताग्रस्त रहता है और अपनी वर्तमान स्थिति एवं भ्रष्ट व्यवस्था से त्रस्त रहता है। अतः एक दिन वह स्वयं भी उसमें पाँव डाल देता है और अपने निर्माणकर्ता मूल्यों, नियमों और प्रतिबद्धताओं के खिलाफ सारे काले कारनामे करने लगता है।

छोटे-मोटे काम कर्ता कस्बों और शहरों की तरह महानगरों में भी हैं। वे अपने जीवन में लगभग उसी अन्दाज के हैं जैसे अन्य जगहों में और लोग। महानगरों में एक विशाल तबका नरकतुल्य जीवन काट रहे झुग्गी बस्तियों का है। इनका तो सब कुछ अलग है। ये भव्य शहर में हैं, मगर नहीं हैं। ये दिखते हैं, मगर महानगर की आँखों से गायब रहते हैं। ये शहर को नहीं देखते और न ही शहर इनको देखना जरूरी समझता है। ये अनपढ़ हैं, सभ्यता से अन्जान हैं, गरीब हैं। और शहर के होकर भी शहर के नहीं हैं। सरकारें भी इन पर तब ध्यान देती हैं, जब या तो इनके अवैध कब्जों से जमीन को मुक्त कराना होता है, या किसी कारणवश पूरी झोपड़पट्टी जलकर राख हो जाती है। इसके पहले सरकार देखे भी तो क्या?

रचना का समाज और संस्कृति से सम्बन्ध

साहित्य का समाज और संस्कृति से जुड़ाव कोई नयी बात नहीं है। अब तो यह पूछने के बजाय कि साहित्य समाज से जुड़ा है कि नहीं, सीधे यह पूछा जाता है–कि क्या कोई रचना ऐसी भी है–जो समाज और संस्कृति से न जुड़ी हो? वास्तव में इस प्रश्न का उत्तर 'ना' में होगा। समाज और संस्कृति का दायरा इतना बड़ा है कि इसमें ऐसी प्रवृत्तियों, ऐसे विषयों और ऐसी रीतियों का भी समावेश हो जाता है–जो कहीं न कहीं समाज की प्रगति में बाधक होती हैं। जैसे हम अपराधी से नफरत करते हुए भी उसके अपने जैसे मनुष्य होने को इनकार नहीं कर सकते, उसी तरह संस्कृति के नकारात्मक और हानिकारक पक्षों को समाप्त करने की इच्छा रखते हुए भी, इसके नुकसान को झेलते हुए भी सामाजिक या सांस्कृतिक दायरे से बाहर नहीं कर सकते। कार्ल मार्क्स से लेकर रामचन्द्र शुक्ल और भी विभिन्न दार्शनिकों,

आलोचकों और साहित्यकारों ने इस विचार को बार-बार सामने रखा है कि किसी काल की साहित्यिक ऊँचाई उस काल की सामाजिक-सांस्कृतिक उन्नति का द्योतक होती है। अर्थात् विकसित समाज और उसकी श्रेष्ठ संस्कृति ही उत्कृष्ट साहित्य देने में समर्थ हो सकती है। इस पर तर्क पूर्वक ध्यान दें तो यह काफी हद तक सही भी लगता है-क्योंकि हम मार्गहीन और अराजक समाज तथा खिड़कियों एवं दरवाज़ों से रहित संस्कृति में कालजयी साहित्य की उम्मीद नहीं कर सकते, फिर भी इसका दूसरा पहलू भी है-वो यह कि कभी-कभी बहुत पिछड़ा और बुरा समाज भी अपने खिलाफ बहुत सशक्त लेखक को तैयार करता है। बल्कि ऐसा देखा भी गया है-जब-जब समाज मूल्यहीन हुआ है-और संस्कृति दिवालिया हुई है-तब-तब उसे ठोंक-पीटकर चैतन्य और स्वस्थ बनाने वाले महान लेखकों और कलाकारों का जन्म हुआ है। बेहतर समाज और सुन्दर संस्कृति किसी रचनाकार को सोचने के लिए स्वतन्त्र वातावरण और निश्चिन्त करने वाली सुविधाएँ देती है। यहीं तक उसकी भूमिका जबरदस्त है। जैसे सूर या तुलसी के लिए अकबर-युग ने एक सहिष्णु वातावरण प्रदान किया, लेकिन ऐसा नहीं कि कबीर और मीरा के लिए भी यही आजादी उपलब्ध थी। इन्होंने तो कट्टरता, मूर्खता और धार्मिक अन्धता से अपनी लेखकीय आजादी को जबरदस्ती छीना, बड़ी हिम्मत के साथ, खतरा मोल लेते हुए। और फिर दूसरे 'भक्तिकाल' कहलाने वाले छायावाद-युग में ही कहाँ यह सुविधा किसी कवि को नसीब हुई। उस समय यदि देश आजाद रहा होता तो कोई दो राय नहीं कि छायावाद अमूर्तन और रहस्य की ओर नहीं गया होता, वह अभिव्यक्ति के स्तर पर ज्यादे साफ, ज्यादे खुला और स्पष्ट होता। अपने लोकप्रिय लेख में प्रेमचन्द ने साहित्यकार बनने की वजह स्पष्ट की है। ये पंक्तियाँ-"अपनी कल्पना में, वह व्यक्ति और समाज को सुख और स्वच्छन्दता की जिस अवस्था में देखना चाहता है, वह उसे दिखाई नहीं देती। इसलिए वर्तमान मानसिक और सामाजिक अवस्थाओं से उसका दिल कुढ़ता रहता है। वह इन अप्रिय अवस्थाओं का अन्त कर देना चाहता है, जिससे दुनिया में जीने और मरने के लिए इससे अधिक अच्छा स्थान हो जाए। यही वेदना और यही भाव उसके हृदय और मस्तिष्क को सक्रिय बनाये रखता है।"[21]

इसलिए साहित्य के वर्तमान के लिए जहाँ स्वस्थ वातावरण की जरूरत है, वहीं उसका भविष्य उस युग की चुनौतियों से तय होता है। युग की विषमता का दबाव जितना ही अधिक होता है, साहित्य में उतनी ही बड़ी दृष्टि और जीने की क्षमता पैदा होती है। बिना दबाव के साहित्यिक प्रतिक्रिया सशक्त नहीं हो पाती क्योंकि बेहतर निर्माण को क्षीण करने वाली प्रबल स्थितियाँ साहित्यकार को ताकतवर शब्दों और मनोवेगों को संगठित करने की चुनौती देती हैं-और प्रतिभावान साहित्यकार अपने लेखकीय दायित्व को सँभालते हुए श्रेष्ठ साधना के बल पर स्वयं को गलत

युग के सामने रचनात्मक मजबूती से खड़ा करने में सफल होता है। एक लेखक के सामने कोई भी युग उसका समाज और उसकी संस्कृति मुख्यत: दो रूपों में सामने आती है। एक तो रचना को प्रेरणा एवं उत्साह देनेवाली शक्ति के रूप में और दूसरे रचना की आँख खोलने वाली चुनौती के रूप में। इसीलिए साहित्य के भी दो उद्देश्य मुख्य होते हैं–एक तो वह उन पक्षों का समर्थन करे, उनका महत्त्व प्रतिपादित करे और उनके साथ कदम से कदम मिलाकर खड़ा हो, जो बहुत मानवीय हैं, सहज और सीधा जीवन जीते हैं, लेकिन हालात ने उन्हें पस्त कर रखा है, वे उपेक्षा के शिकार हैं। सबकी अनिवार्यता होते हुए भी वे किसी के लिए महत्त्वपूर्ण नहीं। साहित्य का दूसरा उद्देश्य वह जिसमें कलम ऐसे वर्गों की आलोचना, भर्त्सना और निन्दा करती है–जो जमीन पर खड़े होकर, जमीन को नहीं देखते। उनकी आँखें केवल आसमान देखने की आदी हैं। रचना ऐसी आँखों को नीचे की ओर देखने को मजबूर करती हैं, उनमें मिट्टी का भाव जगाती है, मात्र ऊपर देखने का अपराध बोध कराती है और नीचे लाने के लिए बार–बार आवाज़ लगाती है। देखें प्रेमचन्द के ही शब्द जो उनके साहित्य के उद्देश्य में अन्तिम छोर वाले हैं–"हमारी कसौटी पर वही साहित्य खरा उतरेगा, जिसमें उच्च चिन्तन हो, स्वाधीनता का भाव हो, सौन्दर्य का सार हो, सृजन की आत्मा हो, जीवन की सच्चाइयों का प्रकाश हो, जो हममें गति, संघर्ष और बेचैनी पैदा करे, सुलाये नहीं, क्योंकि अब और ज्यादा सोना मृत्यु का लक्षण है।"[22]

दार्शनिक और साहित्यकार अपने युग के मस्तिष्क की दो आँखें हैं। यही वे दो शक्तियाँ हैं–जो दृश्य और अदृश्य दोनों सच्चाइयों को ठीक–ठीक देख सकती हैं, नब्ज पर हाथ रख सकती हैं–और समय के हृदय में धड़कन महसूस कर सकती हैं। जो पैदाइशी उम्दा साहित्यकार हैं, वह जीवनपर्यन्त अपने सामने प्रस्तुत समय के प्रति एक प्रतिबद्ध जिम्मेदारी महसूस करता है। यहाँ तक कि दिन–रात उसका चिन्तन–मनन, कला की मानसिक और कल्पनात्मक दुनिया में चलता रहता है। वह बात करते हुए भी सृजनात्मक शैली में कुछ न कुछ सोचता रहता है। उसकी भावना तक पहुँचनेवाली कोई भी घटना, कोई भी गतिविधि, कोई भी चरित्र बिना अपनी तलाशी दिए आगे नहीं बढ़ पाती। रचनाकार जब तक अपने वक्त की गलतियों को सृजन के कटघरे में लाकर खड़ा नहीं कर लेता, तब तक उसे चैन नहीं मिलता। उठते, बैठते, चलते उसके एक ही फ़िक्र लगी रहती है कि किस तरह अपनी कल्पना, अपने बिम्बों और प्रतीकों को भाषा–शैली के माध्यम से प्रस्तुत करे कि वह एक–एक पाठक को अपने असली अन्तर्वाह्य रूप में महसूस हो जाए। कलाकार की सर्वोच्च सफलता इसी में है कि देखे और महसूस किये गये सच को जैसा चाहे, वैसा उतार दे। उसकी प्रतिभा की अमर सफलता इसी शत–प्रतिशत अर्थोद्घाटन में ही है। लेकिन

इसके लिए सबसे जरूरी है–लेखक का सच की बारीकियों से खूब परिचित होना, उसमें तथ्यों को पहचानना और वास्तविकता को वैचारिक एवं दार्शनिक रूप देना। इसीलिए बेहद भावुक, संवेदनशील और सहृदय होने के बावजूद लेखक यदि तथ्यों से अपरिचित है–तो सुव्यवस्थित एवं कसौटी पर खरा उतरने वाली रचना का सृजन नहीं कर सकेगा। यहाँ महान कवि 'शैले' की कविता का एक उम्दा उदाहरण। इसमें युग का सच कैसे भावात्मक बिम्ब धारण कर कला का श्रेष्ठ रूप ग्रहण करता है–देखें–

Darkness has dawned in the east
ON the noon of time,
The death birds descend to their feast
From the hungry claime.[23]

शैले की इन पंक्तियों को अलग से व्याख्यायित करने की जरूरत नहीं है। इसमें महाकवि की उत्तरदायित्व पूर्ण तल्खी स्पष्ट है। एक गहरा, दुखी विरोध है, और मनुष्य को बेलाग चेतावनी है। कवि की परिपक्व अन्तर्दृष्टि भ्रष्ट समय की उलझनों का विश्लेषण कर उस सत्य का संकेत करती है–जो आगे होनेवाला है। इसलिए साहित्यकार को युगद्रष्टा और स्वप्नदर्शी कहा गया है। उसकी कल्पना, न दिखनेवाले परन्तु घटित हो रहे सच को और आगे घटनेवाले सच को पहले ही देख लेती है।

यह दौर कला का वह दौर है–जब साहित्य को किसी एक विचारधारा, किसी खास वर्ग के हित और किसी एक उद्देश्य से मुक्त माना जा रहा है। यह सच है कि साहित्यकार को किसी एक वर्ग, किसी एक सोच या किसी एकांगी उद्देश्य से बँधकर नहीं रहना चाहिए, क्योंकि एक के साथ बँध जाने में बुद्धि बन्द हो जाने का सुनिश्चित खतरा होता है। मगर एक ऐसी अपनी सोच जो बहुत सारे विचारों के बीच तार्किक मन्थन, मानवीय विश्लेषण और प्रखर चिन्तन से निकला हो, उसको हमें अपनाना चाहिए, क्योंकि प्रत्येक काबिल लेखक के पास एक विचार धारा तो होती ही है उसमें भले ही कई विचारधाराओं के श्रेष्ठ अंश शामिल क्यों न हों।

बिना किसी सुस्पष्ट सोच के और दुनिया के बारे में अपने साफ नज़रिए के यादगार सृजनात्मक लेखन हो ही नहीं सकता। इसके साथ–साथ यह भी आवश्यक है कि यह भेड़ चाल का न हो, अर्थात् जैसा सब करते हैं, वैसा वह भी करेगा इस सूक्ति से लेखक को मुक्त होना होगा। वह समाज का एक हिस्सा और रोज़मर्रा की समस्याओं में फँसा हुआ प्राणी होने के बावजूद जीने का एक श्रेष्ठ स्तर कायम रखता है–तभी उसके हाथ से मार्गदर्शक रचनाएँ निकल पाती हैं। यहाँ आगे तोलस्तोय की कुछ पंक्तियाँ प्रस्तुत हैं। वे इसी मानवीय शैली को अपनाने पर बल देती हैं–

"विज्ञान और कला बड़ी सुन्दर वस्तुएँ हैं और यही तो कारण है, उन्हें विलासिता के संसर्ग से दूषित नहीं होने देना चाहिए, अर्थात् वैज्ञानिकों और कलाकारों को इस मानवीय कर्तव्य से मुक्त नहीं करना चाहिए कि उन्हें स्वयं अपने और दूसरों के जीवन के लिए श्रम करना आवश्यक है।"[24] यहाँ 'श्रम' शब्द उस सक्रिय कर्तव्य का रूपक है जहाँ प्रेमचन्द ने स्वयं को मजदूर कहा है और लिखा है कि जिस तरह मजदूर अपने खेत में फावड़ा चलाता है उसी तरह वे कलम चलाते हैं। जनता और जमीन से जुड़ा हुआ ऐसी गहरी भावुकता का लेखक ही स्वयं को मजदूर कह सकता है। बेहद दूरदर्शी और सचमुच का कीमती साहित्यकार स्वयं को सदैव सबसे नीचे रखता है। वहीं खड़े रहने में उसको सुकून है, उसकी अमर सार्थकता है, और नयी दिशा पैदा करने की सम्भावना है। नोबेल कवि टैगोर ने स्वयं इसी निम्नतम भूमि को सहज सहृदयता से स्वीकार किया है–देखें ये पंक्तियाँ–

लोग मेरी निन्दा करते हैं,
वह गलत नहीं
मैं निन्दा के भार को सिर पर लेकर
सबके नीचे रहूँगा।[25]

इसी बात को थोड़ा और विस्तार देते हुए यहाँ व्याख्या करना चाहेंगे। हमारे सामने तुलसी जैसे महाकवि का उदाहरण है, जिन्होंने उत्सव में परोसी जा रही खीर को जूते में लेकर खाने का आग्रह किया है था, स्वयं कबीर की फक्कड़ी में आप यह निःस्वार्थ विरक्ति ढूँढ़ सकते हैं–कि युगद्रष्टा अपने समय में कितना सामान्य से सामान्य जीवन जीता रहा होगा। इतना ही नहीं निराला, मुक्तिबोध या नागार्जुन क्या सुखी ज़िन्दगी जीये? यहाँ यह बात उठ सकती है कि यह फक्कड़ी की जीवन शैली इनके साहित्यिक कद को अमिट बनाने में सहायक रही या नहीं? इसका उत्तर निस्सन्देह 'हाँ' ही होगा। क्योंकि समय का प्रतिनिधि साहित्यकार इतना संवेदनशील और सूक्ष्मदर्शी होता है कि उसे पद–प्रतिष्ठा और झूठी शान के सारे दिखावे दो कौड़ी के लगते हैं। वह सुख–सुविधा के ताम–झाम से जितना ही मुक्त रहता है उतना ही अपनी सच्ची प्रतिभा के नजदीक होता है। उतना ही साफ और और सच्चा देख पाता है और गलत से लड़ने की नैतिक शक्ति ग्रहण करता है। सबसे प्रमुख यह कि उसके सामने जब तक देश–दुनिया और समाज के दुखी दृश्य नज़र आते हैं। सामान्य लोग अपने छोट–बड़े कष्टों में हाल–बेहाल दिखते हैं तब तक वह अपना आराम हराम समझता है वह उन सारे कष्टों, दर्दों और समस्याओं को अपना मान लेता है उनसे अभिन्नतः जुड़ जाता है। जैसे प्रेमिका प्रेमी के दर्द को अपने भीतर महसूस करने की शक्ति रखती है–उसी तरह साहित्यकार समाज की पीड़ा को पूरी सजीवता के साथ अपने अन्दर महसूस करता है–इसीलिऐ वह अपने समय का

सबसे बड़ा प्रेमी होता है। यहाँ मुक्तिबोध की चन्द पंक्तियाँ इसी तथ्य की सार्थकता सिद्ध करेंगी, देखें–''सच्चा लेखक जितनी बड़ी जिम्मेदारी अपने सिर पर ले लेता है, स्वयं को उतना अधिक तुच्छ अनुभव करता है। उसे अपनी क्षमता और आत्मसीमा का साक्षात् बोध होता रहता है। ऐसा क्यों? इसलिए कि वह अपनी अभिव्यक्ति की तुलना धड़कने वाले केवल वस्तु–सत्य से ही नहीं करता, वरन् अपने स्वयं के साक्षात्कार, सामर्थ्य की तुलना उस वस्तु सत्य की विशालता से करता है।''[26]

विवेकानन्द ने बड़े मार्मिक शब्दों में एक पाठ पढ़ाया था कि वह हर एक व्यक्ति अपराधी है जो पढ़–लिखकर आगे बढ़ गया, अपने आपको समृद्ध कर लिया, लेकिन जिनके आधार पर आगे बढ़ा, उनकी ओर तनिक भी ध्यान नहीं देता। एक लेखक वास्तव में ऐसे भावशून्य आदमियों के लिए पश्चात्ताप की भूमिका तैयार करता है, उनमें उपेक्षित की गयी बहुमूल्य चीज़ों के प्रति सम्मान और प्रेम का भाव पैदा करता है और संवेदना का परिष्कार, विस्तार एवं पुनर्निर्माण करता है। यहाँ अपने प्रसिद्ध लेख 'कला का उद्देश्य' में बेलिंस्की ने महाकवि शेक्सपीयर के माध्यम से मूल्यवान बात कही है–''शेक्सपीयर–नैसर्गिक, महान, बेजोड़ शेक्सपीयर–सभी जगह पहुँचा है–समूचे दोजख, समूची धरती और समूचे स्वर्ग लोक को उसने छाना है। प्रकृति के इस बादशाह ने नेकी और वदी दोनों से चौथ वसूल की और अपनी अनुप्राणित अन्तर्दृष्टि से विश्व की धड़कती हुई नब्ज को पहचाना।''[27]

स्पष्ट है 'विश्व की धड़कती हुई नब्ज' शेक्सपीयर जैसा विश्वग्राही सार्वभौमिक दृष्टि का कवि ही पकड़ सकता है। ऐसा सभी के लिए सम्भव तो नहीं, पर इतना तो जरूर है कि जो रचनाकार जहाँ हैं–वहाँ के बारे में एक सार्थक और लोगों के लिए अनुकरणीय या प्रेरणास्पद अन्तर्दृष्टि विकसित कर सकता है। कोई आवश्यक नहीं कि लेखक विश्व–दृष्टि रखे ही, लेकिन स्थानीय–दृष्टि, आंचलिक दृष्टि या वर्ग–दृष्टि भी कम मूल्यवान नहीं, क्योंकि कभी–कभी इन्हीं परिपक्व और सूक्ष्म आंचलिकता एवं स्थानीयता में विश्वदृष्टि की सम्भावनाएँ छिपी होती हैं–'गोदान' या 'मैला आँचल' में से कोई भी सैद्धान्तिक स्तर पर तयपूर्वक विश्वदृष्टि लेकर नहीं चलता, लेकिन अपने गँवईपन और आंचलिकता के रंग में मानवीय भावनाओं एवं दुख–दर्द के अन्तर्द्वन्द्व का ऐसा शाश्वत रूप पेश करते हैं कि वह अपनी मूल जमीन से मुक्त होकर सीमारहित रूप ग्रहण करने लगते हैं। जैसे दुनिया का छोटा से छोटा हिस्सा वैश्विक विस्तार की अविभाज्य इकाई है–उसी तरह लोकरंग और स्थानीय जीवन को केन्द्र में रखकर लिखा गया साहित्य विश्व–साहित्य की अहम उपलब्धि है। यहाँ 'बेलिंस्की' के एक और कथन में स्थानीयता की कीमत स्पष्ट हो जाएगी–''जर्मनी की प्रतिभा ग़रीब लोगों के दड़बों, छात्रों के दयनीय बारों, और चरवाहों की टूटी–फूटी झोंगड़ियों को अधिक पसन्द करती है। वहाँ हर आदमी

लिखता या पढ़ता है। वहाँ जनता की संख्या लाखों-लाख और लेखकों की हजारों-हजार है। एक शब्द में यह कि वहाँ साहित्य समाज का नहीं, वरन् जनता का दर्पण है।''[28]

प्राय: यह मान लिया जाता है कि साहित्यकार यदि कोई है तो वह अनिवार्यत: अपने समय और समाज से जुड़ा होगा ही। लेकिन यह जुड़ना सब कवियों या लेखकों के लिए एक जैसा नहीं होता। कोई हृदय से जुड़ा होता है तो कोई मात्र मस्तिष्क से। इनमें कुछ तो न हृदय से और न ही मस्तिष्क से जुड़ते हैं, बल्कि यूँ ही फैशन में या शौकिया लेखक कहलाने के लिए कलम का धन्धा अपना लेते हैं। अगर सचमुच सारे साहित्यकार अपनी क्षमता और स्वाभाविक ईमानदारी के साथ समाज से जुड़ते, तो आज चिरस्मरणीय रचनाओं का ऐसा अकाल न पड़ता। यह स्थिति विशेषकर हिन्दी साहित्य में व्याप्त है। समाज से जुड़ने का अर्थ है–उसके व्यापक दुख-दर्द, गरीबी, बेकारी और अज्ञानता को आत्मवत् महसूस करना। उससे पैदा होनेवाली दिक्कतों से शत-प्रतिशत वाकिफ होना और अपनी दूरदर्शी कलम के माध्यम से समकालीन पाठकों को और भविष्य के पाठकों को भी उन दिक्कतों से सचेत करना और उससे मुक्ति पाने का रास्ता दिखाना। चाहे समाज हो या उसकी संस्कृति वह अपनी विविधता और जटिलता में इतनी चुनौतीपूर्ण होती है कि कोई भी लेखक जब तक मंजी हुई, परिपक्व और विवेकसम्पन्न आँखों से बारीकी पूर्वक उनका चिन्तन, मनन और विश्लेषण नहीं करेगा, तब तक सार्थक और कीमती पुस्तक नहीं दे पाएगा। कोई भी लेखक जो यहाँ शहरों में बन्द है, और देश में रात-दिन घटित हो रही विनाशक घटनाओं के ऊपर कलम चलाना रहता है–तो सबसे पहले उन घटनाओं के कार्य-कारण सम्बन्ध से वाकिफ होना पड़ेगा। दूसरे, बेहतर तो यह होगा कि वह स्वयं को ऐसी घटनाओं के समक्ष उपस्थित करें, यदि ऐसा न कर पायें तो कम से कम अपने दिलो-दिमाग से उन घटनाओं की वर्तमान और भावी पीड़ा को महसूस करे, अपनी सोच में उन्हें जीए, और खुद को उनके खिलाफ एक अनथक प्रतिद्वन्द्वी बनाकर खड़ा करे। और ऐसा तभी हो सकता है जब वास्तव में देश के किसी कोने में किसी औरत के जलने, बच्चे के टुकड़े करने या घर में आग लगा दिए जाने पर खुद को रोने-रोने जैसा महसूस करे। यह परपीड़ा के आँसू ही लेखक को अमर रचना लिखने की अन्तर्दृष्टि और अपार सामर्थ्य देते हैं। लेखक या दार्शनिक के अतिरिक्त वह कौन है, जो एक-एक की नब्ज को, सबके मन के राज को और सबकी मूक व्यथा को महसूस कर ले, पढ़ ले, सुन ले। शायद कोई नहीं। यही कलाकार का वह अमर आँसू है, जो उसे आदमी के भीतर का अन्वेषक बना देता है। आज कबीर के चमत्कारिक कद से सारी दुनिया परिचित है। हमें याद करना चाहिए उनका विलाप, जब उन्होंने रोकर कहा था–

सुखिया सब संसार है खावै अरु सोवै।
दुखिया दास कबीर है जागै अरु रोवै।

आज का साहित्यकार न तो जागता है और न ही रोता है, बल्कि वह चुप रहता है; और मौके-मौके पर शोर मचाता है। साहित्य उसके लिए ऐसा रंगमंच है, जहाँ वह अभिनेता की तरह नाटकीय शैली में खुद को पेश करता है, दर्शकों के भीतर सच्चे नायक का भ्रम पैदा करता है-और पर्दे की आड़ में स्वार्थी व्यक्ति बन जाता है। यहाँ नयी कविता के प्रतिनिधि कवि मुक्तिबोध की चन्द पंक्तियाँ यह सिद्ध कर देंगी, कि वास्तव में अपने वक्त के निहायत प्रेमी लेखक की भूखी महत्त्वाकांक्षा क्या होती है?

सहसा स्वचेत हम हुए
कि लहराई अजीब
जग भर को, जी में भर लेने की अकुलाहट
मैं क्या न करूँ
क्या कर डालूँ
सब कुछ कर लूँ-
के भावों की,
अपने ही कानों में आहट।[29]

लेकिन लेखक के लिए यह अकुलाहट मात्र पर्याप्त नहीं है। उसे तो उस बेचैनी को बनाए रखने के लिए स्वयं को एक व्यापक हृदय वाला इंसान बनाए रखना है, और चूँकि यह बेचैनी जनता के दुखों से उपजी है, उनसे बेहद लगाव महसूस करने से पैदा हुई है, इसलिए जब तक समाज में बेचैनी व्याप्त रहेगी, यह अकुलाहट कम न होगी और न ही होनी चाहिए। जिस किसी भी कलाकार ने दर्द से विह्वल होकर रोनेवाला उदार हृदय पा लिया, समझिए उसने बड़ी रचना की मौन या गुप्त योग्यता हासिल कर ली है। जब आदमी रोता है, तब उसका दिमाग अवरुद्ध हो जाता है और हृदय फट पड़ता है, लेकिन जब रचनाकार रोता है, तो दिमाग सचेत हो उठता है और हृदय बहने लगता है। बड़ों का रोना कच्चे हृदय का उदाहरण भले माना जाए, मगर सर्जक का रोना परिपक्व और जागरूक हृदय का प्रतीक माना गया है।

बात आती है अब गहन अन्तर्दृष्टि सम्पन्न विश्लेषण शक्ति की। यह वास्तव में है बड़ी मूल्यवान ताकत, लेकिन उतना ही कठिन, उतना ही साधनापरक और उतना ही दुर्लभ। क्योंकि जो रचनाकार जगत की छानबीन और उसकी एक गुत्थी सुलझाने की इच्छा रखता है, जो शेष समाज के भीतर को बहुत साफ-साफ देखता और लोगों को दिखाना चाहता है-उसे सबसे पहले बाहरी स्तर पर समाज से खूब

जुड़ना और वैयक्तिक स्तर पर अलग हो जाना पड़ता है। उसे एक साथ दो मोर्चों पर विजय हासिल करनी पड़ती है। एक तो नजदीक आकर अनुभव करे, और दूर रहकर ठीक से देखे। हजारी प्रसाद द्विवेदी की ये पंक्तियाँ इस सन्दर्भ में सार्थक हो उठती हैं–"कवि का लगना सबको लगने लगता है। बात उलटकर कही जाए तो इस प्रकार होगी जिसका लगना सबको लगे, वह कवि है, जिसका लगना सिर्फ़ उसे ही लगे, औरों को नहीं–वह पागल है। लगने-लगने में भी भेद है। जो सबको लगे, वह अर्थ है–जो एक को ही लगे वह अनर्थ है। अर्थ सामाजिक होता है।"[30]

साहित्य एक तरह से ममतामय आनन्द की दुखद साधना है और इस साधना का साधक अर्थात् लेखक स्वयं को सृजन की ऐसी दशा में ला देता है, जहाँ वह समाज और उसकी व्यापक सांस्कृतिक गहराइयों का अन्वेषण और उसकी बाहरी परिधि में घटित हो रही सुख दुखात्मक घटनाओं का पारखी बन जाता है। जिसने सृजन को अपनी आत्मा के आनन्द का स्रोत बना लिया है, ऐसा लेखक जब समाज से अपना सम्बन्ध स्थापित करता है तो वह एक काल विशेष में होते हुए भी समय सीमा से मुक्त हो जाता है। और समाज के प्रति लगन की चरमावस्था में वह सिर्फ़ और सिर्फ़ उसकी गूढ़ सच्चाइयों का बेहद सटीक और सधा हुआ उद्घाटन करता है। तुलसी या कबीर अपने जीवन की साहित्य साधना के ऐसे ही शिखर पर प्रखर पारदर्शी कवि बन सके। इन्हें साधक–कवि कहा जाए तो कोई अतिशयोक्ति न होगी, क्योंकि अपने जीवन को समाज और उसकी नाना संस्कृतियों के भीतर इस तरह से ढाल लिया था, कि वे सब इनके व्यक्तित्व से एकाकार हो उठीं, यद्यपि कि दोनों कवियों के दृष्टिकोण में अन्तर था, परन्तु दोनों ही कवि समाज के महान साधक थे। विवाह, मेले, त्योहार, उत्सव या रीतिरिवाज जो आज भी कहीं न कहीं प्रचलन में हैं इन महान भक्त कवियों की भावधारा में अर्थवान हो उठे। कबीर का दृष्टिकोण संस्कृति के प्रति भले ही आलोचनात्मक रहा हो, लेकिन वे भी पारम्परिक संस्कृति के बहुत सारे रीति-रिवाजों को खारिज नहीं करते। 'दुलहिनी गावहुँ मंगलचार'–जैसी पंक्तियों में स्पष्टतः वैवाहिक अभिरुचि का ज्ञान होता है। इसी तरह तुलसी की हम भले ही जाति और वर्ण-व्यवस्था के मुद्दे पर आलोचना करें, परन्तु यह सच है कि वे भी इस देश की मिट्टी, यहाँ की खेती, उनकी फसलों, जंगलों, नदियों, पर्वतों एवं बागों से भावुक कर देनेवाला प्रेम करते थे। अपनी अमर कृति के 'अरण्यकाण्ड' में उनकी यही समर्पित शैली पाठक को अपनी सहृदयता का लोहा मनवा लेनेवाली है। महाकवि की ये पंक्तियाँ–

फल भारन नमि बिटप सब रहे भूमि निअराइ।
पर उपकारी पुरुष जिमि नवहिं सुसम्पति पाइ॥[31]

समाज के भीतर नये सत्यों का उद्घाटन और आगामी तथ्यों की पहचान साहित्य

का प्रमुख उद्देश्य है–इस उद्देश्य के बिना सृजन अधूरा और दिशाहीन माना जाता है–क्योंकि सृजन का अर्थ ही है–कुछ मौलिक, नया और मूल्यवान सत्य खोजना। या फिर ऐसी चीज़ खोजना, ऐसे विचार या ऐसे भाव पैदा करना जिसे लोग समझ तो जाते हों–मगर उसकी अभिव्यक्ति उसकी व्यवस्थित व्याख्या या प्रस्तुतिकरण न कर पाते हों। लेखक अनिवार्यतः किन्तु अव्यक्त सत्य का उद्घाटन करता है।

"यदि वह लहलहाते हुए खेतों और जंगलों, हरी घास के बीच घूम-घूमकर बहते हुए नालों, काली चट्टानों पर चाँदी की तरह ढुलकते हुए झरनों, मंजरियों से लदी हुई अमराइयों और पट पर के बीच खड़ी झाड़ियों को देखकर क्षणभर लीन न हुआ, यदि कलरव करते हुए पक्षियों के आनन्दोत्सव में उसने योग न दिया, खिले हुए फूलों को देख वह न खिला, यदि सुन्दर रूप सामने पाकर अपनी भीतरी कुरूपता का विसर्जन न किया, यदि दीन-दुखी का आर्तनाद सुन वह न पसीजा, यदि अनाथों और अबलाओं पर अत्याचार होते देख क्रोध से न तिलमिलाया, यदि किसी बेढब और विनोदपूर्ण दृश्य या उक्ति पर न हँसा तो उसके जीवन में रह क्या गया?"[32] ये पंक्तियाँ हैं रामचन्द्र शुक्ल की; ली गयी हैं–उनके सुप्रसिद्ध निबन्ध 'कविता क्या है?' से। शुक्ल जी ये वाक्य एक सहृदय और लोकानुरागी मनुष्य के लिखे हैं, लेकिन एक लेखक के लिए ये सारी बातें और भी जरूरी हैं बल्कि इन भावनाओं के बिना कोई अच्छा लेखक हो सकता है–इसमें सन्देह है। क्योंकि जो प्रकृति के विविध दृश्यों, मनुष्यों की विभिन्न सम या विषम अवस्थाओं, या समाज में मजबूती से विकसित हो रहे विभाजन के अतार्किक स्तरों का ज्ञान नहीं प्राप्त करता, उसकी कलम बीमार और दुबली ही रहेगी। क्योंकि स्वस्थ कलम की जड़ें समाज और जनजीवन की गहराइयों में पहुँची होती हैं, वहीं से अपना रस, पानी और खनिज ग्रहण करती हैं, एवं उस अरूप अन्तर्शक्ति को जगत के सामने फल, फूल, छाया एवं ईंधन के रूप में प्रकट करती हैं। जब तक लेखक अपने मस्तिष्क और हृदय को प्रकृति, समाज, मनुष्य अथवा अन्य किसी भी भौतिक दृश्य का प्रत्यक्ष अनुभवकर्ता अथवा दर्शक नहीं बना पाता, तब तक उसकी अभिव्यक्ति प्रामाणिक नहीं हो पाती। प्रामाणिक न बन पाने पर, शब्दों, वाक्यों और अर्थों में स्वाभाविकता नहीं आ पाती। स्वाभाविकता के अभाव में पाठक रचना में रुचि नहीं जगा पाता। लाख प्रयास के बावजूद वह मोहभंग की स्थिति में बना रहता है और फलतः रचना पाठकों से पृथक् रहती है।

आजकल जैसे चलन हो गया कि रचना छपते ही पुस्तकालयों में अपनी समाधि ले लेती है। ये पुस्तकालय हैं कहाँ? इसका उत्तर सबको मालूम है। अब ऐसे उच्च पुस्तकालयों में शोधस्तर के शिक्षितों के अलावा और कौन पढ़ेगा? इसलिए यह बहुत कड़वा सत्य है कि रचना अब पाठक बनाने और उनका विश्वास हासिल करने

की जिम्मेदारी से मुक्त हो चुकी है। इसलिए उनकी उम्र बरसात के घास जैसी है, जो बादलों की कृपा पाने तक खूब हरी-भरी रहती है, और ग्रीष्म या शीत ऋतु लगते ही अपना अस्तित्व खो बैठती है, या फिर हरियाली से रिक्त हो जाती है।

समाज और संस्कृति के प्रसंग में यदि हम यहाँ के धर्म और अध्यात्म की चर्चा न करें, तो बात अधूरी रह जाती है। वह भी अगर साहित्य के सन्दर्भ में बात हो रही हो। यहाँ अपने समाज में धर्म और अध्यात्म के मुद्दे पर बाकायदा दो खेमा है। एक वह जो घोषित रूप से कमर कसके धर्म और आध्यात्मिकता के रक्षार्थ खड़ा है, और एक वह जो उसे पूरी तरह मिटा देने के लिए पार्टीबद्ध है। एक का उद्देश्य है धर्म और अलौकिकतावादी संस्कारों की रक्षा और मजबूती, तो दूसरे का उद्देश्य है, उनका उन्मूलन। इस समय दुर्योग से कोई कबीर नहीं है, नहीं तो यही कहता है कि 'अरे इन दोउन राह न पायी।' क्योंकि समस्या यह है-दोनों एक दूसरे की वैचारिक मान्यताओं से वाद-संवाद के बजाय, एक दूसरे के ही शत्रुवत् विरोधी हो गये हैं। तुम हमारा विचार नहीं मानते, अतः हमारे शत्रु हो, हम तुम्हें नहीं छोड़ेंगे। कुल मिलाकर स्थिति इससे भिन्न नहीं है। जबकि बिना एक दूसरे की बात समझे और समस्या की तह में गये कुछ हल निकलनेवाला नहीं है। यह सच है कि धर्म और अध्यात्म जो कि इस देश की मिट्टी में घुले-मिले हैं, आज त्याज्य हैं। बल्कि खुले अन्दाज में कहें तो इनकी भूमिका विध्वंसक रूप में हो गयी है। अब एक भी दिन इनका समाज में बने रहना आगामी पीढ़ियों की उज्ज्वल संस्कृति में नासूर की भूमिका अदा करेगा। क्योंकि जहाँ नये विश्व ने हमारे सामने वैज्ञानिक मानवतावाद का सर्वमान्य आदर्श पेश कर दिया हो और दुनिया के सारे धर्मों की जादुई आकर्षक एवं अलौकिक गाथा को गलत सिद्ध कर दिया हो, वहाँ अब हिंसक धर्म और कूपमंडूक अध्यात्म की कोई जगह नहीं। इसी भाव को कभी 'मानवेन्द्र राय' ने इन शब्दों में व्यक्त किया था-"आध्यात्मिक संस्कृति ने भारतीयों को अकर्मण्य बने रहना सिखाया है। उनमें आमूल सोच का माद्दा नहीं रह गया है। उन्हें क्रान्ति करनी पड़ेगी, उद्यत होना ही पड़ेगा, वरना अपनी संस्कृति की दुहाई देकर दुनिया को सँवारने के बजाय वे खुद अन्य प्राचीन संस्कृतियों की तरह स्मृति के गर्भ में समा जाएँगे।"[33]

राय की यह विनम्र चेतावनी तो ठीक है, लेकिन इतना निश्चित है कि यदि हम ईमानदारी पूर्ण अपनत्व के साथ इन पर सोचे बिना, विरोध या संघर्ष शुरू कर दिए तो कोई भी समस्या हल होनेवाली नहीं।

अज्ञेय ने अपनी इन पंक्तियों में साहित्य, संस्कृति और जीवन के बीच अभिन्न सम्बन्ध की स्थापना की है। लिखते हैं-"संस्कृति का मूलाधार भाषा और भाषा का चरम उत्कर्ष साहित्य में प्रकट होता है। अतः साहित्य का पतन संस्कृति का और अन्ततः जीवन का पतन है।"[34]

कवि इन पंक्तियों के माध्यम से जो विचार प्रस्तुत करना चाहता है, उसका केन्द्रीय तत्त्व है–साहित्य। अर्थात् यही वह पैमाना है, जिससे संस्कृति के उत्थान और पतन को नापा जाता है। उत्कृष्ट साहित्य श्रेष्ठ संस्कृति का द्योतक है, और उसमें गिरावट का अर्थ संस्कृति का पतन है। सवाल उठता है–इन दोनों का निर्माणकर्ता कौन? उत्तर है–मनुष्य।

इस तरह देखा जाए तो संस्कृति और साहित्य दोनों की धुरी मनुष्य है। यह सच भी है कि मनुष्य द्वारा निर्मित परम्पराएँ, नियम, कानून, रीति-रिवाज इत्यादि, जो कि संस्कृति के प्रधान अंग माने गये हैं, उसके (संस्कृति) आगे बढ़ने या पीछे चलने में अहम भूमिका निभाते हैं। इसीलिए संस्कृति के इन महत्त्वपूर्ण क्षेत्रों का निर्माण प्रबुद्ध, विवेक-सम्पन्न और मानवीय भावनाओं से पूर्ण मनुष्यों द्वारा होना चाहिए। क्योंकि ऐसे ही लोग संस्कृति की धारा में अपने समय का सर्वोत्तम जोड़ने में समर्थ हो सकते हैं। साहित्य भी ऐसे व्यक्तियों के हाथ में पहुँचकर अमर हो जाता है, जिनके भीतर लोकहित की भूख होती है, सार्वजनिक उत्तरदायित्व की गम्भीरता होती है और जिनकी प्रतिभा गहरे जलस्रोत की तरह शान्त गति से और लोगों की प्यास बुझाने हेतु सदैव प्रस्तुत रहती है। तात्पर्य यह है कि यदि संस्कृति का उत्थान करना है, तो साहित्य को सम्मान दीजिए और यदि साहित्य को ऊँचा करना है, तो कीमती मनुष्यों का निर्माण कीजिए, तब जाकर कार्य-कारण की एक कड़ी पूरी होगी, और संस्कृति सही दिशा में आगे बढ़ेगी।

जिस तरह समाज और संस्कृति में अपार विविधता है, बहुत सारे अज्ञात, अनछुए और अगोचर क्षेत्र हैं वैसे ही साहित्य में भी सृजन की अपार सम्भावनाएँ हैं, कई-कई विषय हैं, अनेक क्षेत्र हैं, जिन पर अभी तक कलम या तो चली नहीं है, या फिर असरहीन चित्रण किया है। इसीलिए जो कुछ भी लिख दिया जाता है, साहित्य नहीं होता, बल्कि जो लिखा हुआ प्रभावशाली, संवेदित करनेवाला और बार-बार पढ़ने की इच्छा पैदा करे, वही साहित्य है। सृजन वह जो अमिट हो, वह नहीं, जो आज लिखा गया, चार दिन बाद गायब। फिर वह तो सृजन नहीं शब्दों का बुलबुला है। और आजकल साहित्य में छोटे से लेकर बड़े-बड़े बुलबुलों की भरमार है। मलयज ने अपने छोटे किन्तु ऊर्जावान साहित्यिक जीवन में काफी लिखते हुए कविता पर कहा था, जो आज भी एक शर्त की तरह है–''सार्थक कविता क्या होती है–वह जो आज के मनुष्य की धमनी में समय के दबाव को शिद्दत से महसूस करा दे, या वह जो इस महसूस किये हुए को कर्म की प्रखरता तक ले जाए।''[35]

जैसे समाज और संस्कृति शाश्वत हैं, वैसे ही साहित्य भी। यह तो मनुष्य की प्रवृत्ति है, जन्मजात स्वभाव है। जब तक मनुष्य है–तब तक साहित्य रहेगा। और

यह कोई शब्दों, वाक्यों, पृष्ठों, पन्नों या किताबों के रूप मे सीमित नहीं। यह अपने मौखिक रूप से लेकर और भी कई अभिव्यक्तियों के माध्यम से स्वयं को जीवित रख सकता है, जिसके बारे में अभी से हम कुछ नहीं जानते। यह तो बस भावों का शब्द-चित्र है या फिर अनुभव का मार्मिक चित्रण। दूसरे शब्दों में कहें तो साहित्य प्रौढ़ भावनाओं का बाह्य प्रकाशन है।

इसीलिए दोनों क्षेत्र अपनी-अपनी जगह अविनाशी हैं और साध्य-साधन की भूमिका में हैं। साहित्य साधन है-समाज और संस्कृति साध्य। यहाँ तक कि दोनों एक दूसरे पर निर्भर भी हैं, क्योंकि समाज निरपेक्ष साहित्य स्वच्छन्द कलाबाजी है, और साहित्य रहित समाज हृदयशून्य दुनिया है। कम से कम इस दौर में एक के बिना दूसरे की सार्थक व्याख्या नहीं हो सकती। हर कालों में साहित्य का मोर्चा काफी सशक्त और निर्णायक भूमिका वाला रहा है। हाँ, वह तभी अव्वल दर्जे की जिम्मेदारी निभा पाया है जब उस पर वक्त की चिन्ताजनक चुनौतियों का जबरदस्त दबाव रहा हो। भक्तिकाल, छायावाद ऐसे ही दबाव के कालजयी युग हैं। यह बात और है कि अन्य काल भी कम महत्त्वपूर्ण नहीं, लेकिन ऊँचाई की दृष्टि से भक्तिकाल को प्रथम और छायावाद युग को हिन्दी साहित्य का द्वितीय चरमोत्कर्ष माना जा सकता है। ध्यान देने योग्य यह कि दोनों दौर में हम पराधीन थे।

समाज और संस्कृति सम्बन्धी प्रश्न-प्रगतिशील कविता, नयी कविता और अकविता

यदि कालक्रम की दृष्टि से देखें, तो प्रगतिशील कविता का दौर समकालीन कविता के बहुत पहले आ चुका है, लेकिन इसके स्तम्भ नागार्जुन, केदारनाथ अग्रवाल, त्रिलोचन और शमशेर बहादुर सिंह समकालीन कविता के दौर में न सिर्फ़ जीवित रहे, बल्कि अपनी गम्भीर सृजनात्मक प्रगति के साथ सक्रिय भी रहे।

प्रगतिशील लेखक संघ की स्थापना के साथ ही हिन्दी साहित्य में विधिवत् इस धारा की शुरुआत होती है। अपने जीवन के अन्तिम दिनों की कविताओं के माध्यम से निराला जिस रूप में प्रस्तुत हो रहे थे, वह कहीं न कहीं आने वाले नये दौर का ही संकेत था। वे स्वयं प्रगतिवादी तो नहीं कहलाए, किन्तु 'भिक्षुक', 'विधवा', 'वह तोड़ती पत्थर' जैसी कविताओं के माध्यम से अपनी सहज रचनात्मक प्रगतिशीलता का परिचय दिया। छायावाद के ठीक बाद आने वाला यह दौर न सिर्फ़ सूक्ष्म के प्रति स्थूल का विद्रोह है बल्कि हिन्दी कविता का जनवादीकरण भी है। यह एकदम व्यवस्थित रूप से मार्क्सवादी विचारधारा के तहत चलनेवाला आन्दोलन है। इस कालजयी दर्शन से जुड़ने और उसी को अपना आधार बनाकर चलने के कारण इस दौर की अपनी खासियत भी है और सीमा भी। हम यह तो नहीं कह सकते कि

प्रगतिवादी, छायावाद का सच्चा उत्तराधिकारी बना, लेकिन इतना तो जरूर है कि इस आन्दोलन ने न सिर्फ़ कविता, बल्कि पूरे हिन्दी साहित्य को लोकोन्मुखी बनाकर आगे आनेवाले लेखकों के लिए एक अपरिहार्य सा रास्ता तैयार कर दिया, जिससे बचकर निकलना किसी भी महत्त्वपूर्ण रचनाकार के लिए सम्भव नहीं था। इसलिए हिन्दी साहित्य का कोई महान आन्दोलन न होने के बावजूद प्रगतिवाद हिन्दी साहित्य में जनता की बात को एक अनिवार्य प्रवृत्ति के रूप में स्थापित करने के लिए सदैव स्मरणीय रहेगा।

छायावादी दौर के प्रकृति-गायक पन्त जब विश्व को गाँव की आँखों से देखते हैं, तो यह प्रगतिवादी प्रतिबद्धता की ही ताकत मानी जाएगी, जो कि रहस्य की अमूर्त दुनिया में डूबे रहने वाले या दिन-रात प्रकृति के बीच झूला-झूलते रहने वाले इस कवि को भी ऐसा लिखने पर विवश कर देती है-

देख रहा हूँ आज विश्व को मैं ग्रामीण नयन से।
सोच रहा हूँ जटिल जगत पर जीवन पर जन मन से।[36]

प्रगतिशील कविता के विविधतापूर्ण विस्तार पर प्रकाश डालते हुए गणपति चन्द गुप्त ने लिखा है-''इन्होंने जीवन के संघर्ष, कष्ट आदि की अनुभूतियों से लेकर प्रकृति, प्रणय, समाज, राष्ट्र, जनजीवन आदि तक की विभिन्न परिस्थितियों का अंकन प्रभावोत्पादक शैली में किया है।''[37]

इसमें कोई दो मत नहीं कि प्रगतिशील कविता में विषयों की विवधता है, और उस दौर के बहुत सारे मुद्दों पर कवियों ने कलम चलाई है, लेकिन ध्यान देने योग्य है कि उन सबके पीछे एक स्वतन्त्र रचनात्मक चेतना कम मार्क्सवाद की नींव पर खड़ी कला-दृष्टि अधिक काम कर रही है। वैसे देखा जाए तो मार्क्सवाद अन्य वादों की तरह स्थिर विचारधारा नहीं, बल्कि समय-सापेक्ष सतत परिवर्तित होनेवाला गतिशील भौतिक दर्शन है, फिर भी यह तो है कि उसके अपने कुछ सिद्धान्त हैं, कुछ शर्तें हैं, कुछ नियम हैं, इसीलिए उसमें पूरी तरह बँधकर चलने से मुद्दों, विषयों और समस्याओं को एकांगी दृष्टि से देखने-परखने का खतरा उत्पन्न हो जाता है। मार्क्सवाद का अगला विकास यह भी है कि हम एक 'वाद' के रूप में मार्क्सवाद की आलोचना करना सीखें। स्वयं मार्क्स ने भी इसके समयानुसार परिवर्तनशील स्वभाव को स्वीकार किया है।

चूँकि समाज और उनकी विविधतापूर्ण संस्कृति प्रगतिवाद के मूल में रही है, अत: इन दोनों क्षेत्रों में इसके योगदान को रेखांकित करना जरूरी है। जिस प्रकार मार्क्स ने अपनी सुप्रसिद्ध पुस्तक 'दास कैपिटल' में पूँजीपतियों को शोषक कहकर निन्दा की है, उसी प्रकार प्रगतिशील कविता में भी पूँजीपतियों के प्रति नफरत का भाव व्यक्त हुआ है। इसके पीछे मूल कारण है-पूँजीपतियों का निर्मम और जनविरोधी

होना, तथा श्रमिकवर्ग को उनकी मेहनत की उचित मजदूरी न देकर पीढ़ी-दर-पीढ़ी उन्हें गरीब और कमजोर बनाए रखना। ऐसे ही अमीरों की नापाक असलियत को भाँपते हुए निराला ने मानो आगामी लेखकों के लिए विरोध का द्वार ही खोल दिया-

आज अमीरों की हवेली, किसानों की होगी पाठशाला।
धोबी, पासी, चमार, तेली, खोलेंगे अँधेरे का ताला।।[38]

प्रगतिशील धारा के कवियों में धर्म, ईश्वर तथा परलोक का अस्वीकार है। चूँकि शोषक वर्ग, जो कि प्रायः उच्चवर्ग रहा है-अध्यात्मवादी मान्यताओं के बल पर धर्मभीरू जनता का शोषण करता है, इसलिए इन कवियों द्वारा धर्म का भी प्रबल विरोध हुआ है। इनका घोषित नारा है-ईश्वर असफल हो गया है। यह साहित्य ऊँचे-ऊँचे अभेद्य महलों में बैठी राजकुमारियों पर लिखने के बजाय खेत-खलिहानों में काम करनेवाली स्वस्थ किशोरियों तथा मजदूरिनों के मार्मिक चित्रण पर ज्यादे बल देता है। वह भव्य, उदात्त, दिव्य पर लिखने के बजाय सामान्य और सरल-सीधे जीवन के चित्रण को ज्यादे तरज़ीह देता है। वह चूँकि सामान्य और गरीब आम जनता का पक्षधर है, अतः उनसे जुड़ी हुई किन्हीं भी दशाओं की, चाहे वह कितने भी नगण्य स्तर की क्यों न हों, उपेक्षा नहीं करता, क्योंकि वह उन स्थितियों के लिए जिम्मेदार किसी और को मानता है-जो समाज, संस्कृति और सत्ता के संचालक हैं, जिन्होंने अपने अनादि युग के गुप्त स्वार्थों के चलते आम लोगों को ऐसी बदतर स्थिति में लाकर खड़ा कर दिया है। परम्परागत रूढ़ियों और अन्धविश्वासों का बड़ा ही खुला विरोध प्रगतिशील साहित्य में दर्ज हुआ है। उनका सुनिश्चित उद्देश्य है कि पुराने मूल्य, जो कि सामन्ती-शुद्धता की परिधि में बन्द रहकर सड़-गल गये हैं-समाप्त हों और नये वैज्ञानिक, मानवीय और समता मूलक मूल्यों की स्थापना हो। यहाँ देखें-नरेन्द्र शर्मा की दो पंक्तियाँ-कितनी दुखपूर्ण आकांक्षा के साथ उन्होंने अपने उद्देश्य को व्यक्त किया है-

जाने कब तक घाव भरेंगे, इस घायल मानवता के।
जाने कब तक सच्चे होंगे, सपने सबकी समता के।।[39]

अज्ञेय ने इस दौर को कुंठा, अस्वीकार, संशय इत्यादि निषेधात्मक प्रवृत्तियों का युग कहा है-जिसमें किसी का किसी के प्रति विश्वास नहीं रह गया है। सब एक दूसरे के प्रति शंकालु हैं-यहाँ तक कि पति का पत्नी पर, बेटे का बाप पर और भाई का भाई पर से विश्वास उठ गया है।

नयी कविता

नयी कविता की सामाजिकता पर जिस तरह से प्रश्न खड़े किये गये, उसको लेकर अज्ञेय जैसे प्रथम पंक्ति वाले कवि भी काफी चिन्तित और असन्तुष्ट थे, क्योंकि

तारसप्तक की भूमिका में उनकी यह बेचैनी बिलकुल साफ नज़र आती है। उन्हीं के शब्दों में देखें–"वास्तव में नयी कविता ने कभी अपने को शिल्प तक सीमित रखना नहीं चाहा, न वैसी सीमा स्वीकार की। उस पर यह आरोप उतना ही निराधार था, जितना दूसरी ओर यह दावा कि केवल प्रगतिवादी काव्य में सामाजिक चेतना है, और कहीं नहीं।"[40]

वैसे इस दौर पर लगाये गये आरोप ध्यान देने योग्य तो हैं, लेकिन उनमें अतिवादिता भी है, क्योंकि अकेले मुक्तिबोध ही इस आरोप को खारिज करने के लिए काफी हैं। उनकी तो सारी काव्य यात्रा ही सामाजिक जटिलताओं के रहस्यमय घुमावों से होकर गुजरी है, और वे समाज एवं संस्कृति की अज्ञात, अदृश्य परतों को इतनी बेबाकी, इतनी तल्खी और गहराई से खोलते हैं कि वह किसी काल या स्थान विशेष की न रहकर हर काल और हर स्थान के लिए सच सिद्ध होने लगती है।

मुक्तिबोध के अलावा भी अन्य कवियों पर यदि हम ध्यान दें, तो सीधे या अप्रत्यक्ष रूप से उनकी कविता पर समाज का दबाव बना हुआ है। इसमें कोई दो मत नहीं कि नयी कविता के अधिकांश कवियों ने व्यक्तिगत भावनाओं, छोटी-छोटी इच्छाओं और कुंठित वासनाओं को पर्याप्त जगह दी, लेकिन आजादी के ठीक बाद घटित होनेवाला यह दौर ही ऐसी सामाजिक, वैयक्तिक और सांस्कृतिक प्रवृत्तियों से ग्रस्त रहा है। सार्त्र, कामू और फ्रायड जैसे दार्शनिकों के विश्वव्यापी असर के कारण भी साहित्य में यह बदलाव अवश्यम्भावी हो गया। गिरिजाकुमार माथुर जो कि प्रयोगवाद के और तारसप्तक के महत्त्वपूर्ण कवि हैं, की इन बातों में वज़न है कि–"नयी कविता में एक ओर सामाजिक दायित्वों की जागरूकता और प्रगतिवादी विचारधारा के पृष्ठ में उदित वस्तुपरक दृष्टि तथा व्यापक मानवीयता का समावेश हुआ था तो दूसरी ओर व्यक्ति या इकाई को प्राथमिकता दी गयी थी। नयी कविता का क्रमशः विकसित स्वर व्यक्ति की पावनता और सामाजिकता गरिमा की आकांक्षा का ही स्वर है।"[41]

इस धारा के ठीक कुछ वर्ष पूर्व प्रगतिवाद जो बीता उसमें सामाजिकता के अतिशय आग्रह ने भी इन कवियों के भीतर नयी लीक चलने की स्थिति पैदा की, क्योंकि अज्ञेय स्वयं जब राहों के अन्वेषी बन रहे थे, तो उसका एक अर्थ यह भी था कि प्रगतिवाद से हटकर राह तय करें, और उन्होंने ऐसा किया भी। यह बात अलग है कि तत्कालीन सामाजिक और सांस्कृतिक संकट से लगभग लापरवाह रहकर इन्होंने नये किस्म का वैयक्तिक रहस्यवाद विकसित कर लिया, जो कला-कला के लिए सम्पृत था, न कि कला समाज के लिए। अगर कला का मतलब भाषा, शिल्प और शैली मात्र से है–तो निस्सन्देह इस धारा ने चमत्कार किया। विषयों की इतनी विविधता शायद ही उस वक्त के किसी और काव्यान्दोलन में देखने को मिले।

इतना तो है कि नयी कविता के कुछ कवि समाज के प्रति सैद्धान्तिक रूप से प्रतिबद्ध नहीं थे। उन्हें स्वतन्त्र होकर वैयक्तिक अनुभवों एवं अनुभूतियों के आधार पर लिखना ज्यादे प्रिय था, इसीलिए इनकी कविताओं में समाज पृष्ठभूमि में आता है, लेकिन है जरूर। इन कवियों के लिए समाज साध्य नहीं, साधन है। साध्य है–व्यक्ति का आत्म–स्वतन्त्र सुख। इसीलिए विजयदेव नारायण साही जैसे कुशल आलोचक यदि नयी कविता पर कलम चलाते हुए अप्रत्यक्ष रूप से उसकी आलोचना करते हैं। तो उसमें कुछ बात तो है। लिखते हैं–"कहाँ है वह युग, जब एक सटीक शेर पर दिल्ली का कत्लेआम बन्द हो जाता था, जब एक राखी की याद पर सल्तनतें लुट जाती थीं, जब एक लाठी की मार पर अँग्रेज़ अफसर आफिस को तरक्की दे देता था, जब एक लड़कपन की याद पर गुंडा आखिरी गोली तक जीवित रहने की प्रतीक्षा करता था, जब एक झोंपड़ी की दृढ़ता पांडेपुर की सिगरेट फैक्ट्री को चुनौती देती अडिग खड़ी हो जाती थी?"[42]

अकिवता

साठोत्तरी हिन्दी कविता वस्तुत: विभिन्न अल्पकालीन काव्यान्दोलन का दौर है। जिसमें तीन धाराएँ विशेष रूप से उभरकर सामने आयीं।

1. निषेध मूलक।
2. संघर्ष मूलक।
3. आस्था मूलक।

यही निषेधमूलक आन्दोलन ही अकविता नाम से प्रचलित हुआ। जैसा कि इसके नाम से ही पता चल जाता है–यह निषेध अर्थात् अस्वीकार पर खड़ा है, और 'अकविता' अर्थात् कविता की मूल अवधारणा के खिलाफ है। गणपति चन्द्रगुप्त ने अपनी पुस्तक में इस आन्दोलन के स्वभाव को स्पष्ट करते हुए लिखा है–"निषेधमूलक वर्ग में उन आन्दोलनों को लिया जा सकता है, जिन्होंने परम्परागत सामाजिक नैतिक एवं सांस्कृतिक मूल्यों का निषेध करते हुए घोर व्यक्तिवाद उच्छृंखल यौनवाद एवं नग्न भोगवाद को आश्रय दिया।"[43]

वस्तुत: सम्पूर्ण अस्वीकार पर खड़ा यह आन्दोलन समाज या संस्कृति की प्रगति या उसके हित की चिन्ता से दूर–दूर तक सम्बन्ध नहीं रखता। सच पूछा जाए तो यौन भावनाओं और दिग्भ्रमित काम–वासनाओं के अबाध चित्रण में यह आन्दोलन अपनी मिसाल आप है। न तो इसके पहले और न ही इसके बाद ऐसी उन्मुक्त इच्छाओं का चित्रण हुआ। यह प्रवृत्ति न सिर्फ़ उस दौर की कविता में, बल्कि कहानियों में भी स्पष्टत: देखने को मिलती है।

इसी समय इलाहाबाद से सात कवियों का एक संग्रह 'विद्रोही–पीढ़ी' के

नाम से प्रकाशित हुआ। केशरी प्रसाद चौरसिया जैसे हिन्दी साहित्य के अनाम कवि भी इस संग्रह में प्रबल रहे और यौन विकृतियों से परिपूर्ण कविताएँ लिखीं। 'अकविता' नाम वस्तुत: जगदीश चतुर्वेदी का दिया हुआ है, जिन्होंने नयी कविता के विरोध में यह नाम रखा।

यह आन्दोलन अपने घोषणापत्र में स्पष्टत: यह तय करता है कि वह अतीत के मोहपाश में नहीं बँधा है, नैतिकता की बनी बनायी परिभाषाों को नकारता है तथा जीवन की विविध विरोधाभाषी स्थितियों, जो कि कविता की शुचिता के दबाव में नहीं सामने आ पा रही हैं, उसे सामने लाता है। अघोषित रूप से ये विरोधाभाषी स्थितियाँ भोग-विलास की दमित, कुंठित इच्छाएँ ही हैं।

जैसा कि पहले ही इस बात का उल्लेख किया जा चुका है–अकविता में लगभग सभी परम्परागत मान्यताओं, नैतिक मूल्यों, चाहे वह धर्म से जुड़े हों, समाज से जुड़े हों या संस्कृति से, स्पष्टत: अस्वीकार है, बल्कि अस्वीकार ही नहीं इन सब चीज़ों का मज़ाक भी उड़ाया गया है। इसी इनकार के फैशन में वे इतना आगे बढ़ गये हैं कि घर, परिवार या बड़े-छोटे के प्रति मर्यादा-आदर का भाव भी खो दिये हैं–अर्थात् वैचारिक और व्यावहारिक स्तर पर समाज, संस्कृति और परिवार के प्रति ग़ैर जिम्मेदार एवं अराजक हो जाने की स्थिति। जगदीश चतुर्वेदी ने जैसे सब मूल्यों, मान्यताओं और आचार-व्हार के खिलाफ मोर्चा ही खोल दिया। देखें इन पंक्तियों में उनका साहित्यिक योगदान–

मैं चाहता हूँ विनाश
इन कीड़ों से मानव-पिंडों के लिए
मेरे मन में कोई दया नहीं।[14] *(इतिहास हन्ता-कविता)*

इनकार संक्रामक रोग की तरह फैलता है और इसकी विषैली रफ्तार बड़ी तेज होती है। अकवितावादियों का यह विरोधी-जुनून एक आदत बन गया और एक साथ सारी निर्माणक शक्तियों और मान्यताओं को दरकिनार कर दिया। इनके स्वर से यह साफ झलकता है कि इनका विरोध किसी भी प्रकार से चर्चित होने जाने की भूख में किया गया है। बस विरोध कर देना है–उसका कोई उद्देश्य हो या न हो। वे यहाँ तक कि मानवता, लोकतन्त्र इत्यादि आधुनिक मूल्यों का भी निषेध कर बैठते हैं। आश्चर्य तो यह कि उस समय इस धारा में ऐसे बहुत से कवि आये–जो आज साहित्य के प्रतिष्ठित नाम माने जाते हैं। खैर! बदलाव तो मनुष्य की प्रवृत्ति है–कवि भी बदले और बाद में कुछ सार्थक रचनाएँ सामने आयीं।

इस तरह देखा जाए तो घर-परिवार से लेकर समाज, संस्कृति, व्यवस्था, राष्ट्र, तन्त्र इत्यादि सब चीज़ों के प्रति इनकार का भाव है–अकविता में।

सन्दर्भ

1. शिव भानु सिंह, समाज दर्शन का परिचय, संस्करण–1997, पृ. सं. 43
2. शिव भानु सिंह, समाज दर्शन का परिचय, संस्करण–1997, पृ. सं. 44
3. दर्शन कोश, पीपुल्स पब्लिशिंग हाउस प्रा. लि., संस्करण–2000 ई., पृ. सं. 661
4. स्रोत–हमारा सांस्कृतिक दर्प, वाग्देवी प्रकाशन, प्रथम संस्करण–1998, पृ. सं. 125
5. क्या क्या है, प्रगति प्रकाशन, संस्करण–2000ई., पृ. सं. 164
6. नन्द किशोर आचार्य, संस्कृति का व्याकरण, प्रथम संस्करण–97, पृ. सं. 12
7. मानवेन्द्र राय, हमारा सांस्कृतिक दर्प, प्रथम संस्करण–98, पृ. सं. 34
8. स्रोत : इन्द्रप्रस्थ भारती (पत्रिका), जनवरी–मार्च–02, पृ. सं.–111
9. हंस (पत्रिका), सं. राजेन्द्र यादव, अक्तूबर–2001, पृ. सं. 41
10. हंस (पत्रिका), सं. राजेन्द्र यादव, अक्तूबर–2001, पृ. सं. 48
11. डॉ. भीमराव अम्बेडकर, जाति भेद का उत्छेद, प्रथम छात्र संस्करण–2001, पृ. सं. 33
12. डॉ. भीमराव अम्बेडकर, जाति भेद का उत्छेद, प्रथम छात्र संस्करण–2001, पृ. सं. 31
13. स.ही.वा. अज्ञेय, खुले में खड़ा पेड़, प्रथम संस्करण–1999, पृ. सं. 74
14. डॉ. भीमराव अम्बेडकर, जाति भेद का उत्छेद, प्रथम छात्र संस्करण–2001, पृ. सं. 24
15. सं. नीलिमा शर्मा, भगतसिंह के दस्तावेज, तृतीय संस्करण–1996, पृ. सं. 104
16. मुक्तिबोध, ग.मा., भूरी–भूरी ख़ाक धूल, प्रथम संस्करण–1980, पृ. सं. 211
17. सं. नीलिमा शर्मा, भगतसिह के दस्तावेज, तृतीय संस्करण–1996, पृ. सं. 104
18. स.ही.वा. अज्ञेय, खुले में खड़ा पेड़, प्रथम संस्करण–1999, पृ. सं. 74
19. अज्ञेय, स.ही.वा., त्रिशंकु, संस्करण–1973, पृ. सं. 25
20. स.ही.वा. अज्ञेय, खुले में खड़ा पेड़, प्रथम संस्करण–1999, पृ. सं. 75
21. निबन्ध निलय (लेख–साहित्य का उद्‌देश्य), सम्पा.–डॉ. सत्येन्द्र, संस्करण–99, पृ. सं. 119
22. निबन्ध निलय (लेख–साहित्य का उद्‌देश्य), सम्पा.–डॉ. सत्येन्द्र, संस्करण–99, पृ. सं. 127
23. डॉ. रामविलास शर्मा, स्रोत–भाषा, युगबोध और कविता, प्रथम संस्करण–1981, पृ. सं. 88
24. तोलस्तोय, हम करें क्या, आठवाँ संस्करण–1997, पृ. सं. 270
25. रवीन्द्र नाथ टैगोर, गीतांजलि, नवीन संस्करण–2002, पृ. सं. 167
26. ग.मा. मुक्तिबोध, एक साहित्यिक की डायरी, नौवां संस्करण–2000, पृ. सं. 43
27. दर्शन, साहित्य और आलोचना, अनु.–नरोत्तम नागर, दूसरा संस्करण–1980, पृ. सं. 16–17
28. दर्शन, साहित्य और आलोचना, अनु.–नरोत्तम नागर, दूसरा संस्करण–1980, पृ. सं. 14
29. ग.मा. मुक्तिबोध, भूरी–भूरी ख़ाक धूल, द्वितीय संस्करण–1987, पृ. सं. 121
30. सं. नामवर सिंह, हजारी प्रसाद द्विवेदी, संकलित निबन्ध, पहला संस्करण–1993, पृ. सं. 19

31. हनुमान प्रसाद पोद्दार, श्रीरामचरितमानस (अरण्यकांड), सोलहवाँ संस्करण सम्वत-2041, पृ. सं. 48
32. श्रेष्ठ निबन्ध (रामचन्द्र शुक्ल), सम्पा. रामचन्द्र तिवारी, नवीन संस्करण-1997, पृ. सं. 106
33. मानवेन्द्र राय, हमारा सांस्कृतिक दर्प, प्रथम संस्करण-98, पृ. सं. 34
34. त्रिशंकु, अज्ञेय, स.ही.वा., संस्करण-1973, पृ. सं. 34
35. मलयज, कविता से साक्षात्कार, संस्करण 1992, पृ. सं. 10
36. डॉ. ओंकारनाथ त्रिपाठी, हिन्दी साहित्य का इतिहास, प्रथम संस्करण-1993, पृ. सं. 163
37. गणपति चन्द गुप्त, हिन्दी साहित्य का वैज्ञानिक इतिहास (भाग-2), पाँचवाँ संस्करण-94, पृ. सं. 134
38. रेखा अवस्थी, प्रगतिवाद और समानान्तर साहित्य, द्वितीय संशोधित संस्करण-2000, पृ. सं. 100
39. डॉ. ओंकारनाथ त्रिपाठी, हिन्दी साहित्य का इतिहास, प्रथम संस्करण-1993, पृ. सं. 164
40. तीसरा तार सप्तक, सं. अज्ञेय, स.ही.वा., सातवाँ संस्करण-2002, पृ. सं. 10
41. जगदीश गुप्त, रामस्वरूप चतुर्वेदी, नयी कविता-सैद्धान्तिक पक्ष, प्रथम संस्करण-2000, पृ. सं. 266
42. विजयदेव नारायण साही, नयी कविता-सैद्धान्तिक पक्ष, प्रथम संस्करण-2000, पृ. सं. 190
43. गणपति चन्द्रगुप्त, हिन्दी साहित्य का वैज्ञानिक इतिहास (भाग-2), आठवाँ संस्करण-2002, पृ. सं. 220
44. गणपति चन्द्रगुप्त, हिन्दी साहित्य का वैज्ञानिक इतिहास (भाग-2), आठवाँ संस्करण, 2002-पृ. सं. 286

समकालीन कविता के शिल्पकार

समकालीन समाज और संस्कृति

परिवर्तन प्रकृति और सृष्टि का स्वभाव है, जो विश्व की समस्त जड़ चेतन सत्ता पर समान रूप से लागू होता है। चूँकि मानव-समाज भी इस विश्व की एक कृति है, व्यवस्था है-अत: उस पर भी परिवर्तन का यह शाश्वत-नियम लागू होता है। किसी भी देश या प्रदेश विशेष का समाज चाहे वह कितना ही सुदृढ़, जीवन्त और स्वस्थ संरचना पर क्यों न खड़ा हो, एक न एक दिन वह भी विलुप्त या विस्थापित होता ही है। उसकी जगह लेती हैं-नयी-नयी लुभावनी मान्यताएँ एवं आकर्षक प्रचलन रीतियाँ। ये भले ही पूर्व प्रचलिन एवं मान्यताओं से कमजोर सीमित एवं कम गौरवशाली क्यों न हो, अपना हावी रहनेवाला स्वभाव कुछ समय के लिए अवश्य दिखाती हैं, यह बात और है कि इन्हें भी एक दिन पुरानी परम्परा बनकर प्रचलन के नये झोंकों के सामने नतमस्तक हो जाना पड़ता है।

यह कहने में कोई नयापन नहीं कि हमारा भारतीय समाज परिवर्तन के दौर से गुजर रहा है। दरअसल यह तो सृष्टि के स्वभाव के अनुसार अवश्यम्भावी है, लेकिन विज्ञान, तकनीकी एवं अर्थव्यवस्था की आश्चर्यजनक प्रगति ने परिवर्तन की इस प्रक्रिया को तीव्र कर दिया है, इसीलिए आज यह विशेष तौर पर कहना पड़ रहा है कि हमारा समाज बहुत तेजी से बदलता चला जा रहा है। जिस तरह भारत की एकता एक आदर्श, एक विचार, एक प्रतिबद्धता, एक स्वप्न है, ठीक उसी तरह भारतीय समाज एक यूटोपिया या काल्पनिक पद है। भौगोलिक और राजनैतिक दृष्टि से ही भारत को एक देश कह सकते हैं, वरना अपनी अपरम्पार विविधता, विषमता, भेद और अनन्त वर्गों, समूहों और सम्प्रदायों के कारण यह किसी भी ओर से एक देश

की अवधारणा को सिद्ध नहीं कर पाता।

देश की सामाजिक संरचना पर साहित्यकारों, दार्शनिकों और समाजशास्त्रियों द्वारा अनेक बार अलग-अलग व्याख्याएँ हुई हैं, और आज भी उसके सघन, अर्थपूर्ण विश्लेषण की प्रक्रिया चल रही है। समाज में परिवर्तन चूँकि कई स्तरों पर होता है-इसलिए इसके परिवर्तन की प्रक्रिया का शत-प्रतिशत विश्लेषण कर पाना एक वैज्ञानिक के अनुसन्धान की तरह चुनौतीपूर्ण और कठिन होता है। कोई विचारक किसी ऐसे विषय पर भी लिख सकता है, जिसको उसने बहुत करीब से न देखा हो न परखा हो परन्तु कोई समाजशास्त्री ऐसे समाज का मार्मिक मानचित्र कतई तैयार नहीं कर सकता, जिसका उसने पूरी आत्मीयता से साक्षात्कार न किया हो, उसके एक-एक दृश्य का भक्त की तरह दर्शन न किए हों।

भारतीय समाज की जब भी हम बात करते हैं तो सबसे पहले उसके सुविस्तृत ग्रामीण जीवन का चित्र प्रस्तुत होता है-यद्यपि कि यह ग्रामीण समाज भी उस तरह का ग्रामीण नहीं रह गया है, जिस अर्थ में हम अकसर गाँव को परिभाषित करते हैं, फिर भी उसकी कुछ मूलभूत प्रवृत्तियाँ, अमिट विशेषताएँ और विशिष्ट पहचान तो है ही, कि-हमारे कस्बों, शहरों और महानगरों से न सिर्फ भिन्न हैं, बल्कि इनसे तुलना या समानता की बात सोची भी नहीं जा सकती। समाज-चिन्तक ब्रह्मदेव शर्मा ने सटीक विश्लेषण किया है-"समृद्ध लोग शहरी इलाकों में जमा हैं, वे शिक्षित हैं, वे संगठित क्षेत्र में हैं और आमतौर पर ऊँची जातियों के हैं। दूसरी ओर अधिकांश गरीब लोग देहाती इलाकों में रहते हैं, वे अशिक्षित हैं, वे असंगठित क्षेत्र में हैं।"[1]

प्रेमचन्द और फणीश्वरनाथ रेणु ने अपने अमर कथा-साहित्य में जहाँ तक लाकर ग्रामीण समाज को छोड़ा है-आज का वह तबका अदृश्य और लिखित अस्तित्व के साथ वहाँ से शुरू होता है। ऐसा नहीं कि आज के गाँव में गोबर, झुनिया या हीरामन नहीं मिलेंगे, परन्तु अब ऐसे पात्र या तो नगण्य रह गये हैं या समय की हवा के चलते उनकी सोच-समझ, व्यवहार और चरित्र में पर्याप्त अन्तर आ गया है।

परिवर्तन की यह तीव्रता महानगरों में सर्वाधिक, लघु शहरों में थोड़ी धीमी और गाँवों में अत्यन्त धीमी है। इस क्रम को देखकर यह अन्दाज आसानी से लगाया जा सकता है कि जहाँ आधुनिक सुविधाएँ हैं, विज्ञान एवं प्रौद्योगिकी की पर्याप्त उन्नति हो चुकी है, और धन भौतिक विकास के विविध रूपों में अपना चमत्कार दिखा रहा है-वहाँ परिवर्तन तीव्र और जहाँ ये सुविधाएँ नहीं पहुँच पायी हैं-वहाँ परिवर्तन की गति धीमी है। अतः यहाँ एक तथ्य और भी सामने आता है कि परिवर्तन समाज के भौतिक और आर्थिक विकास के अनुपात में तीव्र अथवा धीमा होता है।

सामान्य तौर पर यदि इसके कारणों की खोज करें, तो एक बात जरूर सामने

आती है कि सामाजिक परिवर्तन, विविध परिवर्तनों के व्यापक दबाव का परिणाम है, अर्थात् जब सार्वजनिक स्तर पर बदलाव की प्रक्रिया आरम्भ होती है, तभी समाज में वह अपना असर दिखा पाता है। इस परिवर्तन का सीधा सम्बन्ध बुद्धि की परिपक्वता से भी है। आवश्यक नहीं कि यह परिवर्तन निर्मल और स्वस्थ ही हो, हाँ, यह अवश्य है कि बुद्धि यदि विराट क्षमता की है–तो उसमें मूल्यवान परिवर्तन घटित होता है, किन्तु वही बुद्धि निरर्थक परिवर्तन की ओर झुक जाएगी–यदि उसका दायरा संकुचित होगा।

इस समय सड़क, बिजली, संचार और टी.वी., कम्प्यूटर की सुविधाएँ गाँवों में तेजी से बढ़ रही हैं। इससे एक ओर जहाँ खुशहाली और आराम में वृद्धि हुई है, वहीं लोगों के बौद्धिक स्तर में भी भारी परिवर्तन आया है। बावजूद इसके गाँवों में परिवर्तन की यह सार्थकता नौजवानों में ही अधिक दिखाई देती है–क्योंकि उनके संस्कारों की नींव आधुनिकता और परम्परा की मिश्रित भूमि पर पड़ी है। उनके भीतर बौद्धिक खुलेपन की सम्भावना पुराने लोगों की अपेक्षा अधिक है।

वर्तमान समय में 'जाति' वर्णव्यवस्था की उपज होने के बावजूद अपने चरित्र में बहुत कुछ परिवर्तन ला चुकी है। आज जाति को आदिम संरचना का सर्वाधिक दुरुपयोग या तो धर्म कर रहा है, या फिर राजनीति। इसमें कोई दो मत नहीं कि जाति धर्म की उपज है। एक की व्याख्या दूसरे के बिना सम्भव नहीं, कम से कम भारत में तो नहीं ही। भारत के बाहर विश्व के अन्य देशों में भी जहाँ धर्म अपने पुराने नियम–कानून के साथ मौजूद है, वहाँ सामाजिक स्तर पर आम लोगों के बीच विभाजन व्याप्त है, उसे हम जाति के चरित्र से बहुत भिन्न नहीं मान सकते।

हमारे समाज में वर्ण–व्यवस्था का सर्वाधिक निरर्थक, कूपमंडूक और भयावह रूप गाँवों में देखने को मिलता है। देश के लाखों गाँवों में आज भी करोड़ों ब्राह्मण और क्षत्रिय परिवार अपनी सदियों पुरानी अहंकारी मूर्खता का महाराग अलापते हुए मिल जाएँगे। वहाँ आज भी 15 वर्ष के लम्पट ब्राह्मण युवक को 75 वर्ष का सज्जन दलित बाअदब सलाम करता है। वहाँ आज भी माथे पर टीका लगाना, दाएँ हाथ में दुर्गा माँ के आशीर्वाद से अभिसिक्त रक्षासूत्र को बाँधना और जनेऊ जरा बाहर लटकाकर बड़प्पन की नज़रों से सबको घूरते हुए चलना ब्राह्मण–वर्ग का अनिवार्य, अमिट स्वभाव है। गाँवों के ब्राह्मणों का आदिकालीन दम्भपूर्ण वर्चस्व आज भी फल–फूल रहा है। लाख शैक्षिक, वैचारिक और राजनीतिक चेतना के बावजूद 'पालगीं पंडीजी' के मुहावरे पर रत्ती भर भी फ़र्क़ नहीं पड़ा है। गाँवों में दलित वर्ग की इज्ज़त आज भी संकटग्रस्त अवस्था में है। इस वर्ग के अधिकांश परिवार आज भी कच्चे खपरैल या फूस के मकानों में पीढ़ी–दर–पीढ़ी जीते आ रहे हैं। ये सब लगभग गूँगे रहते हुए भयानक शारीरिक और मानसिक दुर्बलता के साथ प्रसन्नतापूर्वक जीवन से लड़ते–मरते हुए

अन्ततः यूँ ही बीत जाते हैं। जातियों का महाजाल सम्पूर्ण भारतीय समाज को इस कदर अपने भीतर जकड़े हुए है कि उससे वास्तविक मुक्ति का मार्ग आज तो क्या आगामी कई दशकों तक बिलकुल नज़र नहीं आता।

हमारे समाज की अधिकांश पिछड़ी जातियाँ, जिसे सम्मिलित रूप से दलित कह दिया जाता है–आज धार्मिक, साहित्यिक और राजनीतिक स्तर पर परिवर्तनकारी आन्दोलन छेड़े हुए हैं। इस समय समाज को नयी करवट लेने के लिए कोई सर्वाधिक विवश कर रहा है–तो वह दलित वर्ग ही है। लेकिन इस वर्ग में भी आश्चर्यजनक अन्तर्विरोध देखने को मिलते हैं। इस वर्ग की वे जातियाँ जो शिक्षित, धनाढ्य और नौकरी इत्यादि से सम्पन्न हो चुकी हैं, अपने ही अन्य गरीब और अशिक्षित भाई-बन्धुओं से नफरत करते हुए दूरी बना लेती हैं। वैसे अपने स्तर से नीचे या ऊपर के लोगों से दूरी बना लेना प्रत्येक जाति के मनुष्य का आधुनिक स्वभाव बन चुका है, लेकिन जिस समाज में दो भाइयों को अपमान और उपेक्षा के अन्धकूप में झोंक दिया गया हो, वहाँ एक यदि यह कहे कि मैं तो कुएँ में गिरने के बाद तुरन्त खड़ा हो गया था तो हास्यास्पद है। इसी दलित वर्ग में ही स्थिति इतनी निराशाजनक है, कि सम्पन्न परिवार अनिवार्यतः सवर्ण और उच्चवर्ग की दम्भपूर्ण, सामन्ती, कर्महीन और ऐय्याशी प्रवृत्तियों को अपनाते हुए अपने ही वर्ग के प्रति कर्तव्यहीन और निर्मम हो जाते हैं। यही है–दलित वर्ग का अन्तर्विरोध, जिसके कारण यह सामाजिक क्रान्ति लानेवाला युगान्तकारी आन्दोलन भी पर्याप्त गौरवशाली और सशक्त नहीं हो पा रहा।

एक मायने में दलित वर्ग के बीच चेतना जरूर जगी है कि इसकी नौजवान पीढ़ी ने मुखर या मौन रूप में ग्रामीण सवर्णों की बेगारी करना बन्द कर दिया है। अब वे पूरी हिम्मत और जज्बात के साथ ताकतवर सवर्णों का विरोध करते हैं, बाद में परिणाम भले ही उनके लिए कष्टकर और भयावह हो, मगर उनके तर्कपूर्ण और न्याय के आकांक्षी तेवर ने यह जरूर स्पष्ट कर दिया है–कल सामाजिक क्रान्ति की परिभाषा दलितों द्वारा ही लिखी जाएगी।

विख्यात सामाजिक कार्यकर्ता और लेखिका अरुन्धती राय लिखती हैं–"समाज के दुर्बल और असहाय तबकों पर किया जा रहा प्रहार एक ही समय इतना क्रूर और इतना धूर्तता पूर्ण है, सर्वग्रासी लेकिन फिर भी खास तौर पर निशाना साधकर, नग्न पाशविक लेकिन फिर भी आश्चर्यजनक रूप से कपटपूर्ण कि इनकी निरी ढिठाई ने न्याय की हमारी परिभाषा को ही खोखला बना दिया है।"[2]

यह समाज सचमुच घनघोर ग़ुलामी की जकड़न में जी रहा है। उस पर आश्चर्य यह कि दलित वर्ग के अलावा अन्य किसी भी वर्ग में बदलाव या विरोध की सुगबुगाहट दिखाई नहीं देती।

जैसा कि पहले ही संकेत किया जा चुका है, धर्म किसी न किसी रूप में जाति व्यवस्था के कालजयी दुष्प्रभाव को सर्वव्यापी बनाने के लिए जिम्मेदार है। ऋग्वेद जिसे वैदिक व्यवस्था का अपौरुषेय ग्रन्थ कहा गया है–वर्णाश्रम व्यवस्था को नींव प्रदान करता है। कौन जाति ब्रह्मा के किस अंग से उद्भूत हुई, यह लिखने की आवश्यकता नहीं, बस इतना ही कहना पर्याप्त होगा कि वैदिक संस्कृति और उसके चार स्तम्भ–ग्रन्थों ने न्यायविरोधी वर्णाश्रम व्यवस्था को अजेय रखकर सदियों-शताब्तियों तक फलते-फूलते रहने में सबसे भयावह भूमिका निभाई।

आज धर्म अपने आधुनिक रूप में सारे ताम-झाम और निरर्थक प्रदर्शन के साथ हम सबके बीच उपस्थित है। इसकी पुरानी जड़ें वैसे उत्तर वैदिक काल तक जाती हैं, किन्तु गुप्त, राजपूत और उत्तरवर्ती काल में धर्म का, खास तौर पर हिन्दू धर्म का जो रूप निर्मित हुआ, वही आज भी थोड़ा-बहुत फेरबदल के साथ जीवित है। आज भी सारे देश का समाज मठों, मन्दिरों और देव-स्थानों के दैवी-अनुशासन में संचालित हो रहा है। आज भी तीर्थस्थलों पर अपार मेला लगता है, लाखों-करोड़ों श्रद्धालु, जो जीवन भर मानवीय दुर्बलताओं और स्वार्थी-हृदय के गुलाम रहे, मात्र नदी की जलधारा में डुबकी लगाकर पवित्र और निष्कलुष हो जाने का ख्वाब देखते हैं।

आज धर्म न तो मठों में है, न तो धनाढ्य मन्दिरों में है, न ही देवालयों में। वह न तो पौराणिक स्थलों पर है, न तीर्थ स्थलों में, न ही महान नदियों के पाखंड पूर्ण स्नान-स्थलों पर। धर्म यदि कहीं है तो सिर्फ़ उस मामूली जनता के पास जो बिना अच्छत, चन्दन या फूल के प्रात: होते ही सूर्य को प्रणाम करता है, बिस्तर से उठते ही पृथ्वी को छूकर उसका नमन करता है। जिसके लिए हल, बैल और फसलें ही आदरणीय हैं, जो किसी को धोखा देना पाप समझता है, और सहायता करना पुण्य। सचमुच धर्म यदि कहीं है, तो सिर्फ़ उसके भीतर जो निरीह बच्चों के आँसू पोंछने का संकल्प और जज़्बा रखता है, जो किसी के द्वारा अपना उपयोग न किए जाने पर आत्मग्लानि महसूस करता है और अपने दुश्मन का भी कष्ट देखकर उसके प्रति करुणा का अनुभव करता है।

आज धर्म का राजनीतिकरण और राजनीति का सम्प्रदायीकरण आम बात हो गयी है। समग्र मानवता का कल्याण जो कि धर्म का प्राण माना गया है–आज सिर्फ़ धार्मिक मंचों से बहुरूपिये मठाधीशों का तोतारटंत नारा बस रह गया है। 'विश्व का कल्याण हो, प्राणियों में समानता हो।' का उद्घोष आज भी धार्मिक अनुष्ठानों में होता है–लगता है–सारी दुनिया सन्तों के कल्याणकारी जोश से सुवासित हो रही है, परन्तु चार, दस या पन्द्रह दिनों के इस तड़क-भड़क वाले खर्चीले महोत्सव के पीछे विवेकहीन आचरण का कितना खोखलापन छिपा हुआ है–यह कम लोगों

को ज्ञात हो पाता है। आज प्रतिष्ठित मन्दिरों और धर्म-स्थानों का शायद ही कोई प्रधान धर्माचार्य हो, जिसकी किसी न किसी विधायक, सांसद या मन्त्री के साथ साठ-गाँठ या उठ-बैठ न हो। इतना ही नहीं, अब तो पहलवानी मिज़ाज में बादशाह बनकर घूमते हुए उत्तर आधुनिक जमाने के साधु-सन्त खुलेआम राजनीति करते मिल जाएँगे। चारित्रिक भ्रष्टता की ज्ञात-अज्ञात जितनी नीचताएँ सम्भव हो सकती हैं, ये सन्तजन बेरोक-टोक अपने श्रद्धालुओं और शिष्याओं के साथ करते हैं।

पूँजी कार्ल मार्क्स के सम्पूर्ण चिन्तन की धुरी है। इसके स्रोत अलग-अलग जरूर हो सकते हैं, परन्तु अन्तिम में परिवृतत होकर वे पूँजी या धन का ही निर्माण करते हैं। न सिर्फ़ भारत में बल्कि पूरी दुनिया में आज का दौर पूँजीवाद का दौर है। इसका व्यावहारिक रूप विविध भौतिक-सुख-सुविधाओं से अँटे पड़े बाजारों के रूप में दिखाई देता है। वैसे बाजार-संस्कृति तो सम्पन्नों के व्यक्तिगत सुखवादी प्रतिस्पर्द्धा से फलती-फूलती है, लेकिन इसका व्यापक असर कस्बाई और ग्रामीण समाज पर भी अनिवार्य रूप से पड़ता है। आज फैशन और ऐशो-आराम के ताम-झाम से लेकर विभिन्न खाद्य वस्तुओं के प्रचार ठेठ गाँव-देहात तक में देखे जा सकते हैं। अखबार और व्यावसायिक पत्रिकाओं की प्रचुर उपलब्धता एवं इसकी सुगमता ने उपभोक्ता वस्तुओं के प्रति आम लोगों के मन में एक नयी हलचल पैदा कर रही है। आज टी.वी., गैस चूल्हा, फ्रिज, म्यूज़िक सिस्टम, सी.डी. प्लेयर, वी.सी.डी., डी.वी.डी., इत्यादि दूर-दराज के ग्रामीण इलाकों में भी उपलब्ध हैं। इसलिए भारतीय गाँव अपनी मूलभूत संरचना में कृषि और पशुधन प्रधान होते हुए भी बाजारोन्मुख या व्यवसायोन्मुख होते जा रहे हैं। गाँवों में अब ऐसे परिवार लगभग नहीं के बराबर मिलेंगे, जिनका कोई न कोई बिजनेस, रोजगार या व्यवसाय न हो। अब खेती उनके उद्देश्य के केन्द्र में नहीं है, वह साइड वर्क के रूप में समझी जा रही है।

अब यह आम धारणा चल पड़ी है कि खेती घाटे का धन्धा है, जिसमें पैसा लगाओ, श्रम करो, धैर्य रखो-तब जाकर अनाज के दर्शन हो सकते हैं-जबकि बिजनेस, व्यापार में इतनी चिन्ता-फ़िक्र करने की जरूरत नहीं। आज पूँजी लगाओ, कल वह दुगुनी वृद्धि के साथ वापस आना शुरू हो जाएगी। वैसे देश के विशाल मैदानी प्रदेशों में खाद्यान्न उत्पादन प्रतिवर्ष भरपूर मात्रा में हो रहा है, लेकिन उसकी वजह खेती के प्रति भक्ति नहीं, उन्नत बीजों, खाद, पानी, और कीटनाशक दवाइयों की उपलब्धता तथा जुताई-बुवाई की नयी-नयी तकनीकों का विकसित होना है। इसकी एक वजह यह भी है कि गाँव के वे किसान परिवार जो छोटे-मोटे व्यापार व्यवसाय या रोजगार के चलते थोड़ा बदहाली के खतरे से ऊपर उठ गये हैं, अपनी खेती में दिल खोलकर धन खर्च करते हैं।

सामाजिक रूप को पुनर्निर्मित करने में अर्थ अपनी अद्वितीय भूमिका निभाने

के बाद भी उसके ढाँचे का आमूल-चूल परिवर्तन करने में असफल हो जा रहा है। वैसे शहरों में वर्ग का आधार धन ही है, न कि जाति अथवा वर्ण। लेकिन ग्रामीण प्रदेशों में अभी भी विषैली जाति-व्यवस्था का शासन चल रहा है। शहर चूँकि प्रशासन, बाजार, व्यवसाय इत्यादि का गढ़ है, इसलिए यहाँ परिवर्तन की गतिशीलता स्वाभाविक रूप से तीव्र है। यहाँ विभिन्न प्रान्तों, जिलों और ग्रामीण तबकों के नौकरी पेशा एवं व्यवसायी वर्ग एक साथ उठते-बैठते, मिलते-जुलते एवं काम करते हैं। अखबार, पत्र-पत्रिकाएँ, टेलीविज़न, रेडियो इत्यादि सूचना के माध्यम शहरों की गली-गली में छाए हुए हैं-ये हर वर्ग और हर जाति के लोगों को एक विशेष ढंग की शहरी सभ्यता में दीक्षित करते हैं, उन्हें अपने साँचे में ढालते हैं। इसलिए शहर में पला-बढ़ा आदमी चाहे वह किसी भी धर्म, वर्ग या जाति का हो ज्यादे व्यावहारिक, खुली सोच-समझ का और आधुनिक होता है। इसका तात्पर्य यह नहीं कि ग्रामीण लोगों की तुलना में उसका व्यक्तित्व ज्यादे दमदार होता है। इसका अर्थ बल्कि यह है कि ग्रामीण लोगों की अपेक्षा वह धर्म, जाति, परम्परा आदि की लीक पीटनेवाला कम होता है। वैसे शहर में भी पंडितों और तान्त्रिकों का बोलबाला है। वे अपने जादुई, मायावी व दैवी जंजाल में लोगों को उलझाकर मालामाल हो रहे हैं।

इस तरह शहरी-समाज की संरचना जहाँ अर्थ पर खड़ी है, वहीं ग्रामीण-समाज की संरचना जाति पर। शहरी लोग जहाँ अपनी प्रतिष्ठा एवं उन्नति का मूलाधार धन को मानते हैं, ग्रामीण लोग वहीं जाति और जमीन को, वैसे अब गाँवों में भी प्रतिष्ठा के मानदंड बदले हैं। यहाँ सर्विस मैन (सरकारी कर्मचारी) को सर्वाधिक सम्मानित एवं प्रतिष्ठित माना जाता है, लेकिन इससे सामाजिक संरचना के मूल ढाँचे पर रत्ती भर भी असर नहीं है। गाँव के बाबू साहब अपने पड़ोस के दलित प्राचार्य को भूलकर भी प्रणाम नहीं कर सकते। होंगे कहीं के गुरु जी, यहाँ वे ठाकुर साहब के मन के गुलाम हैं। गाँव और शहर हमारी मानव संस्कृति के यही दो आश्रय-स्थल हैं। गाँव को पिछड़ा इलाका, बैकवर्ड एरिया इत्यादि नामों से भले पुकार लें, लेकिन अन्तिम रूप से है वह गाँव ही। ठीक इसी तरह शहर को महानगर, जैसे नाम से भले सम्बोधित कर लें-अन्तिम रूप से है-वह शहर ही। न सिर्फ़ भारत बल्कि विश्व के समस्त देश अपने भौगोलिक विस्तार में इन्हीं दोनों सामाजिक अस्तित्वों को धारण करते हैं। आज कोई भी देश कितना भी वैज्ञानिक और आर्थिक दृष्टि से सम्पन्न क्यों न हो जाए, वह पूर्णतः शहरीकृत नहीं हो सकता। ठीक इसी तरह कोई भी देश कितना भी गरीब और पिछड़ा क्यों न हो, वह पूरी तरह ग्रामीण नहीं हो सकता।

गाँव की संस्कृति बिलकुल अपने ठेठ अन्दाज में अलग होती है, और शहर की संस्कृति अपने रंगीन और फ़ैशनी अन्दाज में अलग। देश की संस्कृति इन्हीं दोनों

नितान्त भिन्न संस्कृतियों को साथ-साथ लेकर चलनेवाली राजनीतिक और सांस्कृतिक व्यवस्था का नाम है। यद्यपि गाँव और शहर विचार, व्यवस्था, व्यवहार इत्यादि कई मामलों में एक दूसरे से भिन्न हैं, किन्तु दोनों एक दूसरे को अनिवार्य रूप से, वो भी काफी गहराई के साथ, प्रभावित करते हैं। गाँवों के शिक्षित युवा वर्ग जब मेहनत से पढ़ाई-लिखाई कर नौकरी पाने के बाद शहर में खुद को स्थापित कर लेते हैं-तब वे मात्र ग्रामीण नहीं रह जाते। उनको शहर की हवा जरूर लगती है, वे शहरी बाबू बनने के लिए दिन-रात परेशान रहते हैं। खान-पान के ठाट-बाट और अन्दाज से लेकर बोलचाल का ढंग, रहने का तरीका, लोगों को देखने का नज़रिया बड़ी तेजी से परिवृ्तत हो जाता है। यद्यपि अपने पैतृक गाँव से उनका सम्बन्ध जरूर कायम रहता है, लेकिन शहर के निवासी होते ही वे प्रयासपूर्वक गाँव भूलने लगते हैं, इसलिए नहीं कि गाँव से दूर हो गये, बल्कि इसलिए कि उससे जुड़ा हुआ सोचकर स्वयं को हीन-भावना से ग्रस्त नहीं करना चाहते। भीष्म साहनी की अमर-कहानी 'चीफ़ की दावत' ऐसे ही सुपुत्रों के चरित्र का गुणगान करने के लिए लिखी गयी।

आई.ए.एस., पी.सी.एस. स्तर के अधिकारी जो अपनी व्यावसायिक, प्रशासनिक तानाशाही के बलबूते शहरों में ऐशो-आराम के सारे सुख लूट रहे हैं-गाँव की मिट्टी में जन्म लेकर भी विचार और व्यवहार दोनों स्तरों पर अपने बदहाल, बीमार गाँव के प्रति कृतघ्न हो जाते हैं।

व्यावसायिक वर्ग के चरित्र में इधर तेजी से बदलाव आया है। अब वे राजनीति, प्रशासन और अर्थ-व्यवस्था की हलचलों में रुचि लेते हैं-उस पर बहस करते हैं और अपने विचार प्रस्तुत करते हैं। पहले सामान्य तौर पर इन्हें अल्प शिक्षित माना जाता था, लेकिन अब इनकी शिक्षा का स्तर भी ऊँचा हो गया है। स्थिति तो ऐसी है कि कालेजों और विश्वविद्यालयों से उच्च शिक्षा की डिग्री लेकर निकले हुए नौजवान सरकारी नौकरी छोड़कर किसी अच्छे खासे व्यवसाय में लग जा रहे हैं। मतलब साफ है-सरकारी नौकरी का पुराना मिथक धीरे-धीरे टूटा है-उसकी सर्वोपरि महत्ता है तो जरूर, मगर व्यवसाय का क्षेत्र उससे थोड़ा नीचे ही सही व्यापक स्तर पर फैला हुआ है।

शहरों में व्यावसायिक वर्ग का चरित्र गाँवों के व्यावसायिक लोगों के चरित्र से पर्याप्त भिन्न है। शहरों में जिनके पास बड़े व्यवसाय की पूँजी है-वे बड़े राजनेताओं, अधिकारियों, मठाधीशों, बौद्धिकों और यहाँ तक की बाहुबलियों से भी सीधा सम्बन्ध रखते हैं। वे व्यापक स्तर पर इन सबकी आर्थिक मदद करते हैं, कार्यक्रमों में अनुदान देते हैं और धर्मार्थ शिविरों का आयोजन करते हैं। बदले में उन्हें भी राजनैतिक व प्रशासनिक सुविधाएँ उपलब्ध कराई जाती हैं। शक्तिसम्पन्न व्यावसायिक खुद दुष्प्रवृत्तियों के स्वामी न होते हुए भी इस तरह के चरित्र वालों से सदैव घिरे रहते

हैं। ऐसे पतित और आचरणहीन लोग इनका मनमाना आर्थिक-शोषण करते हैं, इनसे धन उगाह कर अपना हिंसात्मक धन्धा जारी रखते हैं-बदले में इन्हें अपनी ताकत का संरक्षण देते हैं। शहर के ऐसे व्यावसायिकों में अधिकांशतः शिक्षित हैं, प्रतिष्ठित हैं और मध्यम वर्गीय संस्कारों वाले हैं। अब तो ये लोग साहित्य में भी रुचि लेने लगे हैं। प्रत्यक्षतः इस लाभ-रहित क्षेत्र से इनको कुछ हासिल तो नहीं होता, हाँ सामाजिक स्तर पर इनको प्रतिष्ठा जरूर मिल जाती है, जो इनके व्यक्तित्व के दागदार पहलुओं को ढँकने में लौह-कवच का काम करती है।

गाँवों में रहनेवाले व्यावसायिक मुख्यतः दुकानदार, व्यापारी या सौदागर के रूप में हैं। इन तीनों रूपों में उनका धन्धा सुख देनेवाला है। वे गाँवों के रहकर भी उसी से पूरी तरह बँधे हुए नहीं हैं, बल्कि पास-पड़ोस के कस्बों और दूर-दराज के शहरों से भी सीधे-सीधे जुड़े हुए हैं। थोड़ा कम दाम में थोक के भाव शहरों से सामान लाते हैं और अनिवार्य रूप से अधिक दाम में बेचकर अपनी सुकून-भरी घर-गृहस्थी चलाते हैं। पहले गाँवों में जहाँ सूद पर कर्ज देने का बोलबाला था, आज प्रचलन में बहुत कम रह गया है, क्योंकि अब सूद पर कर्ज लेने वाले गरीब लोग कम बचे हैं, यदि हैं तो भी मेहनत-मजदूरी करके अपनी जरूरत के मुताबिक पैसा कमा लेते हैं-या अमृतसर, लुधियाना, कलकत्ता, दिल्ली और मुम्बई जैसे नगरों-महानगरों में असमय ही अपनी कच्ची नौजवानी को गलाते हुए सुखी बनने का कष्टपूर्ण संघर्ष करते हैं। उधार की संस्कृति समाप्त तो नहीं हुई है, हाँ उस पर सूद का दाग जरूर फीका पड़ा है।

अब चूँकि गाँवों तक आसानी से पहुँचने लायक सड़कों के निर्माण का काम तेजी से आगे बढ़ा है, अतः जगह-जगह सड़कों के किनारे और चौराहों पर दुकान-संस्कृति की हवा बह चली है। जिस किसान के पास मोटी रकम नहीं है वह भी येन-केन-प्रकारेण पैसा जुटाकर सदर चौराहे पर दुकान खोलकर बैठ जा रहा है, चाहे इसके लिए खेत ही क्यों न बेंच देना पड़े। क्योंकि खेत जहाँ अन्न का अम्बार लगा देता है, वहीं धन उगाने के मामले में बंजर सिद्ध हो जाता है। गाँवों में ऐसे व्यापारी भी हैं-जो कपड़ा, प्लास्टिक के सामान, प्रसाधन की सामग्रियाँ, साइकिल, स्कूटर इत्यादि पर लादकर घर से निकलते हैं, और शाम तक थैली खनखनाते हुए वापस आ जाते हैं।

आज के समय में निम्न मध्यमवर्ग और दलित वर्ग ही किसान-मजदूर की श्रेणी में बँधा हुआ है। गाँवों पर धाक जमानेवाला मध्यवर्ग प्रायः बड़ा खेतिहर है, और गाँवों की गतिहीन प्रगति में पहिया का कर्तव्य निभानेवाला दलित वर्ग प्रायः मजदूर की श्रेणी में है। वैसे साफतौर यह खाका खींचना थोड़ा मुश्किल है कि मात्र दलित वर्ग मजदूरी करता है। स्थिति जो सामने है उससे साफ ज़ाहिर होता है कि

खेती-किसानी का बहुमूल्य काम यह दलित वर्ग भी करता है। हाँ, उसके पास खेती योग्य भूमि कम है, अनिवार्यतः सीमित है। वह प्रतिवर्ष हर फसल-चक्र में एक साथ, एक ही जोत में कई फसलें उगाने के लिए विवश है। यदि उसके पास एक एकड़ या एक बीघा जमीन है-तो उसी में आलू, गोभी, टमाटर के साथ-साथ गेहूँ-अरहर और सरसों भी बो डालता है। ऐसा नहीं कि पूरे के पूरे खेत में गेहूँ ही बो डाले। उसके इस बहुफसली खेत के पीछे आर्थिक और पारिवारिक जरूरत की मानसिकता को साफतौर पर समझा जा सकता है, साथ ही इस रहस्य को भी कि छोटा-मोटा खेत उसकी इज्जत, आबरू, सुख और उम्मीद का आधार कैसे है?

देश में भूमि के असमान वितरण ने ग्रामीण गरीबी और अमीरी के भेद को हमेशा-हमेशा के लिए गहरा बना दिया है। गाँव में आज जिनके पास लम्बी-चौड़ी खेतीबारी है-वे उसी खेत की पैदावार से पूरा घर चलाते हैं, बेटा-बेटी की पढ़ाई का खर्च निकालते हैं, उत्सव, त्यौहार और मेलों का आनन्द उठाते हैं, नरम-गरम दहेज देकर बेटी की शादी भी सम्पन्न करते हैं। इनके पास छोटे-मोटे रोजगार प्रायः नहीं होते, न ही ये फुटकल व्यापारियों की तरह छोटे-मोटे धन्धों में फँसते हैं। या तो ये बड़ा बिजनेस शुरू करते हैं या फिर मोटी रकम देनेवाला धन्धा शुरू करते हैं। भूमि की अधिकता न सिर्फ़ आर्थिक, सामाजिक और शारीरिक स्तर को ऊँचा उठाती है, बल्कि मानसिक स्तर पर भी उसे सुदृढ़ और शक्तिशाली बना देती है। इससे ठीक विपरीत गाँवों में जिन भाग्यहीनों की गरीब आँखों में मात्र दो या तीन बीघे की उम्मीद जीवित बची है-वे आर्थिक, सामाजिक, शारीरिक और मानसिक चारों स्तरों पर बहुत नीचे जा पहुँचे हैं। भौतिक सम्पन्नता सबसे पहले व्यक्ति को आर्थिक स्तर पर सुदृढ़ बनाती है, आर्थिक सम्पन्नता व्यक्ति को फिर शारीरिक और सामाजिक स्तर पर मजबूत कर देती है, और सामाजिक दृढ़ता व्यक्ति को मानसिक तौर पर शक्तिशाली बना देती है।

आज शहरों में बिजनेस, रोजगार या नौकरी पाने के बाद युवा वर्ग शहरों में जाकर गाँव की सामाजिक, धार्मिक और आर्थिक गुलामी से भले मुक्त हो जा रहा हो, परन्तु जो नौजवान अशिक्षित, धनहीन और भूमिरहित हैं। उनकी स्थिति बिलकुल गुलामी की तरह है। हाँ, अपने वर्ग के उन भाई-बन्धुओं से जरूर बेहतर है जो शहरों और महानगरों में दुर्लभ सुख का सपना सँजोये 12-12, 16-16 घंटे की ड्यूटी करते हुए 30-35 की उम्र तक आते-आते असमय ही मौत के शिकार बने जा रहे हैं।

इन्हीं गरीब नौजवानों के बीमार, लाचार और गँवार माँ-बाप कक्षा 8 या 10 तक किसी तरह पेट-तन काटते हुए पढ़ाई-लिखाई की व्यवस्था भी करते हैं, उसके लिए वे कष्ट और सन्तोष को एकाकार कर देते हैं-मामूली सुख को भी दूर की

कठिन उम्मीद तक लिए स्थगित कर देते हैं–यहाँ तक कि उनका सारा वर्तमान बेटे के भविष्य को बेहतर बनाने में खप जाता है। गाँवों में अपने बेटे को इज्जतदार और शिक्षित बनाने का सपना सँजोये ऐसे माँ–बाप एक–दो नहीं असंख्य हैं, गाँव–गाँव में हैं, देश के कोने–कोने में हैं। ऐसे नौजवानों की बड़ी तादाद में से कुछ वो आगे बढ़ जाते हैं, नौकरी हासिल कर लेते हैं, लेकिन अधिकांश की दशा निशाने से चूक कर गिरे, टूटे हुए तीर जैसी होती है। कक्षा 10 तक जाते–जाते वे जवाब दे जाते हैं। कक्षा 10 में ही 3–4 बार फेल हो जाने के बाद विद्यालय से तौबा कर लेते हैं, किताब–कापी को ताक़ पे रखकर या तो गाय–भैंसें चराना शुरू कर देते हैं या नये खून के जोश में बम्बई, कलकत्ता जैसे श्रमिकों के महासमुद्री–नगरों में 4–5 साल मज़दूरी करते–करते अपना खून सुखाकर शरीर को लकड़ी का ढाँचा बना लेते हैं। ऐसा शरीर लिए भग्न हृदय से अपनी जन्मभूमि पर पाँव रखते ही उन्हें खबर लगती है कि बापू पिछले साल की ठंड में अकड़कर मर गये।

आज के युग का युवा वर्ग मुख्यत: ग्रामीण, कस्बाई और महानगरी वातावरण में पल–बढ़ रहा है। इन तीनों क्षेत्रों में युवा वर्ग के अलग–अलग रूप दिखाई पड़ते हैं। ग्रामीण समाज में पलने–बढ़ने वाला युवा या तो अशिक्षित है या फिर अर्द्धशिक्षित। इनमें उच्चशिक्षितों का प्रतिशत लगभग 1 है कहीं–कहीं वह भी नहीं। आज गाँवों में शिक्षा का स्तर भी सामाजिक और जातीय हैसियत के अनुसार तय होता है। प्राय: अध्ययन–अध्यापन के क्षेत्र में वे ही आगे हैं, जो समाज में प्रतिष्ठित और उच्चवर्गीय हैं–क्योंकि इनके पवित्र–ग्रन्थों में प्राय: इन्हें ही शिक्षा का स्वाभाविक उत्तराधिकारी घोषित किया गया है। वैसे केन्द्र और राज्य सरकारों ने वज़ीफ़ा, आर्थिक सहयोग इत्यादि माध्यमों से पिछड़े, उपेक्षित और दलित वर्ग के ग्रामीण युवाओं को विद्याप्रेमी बनाने का सफल प्रयास किया है, परन्तु यह सराहनीय कार्य प्राइमरी, माध्यमिक या इंटरमीडिएट के स्तर तक ही सीमित है। स्थिति तो यह है कि ये युवा विद्यालयों में पढ़ने की भूख लेकर नहीं, वज़ीफ़ा पाने की लालच लेकर आते हैं। वे फेल हों या पास जब तक पढ़ने आ रहे हैं–सरकारी वज़ीफ़ा पाते रहेंगे। प्राय: ये मेहनत कम करते हैं, फलत: इंटरमीडिएट तक जाते–जाते विद्या से विद्रोह कर बैठते हैं।

ग्रामीण युवा वर्ग में अधिकांश संख्या उन युवाओं की है–जो अशिक्षित, दलित और उपेक्षित होने के साथ–साथ आर्थिक दृष्टि से भी अशक्त हैं। इनके लिए आवश्यक किताब, कापी और कलम की व्यवस्था कौन कहे, दो जून भरपेट खाने को भी नहीं अँट पाता। जिस दिन कमाए उस दिन ही सुख से खाना है। बुजुर्ग और बीमार माँ–बाप के लिए उन्हें रोज़–रोज मेहनत–मजूरी करनी है। दिन भर का कीमती वक्त पढ़ाई में गँवा दिए तो मजदूरी कौन करेगा? मजदूरी नहीं की तो परिवार का पेट कैसे भरेंगे?

कस्बाई नौजवानों के व्यक्तित्व का मूल्यांकन यदि किया जाए तो स्थितियाँ कुछ अलग दिखाई पड़ती हैं। प्राय: आस-पास के गाँवों से ही आये हुए ये होते हैं। इनके पास धनाभाव तो होता है-मगर उतना नहीं जितना ग्रामीण युवकों का। ये प्राय: निम्न मध्यवर्ग के लोग होते हैं। खेती-बारी या बिजनेस-व्यापार ही इनके विकास का आधार होते हैं।

ये प्राय: शिक्षा, रोजगार या प्राइवेट नौकरी की लालच में कस्बों की तरफ चले आते हैं। कस्बाई संस्कृति मामूली सम्पन्नता के साथ लगभग ग्राम-संस्कृति ही होती है। जो गाँव को छोड़ने का उपाय और शहर को अपनाने का प्रयास तो करती है-लेकिन विधिवत् किसी का भी बनकर नहीं रह पाती।

प्राय: देखा गया है कि कस्बे के नौजवान अपनी रोजी-रोटी, आजीविका और रोजगार के लिए कदम-कदम पर संघर्ष कर रहे युवक होते हैं। इनकी सोच परम्परा प्रेमी, धर्मनिष्ठ और रूढ़िवादी होती है। वे जमाने के अनुसार बहुत नयी सोच के नहीं बन पाते। उनके व्यक्तित्व पर घर-परिवार की मर्यादा, इज्जत और शासन का भारी दबाव रहता है। इसीलिए वे कुशाग्र और उपजाऊ बुद्धि के होते हुए संस्कारों के मामले में बहुत आगे नहीं होते। असल में व्यक्तित्व को वैज्ञानिक और आत्मा को आधुनिक बनाने का मुद्दा वहाँ होता ही नहीं, वहाँ होती है नौकरी पाने की व्याकुल कल्पना, वहाँ होती है किसी तरह मेहनत करके, रगड़कर, पढ़कर आगे बढ़ जाने की घबराहट। ऐसे नौजवानों से आप कुछ नया पाने की उम्मीद नहीं कर सकते, वे न ही ऐसा कुछ स्मरणीय देते ही हैं।

अब शहर के युवकों पर एक नज़र डालें तो कुछ भिन्न वास्तविकताएँ दिखाई पड़ती हैं। यहाँ के नौजवानों का वह वर्ग जो जन्मत: शहरी है, अलग फैशन, अलग अन्दाज और अलग मिज़ाज को पसन्द करता है। प्राय: उसे समाज, व्यवस्था और राजनीति के ज्वलन्त मुद्दों से कुछ भी लेना देना नहीं होता। इनके मम्मी-पापा, यार-दोस्त, गर्ल-फ्रेंड ही इनकी पूरी दुनिया होते हैं। इन्हें रोना नहीं आता, न ही मायूस और निराश होना आता है। इन्हें जब भी देखिए जहाँ भी देखिए हँसते, ठहाके लगाते हुए मिल जाएँगे। आपस में इनकी बात-चीत के विषय भी पारिवारिक स्तर के होते हैं, या फिर कालेज की घटनाओं से जुड़े हुए। हाँ, इनमें बड़ी भोली और साफ-सुथरे ढंग की ईमानदारी होती है, जो इनके संस्कारों की देन नहीं, इनके सुखद वातावरण की देन है, इनके दायित्व मुक्त जीवन की देन है। प्राय: ऐसे नौजवानों के माँ-बाप बेहद सम्पन्न और पूर्ण शिक्षित होते हैं। वे भले ही गाँव-देहात की पृष्ठभूमि से उठकर आये हों, परन्तु शहर में अपनी शानदार जगह पक्की कर लेने के बाद धीरे-धीरे अपनी सारी गँवई पहचान गायब करने लगते हैं।

पक्के शहरी युवाओं का यह वर्ग कोई मैनेजमेंट कोर्स, टूर एंट ट्रेवल्स की

ट्रेनिंग या कमर्शियल डिग्री लेकर प्राइवेट कम्पनियों या गैर सरकारी संस्थाओं में तन-मन से लग जाता है। सिनेमा, डांसिंग क्लब, साइबर कैफ़े, म्यूज़िक नाइट्स में पूरी ज़िन्दगी गुज़ार देने का, इनका सबसे बड़ा सपना होता है। ये शहर से बाहर की असली दुनिया न तो देखे होते हैं और न ही देखना चाहते हैं। अपनी मीठी-मीठी विचारधारा के अनुसार वे उसे दुनिया मानते भी नहीं। उनके अनुसार शहर से बाहर के क्षेत्रों में मनुष्य की तरह दिखते हुए कुछ अजीबोगरीब किस्म के प्राणी बसते हैं।

कुमार विकल : समकालीन कविता के हस्ताक्षर

कुमार विकल धूमिल की ही तरह समकालीन हिन्दी कविता की एक सुखद और रोमांचकारी घटना है, जिनको पढ़ने, समझने और एहसास करने के बाद यही कहना पड़ता है कि रचनात्मक शक्ति अपनी अनिवार्य अभिव्यक्ति के लिए किसी न किसी के मस्तिष्क पर सवार होती ही है। युग कोई भी, कैसा भी क्यों न हो सृजन के इस अबाध स्वभाव को रोक नहीं सकता। वह ऐसा विस्फोट है, जो समस्त दबावों के बावजूद अपना रास्ता ढूँढ़ लेता है। धूमिल की तरह कुमार विकल भी अकाल-मृत्यु के शिकार बने। उन्हीं की तरह इनका भी रचनाकर्म सीमित रहा, बावजूद इसके दोनों कवियों की पहचान समकालीन कविता की दूरदर्शी और प्रखर आँखों के रूप में की जाती है। दोनों कवियों की अधिकांश कविताएँ उत्कट ईमानदारी के तीव्र आवेग से प्राणवान बनी हुई हैं और उनमें वज़नी भावों की सार्थकता बोलती है, इसीलिए परिमाण में कम होते हुए भी ये कविताएँ अपनी अमिट छाप छोड़ती हैं।

'रंग खतरे में है', काव्य-संग्रह की एक कविता का शीर्षक है-'दुख'। कविता में वे इस निराशाजन्य प्रवृत्ति को नयी परिभाषा में गढ़ते हैं। दुख उनके लिए चुपचाप बैठकर रोने की अवस्था नहीं, बल्कि उठकर लड़ने, निर्भीकतापूर्वक बोलने और प्रतिरोध खड़ा करने का माध्यम भी है। बने-बनाये मुहावरों को तोड़कर नया मुहावरा तैयार करना धूमिल की खूबी थी। कुछ वैसी ही ललक कुमार विकल की कला में महसूस की जा सकती है।

एक अन्य लघु कविता 'फर्क' में वे रोने के स्वभाव को रचनात्मक कद प्रदान करते हैं। सच भी तो है-जो जितना रो सकता है, उसमें मनुष्यता बचे रहने की सम्भावना उतनी ही अधिक होती है। रोना मनुष्य के मनुष्य होने का सच्चा प्रमाण है। इसकी अभिव्यक्ति मनुष्य में अपार भावनात्मकता की उपस्थिति सिद्ध करती है। यहाँ पर कवि ने हर रोने को रोना नहीं माना। कवि, दार्शनिक, साहित्यकार और महात्मा का रोना रचनात्मक, क्रान्तिकारी और मूल्यवान सिद्ध होता है।

कवि ने प्रश्न उठाया है कि क्या हर आदमी रोता है, इसका उत्तर वे सीधे-सीधे न देने के बजाय कुछ दार्शनिकों के जीवनकर्म और उनके व्यवहार के माध्यम

से देते हैं। उसी का रोना रोना है, जो जगे तो फिर कभी न सोने के लिए। यह बुद्धि के जग पड़ने का परिणाम है, अपनी कीमत समझ जाने की प्रतिक्रिया है। अपने वक्त की व्यापक पीड़ा को महसूस कर लेने का नतीजा है। यह आम लोगों की तरह कोई सामान्य विलाप नहीं अन्तःजागरण की अश्रुपूर्ण अभिव्यक्ति है।

क्या हर आदमी रोता है
मार्क्स एंगिल्स और लेनिन भी रोये थे।
हाँ, जरूर रोये थे,
लेकिन रोने के बाद कभी नहीं सोये थे
अगर वे इस तरह सोये रहते
तो दुनिया के करोड़ों लोग कभी न जाग पाते।[3]

इन पंक्तियों से प्रमाणित हो जाता है कि कवि के पास एक सार्थक और गम्भीर रचनात्मक दृष्टि है। कहने की शैली में मकसद साफ-साफ झलक जाता है। साथ ही साथ सामाजिक परिवर्तन में अपनी भूमिका निभाने के लिए भी वे बेचैन दिखते हैं। समकालीन हिन्दी कविता के आलोचक डॉ. परमानन्द श्रीवास्तव ने अपनी पुस्तक 'शब्द और मनुष्य' में कवि के ऊपर स्मरणीय निष्कर्ष प्रस्तुत किए हैं, जिसका उल्लेख किया जाना यहाँ तर्कसंगत है–'प्रतिबद्ध कवियों में धूमिल जैसी काव्य उर्जा, अक्खड़पन, साहसपूर्ण जीवन विवेक शायद सबसे प्रकट रूप में कुमार विकल में ही मौजूद है। यह कुमार विकल की शक्ति मानी जाए या सीमा उन्होंने अनुभवों के कच्चे माल को ही कविता का स्थानापन्न बना दिया।'[4]

कुमार विकल वर्तमान काव्य धारा के उन चन्द कवियों में हैं जिन्हें अपनी प्रखर अभिव्यक्ति और निर्भीक प्रतिबद्धता के कारण बार-बार याद किया जाता है। 'अरक्षित' कविता में वे बड़ी अनुभवी दृष्टि के साथ वर्तमान जीवन की कष्टकर वास्तविकता को परत-दर-परत उधेड़ते चले जाते हैं। कहीं-कहीं एक दो पंक्तियाँ सतही अभिव्यक्ति का शिकार हो गयी हैं–परन्तु आगे कवि पुनः सँभल जाता है और रुककर पुनः पढ़ने और सोचने को विवश कर देता है।

कुमार विकल जन्मजात कवि है, इसका प्रमाण अलग से देने की आवश्यकता नहीं। वे शैली, भाषा और वाक्यविन्यास का भी पूरा ध्यान रखते हैं, फ़र्क़ सिर्फ़ इतना ही है कि वे अन्य भद्र कवियों की तरह कलात्मकता के चक्कर में अपने पक्के, उर्जावान भावों की हत्या नहीं करते। प्रायः उनकी कविताएँ गद्य-शैली में हैं किन्तु लयात्मक गीत शैली में भी उन्होंने बेहतरीन कविताएँ लिखी हैं, जो पाठक को तुक, लय, ताल और प्रवाह में सराबोर कर भावमग्न कर डालती हैं।

उनके अन्य महत्त्वपूर्ण संग्रह 'निरुपमादत्त मैं बहुत उदास हूँ' में कविताओं की बानगी बहुत कुछ पिछले संग्रह से मिलती-जुलती है। हाँ, इसमें भाव और

गहरा हो गया है, विचार और सशक्त हो गये हैं, हृदय और असीम हो चला है। 'धरा समर्पण', 'पहचान', 'चीख', 'मशालें' और 'आओ पहल करें' ऐसी कुछ श्रेष्ठ कविताएँ हैं–जिनमें कवि के विविध रचनात्मक स्तर की खुलकर तारीफ की जा सकती है। 'धरा-समर्पण' लम्बी, सांस्कृतिक और ऐतिहासिक दृष्टि से सम्पन्न कविता है। इसमें कवि ने अपनी क्षमता की जमकर परीक्षा ली है जूझे हैं, अपने आपसे कुमार विकल। 'पहचान' कविता में धार्मिक उन्माद, साम्प्रदायिकता और मज़हबी कट्टरता की धज्जियाँ उड़ाई गयी हैं। हिन्दू और मुसलमान इस भारतीय उपमहाद्वीप की मानसिकता से उपजी ऐसी खाइयाँ हैं, जिनको पाट पाना आज तो क्या अगले कई युगों तक असम्भव है। 'चीख' कविता में भी आज की धार्मिक-कट्टरता पर आक्रोशपूर्ण आँसू बहाये गये हैं। परमानन्द श्रीवास्तव के शब्दों में कुमार विकल को पुनः रेखांकित करते हुए कहा जा सकता है–'कुमार विकल ही एक ऐसे कवि हैं जो आधुनिकतावाद के नये-नये रूपों की आहट से विचलित नहीं हुए और जिन्होंने अपनी कविता की प्रकृति भूमि में स्थित रहकर ज्यादा स्थायी, प्रामाणिक और सहज पहचान बनाने की कोशिश की।'[5]

विजेन्द्र : कविता के मार्क्सवादी किसान

समकालीन हिन्दी कविता की प्रगतिशील और मार्क्सवादी विचारधारा में अपनी स्थायी पहचान बनानेवाले कवियों में विजेन्द्र का नाम महत्त्वपूर्ण है। वरिष्ठ कवियों का एक वर्ग उन्हें कवि मानने से ही इनकार करता है, जबकि दूसरा वर्ग जो कि मार्क्सवादी चिन्तन को पसन्द करता है, इन्हें वर्तमान हिन्दी कविता का सर्वाधिक महत्त्वपूर्ण कवि घोषित करता है। वस्तुतः दोनों निष्कर्ष अतिवादी, पूर्वाग्रहपूर्ण और असन्तुलित हैं। विजेन्द्र को न तो कवि होने से इनकार किया जा सकता है, न ही उन्हें समकालीन हिन्दी कविता का आज शीर्षस्थ कवि माना जा सकता है। उनके लगभग दस संग्रहों के प्रकाशन के बाद भी उनकी सिद्धहस्त क्षमता को लेकर असमंजस की स्थिति बनी हुई है।

'अग्निपुरुष' जो कि विजेन्द्र का लम्बा काव्य-नाटक है–निश्चित तौर पर उनकी कवि प्रतिभा को प्रमाणित करता है। उसका ताना-बाना, तेवर, गठन और नाटकीयता कुछ हद तक 'अन्धायुग' की याद दिलाती है। अन्धायुग का एक निर्धारित स्वर है, जो कई जगहों पर पुनरावृत्ति का शिकार भी हो जाता है। 'अग्निपुरुष' विजेन्द्र की कविता का चरमोत्कर्ष है, यही उनकी प्रतिनिधि कविता है, और उनके गुण-दोष को परखने का पैमाना भी। विजेन्द्र का काव्य प्रायः तुक और सीधा, सपाट और उपदेशात्मक हो जाता है जिससे उसमें कविता कहीं रह ही नहीं जाती। विषयों, समस्याओं, घटनाओं और नीचताओं को कला की मारक, व्यंजनात्मक शैली में न

बाँध पाना विजेन्द्र की सर्वप्रमुख कमजोरी है। इनके पास भाव हैं, विचार हैं, ईमानदारी है, जज़्बा है–मगर मस्तिष्क में चढ़ जाने वाली विलक्षण कला उनके पास मुश्किल से दिखाई देगी। इसीलिए जब वे गद्य में अपने विचार प्रस्तुत करते हैं, तो ज्यादे साहित्यिक, विचारक और सर्जक सिद्ध होते हैं।

मार्क्सवाद ने उन्हें पहचान भी दी, और सीमित भी किया। वे किसी भी शर्त पर, किसी भी स्थिति में किसी भी कीमत पर जनवाद या मार्क्सवाद से बाहर निकलना ही नहीं चाहते। मन्दिर में प्रवेश करनेवाले भक्त के हृदय और मस्तिष्क में मन्दिर के प्रति अन्धश्रद्धा का जो अनिवार्य: दोष आ जाता है, वही दोष किसी वाद में बन्द होकर जीनेवाले साहित्यकार में आ जाता है। वह सोचता है कि वह सबसे स्वस्थ, श्रेष्ठ और उचित चिन्तन कर रहा है, सृजन कर रहा है–परन्तु सच ये है कि उसकी प्रतिभा की जड़ में 'वाद' के बासीपन का रोग लग चुका है। विचारप्रेमी, दर्शनवादी या वाद–समर्थक होना बुरा नहीं है, बुरा तब होता है जब हम अपने वाद की वकालत में दूसरे की विचारधारा को फाँसी पर लटकाना शुरू कर देते हैं। आज दुनिया की जटिल–असलियत को सिर्फ़ मार्क्सवाद से नहीं देखा जा सकता है। आज व्यक्तिवाद को समझना होगा, मनोविश्लेषणवाद को महत्त्व देना होगा। फ्रायड, युंग, एडलर की तारीफ करनी होगी। अस्तित्ववाद के मूल्यवान अंशों की पड़ताल करनी होगी। सृजन अथवा चिन्तन के क्षेत्र में यह एकलवाद का समय नहीं है, बल्कि बहुदर्शनवाद का समय है–जहाँ हमें पिछले सारे दार्शनिकों, उनकी स्थापनाओं से एक विद्यार्थी की तरह सीखना जानना है। और इन सबसे ऊपर अपनी सोच को महत्त्व देते हुए अपने समयानुकूल अपनी दृष्टि कायम करनी है। वाद शब्द ही वास्तव में विवादास्पद है। कठोरता, कट्टरता का भाव इसे कहते ही लागू हो जाता है।

विजेन्द्र की कविताओं का मूल्यांकन हम मार्क्सवाद के उद्देश्यों को समझे बिना नहीं कर सकते। कहीं–कहीं तो कवि बुर्जुआ, सर्वहारा उत्पादन प्रणाली, पूँजीपति जैसे शब्दों का प्रयोग भी धड़ल्ले से करने लगता है। उनकी कविताओं में ग्रामीण क्षेत्रों के श्रमिक वर्ग, मजदूर–किसान ज्यादा आते हैं। बढ़ई, लुहार, कुम्हार, दर्जी जैसे श्रमिक लोग विजेन्द्र की कविताओं के प्रतिनिधि चरित्र बन जाते हैं। वर्ष 2000 में प्रकाशित उनके काव्यसंग्रह 'घना के पाँखी' में अधिकांश कविताएँ वैसे प्रकृति–परक हैं, और उनमें अनुभूति की अनौपचारिक आत्मीयता देखी जा सकती है, परन्तु जनता या लोक जीवन से जुड़े पात्रों का भी चित्रांकन बीच–बीच में देखा जा सकता है। लोकप्रिय कवि अरुण कमल ने विजेन्द्र की कविताओं पर लिखा है–'विजेन्द्र की कविता का प्राण है–उनका प्रकृतिप्रेम एवं श्रम–सौन्दर्य के उदात्त का अभिनन्दन। ये ही दो तत्त्व उनकी कविता के स्थायी आलम्बन हैं।'[6]

विजेन्द्र की कविताओं में विषयों की विविधता भी देखने को मिलती है। ये

विषय या तो प्रकृति के रूपों से जुड़े हुए हैं या फिर आम जनजीवन से। अपने आस-पास के प्राकृतिक सौन्दर्य एवं उसमें ऋतुओं के अनुसार आ रहे बदलावों की ओर आपकी दृष्टि खूब गयी है। यह अकारण नहीं है कि कुछ संग्रहों के नाम प्रकृतिपरक ही हैं–जैसे 'घना के पाँखी'। इसमें संकलित कुल 93 कविताओं में से लगभग 25 कविताएँ प्रकृति पर ही केन्द्रित हैं। 'कच्ची बाटी' शीर्षक कविता की कुछ पंक्तियाँ यहाँ उल्लेखनीय हैं–

काटा झाड़ बेरिया काटी
माटी खोदी
खाई पाटी
फिर भी भूखा अब तक
सोया है–
पेट काटकर बच्चे पाले
मुँह पर मेरे
ताले डाले।[7]

इन चन्द पंक्तियों में एक बात बिलकुल स्पष्ट है कि कवि को श्रमिक, मजदूर, कारीगर और खेतिहर आदमी के प्रति सचमुच लगाव है। अन्य जनवादी कवियों की तरह उनकी पक्षधरता पर हम सन्देह नहीं कर सकते। आम लोगों के प्रति यह लगाव उन्हें विरासत में मिला है। बचपन और युवावस्था गाँव में ही बीती, अतः ग्रामीण लोगों से करीबी रिश्ता रहा। जहाँ तक सम्भव हो सका कवि ने उनका परिचय लेकर अपनी काव्यात्मकता को समृद्ध किया। राजस्थान के आम आदमी को, छोटे-छोटे रोजगार में लगे हुए साधारण लोगों को जानना हो, उनके हालत से परिचित होना हो तो उसके माध्यम के रूप में विजेन्द्र का नाम अवश्य लिया जाएगा। इसका एक कारण यह भी है कि वे कलात्मक अभिव्यक्ति के नाम पर तिकड़मी अथवा अबूझ वाक्यों का जादू नहीं खड़ा करते, बल्कि सीधे, बोधगम्य और बोलचाल वाले शब्दों के माध्यम से अपने मन की बात कह ले जाते हैं।

इनमें एक सीधी-सरल साधारणता देखने को मिलती है। परन्तु अभिधा शैली में विस्तृत ये कविताएँ कई बार लिखने के लिए लिखी गयी कविताएँ लगती हैं। इनमें दूरगामी व्यंजना का नितान्त अभाव है। पूरी कविता पढ़ जाने के बावजूद शायद ही कोई पंक्ति मिले, जो 'क्लाइमेक्स' का एहसास हमें दे पाए। इसका एक कारण यह भी है कि ठेठ राजस्थानी शब्दों का वे भरपूर प्रयोग करते हैं–इस बात की परवाह किये बगैर कि वे राजस्थानी में नहीं, बल्कि हिन्दी में कविता लिख रहे हैं। दूसरी कमजोरी है–लय और तुक मिलाने के शौक में हिन्दी के शब्दों को बलपूर्वक तोड़-मरोड़ देना। शब्दों को तोड़ना-मरोड़ना साहित्य की कोई नयी प्रवृत्ति नहीं

है–कबीर और निराला ने, एक हद तक नागार्जुन ने भी यह काम खूब किया है–मगर उसको अर्थ की नयी गरिमा देने के लिए, उसको दार्शनिक विचारों की अभिव्यक्ति का सहायक बनाने के लिए, न कि सिर्फ़ लय और तुक की चूर-गाँठ बैठाने के लिए।

प्रसिद्ध मार्क्सवादी समीक्षक जीवनसिंह को दिए गये एक लम्बे साक्षात्कार के क्रम में उन्होंने स्वीकार किया कि–'मेरी काव्यभाषा के बारे में विवाद रहे हैं। आज भी हो सकते हैं। आलोचकों ने ही नहीं, मेरे पीढ़ी के बाद के कुछ कवियों ने मेरी पछाँई खड़ी बोली पर आपत्तियाँ की हैं।'[8]

यह एक आत्मसजग कवि की अपनी दुर्बलताओं के प्रति सहज स्वीकारोक्ति है। उनकी कविताओं का पाठ करते समय यह समस्या सामने आकर खड़ी हो जाती है। स्थानीय, क्षेत्रीय और अत्यन्त ठेठ ग्रामीण स्तर के शब्दों या वाक्यों का प्रयोग करना साहित्य या कविता का दोष नहीं है। ग्रामीण परिवेश से या पिछड़े हुए इलाकों से जुड़े हुए कवि प्रायः वहाँ की बोली-बानी और मुहावरों का प्रयोग करते ही हैं–परन्तु सहजतापूर्वक अर्थ को और गाढ़ा बनाने के लिए। विजेन्द्र की ही एक अन्य कविता–'टाँचे पत्थर' में उनकी भाषागत कमजोरी स्वतः स्पष्ट हो जाती है–

पियरा फूल तुरैया फूली/फटी चदरिया कथरी मैली
बासी रोटी, ठंडा पानी
सीधी आँख/ढाँकती कानी
कढ़े काल के तीकुर पैने...[9]

विष्णु खरे : कविता में कहानी के कवि

समकालीन कविता के वरिष्ठ कवियों में विष्णु खरे का नाम उम्मीद के साथ लिया जाता है। विष्णु खरे आलोचनात्मक गद्य की शैली में कविता लिखते हैं, लेकिन वह शुद्ध रूप से न तो आलोचना होती है, न ही गद्य। उसमें बेरोकटोक वार्तालाप शैली का एक खुलापन भी दिखाई पड़ता है। समकालीन कविता को सर्वाधिक कथात्मक रूप देनेवाले भी विष्णु खरे ही हैं। उनके विषयों का चुनाव अतिसामान्य होते हुए भी कथन की बारीकी के कारण बिलकुल नया और विशेष सा दिखाई पड़ता है। उनकी दृष्टि साधारण में असाधारण खोजने की है–उनका पूरा प्रयास भी रहता है कि पाठक को उस असाधारण मर्म का एहसास करा दें। प्रायः वे सफल भी रहते हैं, परन्तु कभी-कभी ऐसा लगता है कि सहज ढंग से कविता लिखते-लिखते ऊब जाते हैं और अचानक अबूझ किस्म के उलझाऊ शब्दों में वाक्यों का कुछ ऐसा जटिल जाल खड़ा कर देते हैं कि पाठक अर्थ पकड़ने के चक्कर में पढ़ता रहता है और अर्थ हैं कि न जाने कहाँ-कहाँ फिसलते रहते हैं–हाथ नहीं आते। विष्णु खरे में अत्यन्त

सहज और बोलचालपरक शैली में महत्त्वपूर्ण और हृदयस्पर्शी कविता लिखने की गम्भीर प्रतिभा मौजूद है, परन्तु यदि इसे पूर्णतः मन में बैठाकर चलें तो।

अब तक उनके लगभग चार संग्रह प्रकाशित हो चुके हैं–1. खुद अपनी आँख से, 2. सबकी आवाज़ के पर्दे में, 3. पिछला बाकी और 4. काल और अवधि के दरम्यान। इसमें काल और अवधि के दरमियान इनका नवीन संग्रह है–जो उनके परिचितों के बीच में काफी चर्चित रहा। वैसे किसी कवि को एक ऊँचाई मिल जाने के बाद अक्सर चर्चित रहना नियति बन जाती है। वह जो कुछ भी लिखेगा, अनिवार्यतः उसे चर्चित होना ही है। इसीलिए एक स्तर पा लेने के बाद लोकप्रियता का सम्बन्ध कलात्मकता या रचनात्मकता से अनिवार्यतः नहीं रह जाता है। वह लोकप्रियता यान्त्रिक, कृत्रिम या पूर्व निर्धारित हो जाती है। एक बार जो प्रतिष्ठित हो गया, उसके बार-बार स्तरहीन लिखने के बावजूद खरी आलोचना लिखना आज खुद को प्रतिक्रियावादी कहलाने जैसा है।

समकालीन कविता के स्तम्भों में से एक मंगलेश डबराल ने उनके संग्रह 'काल और अवधि के दरमियान' पर ऐसी टिप्पणी की है, जिसे सुनकर कोई भी सच्चा, सहृदय साहित्य-प्रेमी चौंक सकता है, उत्सुक हो सकता है या आश्चर्यचकित भी हो सकता है। पहले मंगलेश डबराल का विचार–'पिछले कई वर्षों में इससे अच्छी और विचलित कर देनेवाली कविता मैंने नहीं पढ़ी है...हमारे समाज में जो कुछ भयावह हो रहा है–उसे ध्यान में रखें तो लगता है कि मुक्तिबोध की कविता 'अँधेरे में' ने अपना स्वाभाविक विकास इस संग्रह में पाया है।'[10]

हिन्दी कविता के इतिहास में 'अँधेरे में' कविता का क्या महत्त्व है, यह आज किसी से छिपी हुई बात नहीं है। इसलिए विष्णु खरे या किसी वरिष्ठ कवि की कविता को इसके समकक्ष रखते हुए अतिरिक्त निष्पक्षता, ईमानदारी और बारीक अन्तर्दृष्टि की जरूरत पड़ेगी। भाव, भाषा, शैली, उद्देश्य आदि कसौटियों पर नवोन्मेष का सूत्रपात करने वाली कोई मर्मभेदी कविता ही 'अँधेरे में' से तुलनीय हो सकती है। जब तक एक विशाल पाठक वर्ग एक स्वर में किसी कविता के जादुई अधिकार को अपने ऊपर स्वीकार नहीं कर लेता, तब कोई भी कविता 'क्लासिक' का दर्जा नहीं प्राप्त कर सकती।

विष्णु खरे की कविताएँ प्रायः लम्बी होती हैं, इसका कारण है–व्यावहारिक बोलचाल की भाषा में गद्यात्मकता। 'पिछला बाक़ी' संग्रह की एक कविता है–'गर्मियों की शाम'। यह बेहद सीधी, सरल, सपाट और ठंडी भाषा में फैली हुई कविता है। इसमें शायद ही कोई पंक्ति मिले, जिसे हम कलात्मक पंक्ति कह सकें। असल में विष्णु खरे पूरी कविता के भाव में, कथात्मकता में, संरचना में कलात्मकता पैदा करते हैं। वे अनुभूतियों बल्कि दुर्लभ, बारीक अनुभूतियों के कवि हैं। सामान्य

ढंग से कहते-कहते चुपके से ऐसी बात कह देते हैं, जो देखा-सुना और अनुभव किया गया होने के बावजूद नया लगता है-इसीलिए आकर्षित भी करता है। इसी संग्रह की एक अन्य कविता है-'प्रारम्भ', जिसकी कुछ पंक्तियाँ यहाँ ध्यान देने योग्य हैं-

किन्तु मैं नहीं उठा और दौड़कर मैंने उसे नहीं छुआ
क्योंकि मैं सोचना चाहता था कि जो लड़की चली गयी
वह एकदम वह नहीं थी, जो कि आयी थी....[11]

इसमें मात्र तीसरी पंक्ति ऐसी है जो कि एक कलात्मक भाव को व्यक्त करती है। इसका रहस्य है-व्यक्ति का परिवर्तन, जिसे हम व्यावहारिक शब्दावली में किसी का 'बदल जाना' कहते हैं। सच तो ये है कि जीवन भर किसी का भी चरित्र, व्यवहार और विचार एक सा रह ही नहीं सकता। बस कुछ ऐसी न्यूनतम आदतें और सुनिश्चित स्वभाव होते हैं, जो जीवन भर नहीं छूटते। बदल जाने का मुहावरा प्रायः अच्छे अर्थों में लागू नहीं होता। यह आलोचना या व्यंग्य करने का एक शिष्ट तरीका है, जिसके सभ्य-शिकायत का एक रूप भी मान सकते हैं।

इस संग्रह की एक छोटी सी कविता है-'वर्ष-राग'। यह कविता पाठक को अमूर्त अर्थलोक में घुमाती रहती है-और कोई उज्ज्वल अर्थ नहीं दे पाती।

इसमें कवि समय को एक वीणा के रूप में प्रस्तुत करते हुए वर्ष को एक तार का रूपक देना चाहता है, अर्थात् समय की वीणा में वर्ष एक स्वर है-ललित स्वर। यह ऐसा आकर्षक, मोहक स्वर है जिसे मनुष्य बार-बार सुनना चाहता है अर्थात् अपने बीते हुए वर्षों में लौटना चाहता है। अर्थ देने के बावजूद कविता अर्थ में शिथिल और गठन में अनाकर्षक है।

1976 में लिखी गयी 'डरो' नामक कविता सीधी, पारदर्शी और कलात्मक भंगिमा के कारण खूब आकृषत करती है। दो-दो पंक्तियों में व्यक्त की गयी एक-एक अनुभवजन्य सच्चाई हर एक आम व्यक्ति की वास्तविकता बन जाती है। वैसे इसमें भी कोई व्यापक दर्शन या कालजयी निष्कर्ष प्रस्तुत नहीं हुआ है, फिर भी जीवन के सामान्य अनुभव को बेधड़क, निःसंकोच व्यक्त कर देने वाली यह कविता इस संग्रह की प्रतिनिधि कविताओं में से एक है।

कहो तो डरो कि हाय यह क्यों कह दिया
न कहो तो डरो कि पूछेंगे चुप क्यों हो?
सुनो तो डरो कि अपना कान क्यों दिया?
न सुनो तो डरो कि सुनना लाजिमी तो नहीं था?[12]

संग्रह की भूमिका में प्रसिद्ध कवि रघुवीर सहाय ने टिप्पणी करते हुए लिखा है-'विष्णु खरे की वस्तु-योजना अद्भुत धीरज और साहस के साथ, जो कि अपनी

अनुभूति को संप्रेषित हो जाने तक बचाए रखने के लिए कवि को चाहिए, एक शान्त, शक्तिवाली भाषा तैयार करती है। यह उपलब्धि आधुनिक कविता के प्रयत्न को सम्पूर्ण बनाती है। और विष्णु खरे की कविता को अद्वितीय'।[13] इस कथन की शुद्ध परीक्षा अभी भविष्य का प्रश्न है।

लीलाधर जगूड़ी : कलात्मकता का अतिरिक्त तनाव

वर्ष 1997 में साहित्य अकादमी पुरस्कार से सम्मानित लीलाधर जगूड़ी समकालीन कविता के सर्वाधिक प्रसिद्ध कवियों में गिने जाते हैं। इनके प्रमुख काव्य संग्रह हैं– 1. नाटक जारी है (1972), 2. बची हुई पृथ्वी (1977), 3. इस यात्रा में (1983) और 4. अनुभव के आकाश में चाँद (1994) । इसमें चौथे काव्य-संग्रह पर साहित्य अकादमी पुरस्कार प्राप्त हो चुका है। इसीलिए सर्वप्रथम इसी संग्रह के वज़न और हल्केपन की बारीक और तटस्थ जाँच-पड़ताल की जाएगी।

'एक दिन में करोड़ों बरस' कविता को कल्पना और तर्क संगत वैज्ञानिक सत्य की कसौटी पर कसा गया है। विविध, व्यापक प्रकृति में जो भी वस्तुएँ अस्तित्वमान हैं, वे सब जिस भौगोलिक प्रक्रिया के तहत सामने आयी हैं, कवि ने उसी प्रक्रिया को काव्यबद्ध किया है। इस रूप में देखा जाए तो यह प्रकृतिपरक कविता है, जो कि विज्ञान की खोजों के माध्यम से सामने आयी है। यहाँ कवि को भौतिक विज्ञान और भूगोल की पर्याप्त और सटीक जानकारी है बल्कि कहीं-कहीं इस क्षेत्र में उनकी जानकारी हमें चमत्कृत कर देती है। इन सारी विशेषताओं के बावजूद यह कोरी बौद्धिक कलाबाजी का एक नमूना बनकर रह जाता है। यहाँ तथ्य संवेदना में नहीं ढल पाया है, और उसमें वह दम भी नहीं जो बुद्धि के मूल-प्रदेश अर्थात् हृदय तक पहुँच सके। एक कवि और खोजकर्ता में मौलिक अन्तर यही है। कवि जहाँ विचार, तथ्य अथवा घटना को संवेदनापूर्ण बनाता है उसे हृदय में स्थायी और स्मृति में अमिट रूप से स्थापित करता है-वहीं वैज्ञानिक उन सत्यों की खोज करता है जो सदियों, शताब्दियों से प्रकृति में विद्यमान हैं। कवि विज्ञान का मार्गदर्शन पाकर उससे चार कदम आगे बढ़ जाता है, जबकि खोजकर्ता यह काम नहीं कर पाता। कविता के अन्त में चार पंक्तियाँ ध्यान देने योग्य हैं–

करोड़ों बरसों का खून सेकेण्डों में
बह जाता है इस धरती पर
सपने के करोड़ों बरस खून हो जाते हैं।
खून के करोड़ों बरस तोड़ देते हैं सपना।[14]

कविता का कोई भी पाठक बड़ी सहजता से इन पंक्तियों के चमत्कार का अनुमान लगा सकता है। यदि अर्थ के रूप में बहुत दूर से कुछ नज़र आता है तो

समाज, जिसे कवि ने गम्भीर रूप देने के बजाय एक मज़ाकिया रूप दे दिया है। यहाँ आधुनिक समाज की समस्या (हिंसक संस्कृति) चिन्ता का विषय, पीड़ा का विषय बनने के बजाय बौद्धिक विलास का विषय बनकर रह जाती है।

'कई बार' शीर्षक कविता की मूलशैली के प्रतिकूल एक छोटी कविता है। इसकी शुरुआती पंक्तियाँ जीवन-सत्य को स्वर देती हुई मन को सहज ही आकृषत कर लेती हैं। ज़ाहिर सी बात है-जहाँ सत्य, लोक सामान्य का सत्य बन जाए, जहाँ अनुभूति मानव-मात्र की अनुभूति बन जाए, जहाँ एक सोच सबकी सोच की प्रकृति में अनिवार्यतः शामिल हो जाए, वहाँ बात तो कुछ होगी ही। आज, क्या कल, क्या परसों हर समय और हर युग में मनुष्य की सामान्य प्रवृत्ति दोहरे स्तर पर जीने की रही है। इस भौतिक, आर्थिक, धार्मिक और राजनीतिक दबावों में जीते और जीवन बिताते मनुष्य की नियति ही रही है कि दुहरा जीवन जीए। इसके लिए सिर्फ़ मनुष्य ही दोषी नहीं है, बल्कि सामाजिक भौगोलिक और आर्थिक परिस्थितियाँ भी उसका दोहरा चरित्र बनाये रखने के लिए जिम्मेदार हैं। मानव का मूल स्वभाव परिस्थितियों के पीछे-पीछे चलने और उसके अनुसार ढलने का स्वभाव है। मनुष्य चूँकि स्वयं प्राकृतिक संयोग है, और अपने सम्पूर्ण अस्तित्व के लिए भौतिक प्रकृति पर निर्भर रहता है, इसलिए परिस्थितियाँ जैसे-जैसे बदलती हैं; उसी अनुसार वह भी बदलने लगता है। इसी को हम व्यावहारिक जीवन में व्यक्तित्व का दुहरापन कहते हैं। हालाँकि दुहरेपन का अर्थ चरित्र में आयी हुई गिरावट से है, मगर इसके मूल अर्थ पर ध्यान दें, तो ऐसा कोई व्यक्ति न मिलेगा, जो कुछ न कुछ दोहरा जीवन न जी रहा हो। यह बात बहुत अच्छे, भले और सच्चे व्यक्तियों के सन्दर्भ में भी लागू होती है।

एक अन्य कविता 'यह भी एक युग है' में कवि ने आज के भौतिकवादी चरित्र और हृदयविरोधी वातावरण को तार-तार किया है। इस कविता पर चिन्तन करने से यह बात साफ हो जाती है कि कवि सामाजिक, धार्मिक अथवा राजनीतिक स्तर पर क्षण-क्षण घटि हो रही घटनाओं के प्रति पूरी तरह सजग है। उसको बारीकी से पकड़ने एवं शब्दों में नंगा करने की क्षमता रखता है। अपने युग के सामने खड़े होने और उसके सत्-असत् पक्ष का मुकाबला करने की शर्त कवि या साहित्यकार के समक्ष जिस तरह रखी जाती है, ठीक यही शर्त यहाँ फलीभूत होती दिखाई पड़ती है-कवि ने जरूरी और जबरदस्त बात कहने में खूब स्पष्टता से काम लिया है, और बिना किसी शाब्दिक जादूगरी के सधे हुए वाक्यों में युग-सत्य को ज्यों का त्यों साकार कर दिया है-

समकालीन हिन्दी कविता के सुपरिचित कवि और आलोचक ए. अरविन्दाक्षन ने अपनी पुस्तक 'समकालीन हिन्दी कविता' में कई प्रतिष्ठित और सर्वमान्य कवियों

पर विचारपूर्ण टिप्पणियाँ की हैं। चूँकि वे लम्बे समय से इन कवियों से जुड़े भी रहे हैं, इसलिए उनके दृष्टिकोण में परिचय की नरमी या बख्श देने की आत्मीयता आ गयी है। प्रायः वे ऐसी तल्ख टिप्पणियाँ करने से बचते हैं, जिससे किसी मशहूर कवि की प्रतिमा खंडित होती हो। दो टूक खरेपन की मार से जानबूझकर बचा देने की यही दुर्बलता कमजोर कविता की धारा को प्रबल वेग से बहने के लिए सह देती है। इतना ही नहीं इससे आलोचना भी अवास्तविक, कृत्रिम और अविश्वसनीय हो जाती है। अब सामने प्रस्तुत है–अरविन्दाक्षन जी की टिप्पणी–'लीलाधर जगूड़ी की कविताएँ मौजूद अन्धकार में लड़ी जा रही लड़ाई की कविताएँ हैं।'[15]

उपरोक्त सारे विचार-विमर्श के आधार पर यह माना जा सकता है कि कलात्मक स्तर पर जगूड़ी एक सफल, योग्य और प्रभावशाली कवि हैं, परन्तु संवेदना के स्तर पर वे अतिरिक्त रूप से सजग, तेज दिमागवाले और कृत्रिम प्रभाव जमानेवाले कवि हैं। उनमें कहने का अन्दाज बहुमुखी है और खूब नयापन लिये हुए है–मगर चमत्कृत, हतप्रभ और अवाक् कर देनेवाली उनकी इठलाती हुई कलाबाजी कविता को बड़ी मुश्किल से कविता रहने देती है। यह जादुई हुनर सिर्फ़ जगूड़ी के ही काव्य में नहीं बल्कि चेतनक्रान्ति व प्रेमरंजन अनिमेष जैसे कई युवा कवियों में भी देखने को मिल जाएगी। कहने की आवश्यकता नहीं कि यह प्रवृत्ति प्रतिभा के बौनेपन और अतिशय महत्त्वाकांक्षा के बीच संघर्ष से पैदा होती है। एक तरफ तो वह चाहता है कि हर हाल में उसे बड़ा कवि माना, कहा और सिद्ध किया जाए, दूसरी तरफ वह सचमुच वैसा लिख नहीं पाता। जब उसे लगता है कि भाव और संवेदना में ज्वार पैदा कर देनेवाली महतशक्ति उसकी कविता में नहीं है, तब वह अमूर्तन, अस्पष्टता, जटिलता इत्यादि का सुनियोजित ढंग से मायाजाल खड़ा करने लगता है।

हिन्दी का साहित्यिक जगत काफी बड़ा और तरह-तरह की हलचलों से भरपूर रहने के बावजूद मौलिकता-शून्य और नवोन्मेष रहित ही माना जाता है। यहाँ बहुत बड़े पैमाने पर होता तो बहुत कुछ है, परन्तु उसका कोई कीमती स्तर नहीं होता, कोई काबिले-तारीफ धारा नहीं फूटती। यहाँ अप्रत्याशित, आश्चर्यजनक और चमत्कृत कर देने वाली रचनाएँ एक प्रतिशत के बराबर भी नहीं हैं।

नरेश सक्सेना : विज्ञान की आँखों से देखने की कला

सड़सठ वर्ष (67) के लम्बे जीवनकाल में मात्र दो काव्य-संग्रह। खुद सक्सेना जी का कहना है कि उनकी शुरुआत गीतों से हुई। संयोग से उनके गीतों का कोई भी संकलन प्रकाशित नहीं हो पाया है, इसलिए उनके गीतों पर किसी भी तरह की आलोचनात्मक राय कायम करना तर्कहीन होगा। यहाँ प्रस्तुत है वर्तमान दशक (2000-2010) के सर्वाधिक चर्चित और लोकप्रिय संग्रहों में से एक–राजकमल प्रकाशन

द्वारा प्रकाशित काव्य-संग्रह 'समुद्र पर हो रही बारिश'।

यह पुस्तक वर्ष 2001 में प्रकाशित होकर हिन्दी जगत के सामने आयी, जिसने सर्वत्र अपनी बहुअर्थी सार्थकता का एहसास दिलाते हुए-घटना का रूप ले लिया है। बेहतर यह होगा कि संग्रह पर प्रशंसा भरी उक्तियों से बचते हुए छानबीन करें कि उसमें आखिर है क्या? उसमें अर्थों का परिमाप क्या है? उसमें हमें जीतने की कितनी सम्भावना छिपी हुई है?

संग्रह की पहली कविता है-'हिस्सा'। सर्वप्रथम उसकी कुछ पंक्तियाँ का साक्षात्कार करें-

बह रहे पसीने में जो पानी है वह सूख जाएगा
लेकिन उसमें कुछ नमक भी है
जो बच रहेगा
टपक रहे खून में जो पानी है वह सूख जाएगा
लेकिन उसमें कुछ लोहा भी है
जो बच रहेगा।[16]

बिना किसी खोजबीन और विश्लेषण के यह सच है कि सक्सेना जी सदैव विज्ञान की डोर थामे रहते हैं, वे एक भक्त और प्रेमी की तरह विज्ञान के पीछे-पीछे चलते हैं। उनकी कविता में शायद ही ऐसे प्रसंग आएँ, जो वैज्ञानिक भावनाओं से मुक्त होकर लिखे गये हों, लेकिन वे इस वैज्ञानिक एवं तर्कनिष्ठ दृष्टि को अपनी संवेदना पर ज्यादा हावी नहीं होने देते। काँटे की तौल वाली विज्ञान-बुद्धि शुष्क, औपचारिक और प्राणहीन साहित्य को जन्म देती है। वह आतंकित करनेवाला विचार दे सकती है, स्तम्भित कर देने वाला उक्ति-चमत्कार प्रकट कर सकती है, परन्तु हृदय को पानी-पानी कर देनेवाली मार्मिकता पैदा नहीं कर सकती। यहाँ प्रस्तुत है सक्सेना जी की एक कविता, जिसको पढ़ने के बाद उनकी विज्ञानमय दृष्टि स्वतः स्पष्ट हो जाएगी।

सूर्य से अलग होकर पृथ्वी का घूमना शुरू हुआ
शुरू हुआ चुम्बकत्व
धातुओं की भूमिका शुरू हुई
धातु युग से पहले भी था धातु युग
धातु युग के बाद भी है धातु युग
कौन कहता है कि धातुएँ फलती-फूलती नहीं हैं-[17]

संग्रह के आरम्भ में ऐसी ही दो चार कविताएँ हैं, जिसमें लगता है कवि ने भौतिक पदार्थों की निर्माण-प्रक्रिया को समझने में बुद्धि के साथ कल्पनाशक्ति का भी भरपूर प्रयोग किया है। इस क्रम में उन्हें इसका पूरा ख्याल है कि उसे अनुभूति-

प्रवण और भावनात्मक रूप देना है। इस उद्देश्य के प्रति सजगता के चलते वे बीच-बीच में ऐसी मौलिक सच्चाइयाँ प्रकाशित करने में पूर्णतः कामयाब हो जाते हैं, जो बेहद महत्त्वपूर्ण होते हुए भी अज्ञात और अपरिचित हैं। हमारे मनो-मस्तिष्क को बहुत दूर तक तरंगित कर देनेवाली कवि की दृष्टि बहुत मूल्यवान है। अर्थों को बड़ा फलक प्रदान करने की क्षमता मुक्तिबोध में विस्फोटक थी। वे रहते-रहते चिंगारी की तरह ऐसा असीम अर्थ-विस्फोट कर देते थे, कि पिछली सारी अमूर्तता, उलझाऊपन और जटिलता की दिक्कत समाप्त हो जाती थी। सक्सेना जी की कविताओं में असीम अर्थों का वह आवेग तो नहीं है मगर उसी तरह की आकुलता जरूर है। इस आकुलता को वे बड़े धैर्य और आत्मविश्वास के साथ प्रकट करते हैं। लगभग यह घोषणा करते हुए कि देख सको तो देखो, मेरे पास दृश्य के उस पार देखनेवाली अन्तर्दृष्टि है, जिसमें कोई चतुराई, कलाकारी या रहस्यमयता नहीं है।

समकालीन कविता के बहुतेरे कवियों की तरह सक्सेना जी अपने विचारों में अस्पष्ट नहीं हैं। वे बहुत सफाई और साहस के साथ अपने विचारों का दावा प्रस्तुत करते हैं, जिसमें एक विनम्र निर्भीकता है, और है-परिपक्व चिन्तन का अडिग आत्मविश्वास। स्तरीय कविता के लिए सिर्फ़ विचारों की स्पष्टता पर्याप्त नहीं है, बल्कि उसमें रुचि की भूख शान्त करने और मन को दूर तक खींच ले जाने की क्षमता भी होनी चाहिए। यह कहना अतिशयोक्ति न होगा कि सक्सेना जी की कविताएँ इन दोनों शर्तों पर लगभग खरी उतरने वाली कविताएँ हैं। उनके शब्द गेहूँ के ताजे-ताजे दानों की तरह हैं-पुष्ट, चमकदार, साफ और भूख शान्त करने लायक। वे दिखने में जरूर छोटे-छोटे हैं, परन्तु उनमें कवि की पदार्थ-भेदी दृष्टि कस-कसकर भरी हुई है। वे यूँ ही किसी शब्द का इस्तेमाल नहीं करते। बहुत जाँच-परख, परीक्षण और शोध के बाद ही किसी शब्द को अपनी अभिव्यक्ति का हकदार बनाते हैं। इसलिए कविता लिखना उनकी आदत नहीं, बल्कि अन्तःप्रेरित विवेक है, एक नैतिक दबाव है, जिसके चलते वे कविता लिखने को तत्पर होते हैं। उनके लिए यह नितान्त व्यक्तिगत जिम्मेदारी है, आत्मनिष्ठ प्रतिबद्धता है। उन्हें साहित्य की फ़िक्र नहीं, न ही उसे बचाने-उबारने के लिए मोर्चाबद्ध हैं। उन्हें तो कुछ ऐसी बात कहनी है जो छूट गयी है, दबी पड़ी है, कोई उधर ध्यान नहीं देता, न ही उसके बारे में जानना चाहता है। वे हमारा हाथ पकड़कर स्नेहपूर्वक खींचते हुए वहाँ ले जाकर खड़ा कर देते हैं-जहाँ अदृश्य स्तर पर विचार जन्म ले रहे हैं, अर्थ विकसित हो रहे हैं और व्यापक दर्शन निर्मित हो रहा है।

सक्सेना जी की कविताओं का महत्त्व रेखांकित करते हुए सियाराम शर्मा लिखते है-"नरेश सक्सेना में बहुत ही कम शब्दों में दृश्यों को रचने की अद्भुत क्षमता है। ऐसे दृश्यों के बारे में कवि अपनी ओर से कुछ भी नहीं कहता। दृश्य खुद ही

बोलते और अपना अर्थ खोलते हैं।''[18]

इस वक्त से साफ है कि सक्सेना जी की खासियत दृश्य-कविता लिखना है, लेकिन वे कविता को दृश्य बनाकर ही नहीं छोड़ देते बल्कि उसमें अकाट्य विचारों की झनकार भी पैदा करते हैं। इससे एक ओर जहाँ रुचि में तीव्रता आती है-वहीं दूसरी ओर बुद्धि का स्तर भी उन्नत होता है। शुरू से अन्त तक ऐसी एक भी कविता नज़र नहीं आएगी, जो पाठक के भीतर कोई नया भाव, नया सत्य, नया तथ्य जोड़े बिना रह जाय। यह काम कवि ने बड़ी सफलता के साथ किया है। फूलों का रोना, कुत्तों का हँसना, अच्छे बच्चों का ज़िद न करना इत्यादि पद सीधे-सीधे, बेधड़क स्मृति की गहराई में प्रवेश कर जाते हैं। बड़े कवि अपनी कविताओं के द्वारा जीवन-सत्य का मुहावरा रचते हैं-ये मुहावरे कई बार एक वाक्य में होते हैं-दो वाक्यों में होते हैं या एक-दो शब्दों मे। ये मुहावरे जो कि हमें बेहद आकर्षक और स्मरणीय लगते हैं-जुबान पर अनायास ही बैठ जाते हैं और प्रसंगों के अनुसार कई सारे अर्थ देते रहते हैं। कई बार ऐसा होता है कि वह कवि अपनी लम्बी-चौड़ी कविताओं के बल पर नहीं इन बहुअर्थी मुहावरों के बल पर पाठकों के हृदय में अमिट हो जाता है।

सक्सेना जी में भावना का व्यापक और विविध स्तर तो है ही, उस ताजे अर्थों की चमक प्रदान करने की क्षमता भी है। प्राय: वे एक खोजी बंजारा की तरह हथियार लेकर घूमते रहते हैं, टोह लेते रहते हैं निगाह जगाए रहते हैं और जैसे ही उन्हें कोई काम की चीज़, मूल्यवान वस्तु नज़र आयी-तपाक से उसकी खुदाई शुरू कर देते हैं। वे एकनिष्ठ भाव से अपने काम में डूबकर अर्थों की तहों का पता लगाते रहते हैं। इस काम में उनकी अन्त:चेतना को अग्रसर करने का काम उनकी तीक्ष्ण कल्पना करती है। इसी कल्पना के माध्यम से वे विषय के आदि-अन्त तक पहुँच जाने की दृढ़ महत्त्वाकांक्षा रखते हैं। वैसे प्राकृतिक रूप से विषय कुछ चीज़ ही ऐसी है-जिसके अर्थों का कोई ओर-छोर नहीं। एक ही युग में उसके सम्पूर्ण अर्थों को निकाल बाहर करना असम्भव है।

एक साथ कई सारे अर्थों के अमिट प्रभाव पैदा करने के कारण इस संग्रह की प्रतिनिधि कविता 'उसे ले गये' है। अन्य कविताओं की तरह यह कविता भी आकार-प्रकार में छोटी और भाषा में मितव्ययिता बरतती हुई कविता है। इस कविता पर विस्तार-पूर्वक कुछ लिखा जाए, इसके पहले उसकी कुछ पंक्तियों का उल्लेख आवश्यक है-

देखो कैसे कटी उसकी छाल
उसकी छाल में धँसी कुल्हाड़ी की धार
मेरे गीतों में धँसी, मनौती में धँसी
मेरे गावों में धँसी
कुल्हाड़ी की धार।[19]

इस कविता में कवि ने हृदयस्पर्शी भावातिरेक की क्षमता दिखाई है। नीम का पेड़ वैसे तो एक मामूली सी, निर्जीव वस्तु है। ऐसा भी नहीं कि वह कोई दुर्लभ चीज़ हो। मध्य भारत से लेकर उत्तरी भारत के सम्पूर्ण मैदानी इलाकों में यह हर कहीं, हर तरफ पाया जा सकता है। उत्तरी भारत की ग्रामीण संस्कृति में नीम को बहुत शुभ माना गया है। घर के आसपास, सामने, पिछवाड़े या आँगन में नीम का एक पेड़ जरूर होना चाहिए। उसकी उपस्थिति मात्र से वातावरण शुद्ध रहता है, रोग-बीमारी फटकने नहीं पाती। यह पेड़ कवि के लिए भी मात्र पेड़ नहीं है- उसके लिए वह जीवित संस्कार है। वह जैसे सिर से लेकर पाँव तक, अंग-प्रत्यंग में अपनी शाखाओं, डालियों एवं पत्तियों के साथ फैला हुआ है और कवि के भीतर फलता-फूलता, महकता रहता है। शरीर का जैसे मामूली सा अंग कट जाने, या छिल जाने से असह्य पीड़ा होती है-वैसे ही मनो-मस्तिष्क से लेकर नस-नस में फैले इस वृक्ष का जरा भी नुकसान होने पर कवि को मर्मान्तक पीड़ा होती है, और हो भी क्यों न? उस वृक्ष ने क्या कुछ नहीं दिया है। झूला का अवर्णनीय आनन्द, मादक छाया, जलावन लकड़ी, औषधीय छाल-पत्तियाँ सब कुछ। मात्र इसी कविता के दम पर सक्सेना जी ने सिद्ध कर दिया है कि विज्ञान की डोर पकड़कर कविताएँ लिखने के बावजूद उनके पास अत्यन्त भावप्रवण कविताओं की फसल देने वाला हृदय मौजूद है।

भगवत रावत : समकालीन कविता के प्रतिनिधि जनकवि

भगवत रावत समकालीन कविता के अत्यन्त विरल कवि हैं, जो आम बोलचाल और रोज़मर्रा की भाषा में कोई मार्मिक बात, कोई महीन विचार, कोई शक्तिशाली अर्थ कहते हुए चले जाते हैं। समकालीन कविता के जनकवि का दर्जा यदि किसी को दिया जा सकता है-तो वह भगवत रावत ही होंगे। अब तक उनके कुल आठ संग्रह प्रकाशित हो चुके हैं। 1. समुद्र के बारे में (1977), 2. दी हुई दुनिया (1981), 3. हुआ कुछ इस तरह (1988, 4. सुनो हिरामन (1992), 5. सच पूछो तो (1996) 6. बिथा-थाता (1997) 7. हमने उनके घर देखे (2001), 8. (ऐसी कैसी नींद 2004)। वर्ष 2004 में ही उनकी प्रतिनिधि कविताओं का संकलन इतिहासबोध प्रकाशन से प्रकाशित हुआ है, नाम है-'भगवत रावत-निर्वाचित कविताएँ।'

अपने नवीनतम संकलन की भूमिका में वे लिखते हैं-"वस्तुतः भाषा अपने स्वभाव से ही रचनात्मक होती है और इस तरह से प्रत्येक व्यक्ति के मन में प्राकृतिक रूप से काव्यगुण व्याप्त रहते हैं। किसी भी लेखक के मन में यही तो एक पूर्ण विश्वास होता है कि वह जो लिखेगा, उसे अवश्य ही कोई न कोई, न केवल समझेगा, उसे प्रतिकृत और प्रभावित भी होगा।"[20]

यह कथन अलग से कोई नयी बात प्रस्तुत न करते हुए भी स्वयं कवि के बारे में इतना तो स्पष्ट कर ही देता है कि उसे भावी या वर्तमान पाठक वर्ग से एक उम्मीद है, एक विश्वास है कि उनकी कविता पढ़ी अवश्य जाएगी। अर्थात् कवि को पाठक की चिन्ता है। इसी चिन्ता के मार्गदर्शन में बोलचाल वाली भाषा की दिशा अपनाता है, और गरिष्ठ, अपच या जटिल शब्दों का प्रयोग कदापि नहीं करता। कवि हर जगह कीमती अर्थ देने में सफल हो गया हो, ऐसा नहीं है। कई जगह तो लगता है–जैसे वे कविता न लिख रहे हों, किसी से ढीली–ढाली बातचीत बस करते चले जा रहे हों। न तो कोई मौलिकता, न ही आकर्षण और न ही चरमबिन्दु। कविता बस ऐसे ही निरुद्देश्य शुरू होती है और ऐसे ही समाप्त हो जाती है। मन को निराश करनेवाली उनकी यह कमजोरी कुछ प्रारम्भिक संकलनों में ही दिखाई पड़ती है।

सरल भाषा की जटिलता इसे ही कहते हैं। इन पाँच पंक्तियों में ऐसा एक भी वाक्य, एक भी शब्द नहीं–जो उलझाऊ हो या क्लिष्ट हो। कहने के अन्दाज में एक प्रवाह और एक लय भी है। सच पूछिए तो यह कुछ बड़ी बात कहने की गहरी उम्मीद बाँधती नज़र आती है, परन्तु यह उम्मीद वहीं टूट–टूटकर बिखर जाती है जब कवि किसी सिद्ध विचार तक न पहुँचकर अर्थों की जादूगरी दिखाने लगता है।

आज समकालीन कविता के ऐसे अनेक सुप्रसिद्ध नाम हैं, जिन्होंने स्तरहीन सहजता में कविताओं का उत्पादन करके पाठकों की नाक में दम कर रखा है।

आपके प्रथम काव्य–संग्रह की ही एक कविता है–'पीठ'। इसमें भी कुछ ढंग की बात बनते–बनते रह जाती है। कवि जनसंघर्ष का आदर करता है, उसे गहरी आस्था के भाव से देखता है और उसके मूल्य को हृदय में बड़े जतन से सँभालकर चलता है, किन्तु उसको व्यापक स्वर देने के लिए अभिव्यक्ति की क्षमता में जैसा निखार आना चाहिए वह दिखाई नहीं देता। वैसे बाद के संग्रहों में इस क्षमता का उत्साहवर्धक विकास बड़े पैमाने पर देखा जा सकता है। 'पीठ' कविता की कुछ पंक्तियाँ–

बात बोझ ढोने की नहीं है
न बात बोझ की है
बात महज मेरी पीठ की है
तुम यह सब महसूस करने का नाटक करते हुए
मेरी पीठ पर
चाबुक जमाना चाहते हो![21]

अपनी पूर्व कविताओं की तरह यहाँ भी कवि में सफल अन्तर्दृष्टि का अभाव है। निश्चित रूप से यह अन्तर्दृष्टि अपनी भावना को अधिकाधिक ईमानदार और सत्यनिष्ठ बनाने से पैदा होती है। जो जीवन–जगत में दिल से रमा नहीं है, जो

उससे एक दूरी बनाए रखता है, उसे मात्र एक दर्शक, कवि या विचारक के रूप में परखता रहता है–वह कई बार संसार को वास्तविक रूप में समझने से चूक जाता है। कोई वाद या सिद्धान्त संसार के आधार पर बनता है और चलता है, न कि संसार उसके अनुसार संचालित होता है। भौतिक प्रकृति परम स्वतन्त्र और स्वयं-भू है। वह कब, कैसे, कहाँ मोड़ लेगी, किस तरफ करवट बदलेगी कहना मुश्किल है। कवि या सर्जक की सबसे बड़ी सफलता इसी में है कि वह मानव और प्रकृति में निरन्तर हो रहे बदलाव की शाश्वतता स्तर पर पैनी निगाह जमाये रहे। कविता में अर्थों की ताजगी इसी परिवर्तन को शब्दबद्ध करने से आती है। रचनात्मक स्तर पर भौतिक जगत के परिवर्तन की सार्थकता तभी सिद्ध हो पाती है, जब वह हमारी बुद्धि में कोई युगान्तकारी विचार भर दे, कोई महत् दर्शन की ज्योति जला दे, या हमें ऐसी अनुभूति में खोए रहने को बाध्य कर दे, जो है तो बेशकीमती, किन्तु व्यापक और गूढ़ होने के कारण आसानी से पकड़ में नहीं आ रही है।

भगवत रावत की कवि-प्रतिभा की असली शुरुआत दूसरे संग्रह–'दी हुई दुनिया' से होती है। यहाँ से निहायत गम्भीरतापूर्वक कवि का स्वर बदला है, और आकर्षक ढंग से बदलता चला गया है। आज समकालीन कविता के दीर्घकालीन फैलाव में भगवत जी की जो अनिवार्य उपस्थिति बनी हुई है, उन्हें प्रतिनिधि कवियों में से एक माना जा रहा है–तो इन्हीं तमाम महत्त्वपूर्ण कविताओं के बल पर ही। भगवत ने खुद को बड़ी लगन और निष्ठा से निर्मित किया है–माँजा है। एक श्रमिक की तरह उन्होंने अपनी जमीन खुद तैयार की है, खुद बीज बोये हैं, और प्रतिकूल परिस्थितियों की मार सही है। इसलिए आज वे प्रसिद्धि की फसल काट रहे हैं–तो यह स्वाभाविक ही है।

बिना किसी अतिरिक्त व्याख्या के इस कविता का मूल अर्थ स्पष्ट है। हम जिसे अबोध, नादान बालक समझकर नज़रअन्दाज करते रहते हैं, दरअसल वह भी कविता का केन्द्र-बिन्दु बनने का हकदार है। कविता कमजोर है–यदि उसके स्तर तक नहीं जा पाती, उसके बाल हृदय को नहीं समझ पाती या उसकी बोली नहीं बोल पाती। यदि यह कहा जाता है कि बच्चों पर कविता लिखना सबसे कठिन है, तो कोई गलत नहीं है। प्राय: देखा गया है कि बड़े कवि और रचनाकार ही बच्चों पर सर्वाधिक सफल रचनाएँ दे पाते हैं–शेष जो उन पर लिखते हैं वह अप्रमाणिक और बनावटी सिद्ध हो जाता है। बड़े रचनाकारों में परकाया प्रवेश की सिद्धि तो होती है, वे जड़ और अमूर्त अस्तित्वों में भी पैठ लगा जाते हैं। इसलिए बालकों के मन में प्रवेश करना अपेक्षाकृत कठिन होते हुए भी असम्भव नहीं होता। तारीफ इस बात में है कि वे उन्हीं की जुबान से, उन्हीं के स्तर से, उन्हीं के हाव-भाव और व्यवहार में बड़ी रचनाओं की सृष्टि कर दिखाते हैं।

'भगवत रावत–निर्वाचित कविताएँ' की भूमिका में कवि ने अपना विचार व्यक्त करते हुए कहा है–"जब कोई श्रेष्ठ कविता हम अकेले में भी चुपचाप पढ़ रहे होते हैं तो वह हमारे अन्दर बजती है। जो कविताएँ नहीं बजतीं, मैं उन्हें कविता नहीं मानता।"[22]

21वीं सदी के प्रथम दशक में पहुँचते-पहुँचते भगवत जी इतने सध चुके हैं, इतने सुलझे और असभ्यस्त हो चुके हैं कि लोकजीवन के प्रति अपनी आसक्ति को रुचिकर कला का रूप देना अच्छी तरह से जान गये हैं। अब उन्होंने समझ लिया है कि–कविता में प्राण-प्रतिष्ठा कैसे की जाती है, कैसे उसे अर्थों का सुरक्षा-कवच पहनाया जाता है, कैसे उसे विस्तृत होने से बचाया जाता है। यहाँ तक पहुँचकर कवि मात्र अनुभूतियों की झोंक में कविताएँ लिखते चले जानेवाले कवि नहीं, बल्कि चिन्तन और विश्लेषण के बाद पूरे आत्मविश्वास से कविता लिखने को तत्पर प्रतिबद्ध कवि है। निश्चित रूप से भगवत जब नितान्त आन्तरिक आत्मविश्वास के दम पर कविताएँ लिखते हैं–तो उनकी सारी सर्वज्ञता नेपथ्य में चली जाती है, मौन हो जाती है, बिलकुल आवाज़ नहीं करती। भगवत जी को इस क्षण इस सत्य का पूरा एहसास है कि एक भी शब्द या एक भी वाक्य में जबरदस्ती जटिल या चमत्कृत कर देनेवाला अर्थ भरना घातक है। वे दिल में उतरनेवाले भावों के सहज प्रवाह में कोई बाधा नहीं डालना चाहते। तुलसीदास इतनी सहज-प्रवाहमय भाषा इसलिए लिख सके, क्योंकि उन्हें संस्कृत की सारी सीमाओं का ज्ञान था, उसकी कठिनता पर उनका पूर्ण अधिकार था। ठीक इसी तरह जब भी कोई रचनाकार सहज भाषा की श्रेष्ठता निर्मित कर रहा है, तो समझ जाना चाहिए कि उसे जटिल भाषा की पूरी समझ है, उसके आदि-अन्त को वह जानता है, उसकी कमजोर नस उसे खूब पता है।

साफतौर पर कहा जा सकता है कि भगवत रावत ने बड़ी रुचि के साथ, ममत्व के साथ, चिन्ता के साथ अपने कविपन को बचाया है। उसे तराश-तराशकर बारीक और धारदार बनाया है, उसकी खूब देखभाल की है और मन मुताबिक पाल-पोसकर बड़ा किया है।

कवि की इतनी सन्तुलित, खुली हुई और भावपूर्ण पंक्तियाँ देख लेने, समझ लेने के बाद उनकी परिपक्वता पर सन्देह करने की कोई गुंजाइश नहीं बचती। शुरुआती एक-दो संग्रहों में सतही सहजता की जो भरमार दिखाई पड़ती है–वह निरन्तर आगे के संग्रहों में कम होती चली गयी है। परिपक्व और सधी हुई दृष्टि की इस अवस्था में जो भी कविताएँ लिखी गयी हैं, वे लगातार एक गम्भीर मर्म धारण किये हुए हैं। उनमें वेदना की एक दिशा है, कथ्य का दूरगामी लक्ष्य है और भावों में अमूर्तन का अभाव है। गतिशील और प्राणवान भाषा का प्रवाह उनकी कविताओं में सदैव बना रहा। फ़र्क़ सिर्फ़ इतना है कि वह कहीं उथला होकर बहता रहा, तो

कहीं भरपूर गहराई के साथ। देर में ही सही भगवत जी के शरीर में एक प्रतिभा को पूर्णता मिली, ऊँचाई मिली, न्याय मिला–यह स्वयं कवि के लिए कम उपलब्धि की बात नहीं है। इसमें दो मत नहीं कि भगवत रावत समकालीन कविता के प्रतिनिधि कवियों में अग्रिम पंक्ति के हकदार हैं। 'डर', 'वह काम आएगा', 'प्याज की एक गाँठ', 'भरोसा', 'ऐसे घर में', 'साहबान, हमने उनके घर देखे', 'सभ्यता और संस्कृति', 'कचरा बीनने वाली लड़कियाँ' और 'मनुष्य' जैसी असंख्य उम्दा कविताएँ भगवत रावत को हमेशा–हमेशा के लिए आम पाठकों का चहेता कवि बनाए रखने में पूर्णतः समर्थ हैं। 'वसुधा' में इस अपरिहार्य कवि पर रेवतीरमण सटीक ही टिप्पणी करते हैं–'भगवत रावत की कला की विशेषता जाल बुनने में नहीं गहरी से गहरी बात को अधिक से अधिक संप्रेषणक्षम बनाकर प्रस्तुत करने में है।''[23]

राजेश जोशी : कविता में आधुनिक दृष्टि

समकालीन कविता के स्तम्भ–कवियों में राजेश जोशी का नाम बहुत विश्वास के साथ लिया जाता है। इनकी पहचान अब एक सधे हुए परिपक्व कवि के रूप में होती है। इनके काव्य–संग्रह इस प्रकार हैं–1. एक दिन बोलेंगे पेड़ (वर्ष 1980), 2. मिटटी का चेहरा (1985), 3. नेपथ्य में हँसी (1990) 4. दो पंक्तियों के बीच (1998) और 5. चाँद की वर्तनी (2006)।

राजकमल प्रकाशन की ओर से उनके प्रथम दो संकलनों की सम्पूर्ण कविताओं का संकलन 'धूप घड़ी' नाम से प्रकाशित हुआ है। इस संकलन की कविताएँ वैचारिक स्पष्टता से रहित और अल्पायु–नियति से भरी हुई कविताएँ हैं। इसमें दूर–दूर तक वे राजेश जोशी कतई नज़र नहीं आते जो आजकल साहित्य के वातावरण में महसूस किये जा रहे हैं। उत्तर आधुनिकता के प्रमुख विमर्शकार सुधीश पचौरी ने 'कविता का अन्त' नामक पुस्तक में राजेश जोशी को समझने का कुछ हद तक सच्चा प्रयास किया है, वे लिखते हैं–''वे यथार्थ को एक जादुई चमत्कार से भरने लगते हैं (तब तक मार्केज को पुरस्कार न मिला था।) और उसके सच होने पर भरोसा करते हैं। कल्पना से एक निराला खेल पैदा करने की ज़िद करने लगती हैं उनकी कविताएँ।''[24]

इस कथन में जोशी की तारीफ है या आलोचना, इसे प्रबुद्ध पाठक स्वयं समझ जाएँ, फिलहाल उनके पहले संग्रह (एक दिन बोलेंगे पेड़) के आधार पर यहाँ बहस और विमर्श की शुरुआत हो रही है। पहली कविता है–'गेंद', सबसे पहले इसकी पंक्तियों पर ध्यान दें–

एक बच्चा करीब सात–आठ के लगभग
अपनी छोटी–छोटी हथेलियों में गोल–गोल घुमाता/एक बड़ी गेंद
इधर ही चला आ रहा है/और लो....

उसने गेंद को/हवा में उछाल दिया
सूरज!
तुम्हारी उम्र क्या रही होगी उस वक्त?[25]

कवि ने यहाँ सरल और बोलचालपरक भाषा के आकर्षण में बड़ी बात लपेटने की निष्फल कोशिश की है। शुरुआत बेशक चुम्बकीय गुण वाली है, हमारे मन को आकर्षित करती है–खींचती है। अन्त तक जाते-जाते वे मौलिक और दार्शनिक अर्थ देने की लालच में उलझ जाते हैं। कविता ऊपर तो उठ नहीं पाती, अफसोस! उसकी टाँग भी टूट जाती है। जैसे लगता है स्वयं कवि ने अपने हाथों रोपे सींचे गये पौधे को जड़ से उखाड़ दिया हो।

दरअसल जोशी जी अपनी कमजोरी के कारण आप हैं। जो अपने सामने मुक्तिबोध की लौह-शक्ति देख चुका हो, नागार्जुन की वेगवान लोकधारा का दर्शन कर चुका हो और धूमिल, दुष्यन्त कुमार, पाश इत्यादि की परिवर्तनकामी अक्खड़ता का जोर समझ चुका हो, वह ऐसी बेजान, झुलसी हुई और पलायनवादी कविताएँ रचे–तिलमिला देनेवाला आश्चर्य होता है। अगर कवि के पास विश्वदृष्टि देने की कूबत नहीं है, तो न सही, वह व्यावहारिक दृष्टि, स्थानीय दृष्टि तो दे सकता है, वह दैनिक जीवन के अनुभवों को प्राणवन्त कर सकता है, उसको उसी रूप में प्रस्तुत तो कर सकता है। एक ही राजेश जोशी के दो रूप हैं। विकासशील और विकसित राजेश जोशी। विकासशील राजेश जोशी में हद दरजे की वे सारी कमजोरियाँ हैं, जो फटाफट कवि बनने के लिए उतावले किसी भी युवा कवि में पायी जाती हैं, जबकि विकसित राजेश जोशी सहजता की अचूक क्षमता समझ चुके हैं, व्यंग की बारीकी भी जान चुके हैं और कविता में किस्सागोई लाने की कला भी सीख चुके हैं। ऊपर से आत्मविश्वास की गम्भीरता भी झलकने लगी है। इस तरह देखा जाए तो साफतौर पर आज जिस राजेश जोशी की अमिट प्रतिष्ठा है वह 'धूप घड़ी' की बेदम कविताओं की वजह से नहीं, बाद में प्रकाशित उनकी अनेक ऊर्जावान कविताओं की वजह से। आरम्भ के दोनों काव्य-संग्रहों को पढ़ने के बाद शायद एक भी कविता नहीं मिलेगी, जिसे सचमुच कविता कहा जा सके। हाँ, बीच-बीच में दो-चार वाक्य कविता का एहसास दिलाते हुए, गम्भीर अर्थों का छींटा मारते चले जाएँ, तो और बात है। समकालीन हिन्दी कविता के अधिकारी आलोचक परमानन्द श्रीवास्तव ने 'शब्द और मनुष्य' नामक अपनी पुस्तक में राजेश जी के कवि-कर्म को जनवादी संस्कार देते हुए लिखा है–'प्रतिबद्धता राजेश जोशी का सहज काव्य संस्कार है। वे प्रगतिशील जनवादी दृष्टि का लाभ तो उठाते हैं, पर उसे सायास प्रकट करने के लिए कविता को अपनी सत्ता पर अतिरिक्त दबाव नहीं डालते।''[26]

वैसे मध्यम दर्जे की ही सही राजेश जोशी ने अपनी क्षमता को निखारने की

ईमानदारीपूर्वक साधना की है। वे निरन्तर आलोचना-प्रत्यालोचना की अहमियत समझते रहे, उसे कभी नज़रअन्दाज नहीं किया, उससे सीख लेकर अपने आपको निरन्तर काटा-छाँटा, सुधारा और सँवारा। अपनी आलोचना को धैर्यपूर्वक सुनने, सहने और सम्मान देने का ही परिणाम है कि राजेश जोशी ने अपने भीतर उभरते हुए सार्थक कवि की खोज कर ली, और अब उसे निरन्तर विस्तार मिल रहा है।

राजेश जोशी उन स्थलों पर सर्वाधिक सफल हैं, जहाँ वे राजनीतिक और साम्प्रदायिक मुद्दों पर कविताएँ लिखते हैं। इस अर्थ में वे सचमुच प्रतिबद्ध कवि हैं-अपनी समकालीनता के प्रति जवाबदेह कवि। उपरोक्त दोनों क्षेत्र जनवादी कवियों के भी अपरिहार्य विषय रहे हैं, परन्तु इसके आधार पर राजेश जोशी को जनवादी कवि कहना अताूकक होगा। राजनीति अब किसी भी भाषा के साहित्यकार के लिए अन्यतम घृणा का क्षेत्र बन चुकी है। उसके प्रति किसी भी प्रकार का सकारात्मक दृष्टिकोण रखना खुद दूसरों की नज़रों में गिर जाना और घृणास्पद हो जाना है।

राजेश जोशी की कविताओं में राजनीति किसी बने-बनाये ढाँचे या तयशुदा रूप-रंग के साथ प्रकट नहीं होती, बल्कि उसके प्रति कवि की आँखें सजग और खुली रहती हैं और उसे अपने ढंग से जाँचती-परखती एवं विश्लेषण करती हैं। चूँकि यहाँ कवि की अपनी दृष्टि काम कर रही है, इसलिए वह निरन्तर हो रहे आत्ममन्थन के फलस्वरूप किसी न किसी मूल्यवान निष्कर्ष पर जरूर पहुँचती है। वैचारिक सफलता के इन क्षणों में अभिव्यक्ति अपने आप पानी की तरह पारदर्शी, तरल और प्रवाहमय हो उठती है। उसमें किसी भी प्रकार की कलात्मक उलझन नहीं रहती और न ही कोई दार्शनिक व्यामोह रहता है। राजनीति के प्रति अपने रवैये में राजेश जी इतने स्पष्ट और साफ हैं कि उन्हें स्पष्ट करने के लिए किसी व्याख्याकार अथवा आलोचक की आवश्यकता नहीं। लेकिन उनको यह सामर्थ्य बहुत बाद में हासिल हुई। नागार्जुन जो राजनीति के खिलाफ लड़ने वाले कविता के सबसे प्रबल योद्धा माने गये हैं, बहुत पहले से ही एक से बढ़कर एक प्रखर कविताएँ राजनीति के विरोध में रच रहे थे, जिसके सामने राजेश जोशी की कविताएँ खेलता-कूदता बच्चा ही नज़र आती हैं।

राजनीतिक कविता के उल्लेखनीय उदाहरण के रूप में उनकी एक कविता है-'नाटक और विरोध' जिसकी कुछ पंक्तियाँ प्रशंसा करने योग्य हैं-

हमारी पार्टी ने तय कर लिया है कि नाटक का विरोध करना है
तो बस....नाटक का विरोध करना है
पार्टी जो तय कर लेती है
हम बस वो ही करते हैं।
सवाल करने की प्रथा हमारे यहाँ नहीं है।[27]

भाषा इतनी साफ, उद्देश्य इतना स्पष्ट और व्यंग इतना अचूक कि सहसा विश्वास नहीं होता कि ये वही 'धूप घड़ी' की धुन्ध भरी कविताएँ रचनेवाले कवि हैं। इसी तरह 'पिता और पुत्र', 'बीच में बुश' जैसी कविताएँ उनकी इसी सुविकसित प्रखरता के मजबूत प्रमाण हैं। यहाँ जोशी जी सच्चाई के इतने करीब हैं कि लगता है–एक-एक घटना पर, एक-एक गतिविधि पर, प्रत्येक चाल पर चौकन्नी निगाह जमाए हुए हैं और उसके भीतर छिपे हुए सारे खतरनाक अर्थों को जड़ से पकड़ लेते हैं। यह कीमती कार्य बिना बारीक और ईमानदार निगाह के सम्भव नहीं होता। इसके लिए निर्भीकता भी अपेक्षित है। आज न सिर्फ़ भारत में, बल्कि वैश्विक स्तर पर राजनीति किसी भयानक दुर्भाग्य की तरह पृथ्वीवासियों के जीवन के साथ अनिवार्य हो चुकी है। किसी राजनेता का सही-सलामत दिलो-दिमाग रखना अब सपने की बात हो चुकी है। उसमें से कोई नेल्सन मंडेला, कोफी अन्नान या जूलियस न्यरेरे निकल जाए तो अपवाद की बात है।

राजनीतिक पार्टी से बँधा हुआ कार्यकर्ता प्रायः धीरे-धीरे एक मशीन, एक मानसिक गुलाम, एक कठपुतली बनने की प्रक्रिया से गुज़रने लगता है। उसका हँसना, बोलना, रोना, गाना सब पार्टी के अनुसार शुरू हो जाता है। भीतर-भीतर वह खूब जानता है कि वह अपने भीतर कृत्रिम मन का निर्माण कर रहा है, अपने आपको स्वार्थ एवं महत्त्वाकांक्षा की छेनी-हथौड़ी से बेजान मूर्ति के रूप में गढ़ रहा है। अपने भीतर से बौद्धिक स्वतन्त्रता खत्म करने, उन्मुक्त चिन्तन को मार डालने की यह प्रक्रिया जब तेज हो जाती है तो यह व्यक्ति पार्टी का मजबूत स्तम्भ बन जाता है। यह बात उन पार्टियों पर लागू नहीं होती–जो गैर-राजनीतिक हैं। आज 'भारतीय जनता पार्टी' इसी दिमागी शून्यता का शिकार है, जिसका कट्टर सदस्य सुबह को सुबह समझने वाला आदमी नहीं रह गया है। बजरंग दल और विश्व हिन्दू परिषद तो इसके महागुरू हैं, परम आचार्य हैं, नियन्ता हैं। अपने कविता-संग्रह 'दो पंक्तियों के बीच' पर साहित्य अकादमी पुरस्कार मिलने के दौरान उन्होंने 18 फरवरी, 2003 को जो सारगर्भित भाषण दिया, उसके कुछ अंश कवि की वैचारिक जमीन को स्पष्ट करते हैं। उनका कहना है–''उद्दंडता और आतंक के सामने लगभग निरुपाय और असहाय से लग रहे माहौल में क्या हम अपनी कविता से कोई उम्मीद कर सकते हैं? क्या हमारी कविता सचमुच कोई छोटा या बड़ा हस्तक्षेप कर सकती है मुझे कई बार लगता है कि कविता से बाहर आकर दृश्य में हस्तक्षेप करना, कविता से बाहर आना नहीं, कविता का ही जैविक हथियार है।''

उपरोक्त वक्तव्य से स्पष्ट है कि कवि कविता के बल पर परिवर्तन लाने में दृढ़ विश्वास करता है। वस्तुतः वह स्वयं ऐसा करना भी चाहता है। लेकिन इस परिबर्तन को सचमुच साकार करने के लिए जिस बलशाली भाषा, भेदने वाली भाव-

भंगिमा और मर्मभेदी दृष्टि की आवश्यकता होती है, वह शायद कवि के पास नहीं है। वरना परिवर्तन का अग्रधावक कहलाने के लिए किसी कवि के पाँच-पाँच संग्रह कम नहीं होते। दूसरी कमी जो हो सकती है, और अकसर होती है–वह है चेतना को व्याकुल न कर पाने की, आत्मशक्ति को प्रबल न बना पाने की और सृजन-कर्म के प्रति जबरदस्त निष्ठा विकसित न कर पाने की कमी। कोई कवि जिस अल्प-संवेदनशीलता के साथ कविताएँ लिख रहा है, उसे ही निरन्तर समृद्ध कर, अनुभव-सम्पन्न कर कीमती और अविनाशी कविताएँ पैदा कर सकता है। बड़ी रचना में जितनी अहम भूमिका प्रतिभा की होती है, उससे कुछ कम महत्त्वपूर्ण भूमिका दृष्टि-साधना या व्यक्तित्व-साधना की नहीं होती। जब तक दोनों का संयोग एक साथ घटित नहीं होता, तब तक जीवन को दिशा देनेवाली मशालधर्मी कविता का सृजन सम्भव नहीं होता। स्थायित्व प्राप्त करते और लोकप्रियता के सिंहासन की ओर बढ़ते अधिकांश प्रसिद्ध कवि आँखों वाले अन्धे हो जाते हैं और खुद को देखने की अन्तर्दृष्टि सदा-सदा के लिए खो बैठते हैं। वे न तो बाह्य संसार को ठीक से देख-समझ पाते हैं–और न ही अपने मन के संसार को। उनके लिए सबसे असह्य और कष्टकर कार्य होता है–अपना विश्लेषण करना, अपनी कमियों के खिलाफ खड़े होना। खुद की आलोचना बर्दाश्त कर पाने की प्रखरता आज वस्तुतः किसी स्थापित कवि में नहीं है। राजेश जोशी जी ने अपनी सहजता के बलबूते इस महारोग से काफी हद तक अपने आपको बचाया है। वे अपने कठोर आलोचकों को वैसा ही महत्त्व देते हैं जैसाकि प्रशंसकों को। इससे उनके हृदय के खरेपन का अन्दाजा तो लगता ही है–साथ ही साथ यह भी संकेत मिलता है कि कवि को अपनी क्षमता पर एक हद तक अटल विश्वास भी है जो प्रशंसा में न तो उतराता है, और न आलोचना से तिलमिलाता ही जाता है। व्यक्तित्व में इतना ही धैर्य दिखा देना जोशी को गम्भीर कवि सिद्ध करने के लिए काफी है।

विनोद कुमार शुक्ल : 'एकला चलो रे'

कवि और उपन्यासकार के रूप में मौजूद विनोद कुमार शुक्ल हमारे सामने एक ऐसे सर्जक के रूप में उपस्थित हैं, जिनके बारे में यह कह पाना बहुत कठिन है कि वे उपन्यासकार के रूप में श्रेष्ठ हैं या कवि के रूप में। साहित्य जगत में उनकी व्यापक लोकप्रियता दोनों विधाओं में उन्हें लीक से हटकर चलने वाला रचनाकार सिद्ध करती है। उन्होंने कविता की शैली से अपने उपन्यासों की गद्यशैली को बिलकुल अलग रख पाने में आश्चर्यजनक सफलता प्राप्त की है। उदयप्रकाश कहानी के क्षेत्र में स्थापित हैं, परन्तु कवि के रूप में आज तक उनकी पहचान सुदृढ़ नहीं हो पायी है, परन्तु विनोद कुमार शुक्ल की दोनों क्षेत्रों में सफलता असंदिग्ध है। अपनी विशेष

भाषा-शैली के चलते लम्बे समय तक विनोद जी को कवि के रूप में मान्यता नहीं मिल पायी, लेकिन जब मिली तो उसी मौलिक शैली के कारण ही।

'कविता से लम्बी कविता' यद्यपि अपनी गप्प-प्रधान और ढीली-ढाली, उबाऊ कविताओं के कारण आत्यन्तिक रूप से निराश करती है, परन्तु नया ढर्रा देकर एक खास उम्मीद तो जगा ही जाती है। संग्रह की प्रायः सभी कविताएँ खूब लम्बी हैं। लगता है जैसे विनोद कुमार को जल्द से जल्द संग्रह भर के लायक कविताएँ लिख मारने को कह दिया गया हो, और वे आँखें मूँदकर विषय, कथ्य, भाव, विचार इत्यादि किसी भी चीज़ की परवाह किये बगैर सरपट लिखते चले जा रहे हों। कोई कवि खालीपन की ऊब में ऊँघते हुए कविता का रफ़ जैसे तैयार करता है-वही हैं इस संग्रह की अधिकांश कविताएँ। यदि विनोद जी का यह एकमात्र संग्रह होता तो शायद वे समकालीन कविता के सबसे निराशाजनक कवियों में से एक होते।

विनोद कुमार का कवि उस समय की उपज है-जब धूमिल का काव्यात्मक भूचाल थम चुका था, नागार्जुन का युगीन प्रतिनिधित्व सर्वमान्य हो चुका था और अब समकालीन कविता अपना पुनरुत्थान पाने के लिए प्रतिभा के नये झोकों की प्रतीक्षा कर रही थी। नागार्जुन यद्यपि लगातार अपनी निडर और संहारक कविताओं के बल पर लम्बे समय से काव्यधारा की तयशुदा सारी सीमाओं का अतिक्रमण कर रहे थे, परन्तु अन्य सीमाहीन बड़े कवियों की तरह उन्हें भी प्रगतिवाद के घेरे में बन्द कर दिया गया। वे निराला के समय साहित्य के विद्यार्थी रहे, मुक्तिबोध के समय कलम की नौकरी की और विनोद कुमार शुक्ल इत्यादि युवा कवियों के समय कविता का गुरुमन्त्र सिखाया और समकालीन कविता को जनवादी संस्कार दिया। जिस तरह निराला आधुनिक कविता के अग्रधावक मशालची हैं, वैसे नागार्जुन समकालीन कविता के पितामह।

विनोद कुमार शुक्ल के समवयस्क नरेश सक्सेना, भगवत रावत, राजेश जोशी इत्यादि नागार्जुन, धूमिल, मुक्तिबोध से प्रेरित-प्रभावित होते हुए भी सृजन के नये पथ को खोज निकालने का प्रयास कर रहे थे। आज जिन्हें हम समकालीन कविता के प्रतिनिधि कवि के रूप में स्थापित देखते हैं, उनमें से लगभग सभी की भाषा-शैली एक सहज खुलेपन की भंगिमा धारण किये हुए है। यहाँ समास बहुल, संस्कृतनिष्ठ और अप्रचलित शब्द आत्यन्तिक रूप से लुप्त हो गये, शैली कथात्मक होती चली गयी और विष्णु खरे, मंगलेश डबराल जैसे कवियों तक आते-आते कविता की इस कथात्मकता ने अपना चरम रूप हासिल कर लिया। इससे आगे यदि कविता में कहानीपन और बढ़ा तो शायद उसका ढाँचा ही चरमरा जाएगा, जिसे कविता के बजाय, कविताभास देती हुई कहानी कहना ज्यादा उचित होगा। बतकही के अन्दाज में कविता लिखने की यह प्रवृत्ति विनोद कुमार शुक्ल में भी दिखाई पड़ती है-हाँ,

अपने समानान्तर अन्य कवियों की तुलना में यह प्रवृत्ति थोड़ी कम है, या प्रयासपूर्वक नियन्त्रित है। सुधीश पचौरी ने 'कविता का अन्त' नामक पुस्तक में विनोद कुमार शुक्ल पर टिप्पणी करते हुए लिखा है–"उनकी कविता एक काव्यहठ की तरह है। यह हठ सहज सहनीय व्यर्थता से उपजता है। व्यर्थ ब्यौरों को व्यर्थ मानकर, उन्हें वैसा बाँधकर, व्यर्थता को एक नयी ऊर्जा दी जाती है यहाँ, ताकि हम पुरानी चालू सार्थकता की व्यर्थता देख सकें।"[28]

सुधीश पचौरी के उपरोक्त वक्तव्य से यह बिलकुल स्पष्ट है कि उन्हें भी विनोद कुमार के कविपन से असन्तोष है, और यह असन्तोष अकारण नहीं है। दरअसल विनोद जी अपने कहने के अन्दाज में इतने अधिक नये हैं कि कविता की किसी भी परिचित शैली में नहीं समा पाते। वे कथन के इस बेहद अनोखेपन में क्या कहना चाहते हैं, कई बार स्पष्ट नहीं हो पाता। जैसे वे कोई बेशकीमती और बारीक बात कह डालने के लिए प्रबल उत्सुक हों, मगर उसको ठीक ढंग से न कह पा रहे हों। अर्थ को व्यक्त करने के इस आत्मसंघर्ष में उन्हें बीच-बीच में सफलता भी मिली है और लाजवाब सफलता मिली है, लेकिन इसकी मात्रा इतनी कम है कि वह कवि की दूरदर्शी और सधी हुई दृष्टि का स्वाभाविक परिणाम नहीं, बल्कि संयोग मात्र लगती है, जो लिखने के क्रम में अचानक चमक उठी हो। जैसे 'अतिरिक्त नहीं' संग्रह की कुछ पंक्तियाँ ध्यान देने योग्य हैं–

सबके हिस्से की हवा, वही हवा नहीं है
अपने हिस्से की भूख के साथ
सब नहीं पाते अपने हिस्से का पूरा भात
बाजार में जो दिख रही है
तन्दूर में बनती हुई रोटी
सबके हिस्से की बनती हुई रोटी नहीं है...[29]

यह अधिकांश बुद्धिजीवियों को पता है कि भरपेट भोजन नियमित रूप से उसे ही नसीब है, जो वस्तुतः भूख का सताया हुआ नहीं है। इसके विपरीत जो दिन-रात भूख के मारे व्याकुल हैं, हैरान-परेशान हैं उन्हें भरपेट भोजन कभी मिलता ही नहीं, यदि उसका पेट कभी भरता भी है तो भोजन से नहीं, भोजन के नाम पर कुछ भी कड़वा, कठोर, अपच खा-पीकर पचा जाने से। इस व्यापक सत्य को रचनात्मक रूप देने की शैली कवि के पास खास तरह से मौजूद है। यह ढंग देखने में वैसे साधारण लगता है, मगर उसमें कुछ विशेष बात छिपी हुई है, जिसका एहसास पढ़ने के दौरान ही हो जाता है। यदि कवि के पास सचमुच वस्तुओं, घटनाओं एवं चरित्रों के बीच से मार्मिक सत्य खोज निकालने की अचूक दृष्टि होती, तो इस अन्दाज में कमाल की महारत हासिल की जा सकती थी, परन्तु विनोद जी के साथ

ऐसा होते-होते रह गया। वैसे आज भी उन्हें समकालीन कविता का 'अद्वितीय कवि' सिद्ध किया जाता है। प्रतिष्ठित हिन्दी-कवि देवी प्रसाद मिश्र ने ओम निश्चल को दिए गये साक्षात्कार में कहा है-"भारतीय राज्य के विभीषणता में होने में उनके मन में जो अकबकाहट है, हिन्दी कविता में उसका सानी नहीं। जैसे किसी की ज़बान को लकवा मार गया हो, लेकिन जिसने अपनी बात कहने की ज़िद न छोड़ी हो। विनोद कुमार शुक्ल की कविता में यह कृतिकार-हकलाहट है।"[30]

उपरोक्त वक्तव्य से स्पष्ट है कि विनोद कुमार के भीतर कहीं कोई रचनात्मक आग है, चिनगारी है, विद्युत है-जो विषय में छिपे अर्थ को विशिष्ट कलात्मक चमक प्रदान करती है। समस्या यह है कि यह चमक कभी-कभार ही उभर पाती है। कविता में अमर पंक्तियों की लकीर खींचने के लिए जिस गुरु-गम्भीर और सान्द्र भावुकता की आवश्यकता होती है, उसकी थोड़ी सी मात्रा भी यहाँ देखने को मिल जाती है, परन्तु इतने से वज़नी कविता का निर्माण नहीं होनेवाला। इसके लिए कवि में चाहिए यथास्थिति में तोड़-फोड़ मचाने का दुस्साहस, लीक छोड़कर दौड़ने की ऊर्जा, हजारों के सामने अकेले खड़ा होने का अजेय-आत्मविश्वास और अनिवार बौद्धिकता। प्राकृतिक रूप से वे सारी विशेषताएँ अपने वक्त के सर्वाधिक विकल्पहीन कवि में घटित होती हैं। हमें यह कहने में तनिक संकोच नहीं कि जटिल, रहस्यमय और उलझाऊ भाषा न होने के बावजूद उसमें असंगत अर्थों का उबाऊ एहसास बना रहता है।

एक बार पुनः यह कहना जरूरी है कि इन पंक्तियों की असलियत का परिचय देने के लिए अलग से व्याख्या करने की आवश्यकता नहीं है। विनोद कुमार के बारे में यह कहना तर्कसंगत तो न होगा कि उन पर चमत्कार-भक्त कलाबाज मन हावी है, परन्तु यदि वे नल से बूँद-बूँद नदी टपकाने पर तुल ही गये हैं, तो उनकी ऐसी अस्वाभाविक ज़िद को किस रूप में देखा जाए? शायद कवि जब सहज अन्दाज में विशेष अर्थ नहीं दे पाता तो अपनी कमजोरी से घबराकर ऐसे ही झूठे चित्रों और निरर्थक बिम्बों का जाल खड़ा करता है। प्रतिष्ठित आलोचक परमानन्द श्रीवास्तव, जो समकालीन कविता पर अपनी सधी हुई, सन्तुलित और मौलिक दृष्टि के लिए जाने जाते हैं, ने विनोद कुमार शुक्ल पर निष्कर्ष देते हुए लिखा हुआ है-"विनोद कुमार शुक्ल ने अपने अनुभव-समृद्ध काव्य संसार को सर्वथा नया संगठन देने की कोशिश की है, जो बहुत कुछ अप्रत्याशित और अभ्यस्त रुचि को विचलित करनेवाला जान पड़ता है।"[31]

इस वक्तव्य के आधार पर विनोद कुमार शुक्ल विशिष्ट कवि प्रमाणित तो होते हैं, परन्तु इससे उनकी व्यापक सार्थकता सिद्ध नहीं होती। पाठक और कवि के बीच कहीं कोई पेंच अवश्य है, जिसे सुलझा पाना कठिन हो गया है। स्वयं विनोद

कुमार को ही तय करना है कि वे अपने पाठकों को जीवित रखना चाहते हैं या अनूठे ढंग में लिखने की अपनी सुदृढ़ ज़िद को। निश्चित रूप से उनके सामने आम पाठक की अवधारणा गायब है। वे ऐसा मानकर चलते हैं कि उनकी कविताओं का अध्ययन–मनन साहित्य के अल्पसंख्यक बुद्धिजीवी ही करेंगे, न कि साहित्येतर शिक्षित वर्ग। रचनाकार प्राय: अपने पाठकों के 'प्रकार' को ध्यान में रखते हुए कविता का सृजन करता है। उसी रचना की प्रकृति, विशेष तौर पर भाषा, शैली, संरचना वैसे ही होगी, जैसा उसके पाठक होंगे। कबीर और तुलसी की साधारणता में असाधारण व्यापकता सिर्फ़ इसीलिए है, कि उनकी रचनाओं में साधारण मनुष्य का हृदय धड़कता है, उसकी स्वाभाविक बोली पूरी गरिमा के साथ इन अमर कवियों की रचनाओं में प्रतिष्ठित है।

आगे चलकर परमानन्द जी लिखते हैं–"साधारण में, पास–पड़ोस के मामूली ब्यौरों में, बेतरतीब या असंगत घटनाओं और स्थितियों में काव्यात्मकता की औसत पहचान से अलग कविता को सम्भव करने और सार्थक बनाने की जो कला विनोद कुमार शुक्ल ने विकसित की है, उसे देखते हुए कभी–कभी नये खतरे का आभास मिलता है।"[32]

यह खतरा क्या है? इसे परमानन्द जी महीन समझदारी के साथ टाल जाते हैं। वे समकालीन कविता के प्रमुख हस्ताक्षरों के रचनात्मक महत्त्व का रुचिपूर्वक खुलासा तो करते हैं, मगर प्रहार के मौके पर धीरे से बचकर निकल जाते हैं। ऐसे असहज क्षणों में वे रचनाकार के लिए इतने धारहीन और प्रभावशून्य शब्दों का प्रयोग करते हैं कि वह आलोचना न होकर मीठी–मधुर शिकायत का रूप ले लेती है।

इन तमाम असन्तोषों को हवा देने के बावजूद समकालीन कविता में विनोद कुमार शुक्ल के स्थायी महत्त्व को नकारा नहीं जा सकता।

अरुण कमल : हाशिए पर जीवन के प्रवक्ता

अरुण कमल समकालीन कविता के स्तम्भ–कवियों में गिने जाते हैं। उन्होंने कला और अर्थ को अपनी कविताओं में सहजता के साथ सन्तुलित किया है। उनके प्रमुख काव्य–संग्रह हैं–1. अपनी केवल धार (1980) 2. नये इलाके में (1996) 3. सबूत (1989) 4. और पुतली में संसार। इसमें से 'नये इलाके में' संग्रह पर साहित्य अकादमी पुरस्कार भी प्राप्त हो चुका है।

अरुण कमल अँग्रेज़ी साहित्य के प्राध्यापक हैं, अत: यह स्वाभाविक है कि उनकी कविताओं की प्रकृति उदार, खुली हुई और जीवनवादी हो, क्योंकि अँग्रेज़ी साहित्य अनिवार्यत: हमारे भीतर ये विशेषताएँ विकसित करता है। दो बड़ी भाषाओं

के साहित्य का अध्येता होने के कारण अरुण कमल की दृष्टि विकसित है, आधुनिक बनी हुई है और किसी वाद-विवाद में दिशाहीन तरीके से उलझी हुई नहीं है। वे विषय में प्रवेश करते समय उसके हाशिए के अर्थों का पता लगाते हैं, उसे कलात्मक शब्दों में ढालते हैं और इस तरह प्रस्तुत कर देते हैं कि वह नया और विशेष अर्थ होने के बावजूद सर्वसामान्य सा लगने लगता है। जैसे 'अपनी केवल धार' संग्रह में 'यात्रा' कविता की कुछ पंक्तियाँ–

तलहटियों की आड़ में बगलगीर मुसाफिर वे
सुलगायी माचिस
और उघारती गयी लौ चेहरे के अनगिनत रहस्य
कलकत्ते के कारखाने में बहाल
जलन्धर का एक मजदूर
जा रहा है वापस फिर काम पर
छूट गया है मुल्क बहुत दूर
बस तलवों में बाकी है
थोड़ी सी धूल पंजाब की।[33]

इस छोटे से अंश का मूल अर्थ अपने आपमें बहुत सारे अर्थ देनेवाला है। इसके आगे-पीछे कितने अनकहे अर्थ ध्वनित हो रहे हैं, ध्यान देने की बात है। इसमें प्रत्येक वाक्य का अर्थ दृढ़तापूर्वक एक-दूसरे से गुँथा हुआ है, सहज अभिव्यक्ति के साथ वैचारिक गम्भीरता अन्त तक बनी हुई है और कवि अपने दैनिक जीवन के सामान्य अनुभव को प्राणवान चित्रात्मकता के बल पर अविस्मरणीय बना रहा है।

साफतौर पर देखा जाए तो अरुण कमल , की कविताओं का मुख्य विषय श्रमशील संघर्षरत आम लोकजीवन है। वे घर-परिवार और निजी-सम्बन्धों को भी कविता का विषय तय करते हैं, परन्तु यहाँ उनका मन ज्यादे नहीं रमा है। वे खोज-खोजकर गाँव-देहात के मजदूरों, मजदूरियों और उपेक्षित-अपमानित बच्चों को जनजीवन से बाहर निकालते हैं, और पूरी आत्मीयता के साथ रचना में उन्हें पहचान देते हैं।

प्रश्न किया जा सकता है कि अरुण कमल अपनी इस लोकवादी रुझान के कारण क्या जनकवि हैं। इसका उत्तर थोड़ा बदले हुए शब्दों में दिया जा सकता है कि वे बौद्धिक और सामान्य जनवादी कवि हैं। जनकवि के सबसे बड़े उदाहरण हिन्दी में नागार्जुन हैं, जिनकी वेशभूषा, बात-व्यवहार, सोच, आदत सब कुछ उस जीवन से अभिन्न हो चुके थे। भीतर से वे बड़ी चेतना के महान सर्जक थे, परन्तु बाहर से किसी भी रूप में विशिष्ट न थे। जनता और लोकजीवन जिसके साहित्य का विषय न होकर संस्कार बन जाए, स्वभाव बन जाए उसके मनो-मस्तिष्क को

पालने-पोसने वाली उर्वर जमीन बन जाए, वही सच्चे अर्थों में अपने युग का प्रतिनिधि जनकवि हो सकता है। अरुण कमल का जीवन-संस्कार उच्च-मध्यमवर्ग का संस्कार है, जहाँ निम्न-दलित समुदाय के प्रति प्रगाढ़ अभिन्नता के बजाय सहानुभूति आदि दिखाई देती है। खास बात यह है कि इस सहानुभूति में ईमानदारी की मात्रा भरपूर है-जो कि कवि को सार्थक बनाए रहती है। आज समकालीन कविता के वृहद् फलक पर टिड्डों की तरह अलक्षित गति से उछल-कूद मचाने वाले अति जनवादी कवियों की बाढ़ आयी हुई है, परन्तु इनमें से सच्ची जनप्रेमी अन्तरात्मा किसके पास मौजूद है-बता पाना असम्भव हो जाएगा। कम से कम अरुण कमल इन बहुरुपिये जनवादियों में शामिल नहीं हैं। वे अपनी आन्तरिक पीड़ा से प्रेरित होकर कृतज्ञ भाव से लोकवादी कविताएँ लिखते हैं। अपने आपमें इतनी ही वेदना बचा लेना कम नहीं है। परमानन्द श्रीवास्तव ने अरुण कमल के महत्त्व को रेखांकित करते हुए लिखा है-"अपनी प्रखर संवेदना में एक युवा प्रगतिशील कवि परम्परा के दाय को किस अर्थ में ग्रहण करता है और किस अर्थ में आगे ले जाता है-इसके महत्त्वपूर्ण तथा उल्लेखनीय उदाहरण अरुण कमल हैं, जिन्हें धूमिल के बाद अपना निजी मुहावरा विकसित करने का श्रेय सहज ही दिया जा सकता है।"[34]

वरिष्ठ आलोचक से यह सहज ही पूछा जा सकता है कि अरुणजी का निजी मुहावरा आखिर है क्या? यह सच है कि उन्होंने लोकहृदय को कविता में दृढ़तापूर्वक प्रतिष्ठित किया और अनिच्छापूर्वक तितर-बितर होते पाठकवर्ग को कुछ समय तक बाँध पाने में सफल भी रहे, परन्तु क्या उनकी कलम से ऐसी काव्यधारा फूट पायी, जिसमें आगामी कई वर्षों तक पाठक और उसकी पीढ़ियाँ डुबकी लगाकर मन भर स्नान कर सकें ज़ाहिर तौर पर अरुण कमल ऐसा कालजयी प्रवाह दे पाने से चूक गये।

उनकी कविता हमारे मन में पहले दर्जे का आकर्षण और खिंचाव नहीं पैदा कर पाती, जो बरबस हमारी आत्मा पर सदा-सर्वदा के लिए सत्ता जमा ले। अपनी सहजता, गतिमयता और भावपूर्णता के बावजूद अरुण कमल की कविताएँ मध्यम स्वर का लगाव पैदा करनेवाली कविताएँ हैं, जिनको पढ़कर मन प्रसन्न और सन्तुष्ट तो होता है, परन्तु उसमें किसी असाधारण भाव या नितान्त मौलिक दृष्टि का उन्मेष नहीं दिखाई पड़ता। बेहद मामूली और साधारण वस्तुओं में भी अद्वितीय अर्थों की खोज की जा सकती है, बशर्ते कि कवि की अन्तर्दृष्टि अन्वेषण की अप्रतिम क्षमता से सम्पन्न हो।

अरुण कमल की काव्य-प्रतिभा की चरम परिणति जिन-जिन कविताओं में हुई है, उनमें एक 'नवजात बच्ची को प्यार' बेहद महत्त्वपूर्ण है।

अपने काव्य-विकास के विगत एक-दो वर्षों में अरुण कमल ने सम-सामयिक व्यक्ति के जटिल चरित्र और गणितीय व्यवहार पर भी कलम चलाई है। वस्तुतः

वर्तमान समय में बड़े पैमाने पर फैलता हुआ यह रोग ही ऐसा है, जिससे शायद ही कोई प्रबुद्ध आदमी मुक्त हो। जटिल होना आज के मानव की जैसे नियति बन गयी है। भोगवादी युग, सुख-सुविधाओं के असाधारण विस्तार और मानवीय अन्तःवृत्तियों की निर्ममता के कारण ही जीवन में ऐसी सुनियोजित जटिलता पैदा हुई है। बेहद अच्छा-भला और भावपूर्ण आचरण-व्यवहार करनेवाला व्यक्ति भी सन्देहास्पद है। सदैव न्याय, मूल्य और सत्य की भक्ति करनेवाला व्यक्ति भी संदिग्ध है। जिसका समूचा व्यक्तित्व लाखों का विश्वास जीतकर आशा-आकांक्षा की ऊँची-ऊँची तरंग भी पैदा कर देता है, वह भी सन्देह से परे नहीं। यह ऐसा समय है, जिसमें मनुष्य ने इतनी नयी-नयी प्रवृत्तियाँ धारण कर ली है कि उस पर पहले की बनी-बनायी कोई भी परिभाषा लागू नहीं हो पाएगी। वस्तुतः आज के उत्तर-आधुनिक मानव को सिर्फ़ आज के नजरिए से ही विधिवत् परखा जा सकता है।

अरुण कमल की दृष्टि तेजी से बदलते सामाजिक चरित्र के प्रति कितनी सजग है, इसका अन्दाजा मात्र इसी काव्यांश के आधार पर लगाया जा सकता है। यह तभी सम्भव हो पाता है, जब रचनाकार ने अपने आपको चैतन्य दर्शक के रूप में विकसित कर लिया हो, और प्रतिबद्ध हृदय के साथ दूर बैठा, बारीकी से एक-एक परिवर्तन को देख रहा हो, उसका प्रखर विश्लेषण कर रहा हो। साम्प्रदायिकता और युद्ध भी हमारे वर्तमान युग की अनिवार्य पहचान हैं। मानव के विकास को जड़ से काट डालनेवाली इन दोनों महामारियों का इतिहास अत्यन्त विस्तृत है। ऊपरी अनुभूति की सामान्य गतिशीलता में ही सही अरुण कमल ने इन दोनों मुद्दों पर भी कविताएँ लिखी हैं।

हिन्दी आलोचना के स्थायी नामों में से एक विश्वनाथ त्रिपाठी ने अरुण कमल की कविताओं पर टिप्पणी करते हुए उन्हें 'श्रम सौन्दर्य का कवि' कहा है। वे लिखते हैं-''अरुण कमल प्रगतिशील विचारधारा के कवि हैं। वे श्रम-सौन्दर्य में प्रकृति-सौन्दर्य जैसी नैसर्गिकता प्रस्तुत कर सकते हैं।''35

अपने आलोचक-दायित्व के प्रति सजग रहनेवाले और ठोंक-बजाकर वाक्यों को किसी निष्कर्ष तक पहुँचानेवाले विश्वनाथ त्रिपाठी यदि अरुण कमल को श्रम-सौन्दर्य का कवि घोषित कर रहे हैं तो इसमें वज़न है। वैसे पूर्वार्द्ध के अरुण कमल में उत्तरार्द्ध के अरुण कमल की अपेक्षा श्रम के प्रति गहरे आदर और सम्मान की भावना ज्यादे प्रबल रूप में दिखती है। 'नये इलाके में' काव्य-संग्रह, जिस पर कवि को साहित्य अकादमी पुरस्कार मिला, इस श्रम-संस्कृति के प्रति प्रतिबद्ध नज़र नहीं आता। आश्चर्य है कि पहला संग्रह जो कि सचमुच अपने प्रभावशाली अर्थों के बल पर अनिवार्य उपस्थिति दर्ज कराता है, वहीं यह तीसरा संग्रह बेजान, गैर-जिम्मेदार और उद्देश्य से भटका हुआ दिखाई पड़ता है। बावजूद इसके, इसे अकादमी पुरस्कार

से नवाजा गया। आज हिन्दी के जागरूक पाठकों के बीच में अकादमी की हैसियत हास्यास्पद हो गयी है, तो इसके पीछे प्रमुख कारण असंख्य स्तरहीन पुस्तकों को पुरस्कृत कर देना है। उपरोक्त संग्रह की मात्र दस कविताओं को छोड़कर शेष सारी कविताएँ दृष्टिशून्यंता और दिशा हीनता का शिकार बनी हैं। सोलह वर्षों की लम्बी अवधि में अरुण कमल की लोकप्रियता जितनी ही बढ़ी है, रचनात्मक प्रखरता और भावनामय तेज उतना ही कम हुआ है। बाहरी तौर पर तो उनका निरन्तर तीव्र विकास हुआ, लेकिन भीतर-भीतर उनकी काव्य क्षमता का ह्रास हुआ। बिना प्रमाण के किसी स्थापित साहित्यकार पर ऊँगली उठाना खुद को दयनीय स्थिति में ला देने जैसा होता है। अतः उपरोक्त संग्रह की 'हासिल' शीर्षक कविता यहाँ प्रस्तुत की जा रही है–

नोक महीन से महीन
करने के ज़िद में इतना
छीलता गया पेन्सिल
कि अन्त में हासिल रहा
ठूँठ।[36]

अपने आरम्भिक जोश का कुछ तेवर वैसे बाद की कविताओं में भी बचा रहा, परन्तु अधिकांश कविताएँ हलके स्तर के ठंडेपन में सोती हुई नज़र आती हैं। 'अपनी केवल धार' के अरुण कमल तरह-तरह की उपलब्धियों के आकर्षण से बच नहीं पाये, लोकप्रियता को आत्म सन्तुलित नहीं कर पाये, बल्कि भीतर-भीतर इन सफलताओं ने उन्हें असन्तुलित कर दिया। वैसे यह सब किसी भी कवि-साहित्यकार के साथ घट सकता है, परन्तु बड़े साहित्यकार की पहचान ही यही है कि वह बड़ी से बड़ी बाह्य उपलब्धियों के सामने अनम्य रहता है और अपनी रचनात्मक उत्कृष्टता की शर्त पर किसी भी चीज़ से समझौता नहीं करता, अपने आप से भी नहीं। वह अपना प्रबल विरोधी स्वयं होता है। खुद का विरोध भी आत्म-सजग प्रतिभा का अनिवार्य लक्षण है।

संग्रह की कई कविताओं में कवि ने लोकदृश्य को जिन्दा करने की कोशिश की है, मगर वह बात बन नहीं पायी है। लगता है कवि सुदूर निकलती हुई लोक-स्मृति को पुनः पुनः पकड़ने की असफल कोशिश कर रहा है। इस कोशिश में थोड़ी ईमानदारी तो झलकती है मगर मात्र कोशिश से कविता की श्रेष्ठता नहीं सधनेवाली। कहीं-न-कहीं, अपने दिल के कोने में कविता को जीना ही पड़ता है। कविता और व्यक्तिगत जीवन में जैसे ही भेद बढ़ा, अन्तर विस्तृत हुआ कि पतन शुरू हो जाता है। एक बार जो सफल अभिव्यक्ति का आनन्द ले चुका है, वह कैसे अपनी असफल अभिव्यक्ति की पीड़ा बर्दाश्त कर लेता है, आश्चर्य है। ज़ाहिर सी बात है–ऐसे कवि ने अपने कविपन को बड़ी-बड़ी सफलताओं, प्रलोभनों एवं सुविधाओं के पहाड़

के नीचे बुरी तरह कुचल दिया है। धीरे-धीरे आत्ममुग्धता का ज़हर देकर मार डाला है, अपनी अड़ी हुई सोच का गुलाम बना लिया है। अब उनका कविमन वही करता है, जैसी उनकी मजी हुई बुद्धि आदेश देती है।

अनामिका : मुद्दों से खेल खेलने की आदत

समकालीन कविता की स्थापित कवयित्रियों में अनामिका का नाम अनिवार्य तौर पर लिया जाता है। इसके दो कारण हैं–एक, करीब तीन दशकों से सृजन में निरन्तर सक्रियता और दो, स्त्री जैसे अति ज्वलन्त मुद्दे पर कविताएँ लिखना। अब तक अनामिका जी के लगभग तीन काव्य-संग्रह प्रकाशित हो चुके हैं–(1) गलत पते की चिट्ठी, (2) बीजाक्षर और (3) अनुष्टुप। इसके अतिरिक्त स्त्री-विमर्श को बहस का नया आयाम देती आपकी एक आलोचनात्मक पुस्तक–'स्त्रीत्व का मानचित्र' प्रकाशित हो चुकी है।

'कहती हैं औरतें' शीर्षक से अखिल भारतीय कवयित्रियों का एक काव्य संकलन इतिहास बोध प्रकाशन से प्रकाशित हुआ है। इस उल्लेखनीय पुस्तक का सम्पादन भी अनामिका जी ने किया है। सम्पादकीय के अलावा अपनी चौदह कविताओं के माध्यम से ध्यानाकर्षक उपस्थिति आपने दर्ज करायी है। इसमें आपकी पहली कविता है–'स्त्रियाँ'। पूरी कविता के बीच-बीच में एकाध पंक्तियाँ ही कविता के पैमाने पर सशक्त सिद्ध होती हैं। वस्तुतः स्त्री की उपेक्षा, अपमान, तिरस्कार और शोषण से जुड़े हुए सवाल अनामिका के व्यक्तिगत दुख-दर्द का अनिवार्य हिस्सा कम, पुस्तकीय सवाल, सुनी-सुनायी समस्या या थोड़ी देर के लिए सोच में डाल देने वाली सामान्य कठिनाई अधिक नज़र आते हैं। वे औरत के असहाय, उपेक्षित और बन्दी-यथार्थ से शाब्दिक मनोरंजन करती हैं, उन मुद्दों से शालीनतापूर्वक खेलती हैं–अनामिका जी। वे इस क्रम में रोचक, चौंकाने वाले प्रतीकों और बिम्बों का भी चुनाव करती हैं, और दिल की जगह मुद्दों से खेलने वाला खालिस दिमाग सक्रिय रखती हैं। इन पंक्तियों का कोई दूरगामी उद्देश्यपरक अर्थ निकालिए–

पढ़ा गया हमको
जैसे पढ़ा जाता है काग़ज़
बच्चों की फटी कापियों का
चनाजोरगरम के लिफाफे बनाने के पहले।[37]

उपरोक्त संकलन की दूसरी कविता है 'अनुवाद'। इसमें अनुवाद शब्द जीवन के न जाने कितने प्रतीकों में ढलकर मनो-मस्तिष्क को रोशन करता हुआ अर्थ दे सकता था, मगर जब प्रयोगकर्ता में वह पारदर्शिता, अर्थखोजक दृष्टि हो। यहाँ तो अनुवाद मात्र एक निर्जीव शब्द बनकर रह गया है। कविता में अर्थ कहीं-कहीं ढंग

से खुलना भी चाहते हैं, मगर कवयित्री की ओर से सुदृढ़ दृष्टि का सहयोग न पाकर वे अपने आपमें दुबक जाते हैं। इस कविता में भी अनामिका जी मुद्दे से खेलने की आदत को रोक नहीं पायी हैं। वे यह मानकर चलती हैं कि कविता में आकर्षित करने की कला अनिवार्य रूप से होनी चाहिए। इसके लिए चौंकाने वाली वाक्य-संरचना का सहारा क्यों न लेना पड़े।

अनामिका जी की एक असाध्य समस्या है-काव्य-सत्य से उनके अन्तः व्यक्तित्व का एक अनिवार्य अलगाव। वे विषय को देखती हैं, पास बुलाती हैं, उसे सहलाती हैं, सान्त्वना और सहानुभूति देती हैं; यहाँ तक कि उसके कदम से अपना कदम भी मिला लेती हैं-बावजूद इसके, वह न जाने क्या कठिनाई है कि विषय की अन्तरात्मा से उनका व्यक्तित्व एकाकार नहीं हो पाता। विषय के ज्वलन्त, उर्जस्वित मर्म से पिघलकर उनका हृदय अर्थ की सीमाएँ तोड़-फोड़कर बह नहीं निकलता। अपनी जटिल किन्तु संवेदनशील बुनावट से दिल के तार को झनझना देनेवाले विषय भी अनामिका के शिक्षित मस्तिक से ज्यादा नीचे नहीं उतर पाते। 'मौसियाँ' शीर्षक कविता संयोगवश उनके अँग्रेज़ी शब्दों की बारिश से मुक्त रहने के कारण कुछ समझ में आ सकने लायक ठीक-ठाक अर्थ देती है। इसी क्रम में 'बेजगह' शीर्षक कविता। इस कविता में अनामिका जी ने बताया है कि अभी तक हमने परिवार में, समाज में, संस्कृति में, इतिहास और भूगोल में एक स्त्री को जो जगह, जितनी और जैसी जगह दे रखी है, वह उचित नहीं है। वैसे कहा जाए तो स्त्री की असली जगह से न तो स्त्री वाकिफ़ है, न ही पुरुष, न स्त्री-विमर्श के झंडाबरदार और आन्दोलनकर्ता। प्रकृति प्रदत्त शारीरिक शक्ति के अलावा पुरुष किसी भी क्षेत्र में स्त्री का मुकाबला नहीं कर सकता। न मानसिक बल में, न मानवीय प्रतिभा में, न धैर्य और हिम्मत में, संवेदनशीलता में और न ही उच्च से उच्च प्राकृतिक सद्गुणों के क्षेत्र में। मात्र शारीरिक बल के बदौलत पुरुषों की अक्षम्य, अपराधमय तानाशाही मानव सृष्टि के लगभग आरम्भ से ही चल रही है। इससे लम्बी, अमानवीय और गैर कानूनी सत्ता का उदाहरण पृथ्वी के इतिहास में ढूँढ़े न मिलेगा। क्या अनामिका जी अपनी कविताओं में इस सुविस्तृत कटु सत्य को आवाज़ दे सकती हैं? अपनी कविता 'बेजगह' में अनामिका जी इन रूढ़िवादी पंक्तियों पर व्यंग कसती हैं-

'लड़कियाँ हवा, धूप, मिट्टी होती हैं
उनका कोई घर नहीं होता।'[38]

कोई आत्म-स्वार्थी, स्त्री के बारे में कुछ भी मनमाना मुहावरा रच ले, लेकिन लड़कियाँ या स्त्रियाँ हवा, धूप और मिट्टी सिर्फ़ नहीं होतीं। वे दुनिया की प्राण शक्ति हैं, किसी भी मनुष्य के घर की शीतल छाया हैं। वह हैं-तो घर-घर है; वरना उनकी अनुपस्थिति मात्र घर को उजाड़ बनाने के लिए पर्याप्त है।

'सेफ्टी पिन' कविता अनामिका जी की पाठकप्रिय और प्रतिनिधि कविताओं में गिनी जाती है, परन्तु यहाँ भी अल्प दृष्टि से सजी शाब्दिक कलाकारी का गद्यपूर्ण फैलाव दिखाई देता है। चुने गये विषय की प्रकृति को देखकर यह कह सकते हैं कि अनामिका पूरी मानसिक तैयारी के साथ कोशिश करती हैं कि विषय अपनी दृश्य-सत्ता से बाहर निकले, वह अपनी स्थूल की सीमा से मुक्त हो जाए, वह मात्र घटना, या जड़ सत्ता मात्र न रह जाए, बल्कि वह सार्थक विचार का स्रोत बने, प्रतीक बने और व्यंजना को धारण करनेवाला आधार साबित हो, मगर...। सिर्फ़ चाहने से वह बेशकीमती आकांक्षा कब पूरी होनेवाली? 'सेफ्टी पिन' कविता की पंक्तियाँ कहीं से भी हृदय की गहराई में जगह नहीं बना पातीं।

'वसुधा' पत्रिका के स्त्रीपरक विशेषांक में प्रकाशित कविता-'अबला जीवन, हाय, तुम्हारी यही कहानी'। स्त्री के दबे हुए मानवीय अधिकार के पक्ष में खड़ी इस कविता की शुरुआत जिम्मेदारीपूर्ण मन से हुई है, परन्तु ठीक आगे फिर वही खेलने के पुरानी लीक पर उतर आयी हैं, और अन्त तक अबला स्त्री की असलियत से आँखें मूँदकर अपने स्वच्छन्द तरीके से सोचने का खेल जारी रहता है। 'वृद्धाएँ' शीर्षक कविता में वृद्धा माँ के गहन मानस का जो बारीक तानाबाना बुना है-वह अविस्मरणीय है। कह सकते हैं-यहाँ हैं कवयित्री अनामिका, यहाँ जगी हैं-बेचैन रहनेवाली अनामिका।

स्त्री के मुद्दे पर जब अनामिका काव्येतर शैली में विचार प्रकट करती हैं, तो अपेक्षाकृत ज्यादा सशक्त और सार्थक नज़र आती हैं। उनका यह विचार पढ़ने योग्य है-'प्रेम और घृणा, आकर्षण-विकर्षण, मेल और अलगाव, आह्लाद और सन्ताप, द्वन्द्व और निर्णय के बीच का यह तनाव ही दरअसल आधुनिकता बोध की नियति है-पिछले पचास वर्षों की स्त्री कविता में जिसकी आहटें साफ दर्ज हैं।'[40]

क्या सर्जिका अनामिका के दो रूप हैं? एक, जो गद्य में अपना चिन्तन धारदार बनाती है? दो, जो कि कविता में प्राय: अपने विचारों को तीक्ष्ण चमक नहीं दे पातीं? इस प्रश्न पर ग़ौरपूर्वक सोचने की आवश्यकता है। हिन्दी अकादमी से प्रकाशित होनेवाली पत्रिका 'इन्द्रप्रस्थ भारती' में अनामिका जी की दो प्रकाशित कविताएँ-(1) ध्यान शिविर और (2) फूहड़। ध्यान शिविर कविता का कोई एक निश्चित उद्देश्य नहीं है, और अर्थ तो न जाने किस ओर जा छिपा है। प्रयासपूर्वक खोजने पर अर्थ कहीं इसमें दिखता है-तो चिंगारी की तरह धीरे-धीरे जलते शब्दों में। इस कविता में अर्थ पर मानो संकट के बादल मँडरा रहे हों। कुछ पंक्तियाँ पढ़कर अर्थ निकालने की कोशिश करें-

धागा फँसाकर उखाड़ना खुद ही फिर जहद्दमी दाँत
बतियाना घिसटती हुई चप्पलों से सरे राह

अगड़म-बगड़म, कुछ भी, जो सो
बच्चों का बहलाना ग्वाले को।[11]

'जहद्दमी' शब्द ध्यान देने लायक है, क्या इसका कोई लोक प्रचलित अर्थ है? शायद नहीं। यदि है भी तो कवयित्री के अपने मस्तिष्क के अज्ञात-एकान्त कोने में। उनकी अन्य कविताओं में ऐसे अनेक ग़ैर प्रचलित शब्द हैं जो किसी भी काव्यप्रेमी के स्वाद में दाल का कंकड़ साबित हो सकते हैं। इसके अलावा अनामिका अपनी कविताओं में अँग्रेज़ी-शब्दों का उन्मुक्त प्रयोग करती हैं, इससे कई जगह यत्किंचित खुलते हुए अर्थ बाधित हुए हैं, और हिन्दी कविता की प्रकृति को भी नुकसान पहुँचा है। अन्ततः उनकी कविता 'महानगर में अम्मा' के महत्त्व को रेखांकित कर अपने स्वर को विराम देते हैं। कविता छोटी है, मगर व्यापक अर्थ देने का सफल प्रयास करती है। दुख की कोई एक भाषा नहीं होती, उसके व्यक्त होने का कोई एक माध्यम नहीं होता। वह आँखों से, ललाट की रेखाओं से, ओठों की गतिविधि से प्रकट होती है। किसी का दुख समझने के लिए बस उनके मन को समझना आना चाहिए। प्रस्तुत कविता में अम्मा अपना सारा दुख-दर्द, तकलीफ, सुनने वाले को बिना ठीक से सुनाये, समझा ले जाती है।

निर्मला गर्ग : अबूझ अर्थों से परहेज

बीसवीं सदी के आठवें-नौवें दशक में अपनी समकालीन चेतनापूर्ण कविताओं के बूते अटल पहचान कायम करनेवाली कवयित्रियों में निर्मला गर्ग एक सुनिश्चित हस्ताक्षर हैं। अपने अधिसंख्य काव्य-संग्रहों के बीच इनके दो काव्य-संग्रह-(1) 'यह हरा गलीचा' और (2) 'कवाड़ी का तराजू' खास तौर पर उल्लेखनीय हैं।

'कबाड़ी का तराजू' संग्रह अपने विभाजन में नयी शैली को धारण किये हुए है। संग्रह में कुल चार उपअध्याय हैं, और वो भी पृष्ठ-संख्या द्वारा संकेतित कर दिए गये हैं। आजकल हिन्दी कविता में जहाँ अन्तःसत्य को नया अर्थ देने का अकाल पड़ा हुआ हो, वहाँ यदि कविता की बाह्य संरचना में ही नयापन दिखाई पड़ जाए, तो सन्तोष की बात है। संग्रह की पहली कविता-'कलाकार की दुनिया' का आरम्भ किसी ऊँची मंजिल की उत्साहपूर्ण यात्रा जैसा हुआ है। लेकिन यात्रा कुछ दूर तय कर लेने के बाद जिस तरह तन में शिथिलता जमने लगती है, और शरीर निराश-हताश सा दिखने लगता है, वैसा ही कुछ इस कविता के साथ चरितार्थ हुआ है। अपने अन्त की असफलता की ओर बढ़ती हुई यह कविता सपाट शैली में भागती हुई अपनी उम्र को हद दर्जे तक घटा लेती है। आगे संग्रह की दूसरी कविता है-'भाषा', जो एक तो छोटी है, दूसरे अर्थ को प्रभावशाली गहनता भी नहीं दे पाती। 'सौम्य मुस्कराहट खतरनाक होती है' शीर्षक कविता भी अपनी सपाटबयानी के

चलते अर्थरिक्त बनकर रह गयी है।

निर्मला गर्ग की उल्लेखनीय खासियत यह है कि वे बहुतेरे समकालीन कवियों की तरह उलझे-पुलझे और बेतरतीब अर्थों की अबूझ चमत्कार नहीं खड़ा करतीं, हाँ! यह जरूर है कि उनमें वज़नी अर्थों का धारा प्रवाह बहुत कम है। कविता की अन्त:ध्वनि में वह गुरुत्व भी नहीं है, जो काफी देर तक मन को खींचे रहे। 'खादी का कुरता' शीर्षक कविता पढ़कर यही कहना पड़ता है कि मानो मनचाहे सस्ते से सस्ते दाम में कुर्ता हासिल कर अपनी आकंठ प्रसन्नता को प्रकट किया जा रहा हो। रोज-ब-रोज हमारे जीवन में घटित होनेवाली घटनाएँ कविता के गौरव की कसौटी पर खरी साबित नहीं होतीं। उनमें मौजूद होनी चाहिए-संवेदना को उत्तेजित करने वाली मार्मिकता, मस्तिष्क के सम्पूर्ण तन्त्र को विचलित करनेवाली अर्थवान विषमता और पाठक के समूचे व्यक्तित्व को नयी दिशा देनेवाली प्रकाशमय चेतना। निर्मला गर्ग अपनी प्रत्येक कविता का आगाज जीवन्त अन्दाज में करती हैं, परन्तु उसमें कोई दिल थाम लेनेवाला मर्म, कोई मदमस्त कर देनेवाला सिद्ध-चिन्तन या याद कर लेने लायक वाक्य नज़र नहीं आता, लिहाजा अपनी सारी सहजता और बोधगम्यता के बावजूद ये कविताएँ बुलबुलों की नियति प्राप्त कर लेती हैं।

प्रस्तुत संग्रह की कविता 'तुलनाएँ' अपनी विकासशील प्रखरता के बदौलत अनिवार्यत: ध्यान आकृष्ट करती है, परन्तु क्या कविता की लम्बी उम्र के लिए मात्र प्रखरता पर्याप्त है? अब 'कबाड़ी का तराजू' शीर्षक कविता, जो कि छोटी और सादे-सामान्य अर्थों वाली है। वैसे परखा जाए तो इसकी शैली में जीवन है, भाषा व्यावहारिक है और प्रस्तुति में सहजता भरी हुई है, बावजूद इसके, कविता अपना सशक्त दमखम नहीं दिखा पाती। निर्मला गर्ग की कलम की ऐसी कोई नस कमजोर है जरूर, जिसके कारण कई कविताएँ दबी हुई पीली दूब का बिम्ब उपस्थित करती हैं।

विचार-विमर्श करने पर अन्तत: यही निष्कर्ष सामने आता है कि उनकी कविताएँ दीर्घजीवी अर्थों से रिक्त हैं, इनमें जो अर्थ हैं, वे क्षणभंगुर हैं, अल्पजीवी हैं और झट से बुलबुलों की तरह आकार ग्रहण कर पलक झपकते मिट जानेवाले हैं। ये कविताएँ हृदय में लहर नहीं जगा पातीं, वह मधुर ज्वार नहीं पैदा कर पातीं, जो मौलिक तल्खी से लबरेज कविताएँ पाठक के हृदय में उत्पन्न करती हैं। संग्रह की 'शेयर' नामक कविता भी अपने अर्थ के हलकेपन से मुक्त नहीं है। यह अवश्य है कि मन को लगातार उदासी और निराशा की ओर खींचने वाली तमाम कविताओं के बीच 'आधी रात में घर' शीर्षक कविता एक मजबूत उम्मीद बनकर खड़ी होती है। संग्रह की 'अयोध्या' शीर्षक कविता अभिधा शैली में सटीक अर्थ की सफल व्यंजना प्रस्तुत करती है। 'उन्माद की खेती' कविता दृष्टिपूर्ण अर्थ की ऐसी उर्जस्वित गरिमा

धारण किये हुए है कि उसे बार-बार दुहराने और सोचने को जी करता है। इस कविता के मूल्यवान निष्कर्ष पर जरा ग़ौर फरमाइए कि बंजर दिमाग में उन्माद की खेती बहुत अच्छी तरह से होती है। इसी तरह 'पुत्रमोह' शीर्षक कविता भी स्तरीय कविता की समकालीन कसौटियों पर लगभग खरी उतरने वाली कविता है। इसमें जीवन के प्रति आत्मीयता में खरापन भरपूर दिखाई देता है।

'वसुधा' पत्रिका के अंक-61 में प्रकाशित कविता का शीर्षक है-'सड़क'। यह आत्मकेन्द्रित नहीं बल्कि आत्मनिष्ठ कविता है, जिसमें एक असहाय सी अशक्त बेचैनी है, जो इस कारण है कि अपने महत्त्व को ठीक से प्रकट नहीं कर पा रही, अपनी सार्थकता सिद्ध नहीं कर पा रही और अपनी समुचित गरिमा को हासिल नहीं कर पा रही। इसी तड़प, आकुलता और व्यग्रता में ही कविता की सारी ताकत छिपी है।

समाज की संरचना को बदलने के लिए
कविताएँ जुटी रहती हैं
चींटी सी।[42]

ये पंक्तियाँ कवयित्री की छोटी, मगर अर्थगर्भित कविता-'फेयर एंड लवली' से उद्धृत हैं, जो कि 'वागर्थ' में प्रकाशित हुई। यह कविता जीवन में श्रम करती, घर-परिवार-संस्कार की देखभाल करती स्त्री से 'फेयर एंड लवली' ब्रांड स्त्री को अलग करती है। एक स्त्री शोषणपरक पूँजीवादी की आत्महीन गुड़िया है, तो दूसरी ओर न्यूनतम वजूद को बचाने के लिए युद्धरत संघर्षिनी। सच पूछा जाए तो अंग-प्रत्यंग से समान दिखने वाली स्त्री के एक नहीं सैकड़ों रूप हैं। महँगे फर्नीचर पर रात-दिन आराम फरमाने वाली औरत को, रोज-रोज झाड़ू, पोंछा, बर्तन करनेवाली स्त्री के साथ कैसे देख सकते हैं? जो औरतें शापिंग काम्प्लेक्सेस में हजार-हजार रुपये के परफ्यूम्स और रंग-रोगन खरीदने में तनिक भी नहीं हिचकिचातीं, उनकी तुलना भट्ठों पर ईंटा ढोनेवाली, सड़क का कचरा उठानेवाली और बाँस की चटाइयाँ बुनने वाली औरतों से कैसे किया जा सकता है? जिस तरह एक ही भारत देश में एक ओर 'इंडिया' और दूसरी ओर 'हिन्दुस्तान' है, ठीक इसी तरह भारतीय स्त्री के कई रूप हैं, कई परिभाषाएँ हैं, अस्तित्व के अलग-अलग सूत्र हैं। यहाँ तक कि उनका शारीरिक गठन इतने अविश्वसनीय ढंग से बिगड़ चुका है कि रुचिपूर्वक, दृढ़तापूर्वक उन्हें औरत कह देना आसान नहीं लगता।

अपनी एक और कविता 'बराबरी का दर्जा' में निर्मला जी-चिर-परिचित तरीके से स्त्री-पुरुष की समानता को आवाज़ देते हुए भी कहने का कुछ नया तरीका ढूँढ़ निकालती हैं। यह सच है कि स्त्री की अपेक्षा पुरुष में दोहरापन कहीं ज्यादा होता है-स्त्री को लेकर तो और भी ज्यादा। स्त्री पुरुष की जितनी ही बड़ी कमजोरी है,

उसके दोहरेपन को चुनौती देने वाली उतनी ही कठिन अस्तित्व भी। पुरुष स्त्री के बगैर निष्प्राण चट्टान है, मगर खुलकर तहेदिल से उसकी न्यायोचित प्रभुसत्ता कभी स्वीकार नहीं करता है। क्या अनपढ़ और क्या पढ़ा-लिखा समाज दोनों जगहों पर स्त्री अपनी सम्मानजनक बराबरी पाने के लिए न जाने कितनी शताब्दियों से संघर्ष कर रही है, पराधीनता की यह अमावस रात न जाने कितनी लम्बी है कि सुबह होने के आसार नज़र नहीं आते। उपरोक्त कविता में निर्मला गर्ग ने सूत्र दिया है कि आज का शिक्षित-बौद्धिक पुरुष स्त्री-पुरुष की समानता का मुखर पक्षधर है-मगर मुँहजुबानी, मात्र जीभ से, बाहर-बाहर सिर्फ़। वह अपने भीतर श्रेष्ठता की दम्भी गाँठ पाले हुए है, जो मौके-बेमौके अपने कड़क व्यवहार में प्रकट करता रहता है।

'सुबह के समुद्र जैसी' शीर्षक कविता निर्मला जी ने सामान्य भाव प्रवणता के साथ लिखी है। वैसे तो प्रस्तुत कविता में सामान्य जनजीवन केन्द्रित हुआ है, मगर उस जीवन के दृश्य अथवा अदृश्य गहराइयों में उतरने के बजाय कवयित्री उसके स्थूल और बाहरी रूप तक जाकर रुक गयी हैं, इसीलिए विषय के स्तर पर कविता उल्लेखनीय होते हुए भी नये, संवेदित करनेवाले अर्थ निकाल लेने से चूक जाती है।

यदि कलाकार के पास अचूक अन्तःदृष्टि नहीं है, तो साधारण विषय अपनी वस्तुस्थिति से भी अधिक सामान्य लगने लगता है, लेकिन इसके विपरीत उसकी अन्तःचेतना निरन्तर सक्रिय है, प्रज्ज्वलित है, तो साधारण से साधारण विषय भी लम्बी उम्र पा जानेवाला असाधारण अस्तित्व बन जाता है। इसीलिए सृजन के विषय में यह धारणा शत-प्रतिशत दुरुस्त है कि कालजीवीपन विषय में उतना नहीं, जितना की कलाकार की स्वयंभू उदात्त चेतना में निहित होता है। कलाकार अपनी कलम से विषय की आयु बढ़ाता है, और घटाता भी है-यहाँ तक कि उसकी अर्थवत्ता को अकाल मौत भी दे डालता है। 'चींटियाँ-दो' शीर्षक कविता मात्र छः पंक्तियों की है, परन्तु इसमें एक ऐसा अनकहा दुख है, जो चीटियों की उदासी के बहाने व्यंजित होता है-

अनवरत श्रम करनेवाली नन्ही जीवों
दुनिया के बारे में तुम
क्या सोचती हो?
क्या सोचती हो तुम हमारे बारे में?
तब क्या तुम
उदास हो जाती हो।[43]

एक अन्य कविता 'मेरी बहनें' में आस्तिकता की कूपमंडूकता में आकंठ डूबी स्त्री पर व्यंग के हथियार से प्रहार किया गया है। इस प्रहार में तर्क है, सामयिकता और प्रगतिशीलता है। इसमें प्रहार का असर स्त्री की जड़ीभूत मानसिकता को भले

ही न बदल पाये, परन्तु उन्हें सचेत करने का दम तो रखता ही है। साहित्य के बारे में ठीक ही कहा गया है कि वह क्रान्ति नहीं करती, किन्तु क्रान्ति हेतु परिवर्तनकारी मानसिकता जरूर तैयार करती है। मजबूत से मजबूत कविता का असर किसी के व्यक्तित्व में धीरे-धीरे पड़ता है, परन्तु वह जीवनपर्यन्त बना रहता है और एक समय बाद तो वह संस्कार का रूप धारण कर लेता है।

'सितारा' शीर्षक कविता में निर्मला जी ने स्त्री के खानाबदोशी जीवन का मार्मिक अर्थांकन किया है। कविता में सितारा वैसे एक स्त्री-चरित्र है, जो निम्न वर्गीय समाज का एक नगण्य हिस्सा है। आजकल चमकने वालों को मन्त्रमुग्ध सा देखनेवाला समाज ऐसे मामूली चरित्रों की व्यथा को कैसे समझा सकता है? हमारे समाज में, व्यवस्था में, नियम-कानून में स्त्री की हैसियत पहले दर्जे की है ही नहीं। उसका अधिकार अत्यन्त सीमित है और पुरुष की स्वार्थपूर्ण सन्तुष्टि एवं प्रसन्नता पर निर्भर है।

इस कविता की सारी ताकत इसके सहज किन्तु भावपूर्ण वाक्यों में छिपी हुई है। जनजीवन अपने नग्न-यथार्थ रूप में जैसा भी है-धूसर या धूमिल, उजाड़ या उदासीन उसे हूबहू वैसा ही सृजन में जीवित कर देना आसान नहीं होता। रचना में सृष्टि की प्रतिसृष्टि रचना नायाब कला की कसौटी मानी गयी है। हाँ, इसमें यदि एक से अधिक अर्थों की रश्मियाँ भी फूटती हों, तो सृजन की ताकत का क्या कहना? 'डायना' शीर्षक कविता स्त्री के ही एक अन्य दुर्भाग्य का खुलासा करती है। स्त्री अक्सर ठगी जाती है, धोखा खा जाती है, इस्तेमाल की चीज़ बना ली जाती है- क्यों? क्योंकि वह नरम दिल की होती है, क्योंकि वह पुरुष के छद्म प्यार में छिपे स्वार्थ की असलियत भाँप नहीं पाती, क्योंकि उसमें कुछ ज्यादा ही मनुष्यता होती है। यह दुर्भाग्यपूर्ण किन्तु सत्य है कि स्त्री बाह्य रूप में जितनी दुर्बल है, आन्तरिक रूप से उतनी ही सशक्त और गुण-सम्पन्न। मानव की दुनिया में उसकी हैसियत अपने अस्तित्व के आरम्भ से ही दोयम दर्जे की रही है, किन्तु वह अपनी आभ्यान्तरिक दुनिया में नायाब और दुर्लभ मानवीय सद्‌गुणों की स्वामिनी है।

मंगलेश डबराल : उम्मीद अभी बाकी है

साहित्य अकादमी पुरस्कार से सम्मानित प्रसिद्ध कवि मंगलेश को सहज, संवेदनशील और आधुनिक चेतना के प्रवक्ता कवि के रूप में याद किया जाता है। समकालीन कविता के प्रतिनिधि कवियों में इनकी स्थायी जगह तो है ही, ये वर्तमान युवा कवियों के प्रेरक-व्यक्तित्व के रूप में भी खास महत्त्व रखते हैं। इनके प्रमुख प्रकाशित संग्रह इस प्रकार हैं-1. पहाड़ पर लालटेन (1989), 2. घर का रास्ता (1988) और 3. हम जो देखते हैं (1995)। इसमें से तीसरे संग्रह पर कवि को सन् 2000 के

साहित्य अकादमी सम्मान से नवाज़ा जा चुका है।

एक संग्रह के रूप में 'पहाड़ पर लालटेन' को जो ख्याति और प्रतिष्ठा मिली, वह बाद के किसी अन्य संग्रह को नहीं मिल पायी। वैसे गुणवत्ता की दृष्टि से उनकी सम्मानित कृति पहले संग्रह से कहीं ज्यादा असरदार और स्मृति में स्थान पाने योग्य है, परन्तु एक बार जब कोई रचनाकार लोकप्रियता के तीव्र ज्वार में ऊपर उठ जाता है, तो गिरने के बाद पुनः वह ऊँचाई छूने में कठिनाई होती है। सच तो यह है कि मंगलेश जी ने अपने आकुल कवि को धीरे-धीरे, धैर्यपूर्वक, अभ्यास के साथ विकसित किया है, और काफी लम्बे समय के बाद स्पष्ट, सधी हुई और विचार-सम्पन्न कविताओं को जन्म देने में सफलता प्राप्त की है।

साहित्यकार की सबसे बड़ी ताकत अनुभूत सत्य की अभिव्यक्ति है। ऐसा सत्य स्पष्ट चित्रों के रूप में स्मृति में बैठा रहता है। इसलिए कलाकार जब उसे प्रबल संवेदना के जोर से पुनजीर्वित करना चाहता है, पुनर्सृष्टि करना चाहता है-तो वे अत्यन्त सटीक शब्दों के ताने-बाने में हू-ब-हू प्रकट हो उठते हैं। सर्जक वैसे कोशिश यही करता है कि उसकी हर रचनात्मक अनुभूति शब्दबद्ध होने के बाद सबके हृदय में उतर जानेवाली रचना की हैसियत प्राप्त करे, परन्तु ऐसा तब तक नहीं हो सकता, जब तक वह स्वयं उस अनुभूति को बिम्ब रूप में ग्रहण नहीं कर लेता। अनुभूतियों की बिम्बात्मक स्पष्टता ही अविस्मरणीय रचनाओं की शक्ति बनती है।

मार्मिक भावों को जीवन दृश्यों में खोज लेने की नायाब दृष्टि विरल कलाकारों में होती है। यहाँ वह सीधी-सपाट दिखती हुई भी वैसी है नहीं। इसके पीछे मजबूरियाँ, दुखों और यातनाओं के न जाने कितने जटिल और अनसुलझे सूत्र काम कर रहे हैं। एक सच्चा और भावुक सर्जक अत्यन्त दूरदर्शिता के साथ इन जटिलताओं और रहस्यों को भाँप लेता है। लाख तर्क-वितर्क करने के बावजूद जहाँ तेज से दिमाग वाले, विषम जीवन की कठिन जटिलता को समझने में असफल रहते हैं, वहीं संवेदनशील कलाकार के भीतर ये जटिल रहस्य एक विस्फोट के साथ रेशा-रेशा प्रकट हो उठते हैं।

इसमें कोई दो मत नहीं कि मंगलेश अल्पजीवी अर्थों से सजी हुई चमत्कारिक कविताएँ लिखने के खूब आदी हैं। इस संग्रह की किसी एक कविता के आधार पर नहीं, बल्कि कई कविताओं के आधार पर इस निराशापूर्ण सत्य को सिद्ध किया जा सकता है। कितना आश्चर्य है-जो सचमुच कविता के बल पर अपने जीवन को यत्किंचित सार्थक बना रहा है, कविता के जीवन के बारे में वह बेपरवाह और गैरजिम्मेदार है। वे 'कविता' शीर्षक कविता में लिखते हैं-

कविता दिन भर थकान जैसी थी
और रात में नींद की तरह

सुबह पूछती हुई
क्या तुमने खाना खाया रात को?[44]

सूत्रवाक्य में कविता लिखना बेहद चुनौतीपूर्ण किन्तु असाधारण कार्य है। जिसकी दृष्टि दृश्य को दर्शन का रूप देती है, बाह्य स्थूलता को आन्तरिक सूक्ष्मता प्रदान करती है, वही सफलतापूर्वक सूत्रवाक्य में सार्थक और श्रेष्ठ कविताएँ लिख सकता है। उत्तर आधुनिकता के प्रमुख चिन्तक सुधीश पचौरी ने मंगलेश डबराल की एक प्रमुक काव्य-प्रवृत्ति का संकेत करते हुए लिखा है–''मंगलेश की कविता प्रायः भूत में घटती है और स्मृति में पुनर्जीवित होती है।''[45] वैसे देखा जाए तो कुछ ही कविताओं के आधार पर इस निष्कर्ष को प्रामाणिक माना जा सकता है। मंगलेश के बाद के संग्रह समाज, व्यवस्था और संस्कृति की वर्तमान विविधता पर ही केन्द्रित हैं। उनके विषय एकपक्षीय नहीं, बल्कि बहुक्षेत्रीय हैं। आम जन-जीवन के उद्देश्य, संघर्षों और परेशानियों पर उनकी कविताएँ अधिक केन्द्रित हैं। वस्तुतः वे मामूली मनुष्य के प्रवक्ता हैं, लेकिन किसी गढ़े हुए जनवादी किस्म के नहीं, बल्कि सजग, स्वतन्त्रचेता सर्जक की तरह।

मंगलेश डबराल यदि व्यक्ति के तानाशाह मन, उसकी रक्त-चूषक प्रवृत्ति या आत्मग्रस्त अहंकार से भरे हुए व्यक्तित्व की खबर लेते हैं, यदि व्यंगपूर्ण लहजे में उसके प्रति अपना खुला विरोध दर्ज कराते हैं, तो वह भी एक शिष्ट और शालीन स्वर में ही। निश्चित रूप से यह कवि के दोष के रूप में सामने आता है, क्योंकि विषय की प्रकृति, स्वभाव एवं चरित्र के अनुसार यदि कविता का स्वर, उसकी गूँज, उसका आवेग नहीं बदले तो वह यूँ लगती है, मानो समस्या की शक्ति के सामने हार मानकर घुटने टेक दिए हों। वैसे मंगलेश डबराल ही क्यों समकालीन कविता के अनेकानेक युवा कवियों में दुर्बल शब्दों एवं अर्थों से लबालब, हार खायी हुई कविताएँ प्रचुर मात्रा में मिल जाएँगी। मुक्तिबोध जैसा समर्थ कवि भी विषयों की प्रबल भयावहता के सामने खुद के कमजोर पड़ जाने का खतरा महसूस करता था, इसीलिए उन्हें तयपूर्वक फैंटेसी का कठिन मार्ग अपनाना पड़ा।

कवि अत्यन्त सहजतापूर्वक मामूली और उपेक्षित दृश्यों में छिपे हुए जटिल अन्तःसत्य को देख-परख लेता है। कलाकार की दृष्टि वैसे भी उल्टी दिशा में चलती है। आम चलन के विपरीत वह अन्दर से बाहर की ओर चलती है। बाहर जो कुछ भी और जैसा भी है–वह किन कारणों से है, किन परिस्थितियों में वैसा दिख रहा है–इसका नितान्त गहराई से पता लगाना कलाकार की रचनात्मक दृष्टि का प्रमाण है। विषयों के भीतर जो कुछ भी सार्थक है, उसको पूरी समग्रता में देखना सर्जक का काम है। उनकी भीतरी आँख सीधे वहाँ पहुँचती है, जो दूसरों की नज़र में ऊपर-ऊपर दिखाई नहीं पड़ता।

परमानन्द श्रीवास्तव ने कवि मंगलेश के बारे जो विचार व्यक्त किया है, वह जिम्मेदार आलोचक का कम, एक हितैषी व्याख्याकार का भावोद्‌गार ज्यादा नज़र आता है। वे लिखते हैं–"मंगलेश डबराल ने 'पहाड़ पर लालटेन' संग्रह के आधार पर जो महत्त्वपूर्ण पहचान बनायी है, वह प्रतिबद्धता, विचारधारा, सामाजिक संलग्नता, संघर्ष की चेतना के साथ गहरे और उत्तरदायी काव्यविवेक का स्पष्ट संकेत है।"[46]

समकालीन कविता के बृहद् क्षेत्र में मंगलेश की रचनात्मक भूमिका के स्थायी महत्त्व पर किसी पाठक या साहित्यहितैषी को कोई सन्देह नहीं होना चाहिए, परन्तु महत्त्व के कारणों का सतर्क विश्लेषण किये बग़ैर सीधे ऊँचे-ऊँचे निष्कर्ष दे देना पाठकवर्ग को दिग्भ्रमित करने की तरह है। आलोचक की भूमिका वैसे भी अग्रधावक मशालची की तरह होती है। अगर वह स्वयं परमधैर्य और साहस के साथ राह पर बढ़ने की कला नहीं जानता तो अपने सहित शेष अनुगामियों को बुरी तरह भटका देगा। मंगलेश डबराल इस नियति को स्वीकार करें, या नहीं दिल्ली ने अपनी शर्तों पर अपने तौर-तरीके से कवि को जरूर ढाला है। दिल्ली के सामने एक कवि की यह घोर असफलता है।

अपने एक अन्य उल्लेखनीय संग्रह 'हम जो देखते हैं' में मंगलेश ने पाठकों के बीच अपने विश्वास को कायम रखने में कुछ सफलता पायी है। एक संग्रह की शत-प्रतिशत कविताएँ एक से बढ़कर एक हों और सभी कवि की मौलिक ऊर्जा से लबालब भरी हुई हों, लगभग असम्भव है, परन्तु यदि कोई कवि अपने समय का प्रतिनिधि कवि साबित करना चाहता है, तो उसकी अधिकांश कविताओं में पाठकों के मन को सन्तोष देनेवाली शक्ति की उम्मीद तो कर ही सकते हैं। उपर्युक्त संकलन की एक कविता है-'दादा की तस्वीर', जिसकी कुछ पंक्तियाँ अपने चलताऊ अर्थों के साथ साफ-साफ देखी जा सकती हैं-

दादा के बारे में इतना ही मालूम है
कि वे माँगने वालों को भीख देते थे
नींद में बेचैनी से करवट बदलते थे
और सुबह उठकर
बिस्तर की सलवटें ठीक करते थे...।[47]

इसी तरह संग्रह की कई निराशाजनक कविताएँ यह साबित कर देती हैं कि पहाड़ का सच्चा, भावुक और व्याकुल विवेक वाला कवि चाहे-अनचाहे दिल्ली में रच-बसकर, उसका बनकर काफी समझदार, बुद्धिमान और अनुभवी हो चला है। उसे अब रचनात्मकता की सारी खूबियाँ समझ में आ गयी हैं। वह बड़ी से बड़ी कविता पर बेहद सधे हुए, बारीक विचारों के साथ बहस कर सकता है। अब उसे बड़ी से बड़ी साहित्यिक सभाओं में सहज होकर बोलते, साहित्यकारों से मिलते-

जुलते कोई परेशानी, बेचैनी या घुटन नहीं होती। दिल्ली में आकर मंगलेश समकालीन कविता के प्रतिनिधि कवियों में प्रतिष्ठित हुए, और दिल्ली अपने कालजयी बाजारतन्त्र, प्रचारवाद के जाल में उलझाकर उनको निष्क्रिय बना दी। 'समकालीन सृजन' के एक विशेषांक 'कविता इस समय' में मंगलेश जी की नवीनतम कविताएँ हमें सतही अर्थों के असह्य बोझ से आक्रान्त कर देनेवाली हैं।

प्रयाग शुक्ल : सरल अभिव्यक्ति का आकर्षण

प्रयाग शुक्ल समकालीन कविता के वरिष्ठ कवियों के बीच नियमित तौर पर याद किये जाते हैं। अपने लम्बे काव्य-सृजन के दौर में उन्होंने हिन्दी साहित्य को लगभग दस संग्रह दिए हैं। कालक्रमानुसार कुछ महत्त्वपूर्ण संग्रह इस प्रकार हैं–1. बीते कितने बरस (1993) 2. यह लिखता हूँ (1994), 3. यहीं कहीं थी छाया (1999) 4. इस पृष्ठ पर (2004)। इसके अलावा इनका एक अन्य संकलन 'यह जो हरा है' वाग्देवी प्रकाशन से वर्ष 1990 में प्रकाशित हुआ।

परमानन्द श्रीवास्तव और अरविन्द त्रिपाठी जैसे आलोचकों ने इनके सृजन की मूल प्रवृत्ति के रूप में घर परिवार, आत्मीयजनों की स्मृति और प्रकृति के प्रति अनन्य अनुराग को बलपूर्वक रेखांकित किया है। इनकी कविताओं में यह प्रवृत्ति कैसी, कितनी और क्यों मौजूद है, इसका विश्लेषण करने के पहले कविताओं को सामने रखना अधिक बेहतर होगा। 'यह जो हरा है' संग्रह की एक कविता है–'शहर की ऊँचाई' इसकी आरम्भिक पंक्तियाँ हमारा ध्यान खींचती हैं–

शहर की ऊँचाई से देखे मैंने पेड़
शहर की ऊँचाई से देखे मैंने बादल
देखा शहर की ऊँचाई से धुआँ
शहर की ऊँचाई से
देखी सड़कों की रफ्तार
सब कुछ खुशनुमा लगा
शहर की ऊँचाई से।[48]

ऊपर-ऊपर से सब कुछ अच्छा, आकर्षक और आश्चर्यजनक देखने की हमारी जो आम-प्रवृत्ति है, उसी पर मीठा सा व्यंग कसा है कवि ने। वस्तुतः दूर से देखने पर दुनिया शान्त, स्थिर और चित्ताकर्षक ही नज़र आती है, किन्तु करीब से देखने पर क्या सचमुच ऐसी है? सच तो यह है कि आकर्षण कम और विकर्षण अधिक पैदा करती है आज की आधुनिकता-ग्रस्त धरती।

'एक कविता लिखना चाहता हूँ' शीर्षक कविता में प्रयाग शुक्ल ने बेहद सामान्य आकांक्षा को अपनी कविता के लक्ष्य के रूप सामने रखा है। यहाँ उनकी इच्छा कहीं

से भी विशिष्ट, चुनौतीपूर्ण या ऊँचे दर्जे की नहीं है। खासियत इसमें बस इतनी ही है कि उसमें ईमानदारी की निर्मल प्रकृति दिखाई पड़ती है, जिसकी वजह से पंक्तियाँ सीधी, सपाट और मामूली होते हुए भी स्मृति में बैठ जाती हैं, मानस-पटल पर उभरने लगती हैं।

यदि इसी तरह संक्षिप्त अभिव्यक्ति-कौशल के बल पर एक नयी और मार्मिक बात कह दी जाए तो चार-चार, छह-छह पन्नों में अनर्गल विलाप करने की क्या जरूरत? कौन सी तत्त्वपूर्ण बात कहनी है, यदि कवि की दृष्टि इस बिन्दु पर सध गयी हो तो निश्चित रूप से वह चन्द पंक्तियों में ऐसी गहन सत्य से पूर्ण बात कह सकता है, जो पन्ने पर भरनेवाले कवि सैकड़ों पंक्तियों में नहीं कह पाते। अपनी अभिव्यक्ति के लक्ष्य में स्पष्ट होना विरल कवियों के वश की बात होती है, क्योंकि इसके लिए प्राकृतिक संवेदनशीलता को जो आवेग देना होता है और सृजन-विवेक को जिस तरह प्रखर बनाना होता है-वह आसान तरीके से सम्भव नहीं होता। इस संग्रह में अधिक से अधिक दस कविताएँ ही ऐसी हैं, जो प्रयाग शुक्ल के कवि को बचाए रख सकती हैं, वरना शेष कविताओं को पुस्तक का वज़न बढ़ाने के अलावा और किसी भी सकारात्मक रूप में देख पाना असम्भव है।

स्थापित आलोचकों की पंक्तियों में खड़े होने के लिए मजबूती के साथ मोर्चा सँभालने वाले अरविन्द त्रिपाठी ने अपनी पुरस्कृत पुस्तक 'कवियों की पृथ्वी' में प्रयाग शुक्ल को कुछ इस तरह से याद किया है-"उनकी कविता की सबसे बड़ी पूँजी जो उनके पूरे साहित्य में बिखरी पड़ी है-वे हैं-स्मृतियाँ। यही वे स्मृतियाँ हैं जो उनकी कविता को ज्यादा मानवीय और उदार बनाती हैं।"[41] युवा समीक्षक ने एक तत्त्व (स्मृति) को बलपूर्वक, अलग ढंग से रेखांकित किया है, तो इसके पीछे मजबूत कारण होता है, मगर अधिकांश संग्रहों को बारीकी से पढ़ जाने के बाद अनायास ही विद्युत की भाँति जिस विशेषता को चित्त में कौंध जाना चाहिए 'स्मृति' उस रूप में नहीं दिखाई पड़ती। पूर्व स्मृतियों में बार-बार वापस लौटना अलग बात है, और उन स्मृतियों को सृजन के जादू से सदा-सदा के लिए जीवित कर देना बिलकुल अलग बात। 'सरोज-स्मृति' सिर्फ़ प्रिय बेटी की स्मृति नहीं, बल्कि उस स्मृति को अमर बनाने का अदम्य संकल्प भी है।

'बीते कितने बरस' नामक संग्रह अपने शीर्षक में ही अतीत प्रेमी रुझान लिए हुए है। दरअसल पूर्वजीवन की स्मृति में बार-बार लौटना सहज, भावुक व्यक्ति की चेतना में घटनेवाली स्वाभाविक क्रिया है। इसके पीछे पूरा मनोविज्ञान होता है। वह सर्जक ही क्या जो अतीतदर्शी न हो। बीते हुए जीवन पर पुनर्विचार, उसकी पुनर्व्याख्या और संशोधन एक रचनाकार के लिए उर्वरक का काम करता है। इस अतीत-विश्लेषण के बल पर वह अपने वर्तमान को अधिक से अधिक फल-फूल दायक बनाने के

योग्य करता है।

अपने कई संग्रहों की कविताओं में प्रयाग शुक्ल ने यह साबित कर दिया है कि प्रकृति के प्रति उनका अनन्य लगाव है। उन्हें किसी विषय के बहाने प्रकृति को आदर देने का जैसे ही मौका मिलता है–उसे हर हालत में पूरा करते हैं। अपनी कलम में प्रकृति की प्राण–प्रतिष्ठा करते समय वे कहीं से भी कृत्रिम कलावादी अथवा साहित्यिक मिज़ाज के नहीं लगते। प्रकृति के बीच पल–बढ़कर बड़ा होनेवाला एक सहज, ईमानदार मनुष्य जिस तरह रोम–रोम से उसके प्रति अपना ऋण महसूस करता है और उसके प्रति कृतज्ञता के आवेश में अपने प्रकृत–हृदय को खोलकर रख देता है, वही हैं–कवि प्रयाग शुक्ल। अग्रलिखित पंक्तियों के माध्यम से इनके प्रकृति–भक्त रूप का एहसास किया जा सकता है–

लेते ढँक धरी को
बरसते गरजते बरसते हैं,
हम जिनकी खातिर कभी
दिनों, कभी माहों, कभी वर्षों तरसते हैं।
फूल, फल, मानुष
पशु पक्षी सरोवर सब
उन्हीं को पाकर तो सचमुच सरसते हैं।[20]

'इस पृष्ठ पर' नामक संग्रह की 'मेघ : एक शृंखला' नामक कविता की ये जीवन चित्रमय पंक्तियाँ कोई अकेली उदाहरण नहीं हैं। इसके अलावा 'वृक्ष : एक शृंखला' कविता भी छोटी–छोटी कुल बारह कविताओं की माला है, जिसमें कवि ने अलग–अलग भावपूर्ण दृश्यों के माध्यम से प्रकृति के प्रति अपने गहरे एहसासों को स्वर दिया है। इसी तरह 'भोर वेला', 'मेघ सन्देश', 'पहली बूँदें' जैसी अनेकानेक कविताएँ प्रयाग शुक्ल की क्षमता के सबसे चटक रंग के रूप में सामने आयी हैं। 'गोधूलि' एक ऐसी कविता है, जिसमें लगता है जैसे कवि अपना धैर्य खो रहा है, मन से लाचार हो रहा है और बीते दिनों को याद करते ही बच्चों की तरह विह्वल होने लगा है। इसमें साफ ज़ाहिर है कि कवि का इंसानी–हृदय बड़ा होने के बावजूद प्रकृति के बहुत करीब है। प्रकृति जो कि बौद्धिकों, वैज्ञानिकों और तर्कजीवियों द्वारा जड़ एवं निर्जीव वस्तु के रूप में परिभाषित होती है, कवि उसे कैसे अपनी अन्तर्भेदी अनुभूतियों के बल पर प्राणवान करता है–इसे प्रयाग शुक्ल के माध्यम से सीखा जा सकता है। समकालीन हिन्दी कविता ने सभ्यता के विजय–रथ के सामने लुटती–मिटती हुई प्रकृति से जहाँ आँखें मोड़ ली हैं, प्रयाग शुक्ल अपने अकेलेपन की अहमियत का पाठ सिखाने के लिए काफी हैं।

चन्द्रकान्त देवताले : कविता की छटपटाती ईमानदारी

मध्य प्रदेश के साहित्य-शिखर मुक्तिबोध के बाद महत्त्वपूर्ण सर्जकों में से एक चन्द्रकान्त देवताले आज हिन्दी कविता में छटपटाती ईमानदारी के प्रतीक बन गये हैं। 'इंडिया टुडे' के विशेषांक से लेकर विभिन्न समारोहों तक में उन्होंने जिस तरह साहित्य में पुनर्जागरण की आवाज़ लगाई है, वह युवा लेखकों को बेहद रोमांचित कर देनेवाली है। उनके अब तक लगभग नौ काव्य-संग्रह प्रकाशित हो चुके हैं। कालक्रमानुसार इन संग्रहों का प्रकाशन इस प्रकार है–1. हड्डियों में छिपा ज्वर (1973), 2. दीवारों पर खून से (1975), 3. लकड़बग्घा हँस रहा है (1980), 4. रोशनी के मैदान की तरफ (1982), 5. भूखंड तप रहा है (1982), 6. आग हर चीज़ में बताई गयी थी (1987), 7. पत्थर की बैंच (1996), 8. इतनी पत्थर रोशनी और 9. उजाड़ में संग्रहालय।

देवताले की सुदीर्घ काव्य-यात्रा उन्मुक्तता से प्रतिबद्धता की ओर, कलाबाजी से अन्तर्वाणी की ओर और रूपाकर्षण से अर्थ भक्ति का साधनामय अभियान है। वे आज जो हैं, उसे जीवट प्रयास से, आत्मवत् हठ से, परिश्रम और असन्तोषी व्यवहार से हासिल किया है। प्रारम्भिक संग्रहों में उन पर एक नौसिखुआ युवा कवि का कच्चापन सिर चढ़कर बोलता है। मूलतः देवताले अपने काव्य के प्रथम चरण में उद्देश्यहीन ऊँचाइयों पर सरकते रहने वाले कवि नज़र आते हैं। परन्तु जैसे-जैसे उनके अनुभव की दिशा लोकोन्मुख हुई, भावना का जनवादीकरण हुआ और विचारों में साधारण मनुष्य की चिन्ता प्रवाहित हुई, देवताले के कवि का कायाकल्प हो उठा। कुछ ही वर्षों के अन्तराल पर उनके काव्य-संग्रहों का निरन्तर प्रकाशित होते रहना कवि की स्वतःस्फूर्त सृजन प्रतिभा का पुख्ता प्रमाण है। अरविन्द त्रिपाठी ने यद्यपि उनके काव्य-संग्रह–'पत्थर की बैंच' की भूरि-भूरि प्रशंसा में कोई कोर-कसर नहीं छोड़ी है, परन्तु अपने दुर्बल बौद्धिक हठों के कारण यह संग्रह एक निराशाजनक कृति होकर रह गया है।

इस संक्षिप्त काव्यांश में कुछ ऐसे बुद्धि चकरा देनेवाले प्रयोग हैं, जो उलटबाँसी शैली में समकालीन कविता का मुहावरा बन चुके हैं। जैसे–'नींद का दरवाज़ा' और 'पानी की लौ'। स्वयं कवि इन पदों का सस्ते से सस्ता अर्थ निकाल दे तो सुखद आश्चर्य होगा। इस संग्रह में ऐसी अनेक कविताएँ हैं जो देवताले के कवि पर प्रश्नचिह्न लगाती हैं, और उनके मोर्चावादी जीवन की रचनात्मकता को कमजोर बनाती हैं। वरिष्ठ कवि विष्णु खरे ने इसी पुस्तक के फ्लैप पर लिखा है–'दरअसल चन्द्रकान्त जैसे कवि अपने सृजनात्मक शक्ति स्रोतों के आगे इतने विवश रहते हैं कि उन्हें अभिव्यक्ति के खतरे उठाने के अलावा कुछ भी और परेशान नहीं करता।'[51]

'जीने का स्वाभाविक रास्ता' इसी संग्रह की एक उल्लेखनीय कविता है।

इसकी अन्तिम पंक्तियाँ कवि की अनुभवजन्य शक्ति के कारण बरबस हमारा ध्यान आकर्षित करती हैं। इसमें दुर्बल चरित्र के मानव को बार-बार कुछ इस तरह पतित होते हुए, अपने ही पंजों में कसकर मरते हुए दिखाया गया है-मानो स्वत: पतन मानव की अनिवार्य नियति हो।

जिस प्रदेश ने भारतीय साहित्य को मुक्तिबोध जैसा विलक्षण कवि दिया हो, बहुत स्वाभाविक है-उस प्रदेश के अन्य उत्तरकालीन रचनाकार उनसे वैचारिक और कलात्मक दोनों स्तरों पर प्रभावित रहें। देवताले के पास मुक्तिबोध की कोई दौलत यदि सर्वाधिक सुरक्षित है तो वह है-भावुक बौद्धिकता और दुस्साहसिक ईमानदारी। आज देवताले अपनी कविताओं के जबरदस्त ओज के कारण नहीं, बल्कि साहित्यिक जीवन में मुक्तिबोधीपन बचाए रखने के लिए जाने जाते हैं।

'गुंटरग्रास को पत्र' पूर्वोक्त संग्रह की सर्वोत्तम कविता है, जो देवताले की प्रतिनिधि रचनाओं में खड़े होने की ताकत रखती है। इस लम्बी कविता में कहीं भी उलझाऊ कलावाद हावी नहीं हो पाया है, और शुरू से अन्त तक लक्ष्य के प्रति समर्पित उदाहरण के तौर पर कुछ शब्द-

अभूतपूर्व आलम, सिद्धान्तों और सेवा संस्थाओं की
मसहरी में छिपे भीमकाय खटमलों का
सुअरबाड़ों जैसे विश्वविद्या मन्दिरों के प्रबन्धकों-पुजारियों का
अभूतपूर्व शब्दों के 'पंडित' अलंकरण जैसा मानसिक व्यभिचार
चालीस साल का फफोला-[52]

इस संग्रह का आरम्भ भले ही पीड़ाजनक कविताओं के शोरगुल से हुआ हो, मगर अन्त चमकदार अर्थों से भरी हुई कविताओं से हुआ है। उपरोक्त कविता के अलावा 'गाँव तो थूक नहीं सकता था मेरी हथेली पर', 'नागझिरी', 'हिंसक समय में' जैसी कविताएँ देवताले के रोम-रोम में मचलती आमजन की पीड़ा का रहस्य खोलती हैं। यह तो तय है कि देवताले सेमीनारों, समारोहों और गोष्ठियों के टिपिकल वरिष्ठ कवि नहीं, बल्कि अनुभव, आत्मसंघर्ष एवं प्रतिबद्धता के वरिष्ठ कवि हैं, वे बड़े ठसक के साथ शाब्दिक सीमाओं से बाहर जाने की हिम्मत दिखाते हैं। उनकी कसक में वह तीव्रता है, जो मनुष्येतर प्राणियों के अन्तरतम में भी प्रवेश कर जाती है।

'इंडिया टुडे' में प्रकाशित अपने हालिया बयान में जिस तरह हिन्दी साहित्य के हाशिए पर चल जाने को लेकर उन्होंने मार्मिक चेतावनी दी है, वह प्रत्येक शब्दकार के लिए बार-बार पढ़ने-बूझने और आत्मसात करने की चीज़ है। ''ऐसा लगता है कि हिन्दी समाज में लेखकों की जाति ही अलग हो गयी है। वे स्वयं भी अपने समाज में मगन और परस्पर प्रशंसा-निन्दा के रस रंजन में बेचैन हैं...साहित्यकार

मौजूदा समाज की चुनौतियों, अपने रचनात्मक और सामाजिक सरोकारों को लेकर जितना भी अरण्यरोदन करे, आज की दुर्दशा यही है कि समाज को उसकी कोई गरज नहीं है।''[53]

ऋतुराज : विषयों को विचारों में बदलने का कौशल

पूरे पाँच दशक (1957–2015) से सृजन में कर्मरत ऋतुराज समकालीन कविता के अग्रणी कवियों में सम्मानित होते हैं। अब तक उनके कुल आठ संग्रह प्रकाशित हो चुके हैं, जिनका संक्षिप्त परिचय इस प्रकार है–1. मैं आंगीरस–1964, 2. एक मरण धर्मा और अन्य कविताएँ 1967, 3. कितना थोड़ा वक्त–1969, 4. पुल पर पानी–1981, 5. अबेकस–1982, 6. नहीं प्रबोध चन्द्रोदय–1984, 7. सूरत-निरत–1987, 8. लीला मुखारबिन्द–2002। आपका नौवाँ काव्य संग्रह–'आशा नाम नदी' वाणी प्रकाशन से प्रकाशित हुआ है।

कम उम्र में ही कविता को अपने सृजन का मूल उद्देश्य तय करनेवाले ऋतुराज इस काव्य-युग के महत्त्वपूर्ण सदस्य हैं। देखा जाए तो आपका काव्यारम्भ मुक्तिबोध और नागार्जुन तक जैसे अनमोल कवियों की रोशनी में हो चुका था। समकालीन कविता का आरम्भ मूलतः धूमिल से माना जाता है, जिनका रचना समय 1970–72 के आसपास ठहरता है। इस तरह देखा जाए तो ऋतुराज धूमिल से भी पूर्व के और उनके वरिष्ठ कवि हैं। आपकी काव्य-यात्रा का मूल स्वर समकालीन कविता के आकाश में गूँजता हुआ सुनाई देता है। चाहे विषयों का चुनाव हो, चाहे शब्द चयन हो या कहने की भंगिमा, सबमें समकालीनता के चटक असर को देखा जा सकता है। 'मैं आंगीरस' नामक प्रथम संग्रह से लेकर 'लीला मुखारबिन्द' तक की कविताएँ लगभग एक ही गद्यशैली के साँचे में विकसित होती चली आयी हैं। एक सचेत और उर्वर रचनाकार के रूप में यह ऋतुराज की असफलता है, क्योंकि पचास वर्षों के लम्बे रचनाकाल में भाषा, शैली, रूप और गठन में स्पष्ट बदलाव आना बहुत स्वाभाविक है। एकरसता औसत रचनात्मकता का ही प्रमाण है।

कमोवेश यही समय हिन्दी कविता में अकविता का भी रहा है, जो सबसे कम उम्र की काव्य धारा मानी जाती है। 1964 में ही नयी कविता के गौरव-शिखर मुक्तिबोध का अवसान हो गया। यद्यपि वे अपने ढंग की विलक्षण काव्य-शैली के प्रथम और अन्तिम महासर्जक थे। तनावपूर्ण सुदीर्घ गद्यात्मकता उनकी कविताओं में बढ़ती गयी, जो आगे चलकर समकालीन कविता की अभिन्न पहचान बन गयी।

ऋतुराज की कविताओं में हमें औसत बारीकी के दर्शन होते हैं। उनके पास विषयों को विचार का रूप देने की अन्तर्दृष्टि है, उसे बिना किसी उलझाव के प्रभावशाली ढंग से प्रस्तुत करने की कलात्मकता है, और बीच-बीच में दिल को छू लेनेवाले

मार्मिक वाक्यों की शृंखला खड़ी करने का हुनर भी। वे इतने लम्बे समय से वरिष्ठ कवि होने के बावजूद पुराने नहीं पड़े हैं और निरन्तर नयी भाव-संवेदनाओं से सम्पन्न कविताएँ दे रहे हैं।

ऋतुराज अपनी रचनात्मक ऊर्जा आम ज़िन्दगी से ग्रहण करते हैं, और वहीं से अपने भावों को तराशने का साहित्यिक प्रयास भी करते हैं। लेकिन उनके पास से स्थानिकता लगभग गायब है। जिस जगह से विषयों को वे उठाते हैं, उन जगहों की ठेठ रंगत अपनाने से चूक जाते हैं। उनकी कविताएँ असरदार होते हुए भी एक ऐसी सामान्य समस्या बनकर रह जाती हैं, जिनकी अपनी कोई विशिष्ट पहचान नहीं। यह ऋतुराज ही क्यों, समकालीन कविता की सर्वव्यापी कमजोरी है, जिसमें विषयों की अपनी रंगत गायब हो चली है। वहाँ रह गया है-एक प्रश्नाकुल शौक, साधारण आवेग और तल्खीशून्य विरोध। समकालीन कविता किसी मोर्चाबद्ध आक्रोश की नहीं, शौकिया विरोध को कविता लगती है। अधिकांश समकालीन कवि एक मूड में, एक तेवर में, एक प्रवृत्ति में कविताएँ रचते नज़र आते हैं। वस्तुतः इस आरोप में दम है कि नाम हटा दें तो बता पाना मुश्किल हो जाएगा कि कौन सी कविता किस कवि की है।

समर्थ आलोचक जीवनसिंह ने ऋतुराज के काव्य-सामर्थ्य की विस्तृत समीक्षा करते हुए कहा है-"ऋतुराज का भाषा-संस्कार भी कहीं-कहीं बहुत अटपटा है। कई बार तो लगता है कि जैसे वाक्य और शब्दों की सायास संयुक्ति कविता का भ्रम उपजाने के लिए है। हिन्दी की अपनी प्रकृति यहाँ लुटी-पिटी सी रहती है।"[54]

ऋतुराज की कविताओं में संवेदना के तन्तुओं को झनझनाने की क्षमता मौजूद है। इसके लिए वे किसी अतिरिक्त शब्द-कौशल का प्रयोग नहीं करते, बल्कि प्रचलित शब्दों को चित्रमय गति देकर सीधे फेंकते हैं। सीधे वाक्यों में सहज ही हृदयग्राही बनने की क्षमता होती है, इसके साथ-साथ यदि वे चित्रमय भी हैं, तो क्या कहना। उनकी कविताओं के स्वभाव को देखकर कहा जा सकता है कि ऋतुराज आम जीवन-संघर्षों को आँखों में बसानेवाले एक भावुक सर्जक हैं। उनके अधिकांश संग्रहों में मामूली लोगों के प्रति गहरी अनुरक्ति के दर्शन होते हैं। आज भी उनकी प्रभावशाली सक्रियता का रहस्य सम्भवतः जनता से यही अनुराग ही है। उन्हें जनकवि नहीं कहा जा सकता, क्योंकि उस मानदंड पर ऋतुराज खरे नहीं उतर पाते, किन्तु सामान्य जन के प्रति जो सहानुभूति भगवत रावत, मंगलेश डबराल, अरुण कमल और राजेश जोशी ने अपनी कविताओं में प्रकट की है, कुछ वैसा ही प्रतिबद्ध प्रयास ऋतुराज की कविताओं में दिखाई पड़ता है।

कुमार अंबुज : कविता का अर्थपूर्ण गद्य-प्रवाह

युवा कवियों की चर्चा के प्रतीक भारत भूषण अग्रवाल पुरस्कार से सम्मानित कुमार अंबुज समकालीन कविता का मुहावरा बन चुके हैं। विभिन्न स्तरीय पत्रिकाओं में प्रकाशन के अलावा अब तक उनके कुल चार संग्रह प्रकाशित हो चुके हैं–1. किवाड़ (1992) 2. क्रूरता (1996), 3. अनन्तिम (1998) और 4. अतिक्रमण (2002)।

समकालीन हिन्दी कविता की सर्वाधिक उल्लेखनीय कथात्मकता–कुमार अंबुज में अपनी संयमित फैलाव के साथ दिखाई पड़ती है। देखा जाए तो अर्थपूर्ण गद्य प्रवाह का काव्य जहाँ हमारी रुचि को प्रगाढ़ बना देता है, वहीं बेमेल और असम्बद्ध वाक्य गद्यकाव्य की अकाल मृत्यु का कारण बन जाते हैं। कुमार अंबुज के काव्य में गद्य-ज्वार की अतिशयता के बावजूद बेतरतीब भाव बहुत कम नज़र आते हैं, यह कवि की अर्थपूर्ण दृष्टि का मजबूत प्रमाण है। अपनी संवेदना को पैनापन देने के साथ-साथ उसे एक मुखर और वैज्ञानिक भाषा भी प्रदान की है। कुमार अंबुज को पढ़कर यह नहीं लगता कि वे सिर्फ़ एक भावुक कवि हैं या फिर उपदेशक साहित्यकार। अपने सधे हुए कलात्मक अन्दाज में विचार कुछ इस तरह भरते हैं कि कविताएँ वज़नदार होते हुए भी बोझिल नहीं लगतीं। अतिशय विचारवादिता और अभिव्यक्ति के टेढ़ेपन ने समकालीन कविता को बेहद नुकसान पहुँचाया है। कुमार अंबुज बड़ी जागरूकता के साथ इन खतरों से सावधान हैं। वे विचारों को अपने काव्य में उसी हद तक मानते हैं कि कविताएँ टूटने न पाएँ। सम्भवत: वे वैचारिक गम्भीरता बनाए रखने के साथ-साथ पाठक की रुचि का भी हार्दिक सम्मान करते हैं। भावनात्मक आवेग अन्त:धारा बनकर उनकी पंक्तियों में बहता रहता है, इसीलिए उनकी कविताएँ शुष्क नज़र नहीं आतीं। कविताओं में रिसती हुई भावना की यही नमी ही कुमार अंबुज को मार्मिक कवि बना देती है।

ऊपर-ऊपर दिखते हुए यथार्थ के भीतर झाँकना, उसके अन्त:सत्य का पता लगाना और सफलतापूर्वक अभिव्यक्त करना उसकी प्रतिभा के बूते सम्भव है जो अर्थखोजी दृष्टि रखने के साथ-साथ अपने भीतर की हलचलों को बखूबी पकड़ने की चेतना रखता हो। लेकिन बात सिर्फ़ इतने से ही पूरी नहीं होती। अभिव्यक्ति को कीमती रूप देने के लिए कलाकार को मजदूर की तरह श्रम करना पड़ता है। यह वस्तुत: भावश्रम है, संवेदना का संगठन है और अनुभूतियों का नियमन है। प्राकृतिक मानव होने के नाते रचनाकार का भी शरीर दिन-प्रतिदिन की घटनाओं, गतिविधियों के घात-प्रतिघात की समरभूमि होता है। यह शरीर अपनी सारी अन्तर्बाह्य संरचना के साथ आश्चर्यजनक सूचना केन्द्र है, जिसके इर्द-गिर्द घटित होता हुआ कुछ भी इस संरचनातन्त्र में जड़-जमाए बिना नहीं रहता।

कवि के उल्लेखनीय काव्य-संग्रह 'अनन्तिम' की आरम्भिक कविता 'एक

राजनीतिक प्रलाप' की कुछ पंक्तियाँ–

इतनी ज्यादा मुश्किलें हैं, जिनमें जीवित हैं लोग
करोड़ों लोग गरीबी के नर्क में हैं
करोड़ों बच्चे झुलस रहे हैं फैक्ट्रियों में
करोड़ों स्त्रियाँ जर्जर शोकमय शरीरों में मुसकरा रही हैं
अदृश्य सुखों की प्रतीक्षा में हाड़ तोड़ रहे हैं करोड़ों लोग।[55]

अपने युग की लगभग प्रत्येक अहम समस्या को कुमार अंबुज ने रेखांकित किया है। धर्म, समाज, प्रकृति, राजनीति, जटिल मानव जो प्राय: साहित्य की किसी भी विधा के आम विषय होते हैं–यहाँ भी आपनी नयी उपस्थिति बनाये हुए हैं। इन सबके बावजूद यह अलग से कहना अनिवार्य है कि वर्तमान समय के साधारण इंसान की बहुमुखी समस्याएँ कवि के काव्यफलक पर सर्वाधिक विस्तृत हैं। यह संयोग किसी वाद, संगठन या मोर्चा के दबाववश नहीं घटित हुआ है, बल्कि संस्कारवश कवि के भीतर मचली हुई बेचैनी का ही सृजनात्मक उबाल है। वे स्वयं ऐसी पृष्ठभूमि के अनिवार्य अंग रहे, जहाँ नंगे पैर औरतें फसलें ढोती हैं, ग्रामीण जन खेत को फसलों के योग्य बनाने हेतु एड़ी–चोटी का पसीना एक करते हैं। अंबुज जीवन-संघर्षों के सपाट चित्र पेश कर देने के बजाय उसको अपनी तल्खी की सान पर चढ़ाते हैं, और बिना अपने आक्रोश की धार दिए शान्त नहीं बैठते। वे बड़ी ही बारीकी के साथ अति साधारण चीज़ों से नयी, मौलिक दृष्टि निकाल लाते हैं। उनके कहने की भंगिमा ही पाठक को यह एहसास करा देती है कि वह बिलकुल नयी सोच का दरवाज़ा खुल रहा है।

एक दूरदर्शी और संवेदनशील कवि कैसे एक समाजशास्त्री, वैज्ञानिक, चिकित्सक और इतिहासवेत्ता की भी भूमिका निभा सकता है, इसका थोड़ा बहुत एहसास अंबुज की इन पंक्तियों को पढ़कर लगाया जा सकता है। अन्धाधुन्ध विकास अपने साथ–साथ अन्धाधुन्ध गरीबी को लाता है, यह भूमंडलीकरण की ध्रुवसत्य विडम्बना है।

अपने एक साक्षात्कार के दौरान 'कुमार अंबुज' ने सृजन के ज्वलन्त सूत्रों का समर्थन किया है–"तुम लिखो। अपनी बेचैनी, घबराहट, असहायता, लड़ाई से पैदा होने वाली उम्मीद, रोजमर्रा की चोटों, अपनी पराजयों और दिए जानेवाले धोखों को याद रखो। और लिखो, रचनाशीलता ही सबसे कठोर और निर्णायक प्रतिक्रिया है, सबसे अच्छा उत्तर।"[56]

कवि की यह व्याकुलता सृजन के प्रति उसकी लगन, कर्मठता और प्रतिबद्धता का भी प्रमाण है। वे सामान्य चीज़ों पर, सामान्य ढंग से लिखने के समर्थक नहीं। उन्हें चाहिए चुनौतियों, बड़े सवाल, जटिल चिन्ताएँ; तभी उनकी कलम सृजन करने

को तत्पर होती है। मानव जीवन के छोटे और सूक्ष्म प्रश्न जो कहने के लिए तो मामूली हैं, मगर हमारे जीने की प्रक्रिया को बुरी तरह प्रभावित करते हैं। ये लघु संघर्ष हमें और हमारे जीने की दिशा बदल देते हैं। इन लघु चिन्ताओं से व्यक्तिगत स्तर पर परिचित हुए बिना कोई रचनाकार असली मायने में कुशल सर्जक नहीं बन सकता। उपेक्षित स्थानों, अँधेरे कोनों, नगण्य लोगों और भूली हुई घटनाओं के बीच मौलिक सृजन के असंख्य सूत्र मौजूद होते हैं। यहीं एक रचनाकार की दृष्टि अपना कमाल दिखाती है, और बेहद धैर्यपूर्वक उन सूत्रों को बाहर लाती है जो अभी तक हमारी अनुभूति की सीमा से बाहर थे या जिन्हें हम कोई निश्चित अर्थ नहीं दे पाये थे।

चाहे घटनाएँ हों या मन की गतिविधियाँ, कुमार अंबुज उसके अन्तःसत्य को सफलतापूर्वक पकड़ने की कोशिश करते हैं। वस्तुतः यही है कवि–दृष्टि। मनुष्य अपनी जिन प्रवृत्तियों को और जिस बात–व्यवहार को अत्यन्त आवश्यक और उपयोगी मानकर चलता है, कवि उस पर सीधे–सीधे सवाल खड़ा करता है। वह मनुष्य को तीव्र सन्देह और कठोर व्यंग्य के कटघरे में खड़ा करने के साथ–साथ खुद को भी नहीं बख्शता।

'अतिक्रमण' जो कि कवि का चौथा महत्त्वपूर्ण संग्रह है, कवि की कई प्रतिनिधि रचनाएँ धारण करता है। वस्तुतः कुमार अंबुज थोड़ी सजगता को संगठित करके ही कोई कविता लिखते हैं। इस अति गम्भीर भावश्रम की प्रक्रिया में उनकी कलम से पाठकों की चेतना को चमकाने लायक बहुत कुछ निकलता है, लेकिन इसमें कविताओं के साहित्यिक स्तर की एक सीमा भी बन जाती है। ऐसी कविताओं के निहितार्थ को एक बार, दो बार सुनकर, पढ़कर या सोचकर नहीं समझा जा सकता। इसके लिए समकालीन कविता की वक्रता को समझना पड़ेगा और इस दौर के कवियों का पेशेवर पाठक बनना ही पड़ेगा।

कवि और कविता में, मनुष्य और इन्सान में, आँख और निगाह में खूब फ़र्क़ होता है। कवि सिर्फ़ वही नहीं जो कविताएँ लिखता है, बल्कि वह भी है जो कवितानुमा जीवन जीता है। इसके साथ यह भी सच है कि कविताएँ लिखनेवाले कई कवि अकवि होते हैं। यदि उनके दस संग्रहों से मन को विह्वल, विचलित और विमुग्ध करनेवाली बीस कविताएँ मिल जाएँ तो यह आश्चर्यजनक घटना होगी। 'मेरा प्रिय कवि' शीर्षक कविता बड़ी बहादुरी के साथ असली कवि–स्वभाव की पहचान कराती है–

मगर मुझे उसकी हकलाहट में एक हिचकिचाहट सुनाई दी
एक ऐसी हिचकिचाहट
जो इस वक्त में दुनिया से बात करते हुए

किसी भी संवेदनशील आदमी को हो सकती है।[7]

'कवि व्याप्ति' इस संग्रह की श्रेष्ठ उपलब्धि है। यह कविता अपनी लघुता में गजब की विशालता समेटे हुए है। किसी भी रचनाकार को वर्षों तक जीवित रखने वाली कविताएँ इसी कोटि की होती हैं। इसमें बड़ी चटक उदात्तता है, जो बड़ी रचना का आनुवंशिक गुण मानी जाती है।

'उसी एक क्षण ने', 'मूर्ति', 'समाज यह', 'इस काल में', 'झूठ का संसार', 'मेरा प्रिय कवि', 'अतिक्रमण', 'मैं ऐसे आततायी को जानता हूँ', 'खाली प्लॉट में जीवन', 'उपलब्धियाँ', 'सताए हुए लोग', 'पगडंडी' जैसी अनेक महत्त्वपूर्ण कविताएँ कुमार अंबुज की प्रसिद्धि के अमिट स्वर हैं। निःसन्देह समकालीन कविता अपनी सुदीर्घ गौरवहीनता के बावजूद कुछ गर्व करने लायक रहेगी, तो उसमें कुमार अंबुज की कविताओं का अहम योगदान होगा।

समृद्ध दृष्टि की प्रचुरता, तल्ख भावना और धारदार भाषा-शैली के बावजूद कुमार अंबुज के सृजन की कुछ ऐसी प्रबल कमजोरियाँ भी हैं, जिन्हें चाहकर भी नज़रअन्दाज नहीं किया जा सकता। पहले तो उनके लम्बे-लम्बे गद्यवाक्य ही एक सीमा के बाद ये पाठक के भीतर नीरसता और थकान पैदा करते हैं। कविता के लम्बे वाक्य तारतम्य भावों के क्यों न हों, कसे हुए अर्थों के उतना नहीं रह जाते, जितना श्रेष्ठ कविता के लिए जरूरी हैं। इसके अलावा अर्थ की अन्तर्लय भी क्षीण पड़ जाती है। यह, भीतरी लय वस्तुतः पाठक के हृदय को तरल बनाती हुई उसकी रुचि में ज्वार पैदा करती है।

यदि इसे सायास न भी कहें, तो भी यह मानना पड़ेगा कि कुमार अंबुज समकालीन कविता के उलझाऊ शब्दलाघव से पूर्णतः सावधान नहीं हैं। वस्तुतः इस शब्दलाघव में अर्थों का तनिक भी दम नहीं है, ऊपर से कमाल यह है कि भारी-भरकम शब्दों के द्वारा दिल पर बेमिसाल आतंक जमाना चाहते हैं। बेहिसाब पैमाने पर यह करामात वही करते हैं, जिनके भीतर सृजन-शून्यता का भयावह अँधेरा व्याप्त है।

वीरेन डंगवाल : दुष्चक्र में कविता

अपने दूसरे काव्य-संग्रह 'दुष्चक्र में स्रष्टा' से ही साहित्य जगत में विशिष्ट पहचान बनाने वाले वीरेन डंगवाल अब साहित्य अकादमी पुरस्कार से भी सम्मानित हो चुके हैं। यह संग्रह वर्ष 1991 में प्रकाशित हुआ। इसके पहले इनका मात्र एक संग्रह-'इसी दुनिया में' सामने आया है।

वस्तुतः 'दुष्चक्र में स्रष्टा' औसत दर्जे की काव्यकृति है, जो किसी भी कोने से पाठक के मन पर अपनी छाप छोड़ने में समर्थ नहीं। सच तो यह है कि इसके आधार पर डंगवाल को सशक्त कवि सिद्ध करना असम्भव है। पूरे संग्रह में बड़ी

मुश्किल से कोई कविता मिलेगी, जो पाठक के हृदय पर अपने दार्शनिक अर्थों का जादुई प्रभाव छोड़ सके। इस संग्रह पर ऊँची से ऊँची स्तुतिपरक समीक्षाओं के बावजूद हकीकत यह है कि उपरोक्त कृति एक निराशाजनक रचना है। ऐसी खामियों के बावजूद ऐसा क्या कारण है कि आज वीरेन जी मुख्यधारा की अग्रिम लहर के रूप में उमड़ रहे हैं। वर्तमान समय में नामवर जी की मौन-स्वीकृति से लेकर अरविन्द त्रिपाठी की लिखित स्तुति तक यह कृत्रिम-स्वर ध्वनित हो रहा है कि वीरेन डंगवाल समकालीन कविता के मूर्धन्य कवि हैं। उनकी रचनात्मकता काव्यजगत की रोमांचक घटना है।

अरविन्द त्रिपाठी वाहवाही के अतिरेक में गद्‌गद भाव से लिखते हैं–"उनकी कविता में जो क्रान्तिकारी तेवर फक्कड़पन और साधुता का भाव है, उसमें कबीर की गूँज है। देसी और दलित सौन्दर्यबोध को पकड़ने की चेष्टा है, जिसमें नागार्जुन की काव्य-विरासत को आगे ले जाने की समर्थ कोशिश दिखाई देती है।"[58] युवा आलोचक के इतने जोरदार बयान के आधार पर कोई भी निष्कर्ष निकाल सकता है कि डंगवाल कबीर और नागार्जुन के सृजनपथ को दैदीप्यमान करने वाले सच्चे सपूत हैं। जिनकी कलम का स्पर्श पाते हिन्दी कविता लहलहा उठेगी, साहित्य का सीना मारे गर्व के असीम हो उठेगा और सबकी आत्मा से यही आश्चर्य फूटेगा–वाह! साहित्य ने क्या नायाब हीरा पाया है।

वस्तुतः भाषा, प्रतीक, बिम्बयोजना, अर्थ-उत्थान जैसी कसौटियों पर डंगवाल की कविता अपनी जबरदस्त सफलता सिद्ध नहीं कर पाती। इसमें न तो बौद्धिक आकुलता है, न सीमाहीन होने की तड़प और न ही भावुकता भरी थरथराहट। वे परम निश्चिन्त और ठंडे मन से शब्दों को वाक्यों की सपाट पगडंडी पर भगाना शुरू करते हैं और आराम से दौड़ाते-दौड़ाते अचानक यात्रा बन्द कर देते हैं। लगता है–उनकी कविता शौकिया दौड़ की आदत छुड़ा रही हो, जो पसीना बहाने, थकने, हाल-बेहाल होने और चूर-चूर होने से साफ-साफ बचना चाहती हो। उनकी कविताओं में अर्थों की दूरगामी दिशा भी नहीं है। एक वाक्य के सहारे दुर्बल अर्थ का डंडा पकड़कर कुछ आगे बढ़े, फिर विषय के महत्त्व की ऊँचाई देख यात्रा जल्दी ही समाप्त की, वापसी की राह पकड़ी और लस्टम-पस्टम चाल में लुढ़कते हुए नीचे आ हुए। व्यंग्य को अपने ऊपर बढ़-चढ़कर सिद्ध करती हुई निम्नलिखितत काव्य-पंक्ति पर ध्यान दीजिए–

मेरी नींद में अपना गरम थूथ न डाले
पानी पीती थी एक भैंस
मैं पकता
हवा से सिहरते गेहूँ की तरह

धूप के खेत में,
नींद सा कुछ दबाता,
पलकों को, कलेजों को दबाती
एक मसोस ![9] *(दुष्चक्र में स्रष्टा)*

यह सुनिश्चित है कि आम पाठक से लेकर साहित्य-मर्मज्ञ तक कोई भी इसे सौ बार पढ़ने के बावजूद एक भी मार्मिक अर्थ नहीं निकाल पाएगा। जो कविता अपनी अबूझ गप्पबाजी से पहली ही नज़र में सिर चकरा दे, वही तो है-पक्की समकालीन कविता। 'मानसून का पहला पानी', 'शमशेर', 'नींद', 'चप्पल पर भात' जैसी कविताएँ अपनी अर्थ-रिक्तता में उपरोक्त कविता से कुछ कम नहीं हैं।

इसमें जरा भी शक नहीं कि समकालीन कविता में कलाबाज-चातुर्य की भयावह बाढ़ के कारण साहित्य बदनाम हुआ है, पाठकों के विश्वास के साथ खूब खिलवाड़ हुआ है और परिवर्तनकारी संकल्प को बौना किया गया है। आज हिन्दी के किसी भी प्रकाशन से काव्य-संग्रह की एक हजार प्रतियाँ छप जाना कल्पनातीत बात है। चर्चित से चर्चित कवि के संग्रह भी यह आँकड़ा लाँघ पाने में समर्थ नहीं। तीन सौ या पाँच सौ प्रतियाँ का संग्रह देखते ही देखते सरकारी पुस्तकालयों में ऐसे गायब होता है, जैसे पाठकों की मेज से दैनिक अखबार। प्रबुद्ध वर्ग अब शौकिया या साहित्य की सनक में काव्य-संग्रह खरीदकर पढ़ने को तैयार नहीं। वह आज भी निराला, प्रसाद, नागार्जुन को पढ़कर समृद्ध हो लेता है, और खुद को साहित्य का मर्मज्ञ मानने लगता है। समकालीन कविता में मंगलेश डबराल, विष्णु खरे, राजेश जोशी, भगवत रावत और अरुण कमल से लेकर युवा पीढ़ी में बद्रीनारायण, बोधिसत्व, संजय कुन्दन और एकान्त श्रीवास्तव जैसे अनेको बहुचर्चित नाम हैं, परन्तु आज एक भी कवि जो हर उम्र, हर वर्ग, हर प्रदेश के हिन्दी पाठकों को समान रूप से मन्त्रमुग्ध कर ले, अर्थों में आबद्ध कर ले, कहीं नज़र नहीं आता। जब धर्म-धर्म की चिल्लाहट ज्यादा मचती हैं, तो धर्म का विनाश सर्वाधिक होता है। इसी प्रकार जब कविता का गगनभेदी नारा ज्यादा मचने लगता है, तो कविता का सर्वाधिक पतन नज़र आता है। आज साहित्य पर लाखों सेमिनार, हजारों सभाएँ, असंख्य बहसें और रंगारंग महोत्सव हो रहे हैं, परन्तु व्यक्ति, समाज और संस्कृति को दिशा देनेवाला एक जनप्रिय रचनाकार गायब है। साहित्य की जड़ जब प्रचार-प्रसार में फैल चुकी है। वह धन-दौलत और सुविधा की खाद-पानी पर फल-फूल रहा है। इसके केन्द्र में वैचारिक तौर पर आम आदमी तो है, परन्तु जीता-जागता, जीवन्त होकर चलता, सचमुच का आम आदमी बिलकुल गायब है। बहुत कम रचनाकारों का सीधा-साधा साक्षात्कार सदियों-शताब्दियों पुराने इस मामूली हिन्दुस्तानी से होता है। देखना और बात है, लेकिन दर्शन करना कुछ और बात।

डंगवाल जी जनवादी हैं, प्रगतिशील हैं, वैज्ञानिक दृष्टि वाले हैं और भावनात्मक रूप से भारत के दलित-उपेक्षित वर्ग के साथ जुड़े हैं, परन्तु यह उनकी शिक्षित बुद्धि का परिणाम है, न कि आत्मा का जन्मजात संस्कार। एक शिष्ट और भद्र बुद्धिजीवी जिस तरह आम वर्ग के सुख-दुख और अन्त:संघर्ष में भागीदार न होते हुए भी अपने ज्ञान एवं सार्वजनिक अनुभव के आधार पर उनके प्रति सहानुभूति अवश्य प्रकट करता है, ऐसा ही काम डंगवाल जी ने किया है। चैतन्य भावुकता के साथ पीड़ा, दुख और संघर्ष की जटिल तहों में प्रवेश कर जाने की काबिलियत डंगवालत जी में कहाँ? वे तो हृदय को मथे बिना और बुद्धि के सूक्ष्म तारों को झनझनाए बिना ऊपर-ऊपर से विषयों को छू-छाकर निकल जाना चाहते हैं।

'दुष्चक्र में स्रष्टा' की कुछ कविताएँ 'जैसे हड्डी खोपड़ी खतरा निशान', 'हमारा समाज', 'सूखा', 'उजले दिन जरूर', 'विद्वेष', 'घिघी' इत्यादि सार्थकता की आग को जिन्दा रखनेवाली कविताएँ हैं। यही कविताएँ अर्थ पाने की भूख को थोड़ी देर के लिए ही सही शान्त रखने में सफल होती हैं। डंगवाल जी अकृत्रिम कवि हैं-यह तय है, परन्तु वे जितना कवि नहीं हैं, उससे कहीं ज्यादा दिखाई पड़ रहे हैं-यह भी तय है। जो भी रचनाकार अपने सृजन की कसौटी आम पाठक से बाहर तय करेगा, उनकी अन्तिम नियति 'दुष्चक्र में स्रष्टा' की ही होगी। कबीर, तुलसी, प्रेमचन्द और नागार्जुन के पाठक ही हमारे पाठकीय मानदंड हैं। जो रचनाकार अपने सृजन से वैसा पाठक पैदा कर ले, वही वर्तमान और भविष्य के हिन्दी साहित्य का अमर स्वर बनेगा।

सचमुच इससे साहित्य का कितना भला होता, यदि डंगवाल 'विद्वेष' जैसी कविताएँ ज़िदपूर्वक लिखने का कमाल करते। देखें इस संक्षिप्त कविता की लम्बी मार-

यह बूचड़खाने की नाली है
इसी से होकर आते हैं नदी के जाल में
खून, चरबी, रोएँ और लोथड़े।
प्रेम की सुन्दरता का निषेध करनेवाले
इसी तट पर आते हैं
हाथ-पैर धोने।[60]

वेणुगोपाल : आन्ध्र प्रदेश में कविता के सिपाही

आन्ध्र प्रदेश की आवाज़ के रूप में पहचान बनानेवाले वेणुगोपाल समकालीन कविता के अमिट नाम के रूप में स्थापित हो चुके हैं। अब तक उनके कुल तीन संग्रह प्रकाशित हुए हैं, जो कालक्रमानुसार इस प्रकार हैं-1. वे हाथ होते हैं-1972,

2. चट्टानों का जलगीत–1980, 3. हवाएँ चुप नहीं रहतीं–1980। यह अपने आपमें चिन्तित कर डालने वाला आश्चर्य है कि सन् 1980, के बाद कवि का कोई भी संग्रह प्रकाशित नहीं हुआ। कहाँ उठने की प्रक्रिया में एक ही वर्ष के दौरान दो-दो संग्रह और कहाँ लोकप्रियता छू लेने के बाद 27 वर्षों के बीच एक भी संग्रह नहीं। कारण इतने ऊपर से नहीं समझ में आनेवाले। क्या इतना लम्बा अन्तराल कवि के भीतर से श्रेष्ठतर कवि के पुनर्जन्म का काल हो सकता है? प्रतिष्ठित कवि केदारनाथ सिंह 20 वर्षों की दीर्घ अवधि के बाद कविता में लौटे, तो पूरे दमखम, परिपक्वता और सूझ-बूझ के साथ लौटे, क्या वेणुगोपाल भी ऐसी मूल्यवान तैयारी कर रहे थे? कम से कम हाँ, ज्यादा से ज्यादा नहीं।

वेणु गोपाल की अत्यन्त लघु कविता है 'और सुबह'। इसमें सुबह को देखने का नज़रियाँ कुछ इस तरह उलट-पुलट गया है कि समझ में ही नहीं आता कवि क्या देख रहा है, और क्या कह रहा है। सृजन इतना ग़ैरजिम्मेदाराना भी किया जा सकता है इसकी सबसे सस्ता उदाहरण हैं–कविता की ये पंक्तियाँ–

हम सूरज के भरोसे मारे गये
और सूरज घड़ी के।
जो बन्द इसलिए पड़ी है
कि हम चाबी लगाना भूल गये थे।[61]

इसे भले ही विलक्षण और बेशकीमती दृष्टि न कहा जो सके, परन्तु वेणुगोपाल के पास सार्थक कवि-दृष्टि मौजूद है। उनकी अन्य कविताएँ जैसे–'चुनाव 2004', 'जगह बदलनी होगी', 'उजाला ही उजाला', 'सिलसिले का चेहरा' आदि इसी सच्चाई को प्रमाणित करती हैं। उनकी कविताओं में उद्देश्यपूर्ण भाषा-भंगिमाएँ कुछ इस तरह लहरती हैं कि सहसा विश्वास नहीं होता, वेणुगोपाल समर्थ कवि बनने से चूक कैसे गये? जिसके पास पारदर्शी आँखें हैं, भावानुगामी भाषा है, सृजन की आकुलता को प्रकट करने का माद्दा है, वह कैसे और क्यों हार जाता है, इसकी मनोवैज्ञानिक जाँच-पड़ताल होनी ही चाहिए।

समकालीन हिन्दी कविता की दक्षिण भारतीय छवि कहे जानेवाले ए. अरविन्दाक्षन ने अपनी पुस्तक 'समकालीन हिन्दी कविता' में वेणुगोपाल के प्रति कुछ इस तरह की सकारात्मक दृष्टि रखते हैं–'काल की बर्बरता के प्रति वेणुगोपाल की दृष्टि सख़्त है।'[62]

सधी हुई भाषा, गतिमान लक्ष्य, दिशापूर्ण कलात्मकता : बेशक वेणुगोपाल के पास कविता के सारे अस्त्र मौजूद हैं, जो किसी कवि को पाठक का सम्माननीय कवि बना देते हैं। वेणुगोपाल ने अपने सीमित सृजन के ही दायरे में शब्द, भावना, शिल्प और लक्ष्य से सधी हुई ऐसी अहम कविताएँ दे दी हैं कि उनकी पहचान

समकालीन कविता के भीतर बनी रहेगी। इक्कीसवीं सदी में अपनी सक्रियता की गूँज लगभग क्षीण कर देने के बावजूद वे निष्क्रियता की धुन्ध में विलीन नहीं हो गये थे, इसका ताजा उदाहरण हैं–'तद्‌भव' के अंक 15 (जनवरी–2007) में प्रकाशित चार जोरदार कविताएँ। अर्थ–विस्तार में पर्याप्त अन्तर के बावजूद ये चारों कविताएँ कवि के महत्त्व को एक नया आयाम देती हैं। 'जगह बदलनी होगी' एक ऐसी कविता है, जिसकी भाव–भंगिमा अपने घुमावदार चमक के साथ देखते ही बनती है।

विमल कुमार : साधारण को असाधारण न बना पाना

युवा कवियों की सफलता के प्रतीक 'भारत भूषण अग्रवाल पुरस्कार' से सम्मानित विमल कुमार अपने अल्प काव्य–सृजन के बावजूद समकालीन कविता के चर्चित कवियों में गिने जाते हैं। पिछले एक दशक से अपनी नगण्य सक्रियता के बावजूद आपने साहित्यिक–समाज में अपनी पहचान जिन्दा रखी है। 'सपने में एक औरत से बातचीत' आपका उल्लेखनीय संग्रह माना जाता है। इन्हीं के समकालीन एक अन्य चर्चित कवि 'असद जैदी' ने लिखा है–''वह परिपक्व संवेदना, आलोचनात्मक अन्तर्दृष्टि और स्वाभाविक विवेकशीलता के कवि हैं। और ऐसे स्वभाव के मालिक भी जो गैर जरूरी तराश, हुनरमंदी और काव्यचातुर्य से परहेज करता है।''[63]

भाषा के स्तर पर बेशक विमल कुमार एक सहज और बोधगम्य कवि हैं, परन्तु यह सहजता कुछ इस तरह सपाट और चलताऊ किस्म की है कि विमल कुमार के मूलतः कवि होने पर ही सन्देह होने लगता है। सहजता जहाँ रचना की असाधारण ताकत है, वहीं उसकी प्राण घातक कमजोरी भी। यदि इस सहजता को अचूक अन्तर्दृष्टि की ऊर्जा नहीं मिली है, तो तय समझिए रचना की अकाल मौत होनी है। असद जी ने जय हो! जय हो! की आशीर्वाद–शैली में विमल कुमार की सहज, अकृत्रिम और सुस्पष्ट भाषा–शैली की व्याख्या तो कर दी है, परन्तु संग्रह के भीतर जाकर उसकी भीषण कमजोरियों को पकड़ने का जोखिम नहीं उठाया, वे ऐसा करें भी क्यों? विमल कुमार की लोकप्रियता कितनी फुसफुसी नींव पर आधारित है, यह निम्नलिखित पंक्तियों में स्वतः स्पष्ट हो जाएगा।

मरे हुए आदमी की देखकर तस्वीरें
हम फुसफुसाते हैं, मृत्यु के बारे में
हम जानते हैं अच्छी तरह,
हम जानते हैं, मृत्यु एक डर है
हमारे अन्दर समाया हुआ
मृत्यु कोई एक चीज़ पीछा करती सदियों से हमारा।[64]

'आपको एक दिन खा जाएगा भेड़िया' कवि की महत्त्वपूर्ण और बहुचूचत कविताओं में गिनी जाती है। कविता छोटी, किन्तु अर्थगर्भित है। अन्तिम कुछ पंक्तियाँ अपनी सधी हुई कलात्मक भंगिमा के साथ ऐसा मर्म प्रकट करती हैं, जो सहज ही स्मरणीय हो उठता है–

आप मुझे प्यारे लगे और भी प्यारे लगे
जब मैंने देखा झल्लाने पर
आप देख रहे हैं टुकुर-टुकुर हमारा मुँह
आप मुझे प्यारे लगे
और मन किया कि मैं आपको चूमूँ
एक बार नहीं, हजार बार चूमूँ
पर यह सोच आ गये आँखों में आँसू
आपको एक दिन खा जाएगा भेड़िया।[65]

'बुद्धदेव', 'वे', 'घटना', 'तैरना', 'वह एक कुलबुलाती नज़्म थी' और 'कमल' जैसी कविताएँ अपनी कुछ चन्द मूल्यवान पंक्तियों के साथ विमल कुमार की सार्थकता को किसी तरह बचाए रखती हैं, वरना 'गर्मी का एक दिन', 'जार्ज की मुस्कान' 'अगली सभ्यता की एक सुबह' जैसी कविताओं की बेजोड़ निरर्थकता उनके सारे रचनाकर्म को मिट्टी में मिला देने की लिए पर्याप्त हैं। कविताओं पर चिन्तन-मनन के बाद यह साफ दिखाई पड़ता है कि विमल कुमार की संवेदना में उद्वेलन नहीं है, तरंग और गति नहीं है। इसमें गहराई का सवाल ही नहीं पैदा होता। यह संवेदना मंथर चाल की है, एक दिशात्मक है, कम घनत्व वाली है, और वाचाल है। यदि यह संवेदना आकर्षक विक्षोभ से भरी हुई होती, यदि उसमें हृदय को भिगोने का माद्दा होता, यदि वह सचमुच कविता के बहाने संस्कृति पर बहस का मोर्चा बनती, तो ऐसा कोई कारण नहीं कि आज इन कविताओं की साहित्य-जगत में तूती बोलती। यह कहने का लोभ हम नहीं रोक पा रहे कि यदि विमल कुमार काव्य-कर्म को श्रमिक के सुख-दुख का उद्घोषक मानकर चले होते तो आज जो वे नहीं हैं, उससे दुगुना महत्त्वपूर्ण कवि के तौर पर समकालीन कविता में जाने जाते।

इब्बार रब्बी : दिल्ली में दिल्ली के कवि

दिल्ली के होकर रह जानेवाले कवियों में इब्बार रब्बी का नाम बार-बार याद आता है। अब तक उनके तीन काव्य-संग्रह प्रकाशित हो चुके हैं–1. घोषणा पत्र (1981), 2. लोगबाग (1985) और 3. वर्षा में भीगकर।

'कविता का अन्त' नामक आलोचना-कृति में सुधीश पचौरी ने रुचिपूर्वक इन्हें पर्याप्त विस्तार दिया है, और पूरे विश्वास के साथ इनकी कविताओं पर निर्णय

देते हुए दिखाई पड़ते हैं। वे लिखते हैं कि रब्बी घर के कवि हैं। घर में रमते हुए, उसके एक-एक सामान से राग रखते हुए। सुधीश पचौरी ने इनकी कविताओं पर दृष्टि कायम करने के दौरान इसी घरेलूपन का बार-बार उल्लेख किया है। इससे यह अर्थ तो निकलता है कि रब्बी को उन चीज़ों से बेहद लगाव है, जो दिन-रात उनके मानसलोक को सुकून, आराम और सन्तोष देते हैं, ऐसा हो भी क्यों न, एक सहृदय मनुष्य अपने सहयोगी वस्तुओं को सम्मानित कर अपनी मानवता को ही प्रमाणित करता है। घर-परिवार और पास-पड़ोस को कविता का विषय बनाना आत्मवादी हो जाना नहीं है। इससे कवि ऐसे मूल्य की स्थापना करता है, जिसे हम सहज उपलब्ध रहने के कारण महत्त्वहीन कर देते हैं। खुद के निकटतम विषयों को ऊँची निगाहों से देखना प्रबल जागरूकता से ही सम्भव होता है, क्योंकि पास की मूल्यवान वस्तुओं के प्रति उदासीन और संवेदनहीन हो जाना मानव-स्वभाव का अहम हिस्सा है।

युवा आलोचक अरविन्द त्रिपाठी ने बड़े शालीन आत्मपीड़ा भरे शब्दों में रब्बी का गायन प्रस्तुत किया है-"दुर्भाग्यवश हिन्दी के इस विरल कवि की उपलब्धियों पर लगभग नहीं के बराबर दृष्टिपात हो सका है।"[66] वैसे रब्बी यदि सचमुच विरल कवि जैसे होते तो सुधीश पचौरी इतने भी काव्य-विरोधी नहीं हैं कि रब्बी की जगकर तारीफ़ न करते। खुलेआम समकालीन कविता के खिलाफ़ खड़ी होने वाली पुस्तक 'कविता का अन्त' रब्बी जी को इतना विस्तार देती है, जितना पचौरी ने शायद ही किसी वरिष्ठ समकालीन कवि को दिया हो। यह तो तय है कि उत्तर आधुनिकता का अधिकारी विमर्शकार रब्बी के गृहप्रेम पर मुग्ध है, और कुछ सन्दर्भों में वे बाबा नागार्जुन का भी प्रसंग चला देते हैं, परन्तु बेहद समझदारी के साथ वे दोनों की तुलनात्मक व्याख्या करने से किनारा कर लेते हैं। वस्तुतः रब्बी की कविताओं में एक रब्बीपन है, जो अपना परिचय आप है। इनमें मौलिक वैचारिक उन्मेष नहीं, ऊर्जस्वित भाषा नहीं, धड़कते हुए प्रखर अर्थ नहीं, बस एक बात है। यह बात जो कि साफ़-साफ़ कही गयी है, संवेदनशील हृदय से कही गयी है, अपनी साहित्यिक भूमिका दर्ज कराने के लिए कही गयी है। यह विशेष रूप से उल्लेखनीय है कि जिस दिल्ली को आज तनी आँखों से, चढ़ी आँखों, तिरछी नज़रों से, रक्तिम नज़रों से अपलक देखा जा रहा है, और हर कोई किसी न किसी बहाने दिल्ली के मुँह पर चार तमाचा मार देता है, वहीं रब्बी द्वारा लिखी गयी कविता 'दिल्ली' में एक और दिल्ली की खोज है। यह 'दिल्ली' इतराती हुई देश की राजधानी नहीं है, साहित्य के महाभारत का कुरुक्षेत्र नहीं है, धन-कुबेरों की इन्द्रपुरी नहीं है, यह वह शहर है, जिसकी सुबह हजारों मेहनतकशों की आँख खुलने से होती है, और रात फुटपाथों पर उनकी आँखें बन्द हो जाने के साथ। ये पंक्तियाँ दिल्ली के प्रति श्रद्धांजलि हैं-

जब-जब चली रेल तो रुलाई आई, छूट रही है दिल्ली,
खुसरो का पीहर, निजामुद्दीन औलिया का,
यमुना पुल, मिंटो ब्रिज और प्रगति मैदान
छूट रहा है घर अपना जीवन।[67]

ज्ञानेन्द्रपति : 'गंगा तट' के चैतन्य कवि

वर्ष 2007 के 'पहल-सम्मान' से अलंकृत ज्ञानेन्द्रपति आज समकालीन कविता के निराला न होते हुए भी दिखने में कुछ वैसी ही बात रखते हैं। अब तक (वर्ष 2007) उनके कुल पाँच संग्रह प्रकाशित हो चुके हैं।

इधर दो वर्षों के भीतर अचानक उफनती हुई उनकी लोकप्रियता कविता में सार्थक उत्थान का भी संकेत दे रही है। ज्ञानेन्द्रपति वैसे साहित्य जगत के बहुत जाने-पहचाने कवि-व्यक्तित्व हैं, परन्तु इस समय वे अपनी पहचान के चरम शिखर पर हैं। आज कई सारे किन्तु-परन्तु के बावजूद उनकी अनिवार्यता स्वीकार की जा रही है। ज्ञानेन्द्रपति की इधर तेजी से प्रतिष्ठा बनी अपनी विलक्षण भाषा-शैली और अभिव्यक्ति-कौशल के कारण। वे आधुनिक चेतना से सम्पन्न होने के बावजूद सीधे-सपाट आधुनिक नहीं हैं। गद्यात्मक शैली की लीक पर चलने के बावजूद ये कविताएँ संस्कृत काव्य का लयात्मक गुरुत्व लिए हुए हैं, और अर्थ लुक-छिपकर, धीरे-धीरे बाहर निकलते हैं। कवि ने यह सब अकारण और अनायास ही नहीं किया है, बल्कि उसके पीछे सृजन के प्रति दृढ़ उद्देश्य और संकल्प छिपा हुआ है। नवीनता सृजन का अनिवार्य तत्त्व है, जो भाषा भाव और शैली तीनों स्तरों पर ज्ञानेन्द्र की कविताओं में देखा जा सकता है।

'गंगातट' जो सचमुच ज्ञानेन्द्रपति की उर्जा, कल्पना, संवेदना और सामर्थ्य का शिखर है, समकालीन कविता की अविस्मरणीय पुस्तकों में से एक है। अरविन्द त्रिपाठी ने 'गंगातट' की आकर्षक आभा से मुग्ध होकर खुले मन से प्रशंसा की तो वह अकारण नहीं है। "ज्ञानेन्द्रपति अतीत के मोक्षनगर काशी के बजाय उस आधुनिक बनारस के नरक के प्रति विद्रोह से भरे हुए कवि हैं, जहाँ अभाव, गरीबी, अशिक्षा, साम्प्रदायिकता से घिरे सामान्य जन और धार्मिक शोषण की गिरफ्त में फँसी बलकृत विधवाएँ गंगातट पर बिलबिला रही हैं। यहाँ के मणिकर्णिका और दशाश्वमेध घाट पर स्वर्ग जाने वाले शव ही नहीं जल रहे हैं, बल्कि उस तट पर बीरु मल्लाह की जठराग्नि भी जल रही है।"[68] वस्तुत: कवि बनारस के अन्दर के, हाशिए के बनारस की खोज करता है। बनारस की प्रकृति, दिनचर्या, मस्त जीवन शैली और खास तौर पर गंगातटीय आम-संस्कृति का कवि ने अपूर्व आत्मीयता के साथ स्नेहगान किया है।

'गंगास्नान' जो कि संग्रह की पहली कविता है, एक बूढ़ी माँ के नहाने के दृश्य के साथ आरम्भ होती है। युगों-युगों से आम भारतीय की अन्तरात्मा में गंगा मईया का क्या स्थान है, इसकी व्याख्या की जरूरत नहीं, न ही इसकी व्याख्या हो सकती है। ग्रामगीतों में छलकती हुई गंगा, घर-दुआर को पवित्र रखनेवाली गंगा, अमृत की तरह एक घूँट से मुक्ति दे देनेवाली गंगा, प्रतिवर्ष करोड़ों श्रद्धालुओं को अपना आशीष देने के लिए बुलाने वाली गंगा। सम्पूर्ण उत्तर भारत के मन संस्कार को रह-रहकर उद्वेलित करनेवाली, उसे निर्मित करनेवाली गंगा मईया। यद्यपि आज की गंगा प्रदूषित है, रोगदायिनी और श्रीहीन हो गयी है, परन्तु सिर्फ़ महानगरों की अन्धाधुन्ध उपेक्षा के कारण। अब गंगा से लगाव कुछ इस कदर बढ़ गया है कि हम एक पल के लिए भी उसको छोड़ना नहीं चाह रहे हैं। प्रस्तुत कविता की कुछ पंक्तियाँ–

वहाँ, गंगा के उस साँवले जल में नहाती हुई बूढ़ी मैया
की हर डुबकी में,
छाती की कँपकँपी ही नहीं घुलती
सजल उर का जल भी मिलता है भास्वर
उन दुग्धहीन, पर दुग्धगन्धी छातियों से निकली हुई दूधियाभा।[69]

बार-बार लगता है जैसे ज्ञानेन्द्रपति ने गंगा के किनारे अनगिनत जगहों पर इत्मीनान से बैठ-बैठकर उसकी प्रत्येक शोभा, हलचल और मौन मुखर अवस्था का आनन्द उठाया है। सैकड़ों बार गंगा की अनिवर्चनीय महिमा के समक्ष सिर झुकाया है, और उसकी झिलमिलाती हुई जल-रश्मियों में अपनी पुतलियों की आस्था को विलीन कर दिया है। पूरे संग्रह में गंगा कोलाहल करती हुई, उदास-उद्दाम गति के साथ प्रवाहित हो रही है। ज्ञानेन्द्रपति प्रगतिशीलता का झोला ढोने वाले उन कवियों में नहीं हैं, जो मार्क्सवादी सिद्धान्त के फ़कीर बनकर उस चीज़ को साम्प्रदायिक, बुर्जुआ और सामन्ती घोषित कर देते हैं, जो भारतीय संस्कृति के मूलाधार हैं। कवि ने अपूर्व बारीकी और उदार विवेक के साथ गंगा के सांस्कृतिक महत्त्व की रक्षा करते हुए अपनी प्रगतिशील चेतना को बरकरार रखा है। इसे मौलिक प्रगतिशीलता की विशिष्ट सम्भावना के रूप में रेखांकित किया जाना चाहिए। आज जबकि चारों ओर हिन्दी साहित्य जगत में एक ही रचनात्मक प्रवृत्ति (प्रगतिशीलता) का फ़ैशन सिर पर चढ़कर बोल रहा है, ज्ञानेन्द्रपति का यह मूल्यवान दुस्साहस आश्चर्यचकित करता है।

ज्ञानेन्द्रपति की भाषा पर 'सीधे मुँह बात न करने' का आरोप लगाया जाता है, आरोप में दम है, उसे जानबूझकर ऐंठी रहनेवाली कहा जाता है–इस बात में भी दम है, लेकिन वह बिना कोई अर्थ दिए पाठक का समय नष्ट करती हो, ऐसा हो ही नहीं सकता। ज्ञानेन्द्रपति की कविताएँ यदि तीखी आलोचना का निशाना बनती हैं, तो अपनी नफ़ासत मारती हुई भाषा और ठुमक-ठमक कर खिसकती हुई शैली

के कारण ही। तयपूर्वक सहजता को दरकिनार रखनेवाली उनकी कविताएँ मानो अलग दिखने की भूख में असहज हो गयी हों, वरना अर्थ जिस तरह ताजा-तरीन, भाववर्द्धक और गम्भीर लगते हैं, उससे तो यही कहना पड़ता है कि ये सीधे-सीधे खुले पड़े होते तो कितना अच्छा होता। सुपरिचित युवा कवि श्रीप्रकाश शुक्ल ने अपनी छिपी हुई आलोचना और खुली हुई प्रशंसा के द्वारा ज्ञानेन्द्रपति का परिचय इन शब्दों में दिया है-"कविता इनके शब्दों की गूँज में होती है। वह आपको ठहरने के लिए बाध्य करती है। उसे आप आसानी से नहीं पढ़ सकते। वह आपको रोकती है, जैसे कि वर्जित प्रदेश आपको रोकते हैं, यदि आप उसके सौन्दर्य को समझना चाहते हैं। इसे न समझने का परिणाम ही है कि लोग इन पर तत्समता का आरोप लगाते हैं।"[70] दरअसल किसी कविता में सघन से सघन तत्समता वहाँ हलकी पड़ जाती है, जहाँ अर्थों में रवानगी हो, तीक्ष्ण उद्वेग हो और बेधड़क आँच फेंकती हुई विचारधारा हो। ये सभी कविता की भाषिक कठिनता को छिन्न-भिन्न कर देते हैं।

जहाँ व्याख्या झूठी और बनावटी लगने लगे, आलोचना की कोई भूमिका न रह जाए और तर्क-वितर्क निरर्थक लगने लगें, ऐसी कविता क्या मामूली कविता के दायरे में आएगी? नहीं हरगिज नहीं। ऐसी ही कविता साहित्य का मस्तक गर्व से ऊँचा उठाए रखती है। ज्ञानेन्द्रपति यद्यपि सृजन की इतनी ऊँची कसौटी नहीं साध पाते, किन्तु 'गंगातट' की अनेक कविताओं में रह-रहकर वे ऐसे जाग पड़े हैं, मानो प्राकृतिक, धार्मिक, स्थानीय गंगा का सम्पूर्ण साधक मारे मोह के अचानक उठ बैठा हो, और प्रत्येक गंगाप्रेमी में उसकी अमर महिमा स्थापित करने की कसम खा ली हो।

हृदय की भाषा, बुद्धि की भाषा से अधिक बोधगम्य होती है। हृदय का सच्चा मार्ग कविता से होकर जाता है, इसीलिए जिस कवि के पास मौलिक हृदय का खजाना मौजूद है, उसे कविता लिखने के लिए किसी अभ्यास, कौशल और माथा-पच्ची की जरूरत नहीं। उसे नवीनता-सर्जक हृदय से जो आवेग फूट रहा है-उसे वैसे ही प्रकट कर देने में कोई दोष नहीं। अपने भीतर की आवाज़ सुनना बाहर की बारीक से बारीक ध्वनियाँ सुनने से कई गुना कठिन है, क्योंकि बाह्य ध्वनियों के लिए हमारे कान पर्याप्त हैं, जबकि भीतर की निःशब्द आवाज़ों को बिना किसी कान के सुनना पड़ता है। ज्ञानेन्द्रपति ने मानो गंगा नदी के अन्तर्नाद को अपने भीतर क्षण-प्रतिक्षण सुना है। यह पूरा का पूरा संग्रह उसी अन्तर्नाद की चन्द प्राणवान ध्वनियों को जीवन्त बना देने का भक्तवत् प्रयास है।

'साँझ ढले', 'पाँच चिड़ियों ने', 'गंगा में जहाँ वह नाला', 'अपने देवता का चुनाव', 'महाकुम्भ', 'हरिप्रसाद चौरसिया का बाँसुरी-वादन सुनते हुए' 'खजुही कुतिया' और 'पोखर पिशाचमोचन' जैसी मनोहर अर्थों से लबालब भरी कविताएँ इस संग्रह की महत्ता को चिरस्थायी बनाने के लिए पर्याप्त हैं। ज्ञानेन्द्रपति इतनी

सधी-सधाई चेतना के कवि नहीं हैं कि प्रत्येक वाक्य लाजवाब संवेदना का स्वर्ण-खंड नज़र आये, हाँ पूरी कविता के बीच-बीच में कुछ ऊर्जस्वित पंक्तियों का ऐसा समूह नज़र आता है, जो कविता को यादगार बना देता है। 'शुक्ल जी की प्रतिमा' शीर्षक कविता की इन पंक्तियों पर ध्यान दें-

वह आवक्ष प्रतिमा
आचार्य शुक्ल की
आचार्य रामचन्द्र शुक्ल!
प्रखर समीक्षक सलोचन आलोचक
विश्व-प्रपंच को देखा जिसने खुली आँखों
जनता की संचित-परिवर्तित चित्तवृत्तियों पर
लगी रही जिसकी निगाह...।[71]

पूरे संग्रह में ऐसी विरल कविताएँ मिलेंगी, जिसे पढ़कर निराशा हो और कविता के प्रति बढ़ता हुआ प्रखर सन्देह और तीव्र हो जाय। इस दृष्टि से 'एक रिपोर्ताज' और 'समरकान्त उवाच' कविता का उल्लेख करना अनुचित न होगा। दोनों कविताएँ पन्नों पर पर्याप्त जगह घेरती हैं, किन्तु उसके एवज में मूल्य बहुत कम चुकता करती हैं। अन्ततः हार मानकर यही कहना पड़ता है कि उस श्रम से क्या फायदा, जहाँ पसीना भी बहे और काम भी बिगड़ जाए।

अपने बहुचूचत काव्य संग्रह 'संशयात्मा' पर जब ज्ञानेन्द्रपति को साहित्य अकादमी पुरस्कार दिया गया तो इसको लेकर लेखक-मंडलियों में गरमागरम बहस नहीं हुई। शायद यह ज्ञानेन्द्रपति की काव्यक्षमता पर लगी हुई मुहर का संकेत था। 21 फरवरी, 2007 को उपरोक्त पुरस्कार पर दिए गये भाषण के दौरान उन्होंने अपनी यात्रा के उद्‌देश्य का खुलासा निम्नलिखित शब्दों में किया-"हिन्दी कविता के घर में एक तरह की उदासी अँटी हुई है। उदासी, लेकिन हताशा नहीं, तभी तो घुरबिनिया बच्चों की तरह घूमा रहता हूँ-परित्यक्त सच्चाईयों के बीच भी जीवन्त-ज्वलन्त सार्थक की तलाश में।"[72] 'संशयात्मा' अपेक्षाकृत एक भारी-भरकम संग्रह है, हाँ यह बात अलग है कि अकादमी पुरस्कार का वज़न भी उसे वज़नी संग्रह नहीं बना सका। समझने की लाख कोशिश करने के बावजूद यह समझ पाना मुश्किल है कि 'संशयात्मा' अकादमी पुरस्कार के लायक कैसे बन गयी? भाषाई गरिमा ताजा आत्मीयता और जोरदार भावचित्रों के दम पर 'गंगातट' जो ऊँचाई पकड़ता है, 'संशयात्मा' दूर-दूर तक उसके समानान्तर नहीं खड़ी हो पाती। आजकल जब किसी प्रतिष्ठित पुरस्कार की कटु आलोचना की जाती है, तो उसका सबसे बड़ा कारण रचना की काबिलियत और उस पर मिलने वाले पुरस्कार के बीच किसी मजबूत कारण का न होना ही है। क्या आज और क्या कल ज्ञानेन्द्रपति क्षमता-सम्पन्न कवि होने के बावजूद

इस मूल्यवान सन्देह के प्रहार से बच नहीं पाएँगे।

'पते की बात', 'क्षितिज-शोक', 'अस्पताल के लाशघर में', 'युद्ध के विरुद्ध', 'बिटिया का नाम' और 'कुबेर की बेर' जैसी कविताएँ 'संशयात्मा' की आत्मा को प्रकाशपूर्ण करने में अहम भूमिका निभाती हैं, किन्तु जिस संग्रह में लगभग 150 कविताएँ संग्रहित हों, वहाँ मात्र 10-15 कविताओं की श्रेष्ठता काफी नहीं है। ज्ञानेन्द्रपति जैसे जिम्मेदार, परिपक्व और बहुपठित कवि से ऐसी सतही पंक्तियों की आशा नहीं की जा सकती, जो कविता के नाम पर कविता का मज़ाक उड़ाती हुई लगें -

घड़ियाँ ताक रही हैं आदमी को निर्निमेष
पल-पल पर निगाह रख रही हैं
कोई चाहिए जो आदमी पर निष्पलक निगाह रखे
वह ईश्वर हो या घड़ी।[73]

यह सम्भव है कि ज्ञानेन्द्रपति ने उपरोक्त पंक्तियों में कोई पते की बात कहने की कोशिश की हो, परन्तु संकेतात्मक भाषा में बहुत दूर से बात कहने से अर्थों की सम्प्रेषणीयता छिन्न-भिन्न हो जाती है। कलात्मकता में शब्दों को ढालना तब तक ही सार्थक है, जब तक उसकी मार्मिकता, सहजता और जीवन्तता भंग नहीं होती, वरना आज क्या कारण है कि शिल्प और भाषाई संरचना के एक से बढ़कर एक प्रतिमान खड़ा करने के बावजूद समकालीन कविता पाठकों के दिल पर राज नहीं कर पा रही है।

अबूझ, जटिल और लगभग अर्थविरोधी से लगने वाले शब्दों से हतप्रभ करते रहना ज्ञानेन्द्रपति की कविताओं की एक और असाध्य समस्या है। 'संशयात्मा' में 'वीर्यस्वी' (पृष्ठ 34), 'कपासात्मा' (पृष्ठ 45), 'गुमा दिया' (पृष्ठ 50), 'जिंघासा' (पृ. 106), 'दामगाह' (पृष्ठ 197) इसी श्रेणी के शब्द हैं। इतना ही नहीं इनके गंगातट में भी ऐसे सिर चकराने वाले प्रचंड शब्दों की भरमार है। उदाहरणार्थ वहाँ भी 'अलोत' (पृष्ठ 45), 'निहत' (पृष्ठ 4), 'हौंस' (पृष्ठ 46), 'लंवाए' (पृष्ठ 63), 'खच्चे' (पृष्ठ 68), 'हदसायी' (पृष्ठ 76) जैसे शब्दों को देखा जा सकता है।

आलोक धन्वा : अनर्थ का भी अर्थ होता है

आठ-दस चर्चित कविताओं और मात्र एक काव्य-संग्रह के सहारे जिन कवियों ने अपनी पहचान बनायी है, उनमें आलोक धन्वा का नाम विशेष रूप से उल्लेखनीय है। 'दुनिया रोज बनती है' संग्रह मूलतः भाषाई कौशल में सतही संवेदनाओं का जाल खड़ा करने वाला संग्रह है। यहाँ तक कि 'गोली दागो पोस्टर', 'भागी हुई लड़कियाँ', 'छतों पर लड़कियाँ' और 'ब्रूनो की बेटियाँ' जैसी कविताएँ भी अपनी

भारी प्रसिद्धि को पूर्णत: प्रमाणित नहीं कर पातीं। इस संग्रह की कुल 41 कविताओं में से 'एक जमाने की कविता', 'जनता का आदमी', 'पगडंडी' जैसी अत्यल्प कविताएँ ही एक बार से अधिक पढ़े जाने की उत्सुकता जगाती हैं, वरना अधिकांश कविताएँ तो महज 'जोइ सोइ कछु गावै' की मानसिकता में ही लिखी गयी लगती हैं।

संग्रह की तीसरी कविता 'बकरियाँ' है, जो अपनी चन्द उल्लेखनीय पंक्तियों के बावजूद एक सतही सोच की कविता लगती है। बेशक कवि के पास प्रगतिशील अन्त:दृष्टि है, सन्तुलित समझ है और असम्पृक्त होकर विषयों को देखने-परखने की क्षमता है, बावजूद इसके आलोक धन्वा के पास जिस तत्व का सर्वाधिक अभाव है-वह है सच की गहराई में डुबकी लगाने का जज़्बा। कहना आवश्यक है कि यह शक्ति विषय के प्रति एक फक्कड़ अपनत्व का भाव अपनाने से पैदा होती है। जरा ध्यान लगाएँ, कवि क्या कहना चाहता है-इन पंक्तियों में-

जब मैं पहली बार पहाड़ों में गया
पहाड़ की तीखी चढ़ाई पर भी
बकरियों से मुलाकात हुई
वे काफी नीचे के गाँवों से
चढ़ती हुई ऊपर आ जाती थीं...[74]

चलिए गनीमत है कि आलोक धन्वा कम से कम सहज-बयानी तो कर ले रहे हैं, वरना कई सुप्रतिष्ठित कवि तो ऐसे हैं कि सीधे-सरल ढंग से कविता लिखने की क्षमता से भी चूक गये हैं। उनमें दिखता है-बौने अर्थों से चमकता हुआ भाषाई कौशल, जो पाठक के दिमाग को ऊल-जलूल वाक्यों की भूल-भुलैया में फँसाकर थका मारता है। युवा कवि श्रीप्रकाश शुक्ल ने बड़े मन से आलोक धन्वा को इन शब्दों में याद किया है-"अपनी बात कह पाने की कठिन ज़िद आलोक को एक महत्त्वपूर्ण कवि बनाती है, और इसके लिए उनकी भाषाई आन्तरिकता की पकड़ ही जिम्मेदार है।"[75]

'कपड़े के जूते' शीर्षक कविता में आलोक धन्वा कमाल का अर्थजाल बुनते हैं। उन्हें शायद इस तथ्य का बिलकुल अन्दाजा नहीं कि ऐसी ही कविताएँ समकालीन कविता के प्रति बढ़ते पाठकीय आक्रोश को तीव्र करती हैं, जिसका पढ़ा जाना तो बहुत दूर कोई नामलेवा तक नहीं होता।

ऐसा बार-बार क्यों लगता है कि आलोक धन्वा अपनी काव्य-शक्ति के साथ खिलवाड़ कर रहे हैं, ठीक-ठीक दायित्व नहीं उठा रहे हैं, और भाव-मन्थन करने से चार कदम दूर भाग रहे हैं। समकालीन हिन्दी कविता के अभूतपूर्व प्रचार के लिए आज क्या नहीं है-प्रिंट मीडिया, प्रचारतन्त्र, गोष्ठियाँ, सेमिनार, बहसें, परन्तु दिन-ब-दिन तमाम हो-हल्ले के बावजूद हिन्दी कविता का स्वास्थ्य बिगड़ता ही चला

जा रहा है। अपने खोखले अर्थों के अभियान को बढ़ाती हुई चली जा रही एक और कविता है–'नींद'।

स्पष्ट करना आवश्यक है कि कवि ने बेहद हलके मूड में इन पंक्तियों को उठाया है। इतनी निर्बाध फिसलन और निर्भीक ग़लती साहित्य का गला घोंट देने के लिए पर्याप्त है।

अब जरा उन कविताओं की छानबीन कर ली जाय, जिनके दम पर कवि को समकालीन कविता का श्रेष्ठ स्वर माना जा रहा है। तो सर्वप्रथम 'गोली दागो पोस्टर'। यह कविता आँखों-देखी किसी प्रत्यक्ष घटना पर आधारित है, परन्तु इस घटना को क्रमशः नहीं बल्कि रुक-रुककर प्रस्तुत किया गया है, वह भी कुशलतापूर्वक घुमा-फिराकर। इसमें अपने भीतर का आक्रोश बाहर कर देने की बेचैनी में बाह्य घटना का तनाव फीका पड़ गया है, बावजूद इसके वर्तमान भ्रष्ट राजनीति, हत्या, अपराध और लूट की संस्कृति पृष्ठभूमि में साफ-साफ दिखाई दे रही है। कई जगहों पर बीच-बीच में कवि अपने रंग में लौटता हुआ नज़र आता है।

भाषा और शिल्प के प्रति अतिरिक्त सजगता से चिढ़कर अरविन्द त्रिपाठी ने इन शब्दों में आलोक पर प्रहार किया है–"निश्चित तौर पर आलोक धन्वा की अपनी काव्य-संवेदना खास तौर से काव्य-शिल्प की सजगता और भाषा को माँजने की महारत को देखकर यह भी लगता है कि शमशेर और केदारनाथ सिंह से ज्यादा चौकन्ने हैं।"[76] आलोक धन्वा की कविताओं की परख करते हुए युवा आलोचक ने बेशक उचित साहस का परिचय दिया है, परन्तु इसके साथ एक सच यह भी है कि वे अपने आलोचक को अपने पाठक से अधिक महत्त्व देते हैं, इसलिए एक आम पाठक के भीतर से जो बेलाग, बेखौफ़ और खरी प्रतिक्रिया निकलनी चाहिए, वह उनके आलोचक से नहीं हो पाता। 'घर से भागी हुई लड़कियाँ', 'ब्रूनों की बेटियाँ', 'छत पर लड़कियाँ', जैसी कविताएँ अपनी अर्थगत श्रेष्ठता के कारण नहीं, बल्कि लड़की जैसे आकर्षक विषय को उठाने के कारण चर्चित हुईं। इनमें पुरुष वर्चस्व के खिलाफ स्त्री-स्वाधीनता की आवाज़ बुलन्द करने का भी बहुमूल्य प्रयास सामान्य तेवर के साथ ही हुआ है।

अष्टभुजा शुक्ल : गाँव-देहात के सिर्फ़ कवि नहीं

आधुनिक और व्यंजनापूर्ण अन्दाज में लय एवं छन्द की बानगी के साथ कविता को ऊँचाई देनेवाले अष्टभुजा शुक्ल समकालीन दौर में अपना अनिवार्य महत्त्व रखते हैं। इनकी कविताओं का संकलन लघु-पुस्तिका के रूप में प्रकाशित हुआ, नाम था- 'पद-कुपद' और इसका प्रकाशन वर्ष रहा 1997। इसके बाद कवि के दो अन्य संग्रह भी प्रकाशित हुए। 1. चैत के बादल-1998 और 2. दुःस्वप्न भी आते हैं-

2004। 'पद-कुपद' ने अष्टभुजा को निर्णायक प्रतिष्ठा प्रदान की और इसे समकालीन कविता की उपलब्धि के रूप में रेखांकित किया गया।

यह सच है कि अष्टभुजा ने गद्य शैली की एकरसता को तोड़ा है, उससे हटकर लय की एक आकर्षक धारा निर्मित की है। साथ ही साथ नवीन अर्थों की गहराई को भी कमजोर नहीं पड़ने दिया है। अष्टभुजा ग्राम-कवि हैं, जिला-जवार के कवि हैं, कछार, खेत, सीवान और पुरवा-पट्टी के कवि हैं। ग्रामीण क्षेत्रों में कदम-कदम पर जिस तरह की अलक्षित, अव्यवस्थित और अघोषित नवीनता होती है, अष्टभुजा की कविताओं में भी वैसे ही नये-नये रंग-ढंग के साथ अपरिचित लोक चित्रों के दर्शन होते हैं। यह लोकोन्मुखता कोई जनवादी बनने का फ़ैशन नहीं है, न ही लोक, लोक रटते रहने की आदत है, बल्कि उनके खून में प्रवाहित अभिन्न तत्त्व की हकीकत है। अकुंठ भाव से, गर्व की मुद्रा में यह गँवईपन नागार्जुन में सर्वाधिक दिखाई पड़ता है। अष्टभुजा अपनी अकूत बेचैनी की ज्वाला में स्थानीय दृश्यों को विचारों की ऊँचाई तो नहीं दे पाते, किन्तु उसे पाठक के हृदय में स्थायी जगह बनाने लायक अवश्य बना देते हैं। वे अपनी जमीनी अनुभूति में किसी कलात्मक ताम-झाम की दखलन्दाज़ी पसन्द नहीं करते, बावजूद इसके आश्चर्य यह कि उसमें साहित्यिकता का बेहतरीन स्तर लगातार कायम रहता है। इन सबके पीछे मूल कारण है, कवि का अकृत्रिम मन और उनका गहरा जन-अनुराग।

इनके तीसरे काव्य-संग्रह 'दु:स्वप्न भी आते हैं' की पहली कविता है- 'इतिहास बोध'। इसमें कवि ने बड़ी सावधानी के साथ इतिहास की समीक्षा की है। वस्तुत: इतिहास में जाना, उसकी ओर लौटना या उसे स्वीकार करना एक जोखिम भरा काम है। क्योंकि उसमें अतिशय मोहाविष्ट कर डालने की चुम्बकीय शक्ति होती है, ऐसी मानसिक दशा का व्यक्ति इतिहास को जागरूक दर्शक या अन्वेषक की तरह नहीं, बल्कि आशिक की तरह देखता है। दरअसल इतिहास दिशा-निर्देशक होता है, वह हमारे वर्तमान की पृष्ठभूमि है, लेकिन वह लाख उच्चस्तरीय और गौरवपूर्ण होने के बावजूद वर्तमान प्रगति का लक्ष्य नहीं बन सकता। परन्तु दुर्भाग्य है कि मानव जीवन भर न सिर्फ़ इतिहास में जीता है, बल्कि वर्तमान में उसे जीवित कर डालना चाहता है।

'आत्मकथा' कविता में कवि यह घोषित कर देता है कि कविता ही उसकी आत्मकथा है। अर्थात् आत्मकथा में जो अनौपचारिकता, आत्मनिष्ठता, आवरणहीनता और खट्टा-मीठा ठेठ स्वाद मौजूद रहता है, वह उनकी कविता में भी होना चाहिए। यद्यपि यहाँ कवि का मन्तव्य कुछ और भी है। वे अपनी आत्मकथा में जिन सच्चाइयों का खुलासा करते, जिन मुद्दों या विषयों को उठाते, कमोबेश वे सभी कविता में पहले से ही मौजूद हैं। यद्यपि कविता की अपनी सीमाएँ होती हैं, जो पूर्णत: आत्मकथा

नहीं बन सकतीं, हाँ, व्यक्ति रूप में कवि के आत्मसत्य को कविता की वास्तविक शक्ति मानने से इनकार नहीं किया जा सकता।

संग्रह की लगभग प्रत्येक कविता में कुछ अलग से उल्लेखनीय बात दिखाई पड़ती है। उदाहरणार्थ–'फूटना तो' शीर्षक कविता ही ले लें। इसमें सीधे-सादे अन्दाज में एक-एक आकांक्षा को उपदेशात्मक ढंग से प्रस्तुत कर दिया गया है, फिर भी यह कोरा उपदेश नहीं लगता, क्योंकि इसमें आत्मा की सच्चाई है, जो कवि के कीमती मन को प्रामाणिकता प्रदान करती है।

'जलते हुए घर से' कविता कवि की आँखों देखी घटना है, क्योंकि इसमें जिन बारीक और दुर्लभ दृश्यों को प्रस्तुत किया गया है, उसे सचमुच में बिना सामने देखे, उसकी भयावहता का साक्षात्कार किये या उसमें रहने वाले परिवार के अन्तर्नाद को सुने, नहीं लिखा जा सकता। कवि कुछ चन्द पंक्तियों में ही विकट आगजनी की दुर्दशा को साकार कर देता है।

जब घर जलता है, तब सिर्फ़ घर नहीं जलता, बल्कि साथ जलता है–मानव का वर्तमान सुख, उसकी मेहनत, उसकी उम्मीद, उसका धैर्य और उसके अनगिनत आँसू, जिसका खुलासा इस कविता में नहीं है।

सृजन अष्टभुजा शुक्ल के लिए बेहद गम्भीर दायित्व है, इसीलिए जो फौरी तौर पर झटपट कुछ लिख मारने के लिए सृजन करते हैं, कवि उनके प्रति खिलाफत की दृष्टि रखता है। सर्जक के बारे में काव्यशास्त्रियों की बड़ी-बड़ी परिभाषाएँ पहले से ही प्रचलित रही हैं, लेकिन अब उस मानदंड पर खरा कौन उतरता है? यह सच है कि लेखन अब एक व्यवसाय का रूप ले चुका है। लेखकों को आज बाकायदा अपने कौशल का सौदा करते, आपसी लेन-देन करते, मोल-भाव निपटाते और व्यापारी की तरह दाम घटाते-बढ़ाते खूब देखा जा सकता है, सर्वत्र पाया जा सकता है।

अब लिखना कितना आसान हो गया है? हर कोई हर विषय पर हर वक्त लिख सकता है। बल्कि आधुनिकतम अवधारणा तो यह है कि जो और कोई काम नहीं कर सकता, वही लेखक बन जाता है। इसके बहाने अष्टभुजा ने किन बहुरूपिया लेखकों पर निशाना साधा है, यह साफ-साफ समझा जा सकता है। कभी मुक्तिबोध ने भी अपने समकालीन गढ़िया लेखकों से तंग आकर अत्यन्त तल्ख शब्दों में आक्रोश व्यक्त किया था।

'पूर्वांचल में इन्सेफेलाइटिस' यह अष्टभुजा की एक प्रभावशाली कविता का शीर्षक है। लाइलाज रोग-बीमारी और ग्रामीण तबके में पसरी हुई अकथ गरीबी का जो चित्रण कवि ने यहाँ किया है, वह एकबारगी रोंगटे खड़े कर देनेवाला है। भीतर पीड़ा, आक्रोश और हताशा का आवेग इतना तीव्र हो उठा है कि व्यंग की मारक धारा सहज ही फूट पड़ी है। बेशक यह व्यंग सार्वजनिक कल्याण की रक्षा में खड़ा

है। पीड़ा और ज़हालत को छिपाकर नहीं, बल्कि सरेआम दिखाकर। जिसके जान के लाले पड़े हों, उसके पास ढँकने-तोपने के लिए है ही क्या।

'भारत संचार निगम' जैसी कविताएँ इस धारणा को तोड़ती हैं कि अष्टभुजा मात्र ग्रामीण अंचलों और जन-पीड़ाओं की पृष्ठभूमि में ही कविताएँ लिख सकते हैं। समकालीन सृजन के प्रति कवि का दायित्व जैसे-जैसे बढ़ा है, उनके काव्य का फलक वैसे-वैसे विस्तृत होता गया है। दूरगामी व्यंग्य अष्टभुजा की मूलभूत शक्ति के रूप में उभरकर आता है। यहाँ व्यंग्य में बौद्धिकता तो है, किन्तु वह गँवई संस्कार लिये हुए है। जो गलत है, अन्यायपूर्ण है-उसे खुल्लमखुल्ला चिढ़ा देने में कवि को कोई संकोच नहीं होता। ऐसा चटक व्यंग्य जीवन की दर-हकीकतों का अनुभव करने से आता है। जिसने भुखमरी, अकाल, सूखा, हैजा जैसी आफतों को टी.वी. के स्क्रीन पर देखा है और अखबारों में सिर्फ़ पढ़ा है, वह क्या जानेगा आत्मा में सुलगते हुए व्यंग्य का मर्म।

उदय प्रकाश : कविता भी कहानी है

युवा कवियों की साहित्य में स्थापना के लिए स्थापित 'भारत-भूषण अग्रवाल पुरस्कार' श्रेष्ठ कहानीकार उदय प्रकाश को भी दिया गया। यह आश्चर्यजनक संयोग है कि उदय प्रकाश को जितने पुरस्कार उनके कहानीकार-व्यक्तित्व के कारण मिले हैं, उससे कम पुरस्कार कवि-व्यक्तित्व के कारण नहीं दिये गये हैं। उदय प्रकाश से यदि उदय प्रकाश की तुलना की जाए तो उनका कहानीकार बेहतर साबित हो जाता है, किन्तु इससे यह सिद्ध नहीं होता कि उदय प्रकाश का कवि-मन कमजोर या शक्तिहीन है। उनके काव्य-सृजन का धैर्यपूर्वक चिन्तन-मनन करने के बाद एक मूल्यवान कवि निखरकर सामने आता है। अपनी बहुस्तरीय कहानियों के दम पर जिस तरह उदय प्रकाश ने साहित्य जगत में अपनी स्मरणीय महत्ता स्थापित की, वैसी खास जगह तो कविताओं के द्वारा नहीं बन पायी, किन्तु अहमियत की दृष्टि से ये भी अरुण कमल , राजेश जोशी, मंगलेश डबराल और ज्ञानेन्द्रपति के आसपास ही ठहरते हैं।

उदय प्रकाश के अब तक कुल तीन कविता-संग्रह प्रकाशित हो चुके हैं-1. सुनो कारीगर (1980), 2. अबूतर-कबूतर (1984) और 3. रात में हारमोनियम (1998)। इन तीन संग्रहों के अलावा 'ईश्वर की आँख' इनकी महत्त्वपूर्ण आलोचनात्मक और वैचारिक कृति है।

उदय प्रकाश की कविताओं के मूल्यांकन का आरम्भ क्यों न राजेन्द्र यादव की टिप्पणियों से करें। 'हंस' के सम्पादकीय में वे कठोर शब्दों में लिखते हैं-"उदय की भीतरी बनावट में चाहे जितनी कविता भरी हो, मगर उदय मूलतः कहानीकार

ही हैं। उनकी कविताओं की सारी पृष्ठभूमियाँ कहानियों की हैं। और अकसर भ्रम होता है कि वे कविता लिख रहे हैं या अपने पात्र की किसी घनिष्ठ मनःस्थिति का कथा-चित्रण....।''[77]

यह बहुत स्वाभाविक है कि उदय प्रकाश की आत्मा पर बाकायदा राज करता हुआ आत्म-कहानीकार उनकी कविताओं में भी दखलन्दाज़ी करे, साहित्य में यह कोई दोष तो नहीं, जैसा कि राजेन्द्र यादव की टिप्पणी से ध्वनित हो रहा है। खांटी गद्य की मानसिकता में गढ़ी गयी कहानी का हश्र क्या होता है, यह किसी से छिपी हुई बात नहीं है। उदय प्रकाश अपनी कविताओं की प्रस्तुति कलात्मक भंगिमा में तो करते हैं, किन्तु पर्याप्त आत्मबल, विश्वास एवं ईमानदारी के साथ। एक बौद्धिक सजगता उनकी कविताओं में कदम-कदम पर दिखाई पड़ती है। इसका परिणाम यह होता है कि भावनात्मक तरलता क्षीण सी हो जाती है और लगता है कि उदय प्रकाश तो कविता के बहाने गद्य छितरा रहे हैं।

देखा जाए तो उदय प्रकाश की दृष्टि में पिता सिर्फ़ एक पिता नहीं है। वे एक मूल्यवान, सार्थक और सम्माननीय अतीत भी हैं। वे हमारी वर्तमान प्रगति की अदृश्य किन्तु गहरी नींव हैं। इस अर्थ में उदय प्रकाश जितने ही आधुनिक हैं, उतने ही अतीत के प्रति विवेकपूर्ण अन्तर्दृष्टि रखनेवाले। एक श्रेष्ठ रचनाकार की खूबी भी यही होती है कि वह अपने वर्तमान को तीक्ष्ण रचनात्मक बुद्धि के साथ देखता तो है ही, किन्तु उसके दबाव या आकर्षण में अपने कीमती अतीत को छिछले ढंग से उपेक्षित नहीं कर देता। अतीत और वर्तमान के आपसी सम्बन्धों को लेकर अनेकों निष्कर्ष प्रस्तुत किये गये हैं, किन्तु कोई-कोई अतीत वर्तमान से भी अधिक आधुनिक और उपयोगी हो सकता है, इस पर हमारी दृष्टि थोड़ी कम जा पाती है। अतीत को झाड़-पोंछकर, सजा-सँवारकर, चमकाकर पुनः वर्तमान में ला खड़ा करने का साहस प्रतिभावान सर्जक ही करता है। अरविन्द त्रिपाठी ने उदय प्रकाश की एक विशिष्टता को बिलकुल सटीक ढंग से प्रस्तुत किया है, लिखते हैं-''उदय प्रकाश की आरम्भ से यह खूबी रही है कि वे विधाओं में अप्रत्याशित तोड़-फोड़ करके नयी राह बनाने की कोशिश करते हैं।''[78] सचमुच ऐसी नवीनता की उम्मीद उदयप्रकाश से की जा सकती है।

'सुनो कारीगर' संग्रह की एक अन्य महत्त्वपूर्ण कविता है-'अनुकपुर जंक्शन' इसमें कवि ने बड़े इत्मीनान से रुचि ले-लेकर रेल की पटरियों पर काम करने वाले खलासियों की संघर्ष-कथा को शब्दबद्ध किया है। उदय जी आम जीवन के अनुभवों को तरल संवेदना की आँच देनेवाले कवि हैं।

उदय जी अपने विषय में से मार्मिक बिन्दुओं का चुनाव नहीं करते, बल्कि उस पूरे विषय के विस्तार में उभारने का प्रयास करते हैं। तात्पर्य यह है कि वे अर्थों

को चुनते नहीं हैं, बल्कि विषयों को बुनते हैं। इसीलिए अकसर उनकी कविताएँ लम्बी होती हैं। चूँकि दृष्टि समृद्ध है, चित्र खड़ा करने में समर्थ है और कसी हुई भाषा रच सकती है, इसलिए कथानक-प्रवृत्ति की लम्बी-लम्बी कविताएँ भी ऊब और उदासीनता नहीं पैदा करतीं, बल्कि अपनी सशक्त चित्रात्मकता के कारण लम्बे समय तक स्मृति में बने रहने की क्षमता रखती हैं। 'कवियों की पृथ्वी' नामक आलोचनात्मक कृति में अरविन्द त्रिपाठी ने उदय प्रकाश को सबसे अन्त में रखा है, शायद वे भी एक साथ कहानीकार उदय प्रकाश और कवि उदय प्रकाश को देखने से कतरा रहे हैं। यह सच है कि यदि कोई साहित्यकार तीन विधाओं में कलम चला रहा है तो उसे अपनी शेष दो विधाओं की उपेक्षा का दंश झेलना ही है-चाहे वह तीनों विधाओं में बेशकीमती सृजन क्यों न कर रहा हो। अरविन्द त्रिपाठी का अदालती फैसला देखिए-"उदय प्रकाश ने कहानियों के चरित्रों पर चलनेवाले व्यंग्य बाणों को खींचकर कविता में लाने की नयी हिकमत ईजाद की है। पर यह हिकमत उदय प्रकाश के काम की चीज़ नहीं है, कविता के काम की तो बिलकुल नहीं।"[79]

उदय प्रकाश का तीसरा काव्य-संग्रह 'रात में हारमोनियम' काफी लम्बे अन्तराल के बाद प्रकाशित होनेवाला संग्रह था। यह अनुमान लगाया जा रहा था कि पिछले दो संग्रहों से अधिक समृद्ध और बहुअर्थी संग्रह साबित होगा, परन्तु ऐसा हुआ नहीं, बल्कि आलोचकों और पाठकों की दृष्टि में यह पिछले दोनों संग्रहों से कमजोर माना गया। तो क्या उदय जी का कवि क्षीण हो रहा है, निस्तेज हो रहा है, चुक रहा है। वस्तुतः सच यही है कि उदय प्रकाश एक कहानीकार के रूप में ज्वार मारती हुई लोकप्रियता के आगे अपने कवि-व्यक्तित्व को सँभाल नहीं पा रहे हैं। समकालीन पत्रिकाओं में उनकी कविताएँ बहुत कम प्रकाशित होती हैं, यदि होती भी हैं-तो उनमें अनुभूति की प्रबलता बहुत कम दिखाई पड़ती है। अब इधर उनकी कविताओं में कुछ नज़र आता है-तो एक हठीला बौद्धिक गल्प, जो अत्यधिक शुष्क और ढीला होने के कारण अपना सारा आकर्षण खो बैठता है।

कविता लिखते-लिखते उदय प्रकाश बहुत गहरी और नयी बात आसानी से कह जाते हैं, परन्तु वहाँ तक पहुँचने के लिए वे एक के बाद एक लम्बे-चौड़े वाक्यों का इतना ताम-झाम फैलाते हैं कि उस मूल्यवान विचार को पाने की इच्छा ही चुक जाती है। 'समकालीन सृजन' के विशेषांक 'कविता इस समय' में प्रकाशित एक कविता राजधानी में बैल की कुछ पंक्तियाँ एक बार पुनः घोर निराशा से भर देती हैं।

बादलों की सींग पर उठाये
खड़ा है आकाश की पुलक के नीचे
एक बूँद के अचानक गिरने से
देर तक सिहरती रहती है उसकी त्वचा

देखता हुआ उसे भीगता हूँ मैं
देर तक।[10]

तमाम तर्कों और बहसों के बाद आखिर यही सामान्य मत तय हो रहा है कि उदय भले ही समकालीन कविता के उल्लेखनीय कवि हों, मगर अपने कहानीकार के बाद। यहाँ एक सवाल करना आवश्यक है कि यदि उदय प्रकाश सिर्फ़ कवि होते तो क्या उनकी गिनती अरुण कमल , राजेश जोशी, ज्ञानेन्द्रपति या आलोक धन्वा जैसे कवियों के बीच में नहीं होती? कहानी के क्षेत्र में श्रेष्ठ मुकाम हासिल कर लेने के बावजूद वे कविता की कसौटी पर भी सार्थक सिद्ध होनेवाले कवि हैं।

हरिश्चन्द्र पांडेय : मौलिक चिन्तन की एकरसता

वर्तमान उत्तराखंड में जन्मे हरिश्चन्द्र पांडेय समकालीन कविता के हस्ताक्षर माने जाते हैं। प्रदेश के अल्मोड़ा जनपद की आबोहवा में पले-बढ़े हरिश्चन्द्र दिसम्बर, 1952 में जन्मे। कुछ भी मिथ्या नहीं है, एक बुरुश कहीं खिलता है, भूमिकाएँ खत्म नहीं होतीं, तथा 'असहमति' आपके प्रमुख काव्य-संग्रह हैं। आपकी प्रतिनिधि कविताओं का संकलन 'मेरी चुनिन्दा कविताएँ' शीर्षक से प्रकाशित हो चुका है।

हरिश्चन्द्र की कलम की ताकत है सामान्य, साधारण और बेखास दृश्यों, घटनाओं और रूपों में अत्यन्त मौलिक सारवान और मूल्यमय बात की खोज कर लेना। प्राय: विषयों के अन्त:मर्म में गहरे उतरकर ऐसे अर्थ खोज निकालते हैं, जिसको देख पाना प्रखर और सूक्ष्म दृष्टि के मालिक व्यक्ति द्वारा भी सम्भव नहीं। उनकी एक प्रसिद्ध कविता है-'किसान और अत्महत्या'। वर्तमान भारत में आत्महत्या विपन्नता की तिलिस्मी भयावहता से उत्पन्न ऐसी त्रासदी है-जो अपने मूल में अनकहे विकट दुख की अनेक पर्तों को छिपाए हुए है। कवि सम्पूर्ण वेदनामय तत्परता के साथ किसान के पराजित मानस में प्रवेश करता है। प्रस्तुत कविता का परिपक्व निष्कर्ष है कि आत्महत्या व्यवस्था द्वारा पैदा किया गया एक घातक तनाव है। एक अन्य कविता है-'गुल्लक'। मिट्टी का बना हुआ मामूली दाम का गुल्लक। बच्चों का गुल्लक से नाता सदियों पुराना है। बच्चा पाई-पाई इकट्ठा कर गुल्लक में भरता है। गुल्लक में बच्चों का मन ही नहीं, प्राण और तन भी बसता है। कवि ने यहाँ बच्चे के मन में सहृदय छलाँग लगाई है। बच्चे के लिए इसका कोई अर्थ नहीं कि गुल्लक में पैसा कितना है, बल्कि मायने यह रखता है कि उसके दम पर बच्चे के मन में कितना कुछ करने का बचपना उछाल मार रहा है। दो पंक्तियों में फूटता हुआ बच्चे का स्वभाव-'कभी-कभी मोर्चा हार रहे माता-पिता के सामने/बच्चे इन्हें लेकर भामाशाह बन कर खड़े हो जाते हैं।' (पृष्ठ संख्या-16)

प्रस्तुत इलाहाबादी कवि की एक और ताकत है अनछुए, अनकहे, अपरिचित

विषय के अन्त: विज्ञान में प्रवेश। यदि सजीव अस्तित्व है तो अन्त:मर्म में, यदि निर्जीव सत्ता है तो अन्त:परतों में। यह कठिन कला वही साध सकता है, जो अन्तर्यामी चेतना का धनी हो। मर्मदर्शी कवियों में यह क्षमता सहज ही देखी जा सकती है। हिजड़े हम में से किसी की स्नेहिल निगाहों के योग्य नहीं, जबकि मनुष्य के तौर पर उनमें वो सारी सूक्ष्म-स्थूल अनुभूतियाँ जोर मारती हैं जैसा अन्य किसी मनुष्य में। कवि ने 'हिजड़े' शीर्षक कविता में उनके औरत न बन पाने की पीड़ा को शिद्दत से प्रस्तुत किया है। 'देवता' कविता अपने लघुता में अचूक लक्ष्य भेदती है। पत्थर को हथियार या देवता आदमी ही बनाता है। पत्थर कम से कम और अधिक से अधिक एक प्राकृतिक अस्तित्व ही है, मगर आदमी भी क्या गजब का दुराग्रही है–अपनी अन्धभक्ति और सनक के वशीभूत वह पत्थर का भरपूर कुप्रयोग करता है। आदमी की निगाह ही वस्तु को कल्याणकारी या खतरनाक बनाती है। 'अयोध्या' वह शब्द है, जिससे देश का लगभग प्रत्येक नागरिक परिचित है। इतिहास की राजनीति करना पुराना खेल है भारतीय राजनीति का। अयोध्या में उठी हुई धर्म की ज्वाला आजादी के पहले से आज तक बखूबी जल रही है। आज तक उसकी लपट में रामनामी धोती-पगड़ी सुखाने वाले राजनेताओं की कतार छोटी नहीं हुई है। 'कसाईबाड़े की ओर' कवि की सजग दृष्टिमय कविता है। प्रस्तुत कविता में बकरी और कसाई दोनों प्रतीकात्मक रूप लिए-दिए हैं। बकरी युवती है, स्त्री है, जो किसी पुरुष के जाल में फँसकर अपना व्यक्तित्व ही खो देती है। कहना तो यह भी जरूरी है कि विश्वास रखने वाले ही धोखा नहीं खाते हैं, चाहत से लबालब लगभग प्रत्येक प्रेमी की परिणति धोखा खाए हुए अभागे के रूप में होती है। 'धारे का पानी' शीर्षक कविता यह साबित करती है कि अलक्षित सौन्दर्य का असरपूर्ण उद्घाटन नवोन्मेष भरी दृष्टि का कवि ही कर सकता है। धारे का जल अपने स्वभाव में बाकमाल महत्त्व का, मगर चुप्प, कुछ बोल नहीं सकता। उसे कीमती जुबान देता है कवि, जो पानी के हृदय में बैठकर यह लक्ष्य पूरा करता है। पृथ्वी का शायद कोई बंजर-हृदयी कवि मिले, जिसने माँ पर कविता न लिखी हो। हरिश्चन्द्र ने मात्र आठ पंक्तियों में माँ के विकल्पहीन शिखरत्व को साकार कर दिया है। देखिए पूरी कविता–'पिता पेड़ हैं हम शाखाएँ हैं उनकी/माँ/छाल की तरह चिपकी हुई है पूरे पेड़ पर/जब भी चली है कुल्हाड़ी/पेड़ या उसकी शाखाओं पर/माँ ही गिरी है सबसे पहले/टुकड़े-टुकड़े होकर (मेरी चुनिन्दा कविता पृ. सं. 42)।' कवि ने पेड़ और उसकी छाल को नया रूपक देकर दोनों की अनोखी अभिन्नता को अमरता प्रदान की है।

कविता को कालजयी श्रेष्ठता की ऊँचाई देने वाले एक नहीं, दर्जनों तत्त्व हैं, सभी एक से बढ़कर एक चमक वाले, लगभग सभी असीम रहस्यमय और अपने सघन व्याख्या की चुनौती पेश करते हुए, मगर उनमें एक नायाब तत्त्व है अन्तर्दृष्टि

की नवीनता। यह नवीनता उत्पन्न होती है लीक से हटकर सोचने के भैरव संकल्प और दुस्साहसिक ज़िद से। नवीन दृष्टि का सम्बन्ध कवि की मौलिक, बेलीक और रूढ़िभंजक कल्पनाशीलता से भी है। इतना ही नहीं, जब कोई सर्जक किसी विचार, विश्वास, तथ्य या सत्य को तोड़ता-मरोड़ता, काटता-छाँटता और फेरबदल करता है तो नवीनता सहज साध्य हो उठती है। सर्जना की नवीनता एक प्रकार से प्रखर भावप्रवणता का अतिरेक है, जो कि हमारे मन, चित्त, चेतना और प्रेमी मस्तिष्क को अनन्त दिशात्मक क्षमता से सम्पन्न कर देता है। सामान्य मनोदशा में जीता हुआ सर्जक भावावेग की चुम्बकीय अवस्था में नवदृष्टि सम्पन्न बन जाता है। इस प्रकार सर्जनात्मक दृष्टि की नवीनता के लिए विद्युत की प्रकृति वाली कल्पनाशीलता, पारे की तरह चमकती भावाकुलता और विध्वंस-निर्माण का दुस्साहस शर्त की तरह है।

मौलिक शब्दों का कसाव दृष्टि की नवीनता को लम्बी उम्र जीने की क्षमता देता है। सम्पूर्ण नवीनता संगीत की लय में ढलकर ही अपने शिखरत्व को छूती है। समकालीन हिन्दी कविता में एक से बढ़कर एक नवीन दृष्टिकोणी हैं, मगर कोई भी मुक्तिबोध या नागार्जुन की तरह आवेगपूर्ण शब्दशिल्प में वाक्यों को बाँधनेवाला नहीं। राजेश जोशी, मंगलेश डबराल, देवी प्रसाद मिश्र, अशोक बाजपेयी, विनोद कुमार शुक्ल नयी दृष्टि के कुशल कवि माने जाते हैं, किन्तु इनमें कमी है तो मन में गहरे उतरनेवाली लयात्मकता की, त्वचा को रोमांचित करनेवाली उदात्त अर्थशक्ति की और अपने नायाब ध्वनियों से सराबोर करनेवाली संगीतात्मकता की।

प्रकृति की हँसी में, महक में, उत्फुल्लता में माँ का दर्शन-यह है कवि-दृष्टि की नवीनता। 'उपस्थिति' कविता में कवि का यह दृष्टिकोण अपने प्रभावशाली अन्दाज में देखते ही बनता है। 'बच्चे' शीर्षक कविता में कवि ने बच्चों के अनमोलपन को स्थापित किया है। बच्चों के कुछ अद्वितीय गुण ऐसे होते हैं, जो बड़ों में बिलकुल नहीं होते। जैसे अपने रोम-रोम में बसे हुए साथियों को मुड़-मुड़कर देखना। बच्चे मानवता के बीज हैं-पर वे अलक्षित हैं। बच्चों पर कविताएँ अपार हैं किन्तु यह पृथ्वी आज तक बच्चों, स्त्रियों और बुजुर्गों के जीने योग्य नहीं बन पायी है। कारण बहुत पुराना, जिसके पास प्रभुता, जिसके पास ताकत-वही सर्व अधिकारसम्पन्न। जहाँ असीम अधिकार, वहीं तानाशाही, अधिकार हनन, मनमानापन और क्रूरता। 'इक्कीसवीं सदी की ओर' यह है रिक्शा खींचते एक बालक की ट्रेजडी पर आक्रोश। सदी चाहे 21वीं हो या 20वीं, गरीब, मजलूम, निराश्रित माँ-बाप के बच्चे बिना जमीन-आसमान के सारा जीवन काट देते हैं। हम सुशिक्षित सम्पन्न, सम्भ्रान्त और सभ्य लोग केवल अपने लिए जीते, लड़ते-मरते और भागते हैं। संवेदना के शत्रु हम इस कदर कि अपने चारों ओर निर्ममता का झनझनाता मंडल सदैव लिए-दिए चलते हैं। आस-पास जीने-मरनेवाले लोगों का दृश्य चाहे रोज-ब-रोज दिखे, उससे रत्ती

भर विचलित नहीं होते। 'औरत' शीर्षक कविता में कवि ने स्त्री को नितान्त नये प्रतीक में खड़ा किया है–वह प्रतीक है–रस्सी। रस्सी कसकर ऐंठी गयी, बँधने और बाँधने के लिए पैदा कि गई, खड़ी न हो पानेवाली, जमीन पर आ जानेवाली। जलकर खाक हो जाने के बावजूद पूर्णत: न मिटनेवाली। 'रस्सी' का प्रतीक स्त्री के अर्थ में सर्वांगश: सटीक और तार्किक है। 'नृत्यांगना' शीर्षक कविता में नृत्यांगना केवल नर्तकी नहीं, बल्कि चित्त में अलौकिक लय का पारगामी निनाद भरती कोई रहस्मय सत्ता है। नर्तकी की महत्ता में भाव–विभोर कवि उसे आकर्षण की कल्पनामय ऊँचाई पर प्रतिष्ठित करता है। उम्र के अनुसार जीने कि शैली अपनाना सर्वाधिक स्वाभाविक माना गया है। यदि सोलह की उम्र में कोई युवती संन्यासिन हो जाय, तो है न असहज करनेवाली बात? यह उम्र तो समुद्री वासनाओं, उमंगों और अनन्त इच्छाओं के मचलने की होती है। यह अत्यन्त प्राकृतिक, स्वाभाविक, साथ ही अनिवार्य है। 'सोलह की उम्र' शीर्षक कविता में कवि ने युवती संन्यासिन की इसी निगूढ़ प्रवृत्ति का प्रकाशन किया है।

अपनी मौलिक क्षमताओं के बावजूद कवि के शिल्प और कहने के अन्दाज में एकरसता है। इसीलिए इनकी कविताएँ हमारी बुद्धि को, चेतना को, कल्पना को समृद्ध तो करती हैं मगर चित्त को रसमय करके बारम्बार पढ़ने के लिए विवश नहीं कर पातीं। भाषा, वाक्य, शब्द, प्रतीक, व्यंजना सभी मिलकर विषय के अन्तर्बाह्य मूल्य को उद्‌घाटित कर देते हैं। मगर बात तो वहीं ठहर जाती है कि क्या नयी से नयी बात कह डालना ही श्रेष्ठ कविता के लिए पर्याप्त है? शायद नहीं। प्रत्येक कवि को इस प्रश्न का उत्तर अवश्य खोजना चाहिए।

एक और तथ्य ध्यान देने योग्य है कि अनुभूति जब अन्तर्दृष्टि में सध नहीं पाती तो कवि अतिरिक्त कलात्मकता की चौंक पैदा करने का आदी हो जाता है। ऐसी कविता पढ़ने में बहुत खास जैसी नज़र तो आती है, किन्तु उससे न विषय का मर्म उद्‌घाटित होता है न ही आम पाठक के भाव जगत का विस्तार ही होता है। आज की तारीख में पाठकों की काव्य रुचि का व्याकरण समझना प्रत्येक कवि के लिए अनिवार्य कर्तव्य जैसा है। बदलते समय के अनुसार पाठकों की आकांक्षा का ताना–बाना बहुत कुछ बदला है। अपनी वैचारिक और भावात्मक विलक्षणता बनाए रखते हुए भी पाठकों की रुचि को सम्पूर्णत: जीत लेनेवाली कविता लिखी जा सकती है।

कविता को प्राणमय करने के अनेक तत्त्व हैं–उनमें एक सुतत्व है तन्मयता। विषय के यथार्थ से, उसकी प्रतीकमय शक्ति से, उसके भीतर की दार्शनिकता से, उसकी उपस्थिति में छिपी ऐतिहासिकता और उसमें धड़कते मूल्य से। यह तन्मयता कवि में ऐसी नायाब हुनर विकसित करती है कि विषय अमरत्व पाने की हद तक सृजन की शान पर चढ़ जाता है। हरिश्चन्द्र पांडेय अभिन्न होते हैं, पास बैठते हैं और

आत्मीयता का चुम्बकत्व भी जी लेते हैं–मगर तन्मय नहीं हो पाते। इसीलिए प्रखर अर्थों का बेमिसाल तनाव उनमें नहीं आ पाता। यदि गद्य कविता को जिन्दा रहना है तो उसमें तासीर, सारगर्भिता और अर्थ-छलाँग पैदा करना होगा । कविता में अनिवार्यतः घुस आया वर्णन अर्थ की खूबसूरती, उसकी रोमांचक रहस्यमयता और अप्रत्याशित आकर्षण को सोख ले रहा है। हरिश्चन्द्र पांडेय अपनी कलम के बहाने कालजीवी उम्र पा सकते हैं–यदि गद्यात्मकता की दुर्बलताओं को समझते हुए उनमें प्राणवान लयात्मकता का तनाव पैदा कर सकें तो।

यह हरिश्चन्द्र पांडेय ही क्यों, समकालीन कविता के अधिकांश कवियों की मूलभूत प्रकृति है–गद्य कविता। पिछले लगभग 75 वर्षों से गद्य कविता अपने नये से नये अन्दाज का विस्तार कर रही है–मगर काव्यशास्त्र की तरह गद्य कविता के व्याकरण या संविधान का निर्माण नहीं हो पाया है। यही कारण है कि गद्य कविता में प्रयोग की अराजकता बेलगाम हो चुकी है और उसमें कविता कहाँ है, यह खोजना चुनौतीपूर्ण हो चुका है। वैसे वर्तमान समय में हिन्दी कविता ही क्यों, विश्व कविता भी गद्य की आँधी से ओतप्रोत है। इस गद्य कविता ने साहित्यिक दुनिया को अनोखे प्रतिमान भी दिए हैं, जिन्होंने अपनी विलक्षण दार्शनिकता, भावनात्मक दूरदर्शिता और अभिनव कल्पनाशीलता के बल पर कविता की परिभाषा ही बदल दी है। खलील जिब्रान, पाब्लो नेरुदा, ब्रेरुत, नाजिम हिकमत, महमूद दरवेश, शिम्बोर्स्का कुछ ऐसे हस्ताक्षर हैं, जिन्होंने गद्य कविता की चमक को कालजयीपन की ऊँचाई दी है। हिन्दी कविता की परम्परा में ऐसे हस्ताक्षर सर्वप्रथम मुक्तिबोध, फिर बाबा नागार्जुन हैं।

यदि गद्य कविता में सुदृढ़ वैचारिकता का ताप और कथन भंगिमा में प्रबल भावना का कलात्मक आवेग नहीं है तो उसका एकरस अन्तःशुष्क होना पक्का समझिए। गद्य वैसे भी रसपूर्ण कम होता है। उसकी प्रकृति बौद्धिक होती है, एकरेखीय होती है, उसमें अर्थ कुछ ज्यादा ही जल्दी खुल जाता है। इससे भी नाजुक सच्चाई यह कि गद्य मार्मिक अर्थों के छिपे रहने का स्पेस कम देता है। चूँकि गद्य का मूल स्वभाव वर्णनात्मकता है, इसीलिए कविता चाहे जितने धाँसू विचार लिए-दिए हो, मगर अपनी असली प्रकृति में होती वह वर्णनात्मक ही है। इस वर्णनात्मकता से बचने या मुक्त होने का एक ही उपाय है–महीन से महीन कल्पनाओं से भरी प्रबल भावनाओं की संगीतात्मकता। किन्तु ध्यान देने योग्य यह है कि यह कल्पना, भावप्रवणता और नादमयता कवि के अपने ज्ञान, व्यक्तित्व, प्रकृति और संस्कार का हिस्सा है। मुक्तिबोध ने गद्य कविता का नायाब उदाहरण पेश किया। इसी तरह बांग्ला कविता में रवीन्द्रनाथ, काजी नजरुल और सुकान्त दा ने। सत्योद्घाटक अन्तर्दृष्टि की ताकत ही वह रहस्य है–जो गद्य कविता को बेखास होने से बचा लेती है। हरिश्चन्द्र पांडेय को यदि अपनी कविताओं को पर्याप्त लम्बी उम्र देनी है तो अपनी एक रस गद्य कविताओं

को इन प्राणतत्त्वों से अनिवार्यतः लैस करना होगा।

लीलाधर मंडलोई : परिधि की दुनिया के समर्पित प्रवक्ता

मध्यप्रदेश के छिन्दवाड़ा जिले के गुढ़ी नामक गाँव में जन्मे लीलाधर मंडलोई को मूलतः निम्न मध्यवर्गीय और दलित दुनिया के समर्पित प्रवक्ता की छवि हासिल है। 1953 में कवि मंडलोई का जन्म एक श्रमिक परिवार में हुआ। परिवार की यही गँवई, जमीनी, आंचलिक पृष्ठभूमि ही उनकी ऊर्जा का सबसे बड़ा स्रोत है। यही वजह है कि वे जब इस हाशियाई समाज की उबड़-खाबड़, धूसर, ओझल वास्तविकता की ओर नज़रें दौड़ाते हैं तो पूरे रंग में बहते नज़र आते हैं।

उर्दू जुबान की तासीर से सम्पन्न उनका संग्रह 'मनवा बेपरवाह' 2011 में प्रकाशित हुआ। इसके पूर्व घर-घर घूमा, रात-बिरात, मगर एक आवाज़, काल बाँका तिरछा, क्षमायाचना, देखा अन्देखा, लिखे में दुक्ख, महज शरीर नहीं पहन रखा था उसने' जैसे संग्रह प्रकाशित हुए। सन् 2014 में प्रकाशित-'हत्यारे उतर चुके हैं क्षीर सागर में' उनकी प्रौढ़ बौद्धिक कविताओं का स्तरीय प्रमाण है। 'कवि ने कहा' पुस्तक शृंखला के अन्तर्गत इनकी प्रतिनिधि कविताएँ प्रकाशित हो चुकी हैं।

'मनवा बेपरवाह' संग्रह की एक कविता है 'ऐतबार'। जैसा की प्रत्येक जेनुइन कवि अपने घटते, छीजते, गलते और खंडित होते भीतरीपन का तटस्थ आलोचक, विश्लेषक और अन्वेषक होता है। प्रस्तुत कविता के बहाने लीलाधर मंडलोई ने इसी भूमिका को अंजाम दिया है। प्रमाण हैं कुछ पंक्तियाँ-क्या गजब होंठ सिले हैं/ कानों में रूई के फाहे/ किनाराकशी में उम्दा महारत/खुशामदपसन्दी का ये कैसा जुनून/कि ढूँढ़ता रीढ़ की हड्डी (पृ. सं. 12)। 'फाँस' कविता केवल चार पंक्तियों की, मगर मर्म गहरे मन को छूता हुआ। सहज, प्रकृतिमय मन जब बेबसी में गुलाम बनता है तो छटपटाहट कितनी बढ़ जाती है? आज वह कौन व्यक्ति है जिसके गले में लोहे से मजबूत भय, मौत, असफलता, पराजय की जंजीर नहीं? यह कवि की असह्य आत्म-स्वीकृति है-'भौंकता हूँ'। दरअसल मुँह जो हँसता है, मुँह जो तारीफ करता है-अकसर स्वार्थों के मायाजाल का दास बनकर। निरर्थक हैं जीवन के विकासगामी कदम। यह अखंड गुलामी हमें कितना ज्यादा अमानव बना देती है, इसका पता कहाँ चलता है ?

ईमानदारी और कामयाबी में 36 का नहीं 96 का आँकड़ा रहा है। लगभग हर कामयाब व्यक्ति अपनी अन्तस्थ ईमानदारी की जघन्य हत्या करने के लिए तत्पर है। असफल और गुमनाम व्यक्ति की मूल सम्पत्ति का नाम ही ईमानदारी है। अपने एक-एक कदम को सफल बनाने के लिए कितने हृदय संहारक समझौते करने पड़ते हैं, अपनी जिन्दा खुद्दारी को कितना मारना पड़ता है। खुद की कितनी बार हत्या

करनी पड़ती है–यह अब कोई छिपा रहस्य नहीं है। 'अलीगढ़' जैसी कविता का अर्थशिल्पी समय की विकृतियों, उसके तनाव, अन्धेपन और निर्ममता को अपनी त्वचा पर टभकते फोड़े की तरह जीता है। चन्द पंक्तियाँ–उठाए मजहबी निशान/ हवस की आँधियों में/ ये कौन हैं नकाब ओढ़े/ चले आते हैं रौंदते (पृ. सं. 19)।

'इबादत' शीर्षक कविता में इबादत के सद्‌गुण को नया आयाम, नयी परिभाषा देने की मजबूत कोशिश है। पूजा-पाठ, देवी-देवता, ईश्वर की प्रार्थना सब पोंगापन्थी मार्ग हैं। अगर इबादत करनी है तो कहो कि मिट्टी सबके हृदय में माँ का स्थान पाए। कहो कि रंगभेद, रूपभेद, जाति भेद, धर्म भेद जड़-शाखा-तना सहित नष्ट हो जाएँ। 'बाजार' शब्द की महामाया से कौन परिचित, ग्रसित या आतंकित नहीं? औरतें तो सर्वाधिक सामान बनी हैं इस बाजारपरस्त समय की। कवि को इस दौर में स्त्रियाँ कराहती चिड़िया दिखाई देती हैं। भारत में झोपड़ी एक व्यक्ति की संस्कृति और उसकी लाचारी का प्रतीक है। 'लोहे का स्वाद' शीर्षक कविता कवि की प्रतिनिधि कविताओं में गिने जाने योग्य है। अपनी ध्वनि की विशिष्टता के बावजूद इसमें वर्णनात्मकता हावी हो गयी है, जिससे पाठक को अर्थ ऊपर-ऊपर ही नज़र आ जाता है। जबकि प्रभावशाली कविता अर्थ के पर्याप्त अवकाश की माँग करती है। इस अवकाश को रोमांचक गूँज के रूप में भरने का काम करती है– दार्शनिक व्यंजना।

दौलत वह नशा, वह ज़हर, अन्धकार, आग और रोग है जो असावधान, अचेत और विवेक विलोमी आदमी के व्यक्तित्व को ही खा जाता है। सम्पन्नता हमारे आन्तरिक और बाह्य व्यक्तित्व को इस कदर दुर्बल, खोखला और संकीर्ण बना देती है कि हम अपनी सम्भावनाओं को तराशने, चमकाने लायक ही नहीं रह जाते।

वर्तमान कृत्रिमता का भयावह खतरनाक पक्ष यह है कि हर वस्तु से उसका असली, आदिम रंग, स्वाद, रस, सुगन्ध, आकर्षण गायब हो रहा है। दुर्दशा यह भी कि मिट्टी से उसका सोंधापन, फूलों से खुशबू और पानी से अमृतपन गायब है। बारम्बार तरस जाता है मन प्रकृतिस्थ रंग, खुशबू और स्वाद को उसके मूल स्वरूप में पाने के लिए। कवि ने 'उसका मरना' शीर्षक कविता में इसी अभाव की बेकली को प्रकट किया है। इस धराधाम पर शायद ही कोई कवि मिले, जिसने कविता के बहाने इश्क के आँसू न रोए हों। कवि मंडलोई इस अमरसत्य के अपवाद कैसे हो सकते हैं? देखिए–उफ! ये लुत्फ/यह हसीन मर्ज/और यह उम्र/बच न सका/ कमबख्त इश्क से (पृ. सं.–73)।

वैसे इश्क उलझन है तो मदहोशी भी, कठिनाई है तो दवाई भी, मर्ज है तो मुक्ति भी। जिससे बच-बचकर भी बिलकुल न बचने को जी मचलता है। एक

दबी, छिपी सी मधुर चिंगारी जो मन्द-मन्द फूटती रहती है मन में। 'अपराध' शीर्षक कविता में कवि ने मौजूदा वक्त के दरसत्य को प्रकट किया है वह यह कि आज के समय में किसी बेगुनाह आदमी की मदद करना, उसका साथ देना, उसकी निर्दोषिता के पक्ष में खड़े होना खुद को दोषी सिद्ध करना है।

'मनवा बेपरवाह' संकलन का कवि सचमुच मस्ती के फक्कड़पन को जीता हुआ कवि है। जिसे खुद को प्रकाशित करना है, खुद को सम्भालना है, खुद को खरी-खरी सुनानीं है और खुद से खुली बगावत करनी है। इस प्रखर अन्दाज को जीता हुआ कोई भी कवि जीवन्त भाषा का धारक बन ही जाएगा। आलोचक ओम निश्चल मंडलोई के काव्य-वैभव पर लिखते हैं-"वे गर्वीली गरीबी में साँस लेते मानव की अस्तित्वहीनता की उस दुर्लभ अनुभूतियों से रूबरू होते हैं, जिनसे गुजरते हुए सुचिक्कन जीवन शैली के अभ्यस्त कवियों को संकोच होता है (हत्यारे उतर चुके हैं क्षीर सागर में-पृ. सं. 19)।

'मगर एक आवाज़' संकलन की भाव-गुम्फित कविता है-'मेरी उम्र बयालिस के आगे की परछाईं है।' यह स्मृति प्रधान पुनर्जागृति है। अपने बालपन के अतीत को, उस अतीत में जिन्दा पहाड़ों, जंगलों, नदियों, कोयला खदानों को पुनर्स्थापित किया गया है। इसमें माँ-बाउजी के अनमोल किन्तु अलक्षित, बेरंग परिश्रम को प्रबल अपनत्व की गहनता के साथ स्मरणीय बनाया गया है; रोज-ब-रोज कदम-कदम पर चूते अपने जीवनदाता के पसीने को अपने खून से भी अधिक कीमती आँका गया है। यहाँ कवि की रीढ़ में माँ-बाप की शब्दातीत मनुष्यता का कद मौजूद है। अपने निर्माता के प्रति कृतज्ञता भावुक उन्मेष बनकर उफान मारती है कवि की कलम में। कविता की कुछ पंक्तियाँ-अब माँ है और उसके अतीत की लहूलुहान बाँहें/जिनमें बायीं ओर बच्चों को भरतीं और/दाहिने तरफ से उछारती चलती खदान की पीठ पर/गाथाएँ (पृ. सं. 32)।

अपेक्षाकृत मध्यम विस्तारवाली एक कविता है : 'एक अबूझ बन्दिश'। इसमें भी बीत चुके जीवन का अनुभव इतना प्रगाढ़, इतना टटका, इतना चटक कि लगता है-वह वर्तमान से कई गुना वर्तमान हो उठा है। कवि पलकों के भीतर स्थित प्रत्येक स्मृति को धन की तरह उठाता है। इस कविता की मूल शक्ति है-भाव-चित्रों की व्यंजना। घर, परिवार, पुरवा, पट्टी, टोला, चौहद्दी, रोजी-रोटी, दुकान, दुश्वारियाँ कविता के ताने-बाने में रक्तवाही शिराओं की तरह फैली हुई हैं। 'रिश्ता' शीर्षक कविता कवि ने दमडू कक्का को समर्पित की है। कक्का नाई हैं-बाल उतारने वाले। कहने के लिए नाई-है तो बेखास, बेनाम, किन्तु उसके प्रति अपनी कृतज्ञ निगाहें समर्पित करने का विवेक बढ़-चढ़कर बोला है कवि में। 'इच्छाएँ अपनी जगह खोजती रहती हैं।' कविता की पंक्तियाँ समृद्ध अनुभवों की स्थिरता लिए हुए

हैं, जिसमें चिन्तन है, गाढ़ा भाव है, चित्रमयता और रेशा-रेशा वर्णनात्मकता भी है। ध्यान देने योग्य यह है कि परिधि की जन-संस्कृति, हाशिए की धूसर दुनिया और धूल-मिट्टी-पानी की कालजयी महानता उन्मुक्त अन्तर्नाद जैसी गूँजती रहती है मंडलोई की कविताओं में। ओम निश्चल का एक निष्कर्ष-"मंडलोई की कविता जीवन की बारीकियों में धँसती है, वह परिस्थितियों के हर पहलू को बारीकी से टटोलती है" (हत्यारे उतर चुके हैं क्षीर सागर में-पृ. सं. 24)।

'कस्तूरी' शीर्षक कविता एक साहसी, जुझारू, निडर और अनम्य स्त्री का आख्यान है। ऐसी बेलीक औरत के लिए यह समाज, यह धरती, यह मनुष्य बना ही नहीं है। सिवाय इसके कि स्त्री शरीर से स्त्री है, वरना उसमें और पुरुष में अन्तर ही क्या है? यदि कस्तूरी माथे का पसीना भूमि पर गिरा कर, अपने पाँवों तक बहाकर पुरुष के बराबर मजदूरी माँगती है-तो इसमें अनुचित क्या है? हमें तो आज भी बर्दाश्त नहीं कि हजारों सालों से खड़ी की गयी लौह कारा को तोड़ने का साहस कोई स्त्री करे। वह हमारे द्वारा रची गयी शतरंजी व्यवस्था को मानने से इनकार करे, चुनौती दे या लड़ने-अड़ने की कल्पना करे। 'माँ' के व्यक्तित्व को समर्पित एक और कविता है-'माँ दिन भर हमारे इन्तजार में रहती है।' कुछ पंक्तियों की छुअन से सिहर उठता है मन-प्रकाश रेखाएँ/ चीरती हैं/ सन्नाटे की सुबह/ और हड़बड़ाहट से भरी माँ/भागती है घर की तरफ/ खदान का भोंपू/ बजाता है आठ/ और जाग उठता है दिन/ कामगारों का/ (घर-घर-घूमा)।

लीलाधर मंडलोई का काव्यजगत जमीन से सटा हुआ, जमीन से उठा हुआ, जमीन पर उगा हुआ वह व्यापक जीवन है-जिसे सदियों से उपेक्षित किया गया, जिसकी ऐतिहासिक कीमत का मूल्यांकन कभी हुआ ही नहीं। जिसके हजारों दृश्य-अदृश्य यथार्थ को अनमोल सिद्ध ही नहीं किया गया। मंडलोई ऐसे बृहत्तर समाज के प्रति समर्पित अवश्य हैं किन्तु भावविह्वल अन्दाज में नहीं, बल्कि सचेत प्रवक्ता के रूप में। वे प्रतिबद्ध हैं इनके प्रति किन्तु उनकी विकट दशा पर आँसू बहाने के बजाय उसको बदलने का जज्बा रखते हैं।

जनजीवन के साथ प्रकृति और उस प्रकृति की संस्कृति में जी रहे कीट पतंगे, पशु-पक्षी, जानवर सब उनकी काव्यात्मा का हिस्सा हैं। यह दरसत्य है कि लीलाधर मंडलोई महानगर के होकर भी महानगर के कवि नहीं, भौतिक विकास के बीच रहकर भी भौतिकवादियों के गायक नहीं। उनकी पक्षधरता समय की हाशियाई संस्कृति के प्रति असंदिग्ध है।

कात्यायनी : रचनात्मक विद्रोह की प्रतिमूर्ति

समकालीन हिन्दी कविता की उल्लेखनीय और ऊर्जावान कवयित्री कात्यायनी अब वह मुकाम हासिल कर चुकी हैं, जिसको ता-उम्र संग्रह पर निकालते रहने के बावजूद बहुचर्चित अधिकांश कवि हासिल नहीं कर पाते। कात्यायनी में श्रेष्ठ सृजन के सारे गुणसूत्र मौजूद हैं, इस बात को इनकार नहीं किया जा सकता।

अब तक इनके लगभग पाँच काव्य-संग्रह प्रकाशित हो चुके हैं, जिनमें सबसे चर्चित संग्रह इस प्रकार हैं–1. सात भाइयों के बीच चम्पा–1994, 2. इस पौरुषपूर्ण समय में–1999, 3. जादू नहीं कविता–2002 और 4. फुटपाथ पर कुर्सी–2007।

कात्यायनी की रचनात्मकता पर मूल्यांकन का आरम्भ 'सात भाइयों के बीच चम्पा' से करते हैं। संग्रह की पहली कविता है–'इस स्त्री से डरो', कुछ पंक्तियाँ इस प्रकार हैं–

यह स्त्री सब कुछ जानती है–
पिंजरे के बारे में, जाल के बारे में
यन्त्रणा गृहों के बारे में....
रहस्यमय हैं इस स्त्री की उलटबासियाँ
इन्हें समझो
इस स्त्री से डरो।[82]

खुले तौर पर कात्यायनी यहाँ आधुनिक स्त्री की वकालत कर रही हैं। वह स्त्री जो अपने अधिकारों के प्रति सचेत है, जो पुरुष-समाज के दमन की बेड़ियाँ तोड़ चुकी है, जो ज्ञान और अनुभव से भरपूर है, जिसे उसकी मर्जी के खिलाफ कुछ भी करवाया नहीं जा सकता। बावजूद इसके प्रश्न यह उठता है कि क्या सचमुच आधुनिक स्त्री इस रूप में विकसित हो चुकी है? क्या अपनी गुलामी के कारणों से बखूबी परिचित हो चुकी है? क्या उसने अपने ऊपर निर्बाध गति से चल रहे पुरुष-शासन को रोक दिया है? इन प्रश्नों का उत्तर कात्यायनी की कविता के अन्दाज में नहीं दिया जा सकता। वे मूलत: उन सीमित स्त्रियों का स्वर बुलन्द कर रही हैं, जो खूब पढ़ी-लिखी हैं, घरों में बैठे रहना बन्द कर दिया है। जो सभाओं, रैलियों और बहसों में आगे रहती हैं, और मौके मिलने पर आततायी व्यवस्था के खिलाफ आग उगलने से नहीं चूकतीं।

'हाकी खेलती लड़कियाँ' कात्यायनी की मशहूर कविताओं में गिनी जाती है। इस कविता में भी लड़कियों की उन्मुक्त मंशा, आजाद जीवनशैली और मर्यादाओं से विद्रोह का गुणगान किया गया है। खेल-खेल के अन्दाज में ही कात्यायनी वह सब कुछ कह जाती हैं, जो वह नये जमाने की शिक्षित लड़कियों के बारे में कहना चाहती हैं।

कहना आवश्यक है कि कात्यायनी निषेधों को तोड़नेवाली, रूढ़ियों और वर्जनाओं को दो टूक कर देनेवाली और असीम मैदान की ओर दौड़ लगाने को प्रेरित करनेवाली कवयित्री हैं। संग्रह की अधिकांश कविताएँ स्त्री-प्रधान हैं, और उसके बाहर निकलकर अन्य विषयों को सृजनबद्ध करने का प्रयास कम दिखाई पड़ता है, बावजूद इसके, स्त्री के विविध पक्षों को जितनी तत्परता, आत्मीयता और योद्धा-भाव से रखा है, वह बेहद प्रभावशाली और कीमती है। युवा आलोचक 'सुरेश सलिल' ने पुस्तक के फ्लैप पर लिखा है-"किसी सीमा तक उनके यहाँ सुभद्राकुमारी चौहान की परम्परा का विस्तार देखा जा सकता है।"[83]

कात्यायनी के सम्पूर्ण रचना-संसार के उथल-पुथल भरे अर्थ-विस्तार को देखते हुए यह निष्कर्ष बिलकुल सही दिखाई पड़ता है। सुभद्राजी की कविताओं में प्रज्वलित ओज की लपलपाती हुई जो ज्वाला है, वैसा ही कुछ एहसास कात्यायनी की कविताओं को पढ़कर होता है। हाँ, सुभद्राजी की कविता गर्जना करती हुई आकाश में निकल जाती है, और कात्यायनी की कविता अन्तरात्मा में देर तक गूँज पैदा करती है।

'इस पौरुषपूर्ण समय में' न सिर्फ़ कात्यायनी बल्कि समकालीन हिन्दी कविता के श्रेष्ठ संकलनों में से एक है। विष्णु खरे जैसे वरिष्ठ कवि ने इस पुस्तक का ब्लर्ब लिखकर जैसे यह संकेत दे दिया है कि अब कात्यायनी के वैचारिक और जुझारू दमखम को भरपूर सम्मान देना ही पड़ेगा। वे लिखते हैं-"कात्यायनी हिन्दी की समूची जुझारू, प्रतिबद्ध कविता में अपने जागरूक वैविध्य से अनूठी उपस्थिति बना चुकी हैं, और विकासशील सशक्त युवा कवयित्रियों की सुखद रूप से बढ़ती हुई कतार में तो अपने तरह की एकमात्र हैं।"[84] विष्णु खरे यद्यपि यहाँ कात्यायनी का सुस्पष्ट व्यक्तित्व खड़ा करने से बच रहे हैं, फिर भी बचते-बचते बहुत कुछ कह भी गये हैं।

'सहिष्णु आदमी की कविता' संग्रह की प्रारम्भिक कविता है। इसमें क्या भाव, क्या वैचारिक नवीनता, क्या चुस्ती और क्या विवेकपूर्ण निर्भीकता किसी भी कसौटी पर यह कविता खरी उतरती है। कात्यायनी के भीतर जो एक आत्मनिष्ठ जागरूकता है, वही उनको चमकदार कविताएँ लिखने की ऊर्जा प्रदान करती है। जिस भी कवि के भीतर यह आत्मविश्वास से लबरेज चेतना जग पड़ी, वह ऐसी ही आवेगपूर्ण, प्रभावशाली और हलचल पैदा करनेवाली कविताएँ लिखेगा।

एक नज़र में देखने पर इस कविता में सपाटबयानी झलक सकती है, किन्तु पीछे जो अनुभव सम्पन्नता है और इसके परिणामस्वरूप जो परिपक्व अन्तर्दृष्टि विकसित दिखाई पड़ रही है, वही इस कविता को मूल्यवान बना देती।

'दुखी आदमी की कविता' यह कात्यायनी की एक उत्कृष्ट कविता का शीर्षक है। इसमें कवयित्री ने अपने अनुभवों की आँच पर पके हुए विचारों को सटीक शब्दों

में इस तरह ढाल दिया है कि पढ़ते ही दुख का सत्य मन में नाचने लगता है। तत्त्वपूर्ण बातें कहने के लिए कात्यायनी के पास इतना कुछ है कि वे वाक्यों को जबरदस्ती ऐंठ डालने, कौतुकपूर्ण बना देने में अपना श्रम बर्बाद नहीं करतीं। न ही वे मार्क्सवादी की पगड़ी बाँधनेवाले कवियों की तरह विचारों को उधार ले लेकर कलम चलाती हैं। उनकी खुद की आत्मदृष्टि इतनी जगी हुई है, हृदय इतना व्यथित है और काव्य-विवेक इतना व्याकुल है कि उन्हें जरा भी फुरसत नहीं है–कलाबाज़ी करने की।

इस तरह प्रस्तुत संग्रह की अधिकांश कविताएँ कात्यायनी के मनोमस्तिष्क की किसी न किसी मौलिक बेचैनी का खुलासा करती हैं। 'भुलक्कड़ आदमी की कविता', 'आशावादी नागरिक की कविता', 'जज की कविता', 'आम सहमति पर पहुँचे हुए लोगों की कविता', 'इस पौरुषपूर्ण समय में', 'त्रियाचरित्रम् पुरुषस्य भाग्यम्...' और 'एक ग़ौरतलब सिचुएशन' जैसी शक्तिशाली कविताएँ इस संग्रह की उम्र को स्थायी रूप से लम्बी कर देती हैं। इसमें एक-दो गद्य कविताएँ भी हैं, जो यातनापूर्ण अनुभवों की रोशनी में लिखी गयी हैं। अधिकांश कथात्मक कविताएँ हृदयशून्य सपाटबयानी का ही परचम लहराती हैं, परन्तु कात्यायनी ने ऐसी दुर्दशा होने से अपनी कथात्मक कविताओं को बचा लिया है।

'जादू नहीं कविता' यह है कात्यायनी का एक अन्य मूल्यवान संग्रह। कात्यायनी ने इस संग्रह का आरम्भ पाब्लो नेरुदा की पंक्तियों से किया है, जो कवयित्री की उच्च सृजनात्मक मंशा को समझने के लिए काफी है। नेरुदा के बाद हिन्दी कविता के सर्वाधिक अन्धकार-विरोधी कवि मुक्तिबोध की पंक्तियाँ आती हैं, मानो इसके बहाने कात्यायनी अपनी काव्य-परम्परा के इस महत्-शिखर को प्रणाम कर रही हों। वस्तुतः कविता के इन दोनों धुरन्धर रचनाकारों को सर्वप्रथम प्रस्तुत कर यह संकेत कर ही दिया है कि सृजन उनके लिए भी सिर्फ़ शब्दबाजी या कलम की दौड़ नहीं है।

यहाँ कात्यायनी हमारी सोचने की प्रवृत्ति, हमारे निठल्ले स्वभाव और पुरातनप्रियता के प्रति अतिरिक्त आक्रोश से भरी हुई हैं, इसीलिए जब यह क्रोध व्यंग्य की धार लेकर फूटता है, तो उसमें स्वाभाविक खरापन चमकने लगता है। ऐसे प्रहारक व्यंग के लिए सर्जक के भीतर जिस सख्त ईमानदारी की जरूरत पड़ती है, वह कात्यायनी के व्यक्तित्व में काफी हद तक देखा जा सकता है।

कात्यायनी ने आधुनिक बुद्धिजीवियों को काफी नज़दीक से देखा है, इसीलिए उनकी आत्ममुग्धता, आन्तरिक संकीर्णता और स्वार्थी स्वभाव को याद करते ही कटु हो उठती हैं और उनको किसी भी तरह से बख्शने की मुद्रा में नहीं दिखाई पड़तीं। 'सौ साल कैसे जीयें' कविता में कवयित्री ने ऐसे ही आरामतलब, सुविधाभोगी और डरपोक बौद्धिकों की जमकर खिंचाई की है। यह वही वर्ग है, जो देश, समाज, व्यवस्था इत्यादि किसी के भी प्रति अपने अनिवार्य दायित्व का निर्वाह कभी भी

नहीं करता।

कात्यायनी अपनी सम्पूर्ण वैचारिक प्रतिबद्धता के साथ कविता के मोर्चे पर युद्ध करनेवाली कवयित्री हैं। साम्प्रदायिक उन्माद के खिलाफ, जातिवादी राजनीति के खिलाफ, साम्राज्यवादी ताकतों के खिलाफ इनके बुलन्द तेवर में तनिक भी नरमी नहीं दिखाई पड़ती। एक लेख में वे लिखती हैं–"हिन्दी कविता ने अपने समय की सबसे जघन्य विभीषिका का सामना करने से जी कतई नहीं चुराया है। बर्बरता की शक्तियों के विरुद्ध खड़ी हिन्दी कविता में विफलता, क्षोभ, शोक, क्रोध निरुपायता की मिली-जुली भावनाएँ उबलती-खौलती रहती हैं।"[85]

इधर वर्षों से अपनी मद्धिम रचनात्मक सक्रियता के बावजूद अपनी विगत ऊर्जावान संग्रहों के दम पर कात्यायनी प्रभावशाली उपस्थिति का एहसास देती रहती हैं। लोकप्रियता का शिखर छूने के बाद यह उनके ढलान की बेला मानें या दूसरे पुनर्विस्फोट के पूर्व चुपचाप एकत्रित हो रहे शक्ति का संचयन, फिलहाल कात्यायनी अभी अपने चिर-परिचित विद्रोही तेवर में नहीं हैं। अचानक ज्वार की तरह उठे युवा रचनाकारों के साथ यह अनिवार्य ट्रेजडी क्यों हो जाती है, कि एक बार अपनी अर्थवान कविताओं का जादू बिखेरकर फिर पूरे दृश्य से गायब हो जाते हैं। अतिशय लोकप्रियता का रोग? ज्यादे सार्वजनिक बन जाने की व्यस्तता? या तमाम पाठकों की उम्मीदों का दबाव? कारण जितने भी हों मगर समर्थ प्रतिभा के अचानक शिखर छूने और देखते ही देखते जमीन पर गिर पड़ने के बीच कई सारे जटिल कारणों का अदृश्य सम्बन्ध है। खुद कात्यायनी को भी इस दायरे से मुक्त नहीं माना जा सकता। हिन्दी पाठकों के लिए कविता को जागरूक जीवन की खुराक बना देनेवाली कवयित्री कात्यायनी आज भी बहुत गहराई में जिन्दा हैं। आगे उनका सृजन हिन्दी जगत को अपनी रोशनी से कितना समृद्ध कर पाता है, यह समय की बात है।

ओमप्रकाश बाल्मीकि : दलित-काव्य के शिखर

आत्मकथा के मैदान में 'जूठन' के माध्यम से लोकप्रियता का नया कीर्तिमान खड़ा करनेवाले 'ओमप्रकाश बाल्मीकि' कविता और कहानी के क्षेत्र में भी सिद्धहस्त रचनाकार हैं। दलित साहित्य की सबसे बड़ी आवाज़ यदि बाल्मीकि जी को कह दिया जाए तो कोई अतिशयोक्ति न होगी। बाल्मीकि जी के पास अपनी आत्मदृष्टि है, अपनी तर्कचेतना है और खुद सही-गलत तय करने का दृढ़ विश्वास है, इसलिए वे दलित साहित्य से पहचान रखते हुए भी उसके बँधे-बँधाए दायरे से भी बाहर निकलते हैं और बड़ी तटस्थ सख्ती के साथ उसकी विकृतियों को, दृष्टिदोषों को उजागर करते हैं। यही वे विशेषताएँ हैं, जो तमाम दलित साहित्यकारों की भीड़ में बाल्मीकि जी को व्यापक व्यक्तित्व प्रदान करती हैं।

बाल्मीकि के अब तक कुल तीन काव्य-संग्रह प्रकाशित हुए हैं, जो क्रमशः इस प्रकार हैं–1. सदियों का सन्ताप (1989), 2. बस्स बहुत हो चुका (1997) और 3. अब और नहीं। ऐसे तो तीनों संग्रह उपेक्षापूर्ण जीवन-अनुभवों से भरे होने के कारण उल्लेखनीय रहे, किन्तु 'बस्स बहुत हो चुका' संग्रह अपने जुझारू तेवर के कारण विशेष रूप से काबिल-ए-तारीफ संग्रह बन पड़ा है। कविताओं की शुरुआत 'पेड़' शीर्षक कविता से है। पेड़ को विषय बनाकर कई दृष्टिसम्पन्न कवियों ने यादगार कविताएँ लिखी हैं, किन्तु ऐसी कविता जिसमें पेड़ एक जीवन्त मानव की तरह बोलता हुआ, प्राण की तरह धड़कता हुआ नज़र आये, इस कविता में मौलिक रूप से देखा जा सकता है–

पेड़! तुम उसी वक्त तक पेड़ हो,
जब तक ये पत्ते तुम्हारे साथ हैं
पत्ते झरते ही,
पेड़ नहीं ठूँठ कहलावोगे
जीते जी मर जाओगे।[86]

इसके आगे एक अन्य ज्वलन्त कविता है–'मुट्ठी भर चावल'। यह संक्षिप्त कविता अपनी सम्पूर्णता में प्रताड़ना, शोषण और तकलीफ का असीम इतिहास समेटे हुए है। बहुत कम शब्दों में–बाल्मीकि ने दलित जीवन की महाव्यथा को मूर्तिमान कर दिया है। यह सिर्फ़ एक दलित रचनाकार का आक्रोश, प्रतिरोध या उबाल नहीं है, बल्कि एक जागरूक और संकल्पबद्ध सर्जक की जनपक्षधरता है। बाल्मीकि दलित जन के मुद्दे पर बेहद संवेदनशील, दूरदर्शी और साफ ह्रदय के हैं।

अपने एक साक्षात्कार के दौरान बाल्मीकि जी ने कहा है–"दलित साहित्य प्रतिरोध का साहित्य नहीं है। वह तो समाज में मानवीय मूल्यों, सरोकारों; मनुष्य स्वतन्त्रता, बन्धुता, समता का पक्षधर है। वह प्रतिरोध में विश्वास नहीं करता। दलित डॉ. अम्बेडकर, बुद्ध, फूले की मानवीय पक्षधरता को अपने आदर्श मानता है।"[87]

बाल्मीकि जी प्रतिरोध की केन्द्रीय भूमिका को भले स्वीकार न करें, मगर यह दर-हकीकत है कि अतिशय प्रतिरोध दलित साहित्य का, स्थायी भाव है। इतिहास का, संस्कृति का, सत्ता का, वर्चस्व का, संरचना और नियम का, मूल्यों और मान्यताओं का रोम-रोम से विरोध ही तो क्षण-क्षण उभरता है–दलित साहित्य में। हाँ, यह तेवर इतना तीव्र है कि उसमें एकांगिकता और एकतरफापन अनायास ही पैदा हो जा रहे हैं। कोई ब्राह्मण है तो सवर्ण संरचना से शत-प्रतिशत मुक्त नहीं हो सकता, कोई जमींदारों के रहन-सहन और संस्कार में पला-बढ़ा है तो उसमें भी सामन्ती प्रवृत्ति के अवशेष होंगे। दलित रचनाकार ऐसे लोगों का सिर से पैर तक विरोधी है, जो कि वाज़िब भी है, किन्तु विरोध की आँच कुछ इस तरह है कि रोटी ऊपर-ऊपर जल

जाती है, और अन्दर से पकती भी नहीं। इसीलिए सवर्ण मानसिकता को बदलने के लिए धीमी किन्तु सघन आँच की ज़रूरत है।

'वह मैं हूँ', 'उपोत्पाद', 'मिट्टी के कच्चे घर', 'पंडित का चेहरा', 'घृणा और प्रेम कहाँ से शुरू होते हैं?', 'वे भयभीत हैं', 'तुम्हारी गौरवगाथा', 'खामोश आहटें', 'दंगों के बाद' और 'क़द' जैसी कविताएँ पूर्वोक्त संग्रह के मर्म को बेहद तीव्र कर देती हैं। पूरे संग्रह में 'वे नहीं जानते' और 'रिश्ते इतने कमजोर क्यों होते हैं?' जैसी कविताओं को छोड़कर शेष सभी कविताएँ दलित-संसार के दुख, संघर्ष, उपेक्षा और अपमान को दस्तावेज़ का रूप देती हैं। प्रत्येक कविता में कवि के वेदनामय हृदय का स्पन्दन सुनाई पड़ता है।

भावना की मौलिकता और शुद्धता, अभिव्यक्ति की बौखलाहट और कलम का दुःस्साहस ही कुछ ऐसे तत्त्व हैं, जो सही अर्थों में किसी रचनाकार को चिरस्मरणीय होने की ऊँचाई प्रदान करते हैं। जो रचनाकार अपनी मानवीय शर्तों पर नहीं जीता, अपने विवेक-निर्मित मार्ग पर नहीं चलता और सांसारिक पराजयों के सामने घुटने टेक देता है, ऐसे रचनाकार की भूमिका साहित्य में भला कैसी रहेगी? बाल्मीकि की कविताओं से ऐसा साफ झलकता है कि वे अपने जागरूक मन की शर्तों पर जीनेवाले कलाकार हैं। यदि अधिकांश स्थापित रचनाकारों की तरह उन्हें भी खुद को माँजना, तराशना और चमकाना छोड़ दिया होता, तो निश्चय ही बाल्मीकि आज दलित साहित्य के शिखर पर विराजमान न रह पाते। प्रस्तुत काव्य-संग्रह में कुछ दलित रचनाकारों ने अपनी बेबाक राय दी है। इसमें 'शरण कुमार लिंबाले' की बात पर ग़ौर करने लायक है-''संग्रह की हर कविता मेरा बयान लगती है। मेरी पीड़ा और प्रश्न इन कविताओं में दिखाई दिए।''[88]

'समयान्तर' पत्रिका के एक विशेषांक में बाल्मीकि जी ने तथाकथित बुद्धिजीवियों की खबर लेते हुए लिखा था-''हिन्दी समाज में बुद्धिजीवियों की भूमिका एक ऐसे व्यक्ति की है, जो सपने तो आसमान छूने का देखता है, लेकिन जमीन उसके पाँव तले नहीं होती है। उजालों की जगह अँधेरों की रचना में मशगूल होकर सत्ता के इर्द-गिर्द अपने अस्तित्व को खो देता है।''[89]

बारीकी के साथ देखें तो बाल्मीकि के भीतर एक समृद्ध विचारक मन बैठा हुआ है, जो गद्य और पद्य दोनों माध्यमों में अपना अचूक असर दिखाता है। अपनी आत्मकथा 'जूठन' और कहानी-संग्रह 'सलाम' के माध्यम में उन्होंने सिद्ध कर दिया कि सृजनात्मक गद्य खड़ा करने में उन्हें दक्षता हासिल है। अपने तमाम सच्चे कारणों से दिल्ली लगातार कटु आलोचना का निशाना बन रही है। दिल्ली से दूर रहने वाले रचनाकार ही नहीं बल्कि दिल्ली में रहने वाले लेखक भी दिल्ली की 'सभ्यता-समीक्षा' करने से नहीं चूकते। दिल्ली का हिन्दी साहित्य आजकल दृष्टिहीनता का

शिकार हो गया है। उसे किसी भी विधा में दिल्ली से बाहर की रचनात्मकता दिखाई नहीं पड़ती। लगभग इसी प्रकार के भाव को कई दर्जन स्थापित रचनाकारों ने अपने अपने ढंग से व्यक्त किया है। ओमप्रकाश जी का बयान कुछ इन शब्दों में–"हिन्दी लेखक आज दिल्ली दरबार में सिज़दा करने के नित नये बहाने ढूँढ़ रहा है। हिन्दी लेखक का यह नैतिक ह्रास नया नहीं है, चिर–परिचित है। बल्कि हिन्दी साहित्य के इतिहास में एक पूरा काल ही इसे समर्पित है।"[90]

यह अकारण नहीं है कि गाजियाबाद में बैठे हुए उदय प्रकाश और भोपाल में जमे हुए भगवत रावत दिल्ली के खिलाफ एक ही भाषा में बोल रहे हैं।

'प्रगतिशील वसुधा' में प्रकाशित बाल्मीकि की एक कविता है–'बिटिया का बस्ता' जो अपनी प्रकृति में दलित कविता नहीं लगती। पूरी कविता में कहीं भी किसी खास वाद, विमर्श या सिद्धान्त की गूँज नहीं सुनाई पड़ती। वस्तुतः यह स्वतन्त्र भावनाओं की कविता है, जो स्वतःस्फूर्त भावोद्वेलन से पैदा हुई है। इस कविता से बाल्मीकि की दक्षता के एक और पक्ष का पता लगता है कि वे दलित मुद्दों की परिधि से बाहर निकलकर सृजन करने की व्यापक दृष्टि भी रखते हैं। कविता की चन्द महत्त्वपूर्ण पंक्तियाँ–

रात की ख़ौफनाक, डरावनी प्रतिध्वनियों
और खिड़की से छनकर आती पीली रोशनी से
मुक्ति की थरथराहट
भीतर कराहते कुछ शब्द
बचे–खुचे हौंसले
कुछ होने और न होने के बीच
दरकता विश्वास....[91]

अन्त तक जाते–जाते यह कविता एक तीव्र दुःख और आक्रोश की लहर में परिवर्तित हो जाती है। बदले की भावना और आपसी रंजिश के कारण लूट, हिंसा और आगजनी इस कविता की धुरी है, किन्तु इस प्रसंग के बहाने बाल्मीकि ने हमारी जड़–मानसिकता, प्रशासनिक निष्क्रियता और मोटी खाल ओढ़े रहने वाली प्रवृत्ति का संक्षेप में जैसा खुलासा किया है–वह कविता में जान डाल देता है। एक साक्षात्कार के दौरान बाल्मीकि ने अपनी सुदृढ़ पक्षधरता का इशारा किया है। इससे साफ ज़ाहिर होता है कि साहित्य बाल्मीकि के लिए सुविधाएँ हथियाने की जमीन नहीं है, बल्कि बदलाव की बेचैनी पैदा करने का कौशल है। "बिना विचार का साहित्य लिजलिजा और जड़ दिखाई देता है। वह कलात्मक स्तर पर चाहे कितना उत्कृष्ट ही क्यों न हो। कलावादी लेखन के दिन ज्यादा नहीं हैं।"[92]

स्वप्निल श्रीवास्तव : दूसरी पृथ्वी के स्वप्नदर्शी

अरुण कमल, राजेश जोशी और मंगलेश डबराल के बाद की काव्यपीढ़ी में जिन कवियों ने अपनी स्थायी पहचान कायम की, उनमें स्वप्निल श्रीवास्तव एक अनिवार्य नाम हैं। स्वप्निल जी के अब तक लगभग तीन कविता संग्रह प्रकाशित हो चुके हैं। 1. ईश्वर एक लाठी है–1981, 2. ताख पर दियासलाई–1992 और 3. मुझे दूसरी पृथ्वी चाहिए–2004।

वैसे दूसरे संग्रह के प्रकाशित होने तक समकालीन कविता में स्वप्निल की पहचान बनने लगी थी, लेकिन सर्वमान्य महत्ता तीसरे काव्य संग्रह के बाद ही सिद्ध हो पायी। कवि का पहला संग्रह भी अपने जनवादी, बौद्धिक और सामाजिक रुझान के कारण पर्याप्त चर्चा में रहा। तीसरे संग्रह तक की यात्रा में स्वप्निल की काव्यक्षमता में कोई बड़ा मोड़ आया हो, ऐसा नहीं कहा जा सकता, किन्तु वैज्ञानिक और लोकतान्त्रिक दृष्टि में जो विस्तार हुआ है, वह रेखांकित करने योग्य है। शिल्प में अपेक्षित कसाव और बल न होने तथा भाषा में खुलकर बोलने का जज्बा न होने के बावजूद स्वप्निल समकालीन कविता के एक सफल और समर्थ कवि हैं, इसमें कोई दो मत नहीं। युवा कवि एवं आलोचक श्रीप्रकाश शुक्ल के अनुसार–"गन्ध व स्पर्श उनमें खूब आते हैं।"[93] वस्तुतः ये इन्द्रियों की गुणवत्ता परखने की कसौटियाँ हैं, जो साहित्य में प्रकट होकर सूचना देती रहती हैं कि बाहर की विविध दुनिया किसी कवि के भीतर कितनी सिद्दत के साथ जिन्दा है। कवि का प्रारम्भिक विकास लोक राग, रंग एवं सुख-दुख के बीच हुआ है। इस दौरान स्वप्निल का कवि एक गँवई युवा है, जो स्फूर्ति और अनुराग के साथ अपनी ग्रामीण पृष्ठभूमि में रचनात्मकता तलाश रहा है। इस दौरान लिखी गयी कविताओं में ताजा भावुकता है, समर्थ अन्तर्दृष्टि है और उद्देश्य को एक आकर्षक मुकाम तक पहुँचाने की हुनर भी।

जैसा कि पहले ही स्पष्ट किया जा चुका है–स्वप्निल का तीसरा काव्य-संग्रह शिल्प की दृष्टि से नहीं, वैचारिक सम्पन्नता की दृष्टि से उल्लेखनीय संग्रह है। इसकी कुल 32 कविताओं में से लगभग 30 कविताएँ अपने कथ्य में बिलकुल साफ, प्रभावशाली और मौलिकतापूर्ण हैं। यहाँ तक आते-आते स्वप्निल ने लोक भूमि को पीछे जरूर छोड़ दिया है, लेकिन बीच में रह-रहकर अपनी गँवई माटी के प्रति हूक उठती रहती है। कवि जैसे ही लोकगन्ध में डूबता है, भावुक होने लगता है, और यहाँ तक आते-आते स्वप्निल ने लोक भूमि को पीछे जरूर छोड़ दिया है, लेकिन बीच में रह-रहकर अपनी गँवई माटी के प्रति हूक उठी रहती है। कवि जैसे ही लोकगन्ध में डूबता है, भावुक होने लगता है, और यहाँ शेष रह जाता है–एक संवेदनशील कवि का जीता-जागता सच्चा-बेचैन हृदय। देखिए 'नचनिहे' शीर्षक कविता की कुछ पंक्तियाँ–

नाच के तम्बू उठ गये हैं
उजड़ रहे हैं–मेले
विदा हो रहे हैं–लोकगीत
नचनिहे सिसकते हुए
अकेले नाच रहे हैं।[94]

स्वप्निल ने अपनी काव्ययात्रा में इस मूल्यवान विवेक को बचाए रखा है कि अर्थ प्रकट करने की मंशा को कलापूर्ण भूलभुलैया में नहीं उलझाते। बहुत होशियारी के साथ, जानबूझकर, योजनाबद्ध तरीके से वाक्यों को सजा–सँवारकर रखा गया हो, इसका प्रमाण स्वप्निल की कविताओं में लगभग नहीं के बराबर है। अपनी अन्य कविता 'प्रेमावेग' में कवि ने ज़ाहिर कर दिया है, कि वे कोरी बौद्धिकता के कवि नहीं हैं, जो पंक्ति–दर–पंक्ति में कृत्रिम विचारों की जुगाली करता रहता है। गहन आत्मनिष्ठ भावना ही उनके सृजन का केन्द्रीय तत्त्व है, जो विषयों में घुल–मिलकर नये तेवर और कलेवर के साथ प्रकट होती है।

इस संग्रह की अधिकांश कविताएँ वर्तमान साम्प्रदायिक मुद्दों पर हैं, सामाजिक विद्रूपताओं और शक्तिशाली तिकड़मों पर हैं। कुछ एक कविताओं के माध्यम से कवि ने अपने आत्मीय जनों को बेहद रुचि के साथ शब्दबद्ध करने का उपक्रम किया है। बादशाह हुसैन रिजवी जो कि गोरखपुर के जाने–पहचाने हस्ताक्षर हैं, काफी विस्तार के साथ संग्रह में जगह पाते हैं। यद्यपि व्यक्तिगत सम्बन्धों के आधार पर किसी एक को केन्द्र में रखकर कविता लिखना जोखिमपूर्ण होता है। यदि पाठक उस व्यक्ति से परिचित नहीं है या सार्वजनिक रूप से उसका नाम नहीं सुना है तो बड़ी अरुचि के साथ उस कविता को किनारे उठाकर रख देता है। इसीलिए कवि के लिए अनिवार्य हो जाता है कि वह व्यक्ति को सार्वजनिक अर्थवत्ता प्रदान करे या उसके व्यक्तित्व के कुछ ऐसे अनछुए पहलुओं का उद्‌घाटन करे, जो शेष पाठकवर्ग के लिए मूल्यवान बन जाएँ।

इसी तरह 'हमलावर' कविता–हिंसक, अपराधी प्रवृत्ति पर; 'सब कुछ है बाजार' शीर्षक कविता आधुनिक युग के अन्धाधुन्ध बाज़ारवाद पर; 'आदमी का मारा जाना' कविता सर्वव्यापी हत्या की संस्कृति पर और 'हिन्दू' शीर्षक कविता हिन्दुओं की कूपमंडूक हिन्दुत्व भावना पर केन्द्रित है। स्वप्निल अपने सृजन में ठीक–ठाक उतने ही आधुनिक, खुले विचारों के और जाग्रत हैं–जितने अरुण कमल, आलोक धन्वा और राजेश जोशी। लेकिन कविता में विचारों के बहुत सन्तुलित हो जाने के खतरे भी कुछ कम नहीं हैं।

विभिन्न साहित्यिक पत्रिकाओं में प्रकाशित स्वप्निल की कविताओं की संख्या भी अत्यधिक है। 'प्रगतिशील वसुधा' के जुलाई–सितम्बर, 2005 में प्रकाशित तीन

कविताओं में से पहली कविता–'जलील मियाँ और टोपियों का कारोबार' बिलकुल अछूते भाव को पकड़ने के कारण उल्लेखनीय है। यह व्यक्तिप्रधान कविता लोकजीवन से जुड़ी होने के कारण और भी सार्थक बन पड़ी है।

इसी अंक की दूसरी कविता 'ग्रुप फोटोग्राफ' में यह बिलकुल स्पष्ट नहीं होता कि कवि विषय में निहित किस कीमती भाव से प्रेरित होकर कविता लिख रहा है। इसमें कथ्य सतही और उद्‌देश्यहीन है, जो सिर्फ़ कुछ लिख डालने की आदतवश लिखा गया है। 'वर्तमान साहित्य' में प्रकाशित 'ज़िन्दगीभर तितलियों के पीछे' शीर्षक कविता मन को निराश करती है, और समग्र प्रभाव तो दूर एक-दो पंक्तियों तक में अपना असर नहीं छोड़ पाती।

जबकि उपरोक्त पत्रिका के इसी अंक में प्रकाशित बुरे आदमी, अच्छे आदमी' तथा 'मोबाइल' जैसी कविताएँ कवि की निरन्तर सक्रिय चेतना की गवाही देती हैं। रचना के मोर्चे पर जो निरन्तर डँटा हुआ है, किसी न किसी कसौटी पर खरी उतरने वाली समृद्ध कविताएँ दे रहा है, उसकी चन्द स्तरहीन कविताएँ कवि की शेष महत्ता को समाप्त नहीं कर सकतीं।

देवीप्रसाद मिश्र : शिल्प के लिए समर्पित कवि

मात्र एक काव्य-संग्रह और सीमित संख्या में प्रकाशित कविताओं के दम पर अपनी मुकम्मल पहचान कायम करनेवाले देवी प्रसाद मिश्र की समकालीन कविता में विशेष जगह है। सन् 1989 में इनका प्रथम काव्य-संग्रह 'प्रार्थना के शिल्प में नहीं' प्रकाशित हुआ। तब से लेकर आज तक (2007) इनकी सक्रियता लम्बी और लघु कविताओं में बँध गयी है। गद्य के क्षेत्र में भी ये समर्थ दखल रखते हैं, यह इनके कहानी लेखक के आधार पर समझा जा सकता है।

कथ्य और अन्त:सत्य की दृष्टि से तो खास नहीं, किन्तु मौलिक शिल्प, संरचना और भाषाई बुनावट की दृष्टि से देवी प्रसाद ने कविता को आकर्षक आयाम दिया है। पुराने को तोड़ने, लीक को छोड़ने और किसी भी कीमत पर नयापन लाने की उद्‌दाम महत्त्वाकांक्षा के कारण ही उनके प्रत्येक सृजन में कुछ अलग, चित्त को रोकने वाला और बार-बार सोचने पर विवश करनेवाला सत्य दिखाई पड़ता है। पहल में प्रकाशित उनकी लम्बी कविता 'यह एक और आखिरी वाक्य' सकारात्मक और नकारात्मक दोनों दृष्टियों में काफी चर्चा में रही। ऐसा पहली बार हुआ है, जब मुख्य कविता के ठीक समानान्तर चलती हुई अगल-बगल में दो कविताएँ दिखाई पड़ें। आश्चर्य यह भी कि मूल कविता से इन दोनों उप-कविताओं का कोई सम्बन्ध नहीं है, बल्कि ये दोनों कविताएँ स्वयं अलग-अलग प्रकृति और अन्तर्वस्तु की हैं। इनमें जीवन के खंड-खंड अनुभवों को व्यंजनापूर्ण अन्दाज में प्रस्तुत किया गया है।

कहीं ये तीन–चार पंक्तियों में हाइकू कविता का झटपट आनन्द देती हैं, तो कहीं पूरे पेज में एक ही भाव नयी–नयी अर्थ–शाखाओं में फैलता चला जाता है। इन दोनों उप–कवितओं की अर्थवत्ता मुख्य कविता से तनिक भी कम नहीं, बल्कि कई जगहों पर मूल कविता से भारी पड़ती दिखाई देती हैं। कविता की मौलिक संरचना को लेकर कवि की कल्पना इतनी सजग है कि सामान्य से विषय को भी वे विशिष्ट शिल्प दे ही देते हैं।

जिस तरह इन दो पंक्तियों के अर्थों का आपस में कोई सम्बन्ध नहीं, वैसे ही पूरी कविता के तमाम मोड़ों में कोई अन्तःसम्बन्ध नहीं, यद्यपि कवि ने ऊपरी तौर पर कोशिश की है कि कथ्य की एकरूपता दिखाई पड़े, परन्तु पाठक ऐसा महसूस करने से वंचित रह जाता है। कविता रेलगाड़ी में यात्रा करने के दौरान आस–पास में दिखने वाले असामान्य और असहनीय दृश्यों को देखने से शुरू होती है। अब इतने में ही बगल में जन्म लेती एक उप–कविता की बानगी देखिए–

मैं समूहों की कथा लिखते हुए
क्या कहूँ कितना अकेला हूँ।[95]

रेलगाड़ी में यात्रा के दौरान देखे गये वे क्षणिक दृश्य जो लम्बे समय तक कवि को नहीं भूलते जो कवि के सर्जक–मन को कुरेदते रहते हैं–वही कविता को प्रभावशाली रूप दे पाते हैं, वरना जहाँ पंक्तियाँ लम्बी कविता की महत्त्वाकांक्षा का निर्वाह करती नज़र आती हैं, कलात्मक शब्दवाजी के अलावा उनका और कोई अर्थ नहीं है, जैसे–

एक आदमी ने हड़बड़ी में किसी और का जूता पहन लिया
और दो पैरों में दो अलग–अलग जूतों को देखकर हँसा...।[96]

'पहल' के ही चार–पाँच अंकों में प्रकाशित उनकी क्षणिकाओं की सचित्र रौनक और भी देखी जा सकती है। प्रायः ये सभी व्यंग्यपरक हैं, और आधुनिक मनुष्य के रहस्यमय चरित्र एवं तिकड़मी हिन्दी साहित्य पर केन्द्रित हैं। चित्रकार 'हेम ज्योतिका' ने मात्र कवि की इच्छापूर्ति के लिए कविता के मूलभाव से थोड़ा बहुत मिलते–जुलते चित्रों को खड़ा कर दिया है, वरना यहाँ उनकी कोई अनिवार्य भूमिका नहीं। ये सचित्र क्षणिकाएँ अपनी प्रकृति में हाइकू से मिलती–जुलती हैं, किन्तु इनमें पर्याप्त अर्थ–गाम्भीर्य है और समकालीन युग के कड़वे सत्य पर सटीक व्यंग्य करती हैं–

डॉक्टर साब, उत्तरोत्तर उत्तर–विमर्श करते–करते
मुझमें ऐसे हारमोनल बदलाव आ रहे हैं,
जिन्होंने मुझे उत्तर–मनुष्य में बदल दिया है।[97]

यहाँ उत्तर–मनुष्य का निहितार्थ मरे हुए जीवित मनुष्य के रूप में है। यह

कविता उत्तर-आधुनिक विमर्श की निरर्थकता को भी क्षण भर में खोल देने में समर्थ है। इसी तरह एक और कीमती क्षणिका-

यह आलोचक साहित्यिक हत्याओं के लिए
सुपारी लिया करता है[98]

मात्र इन दो क्षणिकाओं के आधार पर कहा जा सकता है कि देवीप्रसाद मिश्र में मूल्यवान व्यंग्य करने की अचूक दृष्टि मौजूद है, परन्तु आश्चर्य यह कि वे इस क्षमता को पूर्णत: विकसित नहीं कर पाते, जिसमें वह खंडित सी अधूरी ताकत बनकर रह जाती है। इससे यह तथ्य तो स्पष्ट है कि कवि के भीतर कविता में मौलिक और अनुकरणीय नवीनता भरने की प्रतिभा मौजूद है। इसके साथ-साथ वे अर्थ को नये अन्दाज में पेश करने की कूबत भी रखते हैं, परन्तु साहित्य के मरते हुए पाठक समाज की क्षुधा को ये क्षणिकाएँ या लम्बी कविताएँ शान्त कर पाएँगी, इसमें पर्याप्त सन्देह है। इनकी प्रदीर्घ कविताएँ अस्पष्ट विचारों के घुमाव-फिराव से मुक्त नहीं हैं। नये को तत्काल समझ पाना वैसे भी मुश्किल होता है, ऊपर से वह रहस्यपूर्ण हो गयी, तब तो भयभीत होकर कौन पाठक नहीं भाग खड़ा होगा?

'पहल-82' के अंक में ओम निश्चल के साथ एक लम्बे साक्षात्कार के दौरान साहित्य, समय और सत्ता के प्रति कवि की बेबाक दृष्टि का खुलासा हुआ। इससे यह भी सुनिश्चित हो सका कि अपनी रचनात्मकता को वे किस दिशा में ले जाना चाहते हैं तथा किन क्षेत्रों से उनका सख्त विरोध है। दिल्ली इधर कुछ वर्षों से लगातार शेष भारत के रचनाकारों के निशाने पर चढ़ रही है, और उसके मजबूत कारण भी हैं। यहाँ देवी प्रसाद ने दिल्ली के प्रति अपने असन्तोष की अभिव्यक्ति इन शब्दों में की है-''दिल्ली एक नया यथार्थ तो जरूर था। धुएँ का यथार्थ, ये करो तो वो हो जाएगा का यथार्थ, ऐसा नहीं कर पाओगे तो वैसा नहीं हो सकता का यथार्थ, धन्धे का यथार्थ।''[99]

बेशक यह तल्ख आक्रोश की भाषा है, जिसमें दिल्ली के कड़ुवे अनुभवों की जलन है उनके भीतर अनिवार्यत: व्यंग्य का आवेग क्यों प्रवाहित हो रहा है, यह उनकी इस तड़फड़ाहट के आलोक में समझा जा सकता है। इसी तरह वर्तमान हिन्दी समाज की जड़ता और अबौद्धिकता पर जिस तरह खुलकर पलटवार किया है, वह काबिलेगौर है कविता या साहित्य के लगातार सिमटते जाने के कारण खुद साहित्य जगत में कम नहीं हैं, किन्तु देवी प्रसाद की इन पंक्तियों में भी गहरी सच्चाई झलकती है-''हिन्दी में एक सुविधापरस्त, उथला और संवेदनविरोधी समाज बन रहा है। यह अक्षर विरोधी हिन्दी समाज है यह न सोचता अबौद्धिक समाज है यह बदलाव के लिए चिन्तित समाज नहीं है तो बार-बार कवि का गिरेबान ही नहीं पकड़ा जाना चाहिए कि उनके लिखने में ही कोई बुनियादी खोट है।''[100]

'समकालीन सृजन' में प्रकाशित तीन कविताएँ–'बाकी', 'दोस्ती' और 'मामूली कविता', कुछ अलग कारणों से हमारा ध्यान आकर्षित करती हैं। इनमें शिल्पगत नवीनता के बजाय अर्थगत प्रौढ़ता को सफलतापूर्वक साधा गया है।

साहित्य के प्राण की परख जिन्हें है, वे खूब जानते हैं कि मामूली चीज़ों, विषयों और घटनाओं में कितने बड़े अर्थों की सम्भावना छिपी होती है। दृष्टि-सम्पन्न रचनाकार की काबिलियत ही यही है कि वह साधारण से भी साधारण विषय को कीमती अर्थों की गरिमा से भर देता है। खुद देवी प्रसाद भी यही भाव साधने का प्रयत्न करते हैं।

समकालीन साहित्यिक जगत में देवी प्रसाद मिश्र सचमुच किसी नयी राह की खोज कर रहे हैं, या फिर ध्यान आकर्षित करने के लिए नये-नये नमूने पेश कर रहे हैं–यह भविष्य ही तय करेगा, किन्तु गठन, शिल्प और संरचना के स्तर पर उन्होंने जो प्रयोग किये हैं, उनका खुली बुद्धि से स्वागत किया जाना चाहिए। जब कई स्थापित रचनाकारों की कलम में मौलिक अर्थ और नवीन शिल्प दोनों का सूखा पड़ा हुआ हो तो एक हद तक देवी प्रसाद की अहमियत समझी जा सकती है।''[101]

आग्नेय : प्रेम के सामान्य कवि

आग्नेय, समकालीन कविता के चर्चित हस्ताक्षर। अब तक इनका एक ही संग्रह प्रकाशित हो सका है, नाम है–'लौटता हूँ उस तक'। इसमें कवि की लगभग चालीस वर्षों की घनीभूत प्रेम-भावना को समुचित आवाज़ मिली है। यह संग्रह इस अर्थ में अलग है कि इसका आदि-अन्त प्रेम ही है। वही कवि के सृजन की प्रेरक-शक्ति है, और वही चरम सन्तोष का आश्रय भी। समकालीन कविता में एकनिष्ठ प्रेम की रागिनी छेड़ने वाले दूसरे उल्लेखनीय कवि अशोक वाजपेयी से अलग हैं। पहले तो यह कि आग्नेय की कविताओं में ग्रामीण प्रेम का गाढ़ा रंग दिखाई देता है। इसके अलावा उसमें गँवई लज्जा, संकोच, डर जैसे तत्त्व भी अन्तर्धारा के रूप में बहते हुए देखे जा सकते हैं। यहाँ शरीर की अपेक्षा मन को, प्रेमिका के हृदय को पाने की हसरत प्रबल दिखाई पड़ती है, इसीलिए भावना अन्तर्मुखी हो गयी है और उसमें एक सहज मानवीय उदारता या स्वार्थहीनता का समावेश हो गया है। अरविन्द त्रिपाठी उनकी प्रेम कविताओं में प्रेम की यातना अधिक देखते हैं–''आग्नेय खुद अपनी प्रेम कथा को यातना-कथा कहते हैं। ज़ाहिर है प्रेम की यह यातना उनमें शुरू से आखिर तक विद्यमान है।''[102]

मीरा और घनानन्द से बढ़कर प्रेम की वेदना का कवि शायद ही मिले। इन कालजयी रचनाकारों की कविताएँ प्रेम की अहक का मानदंड रचती हुई दिखाई पड़ती हैं। इसलिए आग्नेय में यदि सचमुच पीड़ा कहीं है भी तो इन कवियों की कसक के

आगे बौनी और नगण्य है। वह कवि के अपने पैमाने पर खरी साबित हो तो हो जाए, साहित्य के पुराने, विशाल पैमाने पर खरा सिद्ध हो पाना मुश्किल है। यह अवश्य है कि प्रेम के आवेश में वे होश नहीं गँवा बैठते। पुनः अरविन्द त्रिपाठी के शब्द–"वे शुरू से अन्त तक काव्य–कौशल का बारीक सन्तुलन बनाए रखते हैं। इसीलिए ये कविताएँ पाठक को बार–बार सम्मोहित करती हैं।"[103]

आगे चलकर कवि ने अपने एकान्तिक प्रेम का राग बदला और देश–दुनिया के दुख –सुख एवं जद्दोजहद में शरीक हुआ। समकालीन जगत में रचना करनेवाला वह हर कवि जो अपने को आगे जीवित देखना चाहता है, उसे अपने वक्त को सृजन में जिन्दा करना ही पड़ेगा। आग्नेय इस दर–हकीकत से परिचित हैं, इसलिए पूरी तत्परता के साथ अपने समय को उठाते हैं, और यहाँ वे अपनी पिछली रचनाओं से कहीं ज्यादा सार्थक दिखाई देते हैं–

बाहर देखते–देखते
होने लगा हूँ अन्धा
आवाज़ें सुनते–सुनते
होने लगा हूँ बहरा
स्वाद चखते–चखते
होने लगा हूँ आदमखोर...[104] (*'रहस्य' कविता*)

यहाँ अनुभूति में पकी हुई दृष्टि की चमक साफ देखी जा सकती है। यह चित्रात्मक संवेदना का उदाहरण प्रस्तुत करती कविता है। जहाँ एक तरफ आधुनिक मशीनी दुनिया का अपरम्पार मायाजाल फैला है, तो दूसरी ओर कवि के अपने इंसानियत खोते जाने की भयावह पीड़ा। इन्हीं दो विरोधी तनावों की बेचैनी में ऐसी सूत्रात्मक पंक्तियाँ सहज ही फूट निकली हैं। देखने वाले अन्धे, सुनने वाले बहरे और आदमी को सीधे खा जाने वाले आदमखोर क्या आज इस 21वीं शदी में बड़े पैमाने पर मौजूद नहीं हैं?

उम्र के विकास के साथ–साथ कवि के अनुभव, विवेक, आत्मचेतना, निर्णय की शक्ति और ग्रहण करने की क्षमता का विकास बेहद स्वाभाविक है। जिस रचनाकार में इन गुणों की गति धीमी होती है, वे आजीवन किताब पर किताब लिख डालने के बावजूद लगभग निरर्थक ही बने रहते हैं। 'आग्नेय' अपने संग्रह की विशिष्टता के कारण पहचाने गये तो आगे चलकर उसके मोह के दायरे को तोड़ा भी और अभिव्यक्ति की नयी दिशाओं की खोज की, वरना उनकी भी पहचान जीवन भर प्रेम के तार छेड़ते रहने वाले कवि के रूप में बनकर रह जाती।

जनोन्मुखता पूरी समकालीन कविता की अनिवार, आवेगपूर्ण प्रवृत्ति है, लेकिन यह प्रगतिवाद की तर्ज पर नहीं है, न इसे पक्के मार्क्सवादी ढाँचे में फिट किया जा

सकता है, बल्कि वह कवि के जीवन में रचा बसा सच है, उसके भीतर का अभिन्न तत्त्व है। वह स्वतःस्फूर्त है। यद्यपि जनवादी कहलाने के फ़िराक में कई कवि जनता पर कविताएँ गढ़ने से नहीं चूक रहे, लेकिन इधर लगातार उन पर हो रही आलोचनाओं ने उन्हें मैदान छोड़कर भागने पर मजबूर कर दिया है।

एकान्त श्रीवास्तव : भाव, विचार और कलाकारी का सन्तुलन

प्रतिष्ठित युवा कवियों में एक सम्भावनाशील नाम है–एकान्त श्रीवास्तव। इनके दो काव्य-संग्रह अपनी भाव-सम्पदा और सोच-समझ की ताजगी के कारण पर्याप्त रूप से चर्चित हो चुके हैं। कवि का पहला संग्रह 'अन्न हैं मेरे शब्द' सन् 1994 में प्रकाशित हुआ। उसके बाद दूसरा 'मिट्टी से कहूँगा धन्यवाद' सामने आया।

समय-समय पर विभिन्न पत्रिकाओं में उनके लीक से हटकर लिखे गये लेख उसके पुख्ता प्रमाण हैं। सन् 2003 में प्रकाशित आपका तीसरा संग्रह–'बीज से फूल तक' अपने पिछले दोनों संग्रहों का अगला ऊँचा पड़ाव है। एकान्त को 'रंग-छः कविताएँ' काव्य-शृंखला के लिए 1991 में राम विलास शर्मा पुरस्कार प्राप्त हो चुका है। वस्तुतः ये छः कविताएँ इस संग्रह की उपलब्धि हैं, जो लाल, सफेद, हरा जैसे रंगों को बिलकुल नये अर्थों की गरिमा प्रदान करती हैं। ये कविताएँ स्वतः प्रमाणित कर देती हैं कि कवि कैसे अपनी दृष्टि के नवोन्मेष में चिर-परिचित चीज़ों को नयी अर्थवत्ता प्रदान कर रहा है। उदाहरण के तौर पर इस शृंखला की पहली कविता–'लाल'–

यह रंग उस आग का है
जो टेसुओं के नाम से जानी जाती है
और जिसके सुलगते ही बसन्त आ जाता है।[105]

कवि एकान्त श्रीवास्तव अपनी अन्तर्दृष्टि को निरन्तर ताने रहते हैं, उसे कोशिश भर ढीला नहीं पड़ने देते, परन्तु इस दृष्टि को खुलकर कहने के बजाय कलात्मक शैली में प्रगट करना पसन्द करते हैं।

इस प्रथम संग्रह की अनेक कविताएँ जैसे–'सिला बीनती लड़कियाँ', 'कार्तिक स्नान करने वाली लड़कियाँ', 'जमीन-2', 'गाँव की आँख', 'अन्न-1', 'दंगे के बाद', 'एक बेरोजगार प्रेमी का आत्मालाप' और 'काला' बार-बार पढ़ने के लिए मन को विवश करती हैं। इन कविताओं की भाव-विह्वल पंक्तियाँ अर्थों को बड़ी सफाई से प्रकट करती हैं, और बार-बार उन अर्थों पर रुककर चिन्तन करने के लिए प्रेरित करती हैं। 'गाँव की आँख' शीर्षक कविता में ऐसी एक भी पंक्ति नहीं, जिसमें संवेदना की आँच कमजोर पड़ती नज़र आती हो। स्वयं एकान्त ने ग्रामीण परिवेश

को जीया है, उसी माहौल में अपनी विविध जमीनी भावनाओं को धार दी है और सबसे बढ़कर यह कि साहस के साथ खुलेआम कह डालने की गँवई आदत सीखी है।

किसी मार्मिक विषय, दृश्य या चरित्र से कवि के अभिन्न और एकाकार होते ही कलम में चित्त को विचलित कर देनेवाली कला कैसे फूटती है? यह इन पंक्तियों के द्वारा कुछ हद तक समझा जा सकता है। नागार्जुन की कविता 'प्रेत का बयान' मामूली इंसान को असाधारण अर्थ प्रदान करने का अप्रतिम उदाहरण है। यहाँ सिर्फ़ अश्रुपूर्ण भावुकता से ही काम नहीं चलता, बल्कि विचारों की मशाल जलाकर बाह्य जटिलता के भीतरी कारणों में प्रवेश करना पड़ता है। विषय के जटिलतापूर्ण तथ्यों में प्रवेश कर मूल्यवान अर्थों को निकाल बाहर करना किसी चैतन्य कवि के द्वारा ही सम्भव होता है। 'कृति ओर' पत्रिका में जीवनसिंह ने बड़े साहसिक शब्दों में कहा है–''एकान्त श्रीवास्तव अपनी कविता में उस किसानी भावलोक का सृजन करते हैं, जो आधुनिक समृद्धि की दुनिया में निरन्तर क्षरित होता जा रहा है।''[106]

संग्रह की एक छोटी कविता 'जमीन-2' ध्यान देने लायक है। इसमें गाँव के आदमी और उसकी जमीन के बीच आत्मा के रिश्ते को बड़ी आत्मीयता के साथ उठाया गया है। गाँव में खेती-किसानी करनेवाले, फसलें बोने-काटने वाले और मड़ई डालकर रात में खेत पर सोनेवाले इन्सान से कोई पूछे कि जमीन का क्या मूल्य है? अपनी जमीन से गाँव का किसान बेदखल क्या हुआ, मानो उसकी प्रतिष्ठा ही लुट गयी, जैसे किसी ने प्राण नोंच लिया।

एकान्त बार-बार अपने गाँव-जवार और जनपद की ओर लौटते हैं, बार-बार गँवई रूप-रंग, गन्ध, हलचल और बतकही को जिन्दा करने के लिए व्याकुल होते हैं, और पीछे छूट चुके ग्राम-संसार को पुनः पाने के लिए लालायित रहते हैं।

बहुत कम उम्र में ही अपनी सृजन-यात्रा का आरम्भ कर देनेवाले एकान्त श्रीवास्तव अब उस मुकाम पर खड़े हैं, जहाँ आलोचक, कवि और पाठक अपने-अपने तरीके से रचनाकार का मूल्यांकन करने को उत्सुक हो जाते हैं। लेखन जगत में निरन्तर सक्रिय बने रहने और लेखों-कविताओं के माध्यम से अपने समय में सशक्त हस्तक्षेप करते रहने से उनको यही स्तर हासिल हुआ है। वैसे साहित्य में स्थायी जगह बन जाना या हर तरफ जमकर चर्चाएँ शुरू हो जाना, खुद लेखक को अकाल मौत देने के लिए काफी है।

'प्रगतिशील वसुधा' में एकान्त श्रीवास्तव की मात्र कविता 'डूब' प्रकाशित हुई। निर्विवाद रूप से यह कविता समकालीन हिन्दी कविता की महत्त्वपूर्ण कविताओं में से एक है। इसमें अनुभूति, विचार, कल्पना, घटना, सम्भाव्य सत्य सभी चीज़ों को एक साथ फेटकर, फिर व्यवस्थित कर इस कदर प्रस्तुत किया गया है कि अचानक

लगता है कि एकान्त के रूप में समकालीन कविता ने अपना मुहावरा ढूँढ़ लिया है। इसमें कवि की चतुर्मुखी सजगता लाजवाब है और वह कई सारी अविस्मरणीय पंक्तियाँ सामने लाती है। लम्बी कविता की कसौटी पर यह समकालीन कविता की उपलब्धि तो है ही, एकान्त को समग्रता में परखने का एक पैमाना भी है। भारत में बाढ़ की समस्या देशव्यापी आपदा तो है ही, हमारी दर-स्वार्थी राजनीति का मुद्दा भी है। रोजगार में वृद्धि और आर्थिक प्रगति का नारा देकर नदियों पर विशालकाय बाँधों का निर्माण विकासशील भारत का अनिवार्य खेल है। विकास की इस चपेट में आता है-प्राय: भारत का वह मैदानी क्षेत्र जहाँ सदियों से बस्तियाँ बसी हुई हैं, गाँव के गाँव जहाँ विस्तृत हैं। प्राय: ये नदी घाटी परियोजनाएँ हजारों गाँवों और लाखों मनुष्यों को जिन्दा लील जाती हैं। एकान्त ने बड़ी दृढ़ प्रतिबद्धता के साथ इस पूँजीवादी आर्थिक राजनीति का मुकाबला किया है और मोर्चे के तेवर में उन सभी ताकतों की प्रखर निन्दा की है जो विकास के नाम पर लाखों आम लोगों के जीवन, जमीन और अस्तित्व से विनाशक खिलवाड़ करते हैं।''[107]

एकान्त श्रीवास्तव अपने रचनात्मक दायित्व को अपनी कसौटी पर कसते होंगे और मन ही मन आकांक्षी भी होंगे कि उनकी कविताएँ साहित्य से बाहर निकलकर अपनी व्यापक भूमिका निभाएँ, परन्तु संयोग से उनकी कविताएँ हिन्दी के बृहद पाठक वर्ग के मर्म को उद्वेलित करने में सफल नहीं हो पायी हैं। इसके कारणों का विश्लेषण किसी आलोचक या पाठक से भी पहले एकान्त को करना है, क्योंकि समर्थ रचनाकार अपना पहला आलोचक स्वयं होता है। यदि सचमुच उसमें आत्म-सजगता आ गयी है, तो वह अपना अत्यन्त खरा मूल्यांकन कर सकता है। समकालीन कविता में एकान्त को स्थायित्व तो मिल ही गया है, लेकिन हिन्दी साहित्य के हजारों पाठकों का दुर्लभ विश्वास हासिल करना अभी बहुत दूर तक बाकी है। रचना और रचनाकार दोनों की सबसे बड़ी कसौटी तो पाठक ही है। कोई आलोचक पाठक से बहुत पीछे आता है। वरिष्ठ आलोचक जीवन सिंह क्या लिखते हैं, देखिए- ''एकान्त की आगे की यात्रा आसान नहीं है। अभी उनको समाज के तीखे अन्तर्विरोधों को गहराई से समझना है।''[108]

गोबिन्द प्रसाद : शब्द-सत्ता के गायक

समकालीन कविता की समृद्ध काव्य-परम्परा में गोबिन्द प्रसाद सृजन की अपनी राह पर चलने वाले कवि हैं। 26 अगस्त, 1955 को पुरानी दिल्ली के सीताराम बाजार में जन्मे गोबिन्द प्रसाद कविता के अलावा आलोचना और पेंटिंग में भी अधिकार पूर्ण दखल रखते हैं। सन् 2000 में प्रकाशित 'कविता के सम्मुख' और 1994 में प्रकाशित 'त्रिलोचन के बारे में' आपकी उल्लेखनीय आलोचनात्मक पुस्तकें हैं। कवि

का प्रथम काव्य-संग्रह 'कोई ऐसा शब्द दो' शीर्षक से वर्ष 1996 में प्रकाशित हुआ, और एक लम्बे अन्तराल के बाद उनका दूसरा संकलन 'मैं नहीं था लिखते समय' वर्ष 2007 में भारतीय ज्ञानपीठ से प्रकाशित हुआ।

प्रथम काव्य-संग्रह में गोबिन्द जी की कुल 61 कविताएँ हैं, जो 1974 से 1994 के लम्बे कालखंड के बीच रची गयीं। अपनी पहली कविता 'हो तो हो' में गोबिन्द प्रसाद अपने प्रातिभ विवेक को सांसारिक व्यक्तित्व की हदबन्दी से बाहर लाना चाहते हैं। इसमें एक आत्म-जागृति है, एक उदग्र आकुलता या कहिए आत्म-विस्तार न कर पाने की तड़फड़ाहट जो उनके शब्द-दर-शब्द में भावधारा बनकर फूट पड़ी है-देखें चार पंक्तियाँ-

हठीली आग कब तक दहकेगी
....होठों की सच्चाई बनकर
प्रतिमा खंडित हो तो हो, भीतर ही भीतर
मेरा 'वह' दरके तो दरके।[109]

आगे एक दूसरी कविता 'पहाड़' दिखाई देती है। यह विशुद्ध रूप से पहाड़ी जीवन का रचनात्मक फोटोग्राफ है। कवि का पहाड़ी जीवन से घनिष्ठ परिचय नहीं हुआ है, परन्तु वह जैसे ही उनके सम्पर्क में आता है, सहज आत्मीयता अविलम्ब कायम हो जाती है। यह रचनात्मक वेदना से उत्प्रेरित प्रगाढ़ लगाव है, जो इंसानी दिल सुरक्षित रखने वाले देशज कवि की प्रकृति होती है। इस कविता में प्रकृति और जीवन के सम्मिलित रंगों की बानगी भी है, जिसके बिना क्या पहाड़, क्या मैदान, बात पूरी ही नहीं होती।

गोबिन्द प्रसाद ने प्रस्तुत पुस्तक की भूमिका में शब्द की जीवित सत्ता का सूक्ष्म और सारगर्भित विश्लेषण किया है। यह अकारण नहीं है कि उनकी कविताओं में शब्द की महिमा अपनी सम्पूर्ण गरिमा के साथ रचनाबद्ध हुई है। मानव की बहुमुखी अभिव्यक्ति की सर्वमान्य इकाई शब्द ही हैं, परन्तु गोबिन्द प्रसाद ने शब्द की महत्ता को इससे भी दो कदम आगे जाकर स्थापित किया है कि उनके लिए शब्द व्यापक सम्बन्धों की गतिशील सृष्टियाँ हैं। वे जड़ भावनात्मक या जड़ सौन्दर्य की प्रतीति मात्र नहीं हैं। शब्द यानी जीवन सम्बन्धों के आयामों की तर्कपूर्ण (कभी कभी तर्क से परे भी) कलात्मक सन्तुलन से भरी संगति है।

गो.बिन्द प्रसाद अपनी लक्ष्यपूर्ण भावनाओं की अभिव्यक्ति के लिए प्रकृति के सन्देशमय रूपों का सहारा लेते हैं। जहाँ ऐसे बिम्ब-प्रधान अर्थ आये हैं, उनमें अपेक्षाकृत अधिक बोधगम्यता है, साथ ही वहाँ प्रभाव का गाढ़ापन तो है ही। 'अभाव के साक्षी', 'पखेरू' कुछ इसी तर्ज पर रची गयी कविताएँ हैं। आगे अपनी 'अभिप्रायः' शीर्षक कविता का कवि खुलेआम शोषण और शोषक के दर-खिलाफ अपना परिपक्व

विरोध घोषत करता है।

सूर्य और उसके मंडल के तीसरे आश्चर्यजनक सदस्य पर एक नहीं, हजारों-हजार उत्कृष्ट कविताएँ रची गयी हैं। विज्ञान की निगाहों में सूर्य हाइड्रोजन और हीलियम के अन्त:सम्बन्धों से चमकता हुआ मध्यम आकार का तारा है, जो सौर-मंडल का 99 प्रतिशत द्रव्यमान धारण किये हुए है। संग्रह की एक शुरुआती कविता है–'तुम्हारा आना'–इसमें गोबिन्द प्रसाद ने प्रकृति में घटित होनेवाले अलग-अलग सूक्ष्म चमत्कारों के माध्यम से प्रेम के शब्दातीत एहसास को बाँधने की पुरजोर कोशिश की है।

गोबिन्द प्रसाद प्रकृति के मर्मपूर्ण क्रियाकलापों को मनुष्य के जीवन पर सटीक अर्थों के साथ लागू कर सकते हैं, यह उनकी कुशल काव्यदृष्टि का परिचायक है। इसके अतिरिक्त वे प्रकृति का दामन थामे बगैर समकालीन मानव के अन्तर्मन में प्रवेश किए वहाँ से नये भावतत्त्व निकाल सकते हैं–उनकी कविताओं से यह भी प्रमाणित होता है।

कवि की अनेकानेक कविताएँ उनकी अन्तर्मुखी चिन्ता, उल्लास और सजगता की सूचना देती हैं–जैसे–'नीमख़ाबी', 'ध्यान', 'आदतों के बारे में', 'आदतों के सामने', 'जब हँसने की घड़ी आई' इत्यादि। इनमें से 'हँसने की घड़ी आई' शीर्षक कविता अपनी सूत्रात्मकता संक्षिप्तता के बावजूद मन में व्यापक असर छोड़ती है, और यह एहसास कराती है कि कवि जब अपने निगूढ़ हृदय की पुकार सुनता है, तो निश्चय ही दूसरे के हृदय को अपना समर्थक बना लेनेवाली पंक्तियाँ प्रवाहित होती हैं।

गोबिन्द प्रसाद धीमी गति से, चुपचाप अपना काव्य-विकास करने वाले सर्जक हैं। उनमें न तो आत्म-प्रकाशन की हड़बड़ी है और न ही फटाफट स्थापित हो लेने की कच्ची व्यग्रता। अपने सृजन के प्रति आत्मनिष्ठता कुछ इस कदर है कि उसे साहित्यिक दुनिया में अनिवार्यत: लाना ही है, इस दायित्व से भी वे मुक्त रहना चाहते हैं। गोबिन्द प्रसाद अनौपचारिक अनुभूतियों के सर्जक हैं, जहाँ कविता की बनी-बनाई शर्तें और नीतियाँ बहुत काम नहीं आतीं। इसका अर्थ यह नहीं कि वे काव्य-तत्त्व की समकालीनता का ध्यान नहीं रखते, बल्कि सच तो ये है कि उनकी कई कविताएँ अपनी अनौपचारिक अभिव्यक्ति में सृजन का नया मार्ग रचती दिखाई देती हैं। अपने हृदय की निगूढ़ अनुभूतियों के इसी प्रकाशन के दौरान उनकी कविताएँ जटिल हो उठती हैं, उनमें अर्थों की दिशा बहुत स्पष्ट नहीं दिखाई देती और पूरी कविता में एक अबूझ, रहस्यमय सी धुन्ध छा जाती है। कभी-कभार गोबिन्द प्रसाद नितान्त निजी किस्म के ऐसे अज्ञात शब्दों का भी चुनाव कर लेते हैं, जो भले ही-व्यावहारिक जगत में प्रचलित न हों, परन्तु वे कवि की सर्जनात्मक भावनाओं के पूर्ण प्रकाशन के लिए अनिवार्य लगते हैं।

किसी कवि की दीर्घजीवी सृजनात्मकता उसकी प्राकृतिक भावुकता, सहजतापूर्ण आत्मीयता और अनौपचारिक कलात्मकता में छिपी होती है। यदि किन्हीं कारणों से ये आन्तरिक मूल तत्त्व गायब या क्षीण हो गये हैं, तो लाख कोशिशों के बावजूद कोई प्रतिभाशाली कवि अपनी कविता को लम्बी उम्र नहीं दे सकता। गोबिन्द प्रसाद ने इस दर-हकीकत को मन ही मन समझते हुए सृजन के इन मौलिक तत्त्वों को यत्नपूर्वक बचाया है, अपने इर्द-गिर्द मँडराते और विचलित हो जाने को विवश करते तमाम प्रलोभनों के बावजूद वे अपने रुचिकर पथ पर ही अकेले चलते रहते हैं। एक तरह से कहा जा सकता है कि साहित्य-घातक कविता की राजनीति से गोबिन्द प्रसाद का कोई रिश्ता नहीं, और यही कीमती स्वभाव उनके कवि को लम्बी आयु देने के लिए पर्याप्त है।

बद्रीनारायण : अतिरिक्त कला से परहेज नहीं

'सच सुने कई दिन हुए' प्रतिष्ठित युवा कवि बद्रीनारायण का यह संग्रह 1993 में प्रकाशित हुआ। यह कवि का पहला संग्रह है, जो साहित्य जगत में पर्याप्त चर्चित रहा। इनका एक संग्रह 'शब्दपदीयम्' भी साहित्यकारों और शोधस्तरीय बौद्धिकों के बीच अपनी उपस्थिति सिद्ध कर चुका है। 'शब्दपदीयम्' को प्रतिष्ठित केदार-सम्मान से नवाजा भी जा चुका है।

'प्रेमपत्र' शीर्षक कविता पर बद्री को भारत-भूषण अग्रवाल स्मृति पुरस्कार प्राप्त हुआ। इसमें निर्णायक मंडल के सदस्य तथा वरिष्ठ कवि केदारनाथ सिंह ने निम्नलिखित शब्दों में बद्री की काव्य-क्षमता को रेखांकित किया है-"पिछले कुछ वर्षों में जिन नये कवियों ने अपनी भाषा की ताज़गी और संवेदना की नयी बुनावट से पाठकों का ध्यान आकृष्ट किया है, उसमें बद्रीनारायण का नाम विशिष्ट है।" यहाँ युवा कवि के बारे में प्रसिद्ध सर्जक के विचार मायने रखते हैं। आगे प्रस्तुत संग्रह की समीक्षा इन निष्कर्षों को सामने रखकर की जाएगी।

'आइस-पाइस' संग्रह की पहली कविता है जो कुल बारह पंक्तियों की छोटी कविता है। प्रथम कविता के प्रति जो उत्सुकता, आकर्षण और उम्मीद मन में पहले से बँधी रहती है, वह एक पाठक के तौर पर मेरे भीतर भी होना स्वाभाविक था, परन्तु यह कविता आत्यन्तिक रूप से हताश करती है और कविता के प्रति उमड़ती-घुमड़ती हुई उद्दाम रुचि को सोख लेती है।

'प्रेमपत्र' कविता की भाषा बहुत साफ और दिशापूर्ण है। इसमें अपने प्रेमी हृदय को अनावृत्त भावुकता के साथ सामने प्रकट कर दिया गया है। वर्तमान युग में एक तरफ प्रेम के प्रति क्रूर वातावरण और दूसरी तरफ उसे खोने से बचाये रखने की जद्दोजेहद यही दो ऐसी परिस्थितियाँ हैं, जो पूरी कविता में अर्थगर्भित तनाव पैदा

करती हैं। मनुष्य की एक त्रासदी यह भी है कि बड़ी-बड़ी उपलब्धियाँ हासिल करने के बावजूद अन्दर से खोखला ही रह जाता है, और जो हमारे मनुष्य कहलाने की अनिवार्य शर्त है, उसे पूरी तरह से खो चुका है।

कवि में एक अमूल्य भावना को सुरक्षित रखने की व्याकुलता है, किन्तु इसमें बहुत धारदार गहराई आ पायी हो, ऐसी बात नहीं है। बावजूद इसके यह सच है कि यह कविता संग्रह की चन्द उत्तम कविताओं में से एक है। आगे एक अन्य कविता आती है-सफ़र। यह लगभग उस ज़ज़्बाती मूड की कविता है, जब कोई कवि न जाने क्या-क्या कर डालने की तूफानी भावना में झूम रहा होता है और कलम में हूबहू वही उतार देने से खुद को रोक भी नहीं पाता। प्रौढ़ हो जाने पर उस कवि को पता चलता है कि अपनी अनुभूति और क्षमता के बड़े-बड़े दावे करना कच्ची कलम की निशानी माना जाता है।

'अब मैं कबूतर पालूँगा' यह संग्रह की एक अन्य बेहतर कविता है। इसमें कबूतर प्रतीकात्मक है, जो शान्ति, सद्भावना और मैत्री का अर्थ देता है। इस कविता में कवि का आशावाद, मानवप्रेम और पतन के खिलाफ प्रतिबद्धता मुखर है। 'प्रेमपत्र' कविता की तरह इसमें भी विचारपूर्ण दिशा है, जो गन में लगातार एक स्पष्ट अर्थ की ध्वनियाँ प्रवाहित करती रहती है।

युवा कवि एवं समीक्षक श्रीप्रकाश शुक्ल ने बड़ी कठोरतापूर्वक बद्रीनारायण को याद किया है, लगभग उनकी दम भरने की कला को खारिज करते हुए। बावजूद इसके बद्री की घोषणा करती हुई पंक्तियों को एक युवा कवि की तरंगपूर्ण मानसिकता के अन्तर्गत भी देखा जाना चाहिए। दूरगामी दिशा में दौड़ने के लिए अपनी महत्त्वाकांक्षा को प्रकट करने से न रोक पाना कोई अपराध नहीं है, बशर्ते कि उसमें कवि-हृदय की निश्छलता और दर सच्चाई झलकनी चाहिए। वरना उन्नीस साल की उम्र में रवीन्द्रनाथ टैगोर की अप्रतिम कविता 'निर्झरेर स्वप्न भंग' के बारे में क्या निर्णय देंगे, जो अपनी आकाशधर्मी कल्पना और महान संकल्पों का पिटारा खोल देती है।

उपरोक्त संग्रह की कुछ अन्य कविताएँ, जैसे-काश, थोड़ी देर और, न होने के विरुद्ध दो कविताएँ और बार हम में कवि के सार्थक कल की उम्मीद जगाती हैं। चिट्ठी, पहाड़ और मेरे बीच, प्रेमपत्र और माँ जैसी कविताएँ कवि की लोकप्रियता पर प्रश्नचिह्न भी लगाती हैं। 'माँ' शीर्षक कविता में कवि द्वारा बहुत ही अनौपचारिक और आत्मीय ढंग से नवीन हो उठने की उम्मीद थी, परन्तु ऐसा हुआ नहीं।

कवि केदारनाथ सिंह के सम्पादन में निकलने वाली पत्रिका 'बीजशब्द' में बद्रीनारायण की कुल तीन कविताएँ प्रकाशित हुईं। इनमें बद्री पहले संग्रह की ज़ज़्बाती और अनियोजित शैली से आगे बढ़े हुए दिखाई पड़ते हैं।

जान-बूझकर किसी व्यर्थ की कलाबाजी में कविता को न उलझाना बद्रीनारायण

की विशेषता है। ऐसा बहुत कम दिखाई पड़ता है, जब कवि अपनी कविता पर ध्यान आकर्षित करने के लिए अर्थों में बनावटीपन भरता हो। समकालीन कविता में यह प्रवृत्ति एक समय में बढ़-चढ़कर देखी जा सकती थी, परन्तु पाठकों द्वारा की गयी चतुर्दिक आलोचनाओं से स्थिति में काफी सुधार हुआ है, वरना हेमन्त कुकरेती और आर. चेतन क्रान्ति जैसे निरर्थक चमत्कारप्रियता के उस्ताद कवि यूँ शान्त नहीं बैठे रहते।

खुद को देखने, आँकने और तौलने वाली आँखें कवि में पर्याप्त सजग हैं। यह अन्तर्दृष्टि प्रथम संग्रह में बिलकुल गायब है। इसी दृष्टि ने ही आगे चलकर उनके बड़बोलेपन को प्रायः समाप्त कर दिया।

'दरकन की आवाज़', 'बाग' और 'परिन्दे सात जनम पहले' ये कुछ चन्द कविताएँ हैं, जो 'नया ज्ञानोदय' में प्रकाशित हुईं। इन कविताओं में भी कवि की परिपक्व कलात्मकता खुलकर सामने आती है। यहाँ एक और दृष्टि ने जन्म लिया है, वह है-संकेतों में मन की बात कह ले जाना। किसी कवि में यह कला लम्बे अभ्यास और वैचारिक परिश्रम करने के बाद आती है।

कहना जरूरी है कि समकालीन जगत के खतरनाक सच पर कवि की पूरी पकड़ है, और उसे असरदार तरीके से उठाने का माद्दा भी।

बोधिसत्व : सच को कहने का साहस

बद्रीनारायण और एकान्त श्रीवास्तव के ही समकक्ष एक और प्रतिष्ठित हस्ताक्षर हैं- बोधिसत्व। देखा जाए तो बोधिसत्व ने बहुत कम समय में अपनी पहचान कायम कर ली है। कवि के कुल तीन काव्य-संग्रह प्रकाशित हो चुके हैं, जिनमें से दो इस प्रकार हैं-1. हम जो नदियों का संगम हैं-2000, 2. दुख-तन्त्र-2004। इन संग्रहों के माध्यम से कवि की रचनात्मकता के क्रमिक विकास को विस्तारपूर्वक रेखांकित किया जा सकता है। सन् 1999 में इन्हें भारत भूषण अग्रवाल पुरस्कार भी प्राप्त हो चुका है।

'कमलादासी' की कविताएँ काव्य-शृंखला के माध्यम से आपने अपनी विशेष पहचान कायम की। इस कड़ी में एक कविता है-'अक्षत', जिसमें बोधिसत्व ने थोड़ा ऊपरी और चलताऊँ ढंग से एक स्त्री के अक्षत न रह पाने के दुख का जायजा लिया है। यहाँ वे और विलक्षण निहितार्थ को पैदा कर सकते थे और नारी की टूटकर बिखरती हुई दृढ़ता को भावनापूर्ण स्वर दे सकते थे, परन्तु बोधिसत्व ऐसा ओज दे पाने से अकसर चूक जाते हैं।

कभी मैं एक विकसा हुआ फूल थी
एक पंखुड़ी अक्षत अजीर्ण

पत्थर हूँ अब
पपड़ी झरती है–हर संध्या को, रात को, प्रात को।[111]

कवि इन पंक्तियों के माध्यम से समग्रत: क्या अर्थ देना चाहता है, यह पूरी तरह स्पष्ट नहीं हो पाता। कहीं न कहीं नारी की अलक्षित पीड़ा को गहराई से न समझ पाना और अपनी अस्पष्टता में उलझकर रह जाना भी है। वरिष्ठ आलोचक परमानन्द श्रीवास्तव ने यद्यपि कमलादासी की कविताएँ शृंखला की तारीफ में काफी कुछ कह डाला है, परन्तु सच ये है कि ये कविताएँ ऊँची छलाँग मारने की आकांक्षा लिये-लिये ही रह जाती हैं, खुलकर छलाँग मार नहीं पातीं। परमानन्द के अनुसार– ''कमलादासी की कविताएँ लिखते हुए बोधिसत्व मिर्जा हादी रुस्वा हो जाना चाहते हैं, जिन्होंने सौ साल पहले उमराव जान लिखा।''[112]

'एक कट्टा', 'कोहली स्टूडियो', 'नया खेल', 'खोना चाहता हूँ' और 'त्रिलोचन' ये पाँच कविताएँ 'वागर्थ' पत्रिका में प्रकाशित हुईं। इनमें सबका अपना अलग-अलग तेवर है, भाव-भंगिमा है और शब्द-कौशल है। 'एक कट्टा' बहुत कुछ प्रेम-कविता का आभास देती है, थोड़ा छिप-छिपकर, संकोच के साथ शर्म के साथ। यहाँ बहाने से प्रेम का इजहार करते हुए दिखाया गया है। मन में तो मांसल और शारीरिक प्रेम पाने की लहक उठ रही है, परन्तु उसी ढंग से व्यक्त कैसे किया जाए, अभद्रता नहीं करार दी जाएगी? इसीलिए बोधिसत्व थोड़ा इधर-उधर की बातों में उलझाकर भीतर की मंशा प्रकट करते हैं।

प्रेम कविताओं से रिक्त होती हुई समकालीन कविता के लिए ऐसी कविताओं की अपनी अहमियत है। अशोक बाजपेयी ने तो विधिवत् मोर्चा सँभाल रखा है और एकदम नयी सदी के प्रेम से कदम ताल मिलाते हुए युवा कवि पवन करण भी इस अभियान में काफी आगे हैं, परन्तु आधुनिक समय में प्रेम को जो मानवीय सम्पूर्णता और व्यापकता हासिल होनी चाहिए, वह भला समकालीन कविता में कहाँ? 'पद्मावत' तो प्रेम की मानवता का महाकाव्य है और मीरा भी प्रेम का मानदंड रचकर अमर हो गयीं, परन्तु आज के कवि में न तो वह उदात्त बेचैनी है, न ही स्वार्थहीन अन्तरात्मा और न ही अनुभूति की अलौकिक क्षमता जो प्रेम जैसे शाश्वत गहन भाव को आकाशवत् ऊँचाई देने की क्षमता।

'कोहली स्टूडियो' शीर्षक कविता में कवि ने बिलकुल ही नये, व्यापक और रुचिकर विषय को उठाया है। आज के मध्यवर्गीय समाज में विवाह, परम्परा और आधुनिक फैशनपरस्ती के बीच झूलकर चल रहा है। कुंडली का मिलान करना, फोटो देखना और दिखाना, लड़कों के पर परिवार का पूरा जीवन-परिचय मँगवाना और कम से कम एक-दो घंटे के लिए लड़के-लड़की से मेल-मिलाप करवाना आम बात हो गयी है। इस कविता में बोधिसत्व ने और भी अनछुए पहलुओं को

पकड़ने की उल्लेखनीय कोशिश की है–

कोहबर में दोनों ने एक दूसरे को फोटो से
कम सुन्दर पाया
दोनों को बहुत सुन्दर दिखना था
दोनों ने कोहली स्टूडियो से फोटो खिंचवाया
दोनों को कोहली स्टूडियो ने सुन्दर दिखाया
ब्लैक एंड व्हाइट फोटो से।[113]

प्रगतिवादी काव्यान्दोलन के प्रतिनिधि कवि त्रिलोचन का लम्बी बीमारी के बाद देहान्त न सिर्फ़ साहित्य जगत के लिए बल्कि हिन्दी पाठक वर्ग के लिए भी अपूरणीय क्षति की तरह रहा। केदारनाथ सिंह के मानो वे काव्यगुरु ही थे। समकालीन हिन्दी कविता के अनेकानेक युवा कवियों ने उनके लेखन, व्यक्तित्व और शैली से दृष्टि ग्रहण की।

युवा आलोचक और कवि श्रीप्रकाश शुक्ल प्राय: ग़ैर साहित्यिक तेवर में अपने समय के प्रतिष्ठित युवा कवियों का मूल्यांकन करते हैं। वे रचना की आलोचना के बजाय रचनाकार पर कड़ी टिप्पणियाँ करने में ज्यादा रुचि लेते हैं। व्यक्तिगत पसन्द-नापसन्द से मुक्त रहकर सिर्फ़ रचना की अर्थशक्ति के आधार पर मूल्यांकन करना इतना आसान तो नहीं, परन्तु आलोचना का एक पैमाना तो है ही। आगे देखिए श्रीप्रकाश अपने समवयस्क बोधिसत्व के बारे में क्या लिखते हैं–"इधर अपनी सीमाओं से अवगत और संवेदनाओं के विस्तारीकरण की ओर, तमाम विवशताओं के बीच अग्रसर। शब्द चयन में अरुण कमल जैसे सचेत।"[114]

'नया ज्ञानोदय' में प्रकाशित बोधिसत्व की पाँच कविताएँ ताजा-तरीन होने के कारण बोधिसत्व की सद्य:विकसित काव्य चेतना का परिचय कराती हैं। इनमें 'प्रात-स्नान' और 'हाल-चाल' कविताएँ अपने अर्थ की व्यापकता के कारण खास महत्त्व रखती हैं। यह अपने आप में रोचक और ध्यान देने योग्य विषय है कि बद्री नारायण, एकान्त और बोधिसत्व तीनों लोक जीवन और ग्रामीण यथार्थ के प्रेमी कवि हैं। यह निष्कर्ष दे पाना मुश्किल होगा कि तीनों में से लोक का रंग किसमें सबसे चटक है। समकालीन कविता जबकि छोटे-बड़े शहरों में बस जाने वाले कवियों के हाथों कैद होकर रह गयी है, कविता में गाँव, अंचल, कछार और खेत-सीवान की थोड़ी भी गन्ध बहुत कीमती लगती है।

पवन करण : 21वीं सदी की स्त्री के प्रवक्ता

21वीं सदी की हिन्दी कविता के चर्चित युवा कवि पवन करण साहित्य जगत के लिए विशेष जैसे हैं। आज क्या पाठक, क्या आलोचक और क्या समूचा साहित्य

जगत पवन करण की खासियत को इनकार नहीं कर सकता। कोई उनकी आलोचना करे अथवा प्रशंसा मगर पवन करण को टाल पाना मुश्किल है।

लगभग चार वर्षों के अन्तराल में उनके कुछ काव्य संकलन प्रकाशित हुए– 1. इस तरह मैं–2000 और 2. स्त्री मेरे भीतर–2004। 3. अस्पताल के बाहर टेलीफोन–इसमें पहले संग्रह पर मध्यप्रदेश साहित्य अकादमी का रामविलास शर्मा पुरस्कार और मध्यप्रदेश कला परिषद का रजा पुरस्कार तथा दूसरे संग्रह पर रूस (मास्को) का प्रतिष्ठित पुरस्कार 'पुश्किल सम्मान' प्राप्त हो चुका है। आपका तीसरा संग्रह–'अस्पताल के बाहर टेलीफोन' (2009) राजकमल प्रकाशन से प्रकाशित हुआ है।

कवि का पहला संग्रह समकालीन कविता में मोड़ लाने की सूचना देता है। इसमें विषयों के प्रति एक प्रबल उत्साह है, आत्मीयता है और उनको समर्थ वाक्यों में जिन्दा करने की हुनर। घर, परिवार, समाज, प्रकृति इत्यादि सभी विषयों पर कलम चलाने की तत्परता इस संग्रह में दिखाई पड़ती है। पठनीयता का गुण इस संग्रह में इतना ज्यादा है कि लगभग प्रत्येक कविता किसी न किसी रूप में दृष्टि को खींचने के लिए विवश करती हुई मिल जाएगी। एक प्रतिभावान और दृष्टि सम्पन्न युवा कवि किसे कहते हैं–यह समझने के लिए 'इस तरह मैं' का सम्पूर्ण अध्ययन–मनन आवश्यक है।

सन् 2004 ई. में इनका दूसरा संग्रह प्रकाशित हुआ। यह सच है कि इस संग्रह ने स्त्री–विमर्श को नया आयाम दिया है, जो अभी तक साहित्य के लिए लगभग अज्ञात था, या कहीं किनारे पड़ा हुआ था। 'स्त्री मेरे भीतर' की सारी कविताएँ स्त्रीपरक हैं, और स्त्री–पुरुष के बीच बिलकुल अछूते अन्त:सम्बन्धों का खुलासा करती हैं। उन सम्बन्धों को हम सब भी जानते, समझते और अनुभव करते हैं, परन्तु हिन्दी कविता में उसे आवाज़ देने का काम कवि पवन करण ने ही किया।

'स्त्री मेरे भीतर' संग्रह पर वरिष्ठ कवियों की टिप्पणियाँ आ चुकी हैं। सबको मिलाकर निष्कर्ष कुछ इस तरह है कि यह संग्रह समकालीन कविता की एक उपलब्धि है। यही कारण है कि प्रकाशित होने के बाद करीब तीन वर्षों तक यह कृति समीक्षाओं और चर्चाओं के केन्द्र में रही।

यह नयी सदी में आधुनिक पिता की खुली मानसिकता की खोज है। ऐसा पिता प्राय: उच्चवर्ग में देखा जा सकता है, परन्तु सम्पन्न मध्यवर्ग में भी अब ऐसे पिता को पाया जा सकता है। वह शिक्षित है, नये ख्यालों का है, पुरानी बन्दिशों को बकवास और खतरनाक मानता है, तथा मन ही मन नयी उभरती हुई युवा पीढ़ी की आजादी का जबरदस्त समर्थक भी है। उसकी यह खुली सोच इस तर्क पर आधारित है कि नौजवानी की उम्र में हमारे, आपके या किसी के भी भीतर प्रेम पाने की भूख–

प्यास अनिवार्यत: तीव्र होती है, तो अपनी बेटी में क्यों नहीं होगी? अपनी नौजवानी की उम्र में सबको प्रेम पाने और चाहने का हक है। जब उस उम्र में हम खुद प्रेमिका का साथ पाने की तमन्ना रखते हैं–तो अपनी बेटी क्यों न रखे। आज विजातीय विवाह हो रहे हैं, अन्तरधा्मक विवाह हो रहे हैं, यहाँ तक कि लड़की के अनुसार पसन्द किये गये नौजवान को पूरा का पूरा परिवार शादी करने की मान्यता दे रहा है। धीरे-धीरे यह चलन अपना विस्तार ले रहा है।

प्रस्तुत संग्रह की कई कविताएँ जैसे–'तुम जैसी चाहते हो वैसी नहीं हूँ', 'एक स्त्री मेरे भीतर', 'बहन का प्रेमी', 'एक खूबसूरत बेटी का पिता' या फिर 'दरअसल उसे समझना खुद को समझना है,' न सिर्फ़ स्त्री-विमर्श का बल्कि समकालीन कविता का नया मुहावरा रचती हुई दिखाई पड़ती हैं। मुहावरा यह कि अब सिर्फ़ सच की, दर सत्य की बात होगी, अपने अन्त:सत्य की बात होगी। और यह भी कि अपनी इच्छा, भावना, प्रवृत्ति का वह यथार्थ जिसे मर्यादा और संस्कार की आड़ में छिपाना चाहते हैं, हूबहू उसको वैसे ही आने दीजिए। वह न तो बहुत उत्तम है, न ही निष्कृष्ट, बल्कि वह हमारे मानव जीवन का मूलभूत सत्य है, उसकी अनिवार्य अहमियत को हम नकार नहीं सकते। चूँकि पवन करण ने परम्परा और संसर के अन्ध भक्त समाज में चुनौती देने का दुस्साहस किया, इसलिए उन पर प्रेम जैसे विषय को भुनाने या कविता में चटपटा मसाला परोसने जैसे सतही आरोप लग सकते हैं। परन्तु हकीकत यह है कि कवि ने पूरी जिम्मेदारी के साथ निर्भीकतापूर्वक सच्चाई का साथ दिया है और उसे मान्यता दिलाने का साहस किया है।

अगर यही माँग आज एक स्त्री कर बैठे तो हमारे समाज में वज्रपात हो जाएगा। वैसे सम्बन्धों की कसौटी पर स्त्री पुरुष से अधिक विश्वसनीय और दृढ़ होती है, परन्तु इज्जत, मर्यादा, इत्यादि की दुहाई सर्वाधिक स्त्री को लेकर ही दी जाती है।

जिन्हें पवन करण से शिकायत है कि वे हमेशा स्त्री के प्रेम प्रसंगों को उठाकर ही कविताएँ लिखते हैं, उन्हें संग्रह की ही कुछ अन्य कविताएँ पूरी तन्मयता के साथ पढ़नी चाहिए। एक है–'यह आवाज़ मुझे सच्ची नहीं लगती' और दूसरी–'एक स्त्री मेरे भीतर'। स्त्री–पुरुष के शारीरिक और मानसिक प्रेम–सम्बन्धों से दूर ले जाती हुई ये कविताएँ स्त्री के जीवन में धँसे हुए ऐसे भयानक सच को सामने लाती हैं, जिसको हम सपने में भी अपनी चिन्ता का विषय नहीं बनाते, औरतों के साथ छेड़खानी, बलात्कार, हत्या और मारपीट जैसी घटनाएँ इतनी आम हो गयी हैं, कि जल्दी विश्वास ही नहीं होता कि हम शिक्षा और नयी सभ्यता की शताब्दी में जी रहे हैं। मज़हबी दंगा भड़काता है तो सर्वाधिक पीड़ित होती है–स्त्री। दो समुदायों में हिंसा का दौर शुरू होता है तो सर्वाधिक इज्जत लुटती है–स्त्री की। इसके पीछे दंगाई पुरुषों का पूरा विकृततम मनोविज्ञान काम करता है।

गुजरात में हुआ गोधरा कांड इस कविता की पृष्ठभूमि में है, जिसमें स्त्रियों के साथ अकल्पनीय स्तर पर ऐसा दुराचार हुआ, जिसे लिखते हुए कलम जवाब दे जाती है। पवन करण समकालीन स्त्री के मन का कोना-कोना झाँक आये हों, ऐसा तो नहीं कहा जा सकता, परन्तु जितनी तत्परता, ईमानदारी और संयम के साथ वे आगे बढ़ रहे हैं आश्चर्य नहीं कि 21वीं सदी की स्त्री के वे महत्त्वपूर्ण प्रवक्ता बन जाएँ।

समकालीन कविता के सक्रिय आलोचक परमानन्द श्रीवास्तव ने पवन करण को अपनी आलोचना-पुस्तक 'कविता का उत्तर जीवन' में गम्भीरतापूर्वक रेखांकित किया और पत्र-पत्रिकाओं में लेख या साक्षात्कार के दौरान वे पवन करण को बराबर याद रखते हैं। इससे स्पष्ट होता है कि कवि ने समकालीन साहित्य जगत में अपनी अनिवार्य उपस्थिति कायम कर ली है।

यह सच है कि पवन की कविता उनकी अपनी खोज है। वह तमाम प्रतिष्ठित युवा कवियों की रचनाओं से साफ-साफ अलग दिखती है। उसमें व्यवस्थित अर्थ की परतें और वाक्य-भंगिमा भी एकदम नये किस्म की है। इसे न तो शत-प्रतिशत गद्य-कविता कह सकते हैं और न ही लयात्मक कविता। यह विष्णु खरे या मंगलेश डबराल की कहानी-शैली से भी अलग है। वस्तुतः यह अर्थपूर्ण बतकही शैली में है। यह रचनात्मक और लक्षणा प्रधान है। अपने दैनिक जीवन की व्यावहारिक और गतिमान भाषा में ये कविताएँ लिखी गयी हैं। यह साहित्य में खतरे का काम है, क्योंकि साहित्य की भाषा को बतकही के अन्दाज में प्रस्तुत कर देने से उसके सतही हो जाने का खतरा रहता है, परन्तु पवन करण इस भाषा को अपनी दृष्टि की ताकत देते हैं, अपनी नवीनता-प्रेमी प्रतिभा से आकर्षक बनाते हैं और उसे सृजनात्मक भाषा की एक पहचान देते हैं। भाषा आगे चल रही है, कवि पीछे, उसे दिशा देता हुआ, निरन्तर ऊँचाई देता हुआ, अधिक से अधिक गहराई भरता हुआ। यह आम बोलचाल की भाषा नहीं है, न ही वह ग्रामीण भाषा है, बल्कि वह आधुनिक कस्बाई मध्यवर्ग की बोली-बानी है। इसमें कमाल की बात यह कि प्रत्येक शिक्षित पाठक को वह अपनी भाषा तो लगती ही है, अपने अज्ञात मन का कथन भी वह महसूस होती है। हम भी कुछ ऐसा सोचते हैं, ऐसा ही बदलाव देखना चाहते हैं, स्त्री के प्रति ऐसी ही कसक और चाहत महसूस करते हैं। पवन की कविताएँ हमें यह आत्मज्ञान व्यापक पैमाने पर कराती हैं, और यही उनके विशिष्ट होने का रहस्य है।

'तद्भव' में प्रकाशित पवन करण की महत्त्वपूर्ण कविता है-'प्रधानमन्त्री के कमांडो'। वस्तुतः इसमें प्रधानमन्त्री, कमांडो और स्वयं को बिलकुल नये तरीके से देखने, समझने और परिभाषित करने का प्रयास किया गया है। प्रधानमन्त्री-देश का सर्वेसर्वा, असीमित अधिकारों का स्वामी, सर्वोच्च सत्ता का प्रतीक और भी न जाने क्या-क्या। परन्तु कवि की निगाह में वह भी हमारी और आपकी तरह एक आदमी

है। जैसा और जो कुछ हम सोचते हैं, कभी घबराते और भयभीत होते हैं–तय है प्रधानमन्त्री भी होते होंगे। पर्दे के पीछे, मंच के नीचे और कुर्सी के बाद प्रधानमन्त्री एक अपने किस्म का इंसान है। जहाँ उसकी अपनी पसन्द–नापसन्द है, उसका अपना मन है–जिससे वह बात करता रहता है। दूसरी तरफ कमांडो जो कि मध्यवर्गीय नौकरीशुदा व्यक्ति है, परन्तु कमांडो की भूमिका में उसे ऐसी कोई भी हरकत करने की सख्त पाबन्दी है। उसकी अजीब दयनीय स्थिति है। वह हँसी के मौके पर प्रधानमन्त्री के हँसने के बावजूद हँस नहीं सकता। वस्तुतः यहाँ पवन करण ने प्रधानमन्त्री और कमांडो दोनों का साधारणीकरण किया है–पूरे तर्क और प्रमाण के साथ।

'वागर्थ' में प्रकाशित 'नाच' और 'छोटा भाई', 'हंस' में प्रकाशित 'मेजर सरोज कुमारी', 'समकालीन सृजन' में प्रकाशित 'यू चुआन' और 'अन्यथा' में प्रकाशित 'मूक बधिर बच्चे' इधर हाल ही में (2007) प्रकाशित इनकी महत्त्वपूर्ण कविताएँ हैं। इनको पढ़कर एक सुखद एहसास होता है कि कवि ने सिर्फ़ स्त्री के इर्द-गिर्द घूमकर कविता रचने का ताना-बाना कुछ कम किया है और अपने समय में घटित होने वाले अन्य भयावह मुद्दों की ओर अपनी कलम का रुख कर लिया है। इसका तात्पर्य यह नहीं कि पवन करण ने स्त्री के जटिल और अनसुलझे प्रश्नों पर मन्थन करना छोड़ दिया है, बल्कि सच्चाई यह है कि वे और वैचारिक प्रखरता के साथ लिखने की तैयारी कर रहे हैं।

सीधी-सहज भाषा, जीवन्त चित्रात्मकता और धीरे से संकेत में अर्थ खोल देने की कला। जो कविता में अर्थ खोजने का थोड़ा सा भी अभ्यस्त है–वह इन पंक्तियों में बड़ी आसानी के साथ कवि की मंशा भाँप जाएगा। वैचारिक दृष्टि से पवन करण प्रगतिशील और खुली विस्तृत मानसिकता के हैं। यही वैचारिक विस्तार उनकी कविता की सबसे बड़ी ताकत है। सच कहा जाए तो उनकी सोच अपने समय से अलग है। वे भविष्यदर्शी हैं, आगे का मानव-विकास देख रहे हैं, इसीलिए वर्तमान स्त्री-पुरुष की जड़-स्थितियों से वे बगावत करने की मुद्रा में हैं।

अपने सामने, अपने जीवन में इस आधी दुनिया के क़द को ठीक-ठीक पुरुष के बराबर देखने की अदम्य महत्त्वाकांक्षा आज कितने रचनाकारों के भीतर मौजूद है? स्त्री की आजादी के प्रति पवन के भीतर जल रही आग सच्ची है, खरी है। उससे धुआँ उठता है तो उठ जाए।

सुरेश सेन निशान्त : दुर्लभ सहजता के शिल्पकार

समकालीन हिन्दी कविता अपने पचास वर्षों की अविस्मरणीय यात्रा में इतने मोड़ों और पड़ावों से गुजारी है कि आश्चर्य होता है। इन पाँच दशकों में सैकड़ों उल्लेखनीय कवियों का काफिला। इनमें से कई सुर में सुर मिलाते, कई अलहदा तान छेड़ते और

कई अपने आप में डूबे रहने वाले। हिन्दी कविता का यह नवीनतम युग भाषा, शैली, शिल्प, गठन, अर्थ-विन्यास और विषय-चयन सबके कारण खास हैं। अपनी मूल प्रकृति में यह कविता का गद्यकाल तो है ही, वह कई अर्थों में कहानीकाल भी है। आज का लगभग हर कवि कहानीनुमा कविता लिखने का अभ्यस्त हो चुका है। उसकी कविता में कितने मौलिक भाव हैं, कितना अभिनव चिन्तन है, भाषा, बिम्ब, प्रतीक की कितनी ताजगी है, यह बाद की बात है। सबसे पहले वह अर्थ को लगभग सीधे प्रकट करती हुई संवाद कविता, वर्णन कविता या वाक्यवादी कविता है।

कविता के इस गद्यात्मक ढाँचे के कई कारण हैं। निश्चय ही जीवन की जटिलताएँ बेहिसाब बढ़ी हैं। महत्त्वाकांक्षा बेतरह असन्तुलित हो उठी है। मनुष्य के स्वार्थपरस्त मोर्चे इतना ज्यादा खुल चुके हैं कि उसकी पूर्ति के पागलपन में वह गैर मनुष्य बनता जा रहा है। खुला भेद यह कि रस, लय और नाद सूख रहा है मनुष्य के व्यक्तित्व से। मनुष्य हर मामले में पहले से कई गुना ज्यादा चालाक, महीन और जोड़-घटानावाली बुद्धि का हुआ है। एक प्रकार से मनुष्य का मनुष्य बने रहना ही सबसे बड़ी चुनौती बन चुकी है। दशकों पहले महाकवि मुक्तिबोध ने घोषित किया कि मेरी कविता वह फैंटेसी है जो कल वास्तविकता बनेगी। सचमुच समाज के विभिन्न स्तरों में जीवन जी रहे लोग किसी फैंटेसी के चरित्र से कम रोमांचक नहीं लगते। आज एक चेहरे का परम अकाल। सबके चेहरे पर आठ-आठ, दस-दस मुखौटे। एक जमीन पर खड़ा रहनेवाला, एक पानी पर जीनेवाला ऐसा इनसान दीया लेकर खोजे न मिलेगा। ऐसे ही समय के एक सुकवि हृदयी कवि हैं-सुरेश सेन निशान्त।

12 अगस्त, 1959 को हिमाचल प्रदेश में जन्मे सुरेश सेन निशान्त अपनी दुर्लभ सहजता के कारण विशिष्ट स्थान बना पाने में सफल हुए।

सुरेश सेन का पहला संकलन अन्तिका प्रकाशन से प्रकाशित हुआ, शीर्षक है-'वे जो लकड़हारे नहीं हैं'। अपनी जीवन-दृष्टि सम्पन्न मनोहर कलात्मकता के कारण यह संग्रह अलग पहचान रखता है। 'छोटे मुहम्मद' जो कि पहली कविता है-एक बच्चे के चरित्र पर बुनी गयी है। लगभग हर आम भारतीय का बचपन प्रकृति की नजदीकियों में, उसकी मिठास, तितास, खट्टेपन में रमा हुआ बीतता है। आम, जामुन, कटहल, भुट्टा, कांकर, गन्ना, तरबूज चुराकर जिसने बचपन में न खाया, फिर तो निरर्थक ही बूझिए उसका बचपन। कवि यहाँ और, और चटक होती, जीवित होती बाल स्मृतियों को पुनः पाने के लिए लालायित है। मगर समय बदल चुका है। अब नैसर्गिक परमानन्द की जगह ईर्ष्या, शत्रुता और घृणा ने ले लिया है। हमारी क्रूर चालाकियों ने सरल जीवन की मिठास में आग लगा दी है।

'मुड़ा-तुड़ा नोट' शीर्षक कविता पढ़ते ही याद आता है अमेरिका के 16वें राष्ट्रपति अब्राहम लिंकन का यह वाक्य कि 'मेहनत से कमाया गया पाँच डालर

बिना मेहनत से कमाए गये पाँच सौ डालरों से ज्यादा कीमती है।' अभाव, संघर्ष और तंगहाली के दिनों में एक-एक रुपया, तन-मन-आँखों को कितना कीमती लगता है-क्या यह अलग से बताने की जरूरत है? इस एक रुपये में क्या-क्या नहीं समाया है-एक सहारा, एक उम्मीद, भविष्य के दिनों का सपना और आत्मबल। 'माँ की कोख में' कविता गर्भवती स्त्री की अगाध ममता के मनोविज्ञान को उजागर करती है। इसमें कवि ने माँ की कोख में पलते बच्चे के प्रति अलौकिक अनुभूति को पूरी संजीदगी से उभारा है। कवि के हृदय में उमड़ती ममता का ही परिणाम है कि वह माँ की अव्यक्त अनुभूतियों को पकड़ने में तनिक भी चूक नहीं करता। 'काम पर लड़की' कविता एक संघर्षरत युवती के दुखते-टीसते हृदय पर मानो मलहम का काम देती है। उसके प्रति कवि की आत्मीयता कुछ इस कदर है, मानो वह अपनी ही बेटी या बहन हो। दिल्ली पर मानक कविता भगवत रावत ने रची-'कहते हैं कि दिल्ली की है आबोहवा कुछ और' शीर्षक से। यहाँ निशान्त की कविता-'डूबी हुई दिल्ली के बारे में' अत्याधुनिक राजनीति ने मक्कारी, झूठ, धोखेबाजी, छल, तिकड़म, जालसाजी का ऐसा तन्त्र रचा कि उस पर से आम हिन्दुस्तानी का विश्वास ही उठ गया।

अनबोले चरित्रों के रहस्यमय मन में बहुत संजीदगी, सरलता और सावधानी से उतरते हैं सुरेश सेन निशान्त। वे अपने आसपास के जीवन से ही, मानवीयता की तरलता से लबालब गुमनाम चरित्रों का चुनाव करते हैं। 'काग़ज़' शीर्षक कविता कल्पना में उतरकर एक नया ही आकार ग्रहण करती है। एक सादे, रंगहीन, आकर्षणहीन काग़ज़ में इतनी कीमती सम्भावनाओं की खोज? काग़ज़ में छिपे उसके वर्तमान और भविष्य को कवि बहुत दूर तक देखता है। कुछ पंक्तियाँ-सदियों बाद भी/ किसी कबीर का / तपा निखरा चेहरा झाँकता मिलेगा/ इसी तरह के किसी काग़ज़ पे (पृष्ठ संख्या 34)।

'गोपी ढाबेवाला' चरित्र प्रधान कविता है। यहाँ एक नया तथ्य उजागर है कि केवल माँ में ही माईपन नहीं होता, बल्कि पिता, भाई, बहन, मित्र, चपरासी, नौकर इत्यादि में भी यह महाभाव कूट-कूटकर भरा होता है। समाज के अँधेरे कोनों में जी रहे लोगों का अन्तस कोमल भावनाओं से कितना प्रकाशित रहता है। इसका एक दुर्लभ उदाहरण है-'गोपी ढाबेवाला'। 'लड़कियाँ' शीर्षक कविता। किशोर उम्र में खिलती नौजवानी के दिनों में लड़कियों के प्रति जो एक रोमानी, आह्लादकारी, हृदय के तारों को कँपानेवाला जादुई, रोमानी आकर्षण होता है-कवि ने उसे उदात्त भावावेग में व्यक्त किया है। कुछ पंक्तियाँ शब्द और अर्थ की पहुँच से बाहर जाकर केवल अनुभूति की अन्तर्ध्वनियाँ बन गयी हैं-जरा से स्नेह से/ भीग जाते थे जिनके मन/ महकने लगती थीं रातरानी सी/ जरा से स्पर्श से/ छूने लगती थीं आसमान/ जरा सी बारिश में भीगकर/ लहलहाने लगती थीं फसलों सी/ बिखेरने लगती थीं हरापन

(पृष्ठ संख्या–44)।

बीज की आत्मा में, उसके शरीर में उतरकर लिखी गयी शक्तिशाली कविता है–'बीज'। कवि गूँगे की जुबान है, बेजान का प्राण है, मृतक की आत्मा है, जड़ सत्ता का वकील है और प्रत्येक गुमनाम की अमिट आवाज़ है। इस कविता में असाधारण कविता के बूते बीज की असाधारण महत्ता का उद्घाटन देखते ही बनता है। मैं हूँ तो/ सीधी रहेगी तुम्हारी पीठ/ मैं हूँ तो/ हरी रहेगी तुम्हारी दीठ/ बीज हूँ मैं/ मुझे मत बिसराना/ किसी लालच में पड़कर/ गिरवी मत रखना/ मैं ईमान हूँ (पृष्ठ संख्या 62)।

वर्ष 2015 में कवि का दूसरा संकलन प्रकाशित हुआ–'कुछ थे जो कवि थे' शीर्षक से। आज अल्ट्रा विकास की आँधी दिन दूनी, रात आठ गुनी निगल रही है प्रकृति की आदिम स्वतन्त्रता को, उसके स्वयंभू अनगढ़ सौन्दर्य को, उसकी जादुई निर्मिति को। जंगल मिट रहे हैं, नदियाँ गायब हो रही हैं। पहाड़, बंजर, पठार सबके सब कंकरीट के जंगलों में तब्दील हो रहे हैं। सदियों–शताब्दियों से इनकी गोद में पला–बढ़ा आम आदमी विस्थापित हो रहा है। यह प्रकृति जो कि मनुष्य के लिए माँ से बढ़कर है, छीनी जा रही है। प्रकृति बेदखल हो रही है जीवन से। 'गेहूँ' शीर्षक कविता में गेहूँ की असीम महत्ता और क्षमता को उभारा गया है। इस कविता के बहाने कवि प्रकृति के भीतर धड़कती, बहती, मचलती जीवन्तता को किसी और ही परा–भौतिक आँखों से निरखता है। यह वही नज़र है जब हवा हमारी धड़कन की धड़कन नज़र आती है, पानी हमारे जीवन की ढाल और अन्न हमारे रोम–रोम में बसा हुआ विधाता दिखाई देता है। परा–भौतिक आँखें जब कवि या दार्शनिक को उपलब्ध होती हैं तो वह क्या दृश्य, क्या अदृश्य दोनों को शब्दातीत अर्थवत्ता से भर देता है। वह प्रत्येक पदार्थ को सामने फैले खजाने की तरह देखता है। मौलिक अनुभूतियों की बाढ़ का मालिक होता है–परा–भौतिक अनुभूतियों का सृजन–पुरुष। कुछ पंक्तियाँ कैसे यह प्रमाणित करती हैं–देखिए–गेहूँ उगेगी/ तो लौटेगी/ पिता के गीतों में लय/ माँ की आवाज़ में रस/ भाई के चेहरे पर खुशी/ गेहूँ उगेगी तो (पृष्ठ संख्या 19)।

'कोक पीती हुई वह भिखारिन लड़की' कवि की पहचान बन चुकी मार्मिक कविता है। एक लड़की है, भिखारिन है, कोक पीने की तमन्ना है उसकी। भीख माँगकर, डाँट, झिड़की, गाली खा–खाकर इसने कोक खरीदने भर के पैसे इकट्ठा किए हैं। यहाँ कवि निशान्त तीव्र करुणा को दबाए सीधे उतर गढ़े हैं लड़की के दिल में। 'वह पाँच पढ़ी औरत' कवि के अन्तार्यामी गुण का अनोखा प्रमाण है। औरत अल्पशिक्षित है, साहित्य–वाहित्य नहीं जानती, कविता का व्याकरण नहीं समझती–मगर अन्तःसजग इतनी कि कवि उसके हाथ में अपनी किताब सौंपते हुए काँप जाता

है। यह भय ही कवि को सचेत रखता है–अपने कर्तव्यों के प्रति। जो आम पाठकों के दिलोदिमाग में अपने शब्दों के बीज न बो सका, वह कहाँ बच पाएगा? सुरेश सेन निशान्त अपने अनुभवों की दुनिया से निरन्तर संवाद करने वाले कवि हैं। यह संवाद पहले साधारण मनुष्य के स्तर पर होता है, फिर रचनाकार के स्तर पर। सहज, स्वाभाविक, प्रकृतस्थ मनुष्य के रूप में खुद को न सिर्फ बचाए रखना, बल्कि इसे विकसित रखने के लिए संघर्षरत रहना कवि की रचनात्मक सफलता का मूल रहस्य है। निशान्त की कविता अपनी बनावट और बुनावट दोनों में सहजता का पैमाना है, किन्तु भावों की सघनता में सहज ज्ञेय नहीं। सर्वप्रथम तो यह कि उनकी प्रत्येक कविता एक सुनिश्चित अर्थ देती है, किन्तु ये भाव संघनित अर्थ कई स्तर लिए हुए हैं। कवि की सोच में लक्ष्य में अन्ततः आम पाठक वर्ग ही है। ज़ाहिर है कि कवि की महत्त्वाकांक्षा बहुत दूर तक अपनी काव्यात्मक सुगन्ध का विस्तार करना है। इसीलिए वे बनावटी कलाकारी नहीं दिखाते, न ही बहुत ऊँची आवाज़ में अपने अर्थों की मौलिकता का दावा करते हैं। उनमें एक शालीनता, स्थिरता, आक्रोश, करुणा और आत्मचिन्तन तरंगित होता रहता है। जिन्हें अपनी सोच का, विवेक और अन्तःकरण के आयतन का विस्तार करना है–कवि निशान्त ऐसे सहृदयों के कीमती कवि कहे जा सकते हैं। इनकी कविताएँ एक ही पैटर्न को धारण किए हुए हैं। धाराप्रवाही गद्यात्मकता इनकी कविताओं की स्थायी प्रकृति है। किन्तु वे ऐसे गद्य को भी अपने तरंगमय अर्थ गाम्भीर्य से मूल्यवान कर देते हैं।

प्रतिरोध तो इनमें है–मगर शालीनता की मर्यादा में, आक्रोश भी है, मगर संस्कारबद्ध। ओज, विध्वंस, और विद्रोह इनकी कविता के मूल स्वभाव में शामिल नहीं। अपनी प्रकृति में अन्तर्मुखी ये कविताएँ लड़ने, अड़ने, भिड़ने के बजाय हमें भावनात्मक रूप से बेहद समृद्ध करती हैं। अपने दो संग्रहों की कई यादगार कविताओं के बावजूद निशान्त निर्माण की, श्रेष्ठत्व की प्रक्रिया में हैं। गुण–ग्राहित की शक्ति कवि में भरपूर है। वे अपने विरोधियों, निन्दकों से भी कुछ मूल्यवान ग्रहण कर लेते हैं। उनमें प्रतिदिन अपने कवि को समृद्ध करने, परिवर्तित करने की अथक ललक है। नित नये सत्यों का उद्‌घाटन करना कवि की अन्तःप्रकृति का हिस्सा है। यह खोजपरक स्वभाव, यह शरीर में भरी हुई करुणामयता और पाँव को जमीन से ऊपर न उठने देने की ज़िद ही उन्हें अपनी पीढ़ी के कवियों में आगे लाकर खड़ी कर देती है।

रंजना जायसवाल : 'आँखन देखी' सृजन की मिठास

घाघरा, रोहिनी और सरयू ये तीन ऐसी कालयात्री नदियाँ हैं, जो पूर्वांचल और उसके आस–पास के घने खेतों, बागों, तालाबों और चौरस मैदानों का विकास करती हैं और विनाश भी। गोरखपुर घाघरा नदी के संयम–असंयम पर टिका हुआ है और

अयोध्या शान्त सरयू की मेहरबानी पर। इस तरफ के शेष अन्य शहर भी नदी के किनारे अन्धाधुन्ध विकास करते हुए अपना लाभ और हानि दोनों कमा रहे हैं। ऊब पैदा कर देने और एकान्त में भागने की बेचैनी पैदा कर देने की हद तक प्रचंड आबादी उबलती है यहाँ। पूर्वांचल महाप्रयोगशाला है–दादागिरी की, युद्धभूमि है–विलक्षण ईर्ष्या और दुश्मनी की, खदबदाती जमीन है–बहुत कुछ करने में समर्थ होकर भी कुछ विशेष न कर पाने की। पूर्वांचल एक चुनौती है–प्रशासन के लिए, प्रश्न चिह्न है–आधुनिक मनुष्यता के लिए, चिन्ता है–ईमानदारी और सच्चाई के साथ जीने वालों के लिए, और सख्त रुकावट है–आम आदमी को सम्मानित जीवन जीने देने के लिए।

पूर्वांचल की आत्मा गँवई सुख-दुख, राग-अनुराग, स्नेह-बैर के सदियों पुराने संस्कारों से निर्मित और खंडित हुई है। यहाँ के शहर अत्याधुनिक-चमचमाते शहरों जैसे नहीं, भीतर-बाहर गाँवों की झलक मारते रहने वाले शहर हैं। जौनपुर, देवरिया, गोंडा, बाराबंकी, खलीलाबाद, बस्ती, गोरखपुर, सुल्तानपुर, महाराजगंज इत्यादि किसी भी नगर में जाइए, सड़कों पर रोज-रोज सैकड़ों गाँवों की दौड़ती-भागती बेहिसाब सीधी-सरल मूर्तियाँ मिल जाएँगी। अल्लाह भोर में शहर के आकाश से काला पर्दा उठते ही जीवन की अकल्पनीय जद्दोजहद का नाटक शुरू हो जाता है और बारह बजवा रात के बाद चन्द घंटों के लिए पर्दे के पीछे छिप जाता है। अगले दिन फिर वहीं सुख-दुख का संग्राम। पूर्वांचल कुछ इस तरह पृथ्वी के गोल-पृष्ठ पर फैला हुआ है, मानो वह उसका पिछड़ा और जिद्दी बेटा हो, जिसको ढंग से समझने, सुधारने और विकसित करने के लिए अप्रत्याशित साहस, धैर्य और सहृदयता की जरूरत है। वर्तमान साहित्य सृजन में अव्वल दर्जे की प्रतिभा न दे पाकर भी यह किसी भी दौर में साहित्य-सर्जकों से खाली नहीं रहा। बस्ती जिले की साहित्यिक आत्मा रामचन्द्र शुक्ल, सर्वेश्वर दयाल सक्सेना, विश्वनाथ त्रिपाठी से भी निर्मित हुई है। इसी तरह फ़िराक गोरखपुरी, रामचन्द्र तिवारी और कात्यायनी गोरखपुर के साहित्यिक गौरव को स्थायित्व देनेवाले आधार-स्तम्भ हैं। इधर सात-आठ सालों से देवरिया, खलीलाबाद और गोंडा जैसे जिलों में नयी-नयी प्रतिभाओं के हलके तेज झोंके चलने आरम्भ हो गये हैं, जिनको अपनी मुकम्मल पहचान बनाने में ज्यादा वक्त नहीं लगेगा, क्योंकि आजकल नाम का पहिया, काम की अपेक्षा कई गुना तेजी से घूम रहा है।

कभी पूर्वांचल की प्रतिभाशाली कवयित्री रह चुकी कात्यायनी के बाद उनके स्तर को हासिल करने की काबिलियत यदि किसी में है तो वह हैं–रंजना जायसवाल। हिन्दी जगत में यह घातक रोग अभी मिटा नहीं है कि प्रचलित, पुरस्कृत, मंचासीन और चर्चित लेखक को ही श्रेष्ठता का एंट्री टिकट दिया जाता है। स्थापित कवि का हल्ला बोलवा लेना अब कलम का नहीं, तन्त्र और मन्त्र का खेल बन चुका है, जो

तन्त्र का मकड़ा या मकड़ी नहीं बना, वह तराशता रहे विलक्षण भावनाओं को नायाब शब्दों में, मंचबाज आलोचक उसे भाव नहीं देनेवाले। जबरन स्थापित कवि बन जाने की यह सुगठित धन्धागिरी कब तक मचेगी, कितने जेनुइन कवियों को अधमरा करेगी, बता पाना कुछ ज्यादा मुश्किल नहीं है।

रंजना जायसवाल के अब तक पाँच काव्य-संग्रह प्रकाशित हुए हैं। कुछ प्रमुख- 1. मछलियाँ देखती हैं सपने-2002, 2. दुख पतेग-2007 3. ज़िन्दगी के काग़ज़ पर-2008 और 4. जब मैं स्त्री हूँ-2009। पहला संग्रह ही कला और संवेदना के मनमोहक तालमेल का बेहतरीन नजारा पेश कर देता है। इसमें लगभग 80 कविताएँ हैं, जो कम से कम ठीक-ठाक तो हैं ही, अधिक से अधिक बेहतरीन से ऊपर भी हैं। पहली कविता 'आकांक्षा' स्त्री के कठोर अन्त:सत्य का दो टूक लहजे में बयान है। 'दुख की जड़ें' शीर्षक कविता में स्त्री के अनछुए मन की बारीक पकड़ दिखाई गयी है। 'समयान्तर' कविता में एक औरत की कालजयी ट्रेजडी का खुलासा हुआ है-स्त्री महलों से निकलती है/बरसों बाद खंडहर होकर। एक अन्य कविता 'उपरान्त' स्त्री के सच के बहुत करीब होकर भी जुमलेबाजी की ओर शौकिया झुकी हुई कविता है। 'तीसरी आँख' शीर्षक कविता पढ़कर यह विश्वास परिपक्व हो उठता है कि कवयित्री में स्त्री व्यथा की दुर्लभ समझ मौजूद है। कसे हुए सूत्र-वाक्यों में कैसे ऊँची बात कह दी जाती है इसके लिए उनकी कविता 'नदी-1' पढ़ें। लेकिन नहीं, यह दावा करनेवाला मैं कौन होता हूँ, पाठक स्वयं इस सच की जाँच करें-भरा बादल है मन...मत छेड़ो फिर कहोगे बौरा गयी है-नदी...। 'तुम्हारा भय' शीर्षक कविता संग्रह की सर्वाधिक चुस्त-दुरुस्त और सधी हुई कविताओं में है। कुछ पंक्तियाँ-जब भी देखते हो तुम/खुली खिड़की या झरोखा लगवा देते हो/नयी चिकें नये किवाड़-नये पर्दे/ताकि आजादी की हवा में खुद को पहचान न ले स्त्री। यह मनुष्य किसी औरत को दो तरह से जीता है-एक अपने मन में, जिसे वह पूर्णत: व्यक्त नहीं करता और दूसरे अपने दुनियावी व्यवहार में, जो कि उसके हृदय का सच नहीं होता। बोलिए पुरुष जी! कोई शक? एक स्त्री पुरुष के भीतर जैसी होती है, उसे उस रूप में पुरुष कभी लाता ही नहीं, ला भी नहीं सकता, यही उसके कठोरतापूर्वक पतित बने हुए दो मुँहेपन की अखंड नियति है। प्रकृति की बारीक से बारीक दैनिक घटनाओं को खूब सलीके से उठाकर जीवन के साथ सफलतापूर्वक फिट कर देती हैं-रंजना जी। वे अकसर सटीक प्रतीकों और संकेतों में अपने उद्देश्य को चमकाती हैं-स्त्री धान का बिजड़ा/एक खेत से उखाड़कर रोप दी जाती है दूसरे में/यह सोचकर कि जमा ही लेगी अपनी जड़ें...। मृग मरीचिका की तरह सुख-चैन के पीछे भागती स्त्री का मन भला कब आराम पाता है? एक थकाऊ और असीम यात्राओं के बीच में ही उसका जीवन चुक जाता है। 'नींद' शीर्षक कविता

में कल्पना, फैंटेसी और आत्मानुभूति को एक साथ गूँथकर इतने उम्दा अन्दाज में प्रस्तुत किया गया है कि कविता एक स्मरणीय लोककथा बन उठती है। इसमें अन्तर्भावना का प्रवाह कथा के उतार-चढ़ाव के बावजूद कहीं भी बाधित नहीं हुआ है। इस संग्रह में ऐसी अनेक कविताएँ रोशन हैं, जो खासतौर पर स्त्री-मन के अनछुए, अज्ञात, अदृश्य प्रदेशों का विस्तार करती हैं। इसमें-क्योंकि यहाँ तुम रहते हो, मेरा बेटा, सुहागिन सरसों, बोनसाई, चिड़िया उदास है जैसी बेहतरीन कविताओं का उल्लेख खासतौर पर किया जा सकता है।

कवयित्री के दूसरे महत्त्वपूर्ण संकलन-'दुख पतंग' की कविता है-'अपराध'। यह छोटी होकर भी बेशक बड़ा सवाल खड़ा करती है। आखिर कारण क्या है कि पुरुषवादी सभ्यता औरत का स्वतन्त्र प्यार बर्दाश्त नहीं कर पा रही। आज, कल या परसों इस प्रश्न की उम्र कम होने की सम्भावना भी नहीं। 'जबकि तुम' कविता की कुछ पंक्तियाँ-सपनों से डरी मैं तलाशती हूँ/तुम्हारा वक्ष/तपते माथे पर इन्तजार रहता है/तुम्हारे स्पर्श का, जबकि तुम चले गये हो। ऐसी निष्कपट आत्मीयता से भरी हुई कविताएँ ही रंजना जी को एक न एक दिन अनिवार्य और सर्वस्वीकार्य कवयित्री बनाएँगी। उनके द्वारा प्रकृति के रूप, रस, गन्ध, स्वाद और उन्माद पर लिखी गयी कविताएँ अपना एक खास मुकाम रचती हैं, जहाँ हलके-फुलके कलाबाज मन से लिखनेवाला कवि वहाँ तक पहुँचने के बारे में सोच भी नहीं सकता। 'देखा है' शीर्षक कविता की पंक्तियाँ एक बार पढ़ने के बाद रुकिये और महसूस कीजिए कि दुबारा पढ़ने की अधीरता मचल रही है या नहीं?-देखा है/कैसे सजती-सँवरती है धरती/पहनती है ऋतुओं की साड़ियाँ/जब प्रेम में होती है रहती हरी-भरी/लहलहाती है आकाश के लिए।

रंजना वस्तुत: आँखन देखी और आत्म-भोगी सूत्र पर विश्वास करने वाली हैं। उनके सृजन के दायरे में एक भी ऐसा विषय नहीं मिलेगा, जो उनके व्यक्तिगत, अनौपचारिक जीवन का हिस्सा न हो। यही कारण है कि उनकी कविताओं में आत्मीयता की असल मिठास मिलती है। वे औपचारिकता वश लिखी गयी कविताएँ नहीं हैं, बल्कि रंजना खुद उस विषय में छिपी मौलिक और सूक्ष्म अर्थसत्ता का उद्‌घाटन करने के लिए आत्मप्रेरित हुई हैं। प्रकृति में छिपकर बैठी रहनेवाली अनगिनत प्राकृतिक घटनाओं को रंजना जी ने जिस अपूर्व ममता और दुलार के साथ महत्ता प्रदान की है-वह समकालीन कविता की उपलब्धि है। प्रकृति को प्राकृतिक रिश्तों मे बाँधे रखने के बावजूद उसे उतना ही सीमित नहीं रहने देतीं, बल्कि उसे भरपूर उत्साह के साथ खींचकर हमारे, आपके, सबके बीच खड़ा कर देती हैं-हूबहू बोलते, बतियाते, रोते, विरोध करते साक्षात् मनुष्य के रूप में। प्रेम की विविध भंगिमाओं का खट्टा-मीठा, तीता और अलौकिक स्वाद भी रंजना जी के सर्जक मन का अनिवार्य हिस्सा

है। प्रेम की सजल अनुभूतियों में डूबे बगैर वे चैन से रह ही नहीं पातीं। यह बहुरूपिया प्रेम उनकी भूखी-प्यासी कलम को बार-बार उकसाता है, मथता है, असहज करता है। उनके भीतर प्रेम की बेख़ौफ अनुभूतियाँ इस कदर हैं, इतनी प्रबल हैं कि सैकड़ों अन्दाज और भाव में बहकर भी बेतरह असन्तुष्ट रहती हैं, भूखी की भूखी रह जाती हैं। यह अतृप्त प्रेम की मात्र भावुकता नहीं, बल्कि असीम प्रेम की अबाध चाहत जैसा मामला है। रंजना अपनी कविताओं में गाँव का पुनर्सृजन करती हैं, और गाँव उनका। लगता है जैसे गाँव उनकी शिराओं में महाभाव बनकर बह रहा हो। गाँव को याद करने का मतलब किसी नास्टेल्जिया में जीना नहीं है, बल्कि खुद के ही द्वारा उपेक्षित आदमियत को पुनः हासिल करना है। गाँव आज पिछड़े होते हुए भी मनुष्य को प्रामाणिक इंसान बनाने की प्रयोगशाला है। जो गाँव को नहीं जानता, वह भारतीय होने का दावा कैसे कर सकता है? इससे कुछ फ़र्क़ नहीं पड़ता कि कोई उन्हें जरूरी कवयित्री घोषित करता है या नहीं? उनकी कविताएँ वज़नदार हैं तो हैं-चाहे आज, चाहे कल, चाहे परसों या नरसों। वे हमेशा इसी दर-हकीकत का बार-बार एहसास दिलाएँगी।

दिनकर कुमार और सन्तोष चतुर्वेदी : समकालीन कविता और संस्कृति के अन्तःसम्बन्ध

समकालीन हिन्दी कविता में लोक जीवन के प्रति अनुराग, झुकाव और आकर्षण बिलकुल नये तरीके से बढ़ा है। यह मार्क्सवाद जैसी किसी एक विचारधारा के कारण नहीं, बल्कि कवियों के अपने जीवन-परिवेश, लोकोन्मुख विवेक एवं युग की माँग के कारण सम्भव हुआ। वैसे मार्क्सवाद ने लोक और इनकी जीवन-संस्कृति ठीक ढंग से देखने, परखने की क्षमता जरूर प्रदान की है, किन्तु आज का कवि इस विचारधारा से काफी आगे बढ़ चुका है। इस वाद से उसने अपनी दृष्टि को माँजा है, चमकाया है, निखार पैदा किया है, किन्तु पहले के प्रगतिवादी कवियों की तरह मार्क्सवाद का चश्मा हमेशा नहीं पहने रहता। वैसे भी लोक-जीवन इतना व्यापक, संश्लिष्ट और उलझा-पुलझा हुआ होता है, कि उसे किसी एक तय विचारधारा, संरचना अथवा नियम के अनुसार मुकम्मल जाँच ही नहीं सकते। लोक जीवन की दशाओं के अनुसार बदलती हुई जीवन दृष्टि इसको समझने का सबसे सटीक सूत्र है। कवि की यह जीवन दृष्टि अनुभव, ज्ञान, प्रभाव और सीख सबसे मिलकर बनती है। जिसमें आत्मविवेक का निर्माण और विकास करने वाले कई सारे तत्त्व शामिल होते हैं।

यहाँ लोक से तात्पर्य उसी ग्रामीण और पिछड़े हुए क्षेत्रों से है-जहाँ आज भी लोग असंख्य जातियों, धार्मिक मान्यताओं और रीति-रिवाजों में बुरी तरह विभाजित हैं। जहाँ आज भी परिवार आपस में बँटे हुए हैं, ईर्ष्यापूर्ण खींचतान में उलझे हुए हैं

और आपसी एकता के नाम पर बड़ी मुश्किल से कभी एकजुट होते हैं। समकालीन कविता का इस ग्रामीण-संस्कृति से दोहरा सम्बन्ध है। एक तो वहाँ छायी हुई विसंगतियों की आलोचना के रूप में और दूसरे वहाँ के रहन-सहन, बोल-चाल एवं अकृत्रिम जीवन के प्रति लगाव के रूप में। कहना जरूरी है कि यह दोहरा सम्बन्ध अत्यन्त समीचीन और वैज्ञानिक है। लोक के प्रति न तो मोहान्धता और न ही उसके दोषों के कारण दुराव की भावना, समकालीन कविता का श्रेष्ठ गुण है। इस दौर के अधिकांश कवि ग्रामीण परिवेश से आये हैं। जीवन-विकास के क्रम में उन्होंने शहरों या महानगरों में रहना शुरू कर दिया है, परन्तु अपनी पृष्ठभूमि के प्रति एक ऋण का भाव उनके भीतर मौजूद है। अपने अतीत से दूर चले जाने पर उसकी कमियाँ भूल जाने और मोहवश उसका आदर्शीकरण करने का खतरा क्या व्यक्ति, क्या रचनाकार दोनों पर मँडराता है, किन्तु समकालीन कविता के कवि इतने प्रबुद्ध, सजग तथा विचार-सम्पन्न तो हैं ही कि अपने अतीत की मोहमाया में होशोहवाश नहीं खो बैठते और वहाँ के भावनात्मक सम्बन्धों की कीमत को स्वर देना भी वे अपना मूल कर्तव्य समझते हैं।

लोक के प्रति सजग अनुराग की भावना वैसे तो अरुण कमल , राजेश जोशी और मंगलेश डबराल से लेकर बद्रीनारायण और एकान्त श्रीवास्तव तक में देखी जा सकती है, किन्तु इनमें से ऐसे बहुत कम कवि हैं, जिनकी रचनाएँ लोकजीवन का सच्चा प्रति-सृजन लगती हों। कहीं न कहीं उनमें भेद है, ना-नुकुर है। जैसे लगता है कि लोक की बात, उनके शोक-विषाद की बात प्रकट करने के बावजूद वे खुलकर आत्मीयता नहीं दे पाते। उन्हें उनकी कमियों और कमजोरियों के साथ सच्चे दिल से गले लगाने से बचते हैं। इसीलिए उपर्युक्त रचनाकारों की लोकपरक कविताओं में संवेदना की वह तासीर और लगाव का वह जज्बा नहीं है, जो उन्हें लोक संस्कृति का प्रामाणिक रचनाकार साबित कर सके। इस कसौटी पर शत-प्रतिशत खरा उतरनेवाले एक कवि अवश्य मौजूद हैं-जिन्होंने एक नहीं अनगिनत इसी भाव-भंगिमा की कविताएँ लिखकर सिद्ध कर दिया है कि लोक जीवन के प्रति रचनात्मक आस्था किसे कहते हैं। वह नाम हैं-भगवत रावत। इनकी 'कचरा बीनने वाली लड़कियाँ', 'प्याज की एक गाँठ', 'भरोसा', 'ईसुरी' और 'रजऊ के नाम' और 'अतिथि कथा' सिर्फ़ लोक जीवन की प्रामाणिक कविताएँ भर नहीं हैं, बल्कि इन कविताओं की धमनियों में लोक मानो प्राण बनकर बहता है। 'अतिथि कथा' की कुछ पंक्तियाँ-

उस दिन अचानक आ गये कल्लू के जजमान
ठी दिये पर ही जा पहुँचे जहाँ कल्लू और रामा करते थे सफाई
पहाड़ी के नीचे वाली कलारी के पास
अब ऐसे में क्या करता कल्लू उसने तुरन्त अपनी पगड़ी उतार

जजमान के पाँवों से लगाई फिर गले मिले दोनों समधी।[115]

कवि के द्वारा प्रयुक्त शब्द, उसके देशज वाक्य और ठेठ गँवई मुहावरे ही लोक के प्रति उसके जुड़ाव के प्रमाण नहीं होते, बल्कि कविता की जड़ें उस जीवन में कितनी गहराई तक धँसी हुई हैं, वे हूबहू उसकी जमीन पर खड़ी होकर बोल रही हैं या नहीं, इससे लोक से कविता की प्रतिबद्धता अधिक सार्थक बनती है। मुक्तिबोध के शब्दों में कहें तो यह 'व्यक्तित्वान्तरण' की तर्ज पर 'वर्गान्तरण' का मसला है। कवि शिक्षित है, प्रायः नौकरीशुदा है, सम्पन्न है, लेकिन उसे अपने बाहरी दायरे को तोड़कर बिलकुल भिन्न समुदाय के आदमी की आत्मा में प्रवेश पाना है। वह क्या है? किस हैसियत का है? किस पद पर है? कितना प्रसिद्ध है? इन सब अभिमानों से, आत्मगर्व से उसे मुक्त होना पड़ता है, तब जाकर वह लोक भूमि पर मजबूती से खड़ा होकर उनके मौन दुख को स्वर देने लायक बन पाता है।

प्रकृति का लोकजीवन से अभिन्न रिश्ता रहा है, मानो दोनों एक ही सिक्के के दो पहलू हों। दोनों की यह अभिन्नता कुछ इस तरह से है कि दोनों को अलग-अलग करके न तो परिभाषित किया जा सकता है, और न ही उसका मूल्यांकन। इसकी खास वजह यह है कि दोनों ने एक-दूसरे को गरिमा प्रदान की है, जीवित रखा है एक दूसरे को और शताब्दियों से सर्वाधिक नजदीक रहे हैं एक दूसरे के। जो कवि दोनों के इस प्रगाढ़ रिश्ते को बाहरी आँखों से देखते हैं, वे दोनों को जोड़नेवाले अन्तःसूत्र को पकड़ने से चूक जाते हैं, किन्तु जो कवि प्रकृति से डूबे हुए लोक जीवन और लोक में समाहित प्रकृति-सत्ता का दर्शन कर लेते हैं-बेशक उनकी कलम से उल्लेखनीय और बड़ी रचनाएँ फूट निकलती हैं। छायावादी कवियों में यह चेतना अपने चरम पर थी। प्रगतिवाद के शीर्षस्थ जनकवि नागार्जुन में भी इस चेतना को बड़े उद्दाम आवेग के साथ देखा जा सकता है। समकालीन हिन्दी कविता इस दृष्टि से गरीब ही नज़र आती है। छिटपुट रूप में वरिष्ठ कवियों में प्रकृति कहीं झलक गयी, तो आश्चर्य की बात है, वरना यहाँ प्रकृति कहीं हाशिये पर दबी पड़ी मिल जाएगी। इस रूप में एक वरिष्ठ कवि का नाम अवश्य लिया जा सकता है, और वे हैं-विजेन्द्र। राजस्थान की आंचलिक प्रकृति का जितना व्यापक और बहुरंगी चित्रणक विजेन्द्र ने किया है, उतना कथा-साहित्य के शिखर विजयदान देथा को छोड़कर कोई अन्य नहीं कर पाया। बिजेन्द्र की कविता तो प्रकृति के बिना आगे बढ़ती ही नहीं। कवि का रचनात्मक मन प्रकृति के अनिवार आकर्षण में इतना रम चुका है, उस पर इतना निर्भर हो चुका है कि कलम चलाते समय साँस-दर-साँस उसी का महत्त्व फूटता है।

सूखी डाल पपीहा गाता
लुप्त हुई जो नदी रेत में

अन्दर उसको बहते पाता।
कैसा ताप कहाँ की बिरखा
मरू में खिली बेलड़ी देखी
मानुष मरता तिरसा।[116]

मात्र इन्हीं पंक्तियों में संकटग्रस्त ग्रामीण और सूखाग्रस्त प्रकृति के बीच अनिवार्य सम्बन्ध को परखा जा सकता है।

समकालीन कविता में लोक के प्रति झुकाव का एक बड़ा कारण प्रगतिशील दृष्टि का होना है, परन्तु कविता में लोक को अमर बनाने के लिए मात्र ग्रामीण पृष्ठभूमि का और प्रगतिशील दृष्टिकोण का होना काफी नहीं है, वरना क्या कारण है कि अरुण कमल और मंगलेश डबराल दोनों शर्त पूरी करने के बावजूद लोकसत्ता को बड़ा अर्थ देने वाली प्रभावशाली रचनाएँ नहीं दे पा रहे हैं। इसका सबसे प्रमुख कारण है–आन्तरिक आत्मीयता का कमजोर होना। आवश्यक नहीं कि ग्रामीण पृष्ठभूमि का कवि अपने दिलोजान से लोकजीवन को चाहता हो। उसकी धूल-मिट्टी, अनगढ़ता, भदेसपन और मूर्खता से सपने में भी घृणा न करता हो। होता प्रायः यह है कि कोई ओहदा पा लेने या आर्थिक दृष्टि से सम्पन्न हो जाने के बाद कवि कहीं शहर में रहने का अपना ठौर-ठिकाना ढूँढ़ लेता है। भौगोलिक दूरी के साथ-साथ उसके दिल की दूरी भी बढ़ जाती है। अब गाँव-अंचल के ऊबड़-खाबड़ जीवन से उसको क्या मतलब है? व्यावहारिक रूप से उसका रिश्ता काफी कुछ औपचारिक होने लगता है। अब वह लोक के बारे में दिमाग से अधिक सोचता है, दिल से बहुत कम महसूस करता है। इसीलिए समकालीन कवि की अधिकांश लोकवादी कविताएँ बौद्धिक व्यायाम हैं, उनमें भावना का गाढ़ापन कहीं दिखाई ही नहीं पड़ता। चूँकि साहित्य की वैचारिक दुनिया में मूल की ओर लौटने का नारा बुलन्द है और चारों ओर प्रगतिशीलता की धूम मची हुई है, इसीलिए आज का कवि अपनी पृष्ठभूमि की ओर, जनपद की ओर रुख करने को विवश है। उस पर युग की माँगों का दबाव है। वह सहज होकर, आत्मप्रेरित होकर, कृतज्ञता से भरकर अपनी मूल जमीन की ओर वापसी नहीं कर रहा है। इस दोहरेपन के कारण उसमें कृत्रिमता और ओछापन भी आ रहा है। वह न तो अपने गाँवों का होकर जी रहा है, और न ही शहर का। अजीब दुविधाग्रस्तता, परिवेश और रहन-सहन के दो पाटों के बीच फँसकर जीता है दुर्बल कवि। यही संवेदना-विच्छेद की स्थिति है। प्रतिष्ठित कवि नरेश सक्सेना ने समकालीन कवियों के द्वारा पैदा की गयी इस नियति का खुलासा दो टूक शब्दों में किया है–"कवियों का 'लोक' से बहुत दूर का नाता है, और वे लोक के बारे में सुनी-सुनाई, पढ़ी-पढ़ाई बातें ज्यादा करते हैं। लोक का सीधा अनुभव उनके पास नहीं है। उनकी कविता का सीधा सम्बन्ध न तो शहरी लोक से है, और न ही

ग्रामीण लोक से।''[117]

गाँव समकालीन कवियों के अतीत का सच है, जबकि विकसित कस्बा और सम्पन्न महानगर उनके वर्तमान की हकीकत। गाँव में रह पाना अब रचनाकार के लिए सम्भव नहीं। इसके पीछे कारण सिर्फ़ यह नहीं कि वह नौकरीशुदा है या आर्थिक जरूरतों से बँधा हुआ है, बल्कि इसका एक पक्ष यह भी है कि शहर को चुनना उसकी पसन्द का अनिवार्य हिस्सा है। वह जीवन को आरामदायक बनाने के लिए कटिबद्ध है। इसके साथ-साथ उसे साहित्य की दुनिया में न सिर्फ़ बने रहना है, बल्कि सदा-सदा के लिए उसमें स्थायी जगह भी बनानी है। आज का कवि बेहद महत्त्वाकांक्षी है, वह विज्ञान और तकनीकी द्वारा ईज़ाद की गयी सूचना-प्रणाली और मीडियातन्त्र का भरपूर सहारा लेता है-अनेक पत्रिकाओं और समाचार पत्रों की उपलब्धता। टेलीविज़न ने गाँवों में जरूर अपना विस्तार कर लिया है किन्तु देश-विदेश का समाचार जानने के लिए अभी भी ढीले-ढाले और अशक्त दूरदर्शन का सहारा है। यहाँ पुनः नरेश सक्सेना के विचार याद आते हैं, जिन्होंने बड़े साफ शब्दों में समकालीन कवियों की शहरी-नियति को सामने रखा है-''इस कविता का मायालोक तो महानगर है। याद करके मुझे तीन चर्चित कवियों का नाम बताइए जो महानगर में न रहते हों। केदारनाथ सिंह दिल्ली में, कुँवर नारायण दिल्ली में, अशोक वाजपेयी दिल्ली में, विष्णु खरे दिल्ली में, मंगलेश डबराल दिल्ली में।''[118]

देखा जाए तो इससे कविता और कवि दोनों का क्षरण हो रहा है। जो कवि शहर का हो गया है और स्मृति के आधार पर पिछले अनुभवों को काव्यबद्ध कर रहा है, उसमें अर्थों की ताजगी का संकट तो आना ही है। एक वह जो शहर से दूर फैले हुए अनगढ़-अनपढ़ इलाकों की धूल फाँक रहा है और दूसरा वह जो शहरी आवास के साफ-सुथरे लॉन में बैठा हुआ है-दोनों की संवेदनाओं के स्वाद में जमीन-आसमान का फ़र्क़ होगा। शहर के कवि में भी गाय, भैंस, तालाब, लाठी, बँसवारी और कबड्डी के प्रसंग आएँगे, मगर अपने असली अन्दाज में नहीं, कुछ-कुछ बहुरूपिया की तरह। चूँकि कवि उसे जीवन्त सहजता के साथ प्रकट कर देने की काबिलियत से रिक्त है, अपनी चटक भावना को पकड़ने की कूबत खो बैठा है-इसलिए उसे लोकानुभव को कृत्रिम शब्दों के आकर्षण में पेश करने की मजबूरी है। यद्यपि उसे अच्छी तरह पता है कि लोक-यथार्थ की असहज तस्वीर पेश कर रहा है, वह भ्रम परोस रहा है-लोकसत्य का।

शहर किसी एक संस्कृति की दुनिया का नाम नहीं है, बल्कि यहाँ कल्पनातीत सम्पन्न और कल्पनातीत गरीब लोगों की सभ्यताएँ बसती हैं। गाँव, अंचल, कस्बा जहाँ पहुँचकर अपनी स्थानीय विशेषताएँ खो देते हैं। शहर एक ऐसा कारखाना है, जो प्रत्येक वर्ग के व्यक्ति को एक पुर्जा, एक वस्तु और धनउत्पादक मशीन के रूप

में बदल देता है। जाने-अनजाने, चाहे अनचाहे, प्रत्यक्ष अथवा परोक्ष रूप से शहर का यह चलन रचनाकार के मनो-मस्तिष्क को भी प्रभावित करता है। उसकी नवोन्मेषशालिनी प्रतिभा को क्षीण करता है, रचनात्मक उमंग को सोखता है और नित-नवीन सोचने की चेतना को बेतरह कुन्द करता है। आधुनिक उपलब्धियों की अपरम्पार सभ्यता के बीच साँस लेते हुए अपनी सृजनात्मकता को बचा पाना शहर के रचनाकारों के लिए कठिन चुनौती की तरह है। जिस विषय पर वह कलम चला रहा है-वह सामने नहीं है, बहुत दूर जा चुका है-मानो सपना हो चुका हो। इसीलिए रचनाकार एक ऐसे आभासी यथार्थ का नक्शा खींच रहा है, जो विश्वसनीय सच नहीं हो सकता।

समकालीन कवि के सामने नगरीय जीवन का बहुमुखी यथार्थ है, जिससे उसका रोज-ब-रोज सामना होता है, जिसको समझने की लाख कोशिशों के बावजूद सम्पूर्ण रूप में ता-उम्र नहीं समझ सकता, क्योंकि नगर कोई एक जटिल यथार्थ का विस्तार है। यहाँ उच्च वर्ग के कई रूप हैं, मध्य वर्ग के अनेक स्तर हैं और दलित वर्ग कुछ इस तरह दलित है कि उनको समझने-बूझने की शक्ति ही जवाब दे जाती है। आला दर्जे के अफसर, निदेशक, संचालक, सचिव सब उच्च मध्यवर्ग की श्रेणी के हैं, जबकि राजनेता, मन्त्री और उद्योगपति उच्चवर्ग में। इन दोनों की जीवन शैली, सोच-विचार और कर्म-कुकर्म कवियों की समझ के दायरे से बाहर है। अपनी कविता के बल पर इनकी सशक्त दुष्प्रवृत्तियों पर लगाम कसना समकालीन कविता के सामने दुष्कर चुनौती है। कुछ कवियों ने इस दिशा में थोड़े-बहुत प्रयास तो किये हैं-मगर शहर के सर्वव्यापी यथार्थ के समक्ष उनका प्रयास अधूरा ही है। शहर की झुग्गियों पर 'विनय दूबे' की कविता-'बड़ा दुख है' की चार पंक्तियाँ-

बड़ा दुख है झुग्गियों में/बड़ा दुख है
नल नहीं, सड़कें नहीं, बिजली नहीं है
और डर बीमारियों के फैलने का
और डर है म्यूनिसिपल का/झुग्गियों के टूटने का डर।[119]

कस्बा, शहर या महानगर आज की सभ्यता का बहुत अहम सच है। उसको हम दरकिनार नहीं कर सकते, न ही उसकी उपेक्षा कर सकते हैं। वह हमारे ही विकास क्रम का मुख्य हिस्सा है। इसलिए वह जैसा भी है, जो कुछ भी है-उसे-धैर्यपूर्वक समझना नितान्त आवश्यक है। शहर पर कविता लिखने का मतलब शहर का होकर लिखना नहीं है, बल्कि संवेदनशील तटस्थता के साथ, आलोचनात्मक अन्तर्दृष्टि के साथ लिखना है। शहर में आकर मानव के व्यवहार, चरित्र, जीवन मूल्य और सोच में भारी फेरबदल आया है। एक जागरूक और पैनी निगाहों वाला कवि बड़ी कुशलता के साथ इस बदलाव को परख सकता है। इस तथ्य को प्रमाणित

करने के लिए उसे कहीं भटकने की जरूरत नहीं, बल्कि वह जिधर भी जाएगा इस कटुसत्य के जिन्दा प्रमाण दौड़ते-भागते हुए मिल जाएँगे। चारित्रिक पतन, आर्थिक भ्रष्टाचार या राजनीतिक नाटकबाजी ये तो महानगरों की आम पहचान है। यदि कोई समकालीन कवि इन मुद्दों को कविता में उठा रहा है तो बहुत नया कार्य नहीं कर रहा है। हाँ, आम पाठक को सचेत करने की दृष्टि से इसका महत्त्व है जरूर। वस्तुत: इससे कहीं अधिक आवश्यक चीज़ है–शहर में फैले हुए आदमी के अन्तर्विरोधों को पूरी तल्खी के साथ दिखाना। यहाँ का पढ़ा-लिखा बुद्धिजीवी क्यों आत्मकेन्द्रित हो गया है, वह क्यों शहर की भौतिक प्रगति का बोझ न सह पाने के बावजूद प्रसन्न दिखने को अभिशप्त है। ये अन्तर्विरोध अपने सटीक मूल्यांकन के लिए कवि से एक सन्तुलित, मानवीय और लोकतान्त्रिक दृष्टि की माँग करते हैं। ऐसा रचनाकार कोई एकतरफा निर्णय नहीं देता, बल्कि वह आँखें तेज रखते हुए इन मुद्दों की तह में पहुँचने का प्रयास करता है। यहाँ पहुँचने के बाद उसको दिखती है–शहर में भी बची हुई मनुष्यता, न्यायप्रियता और सच्चाई। यहाँ आकर इंसान भीतर से मर नहीं गया है। वस्तुत: वह जूझ रहा है अपने आपसे। वह अपनी बाहरी आवश्यकताओं के चलते उत्पन्न व्यावहारिक कमजोरियों से लड़ भी रहा है। हाँ, यह अवश्य है कि इस लड़ाई में वह हारता बार-बार है, जीतता कभी-कभार। इस सन्दर्भ में प्रसिद्ध लेखिका 'मृदुला गर्ग' के विचार देखिए–''आनेवाले समय में साहित्य को शब्दों के बीच के मौन को, अनकही व्यंजना को, स्थूल के पीछे के सूक्ष्म विश्लेषण को, विचारधारा के पीछे के विचार की जटिलता को, और मूल्यों में सतत परिवर्तन के बावजूद सनातनता को, अभिव्यक्त करने का जोखिम उठाना पड़ेगा।''[120]

विषयों की विविधता की दृष्टि से समकालीन कविता ने असाधारण विस्तार किया है। इसमें व्यक्ति, समाज, धर्म, राजनीति, विज्ञान, प्रकृति इत्यादि सब समाहित हो उठे हैं, परन्तु जिस क्षेत्र में इस कविता ने अपना सर्वाधिक विस्तार किया है–वह है–समाज धर्म और मौजूदा राजनीति।

समाज संस्कृति का बाह्य ढाँचा है। इसके भीतर संस्कृति पनपती और विकसित होती है। दोनों का आपसी सम्बन्ध इतना गहरा है कि वे कहाँ एक-दूसरे से अलग हो रहे हैं–कह पाना मुश्किल है। बाहर से देखने पर जो समाज है–वही भीतर से देखने पर संस्कृति है। यदि कोई कवि आधुनिक समाज के किसी ज्वलन्त मुद्दे को कविता में उठा रहा है तो अप्रत्यक्ष रूप से वह सांस्कृतिक संकट से भी दो-चार हो रहा है। सामाजिक मुद्दों का कोई ओर-छोर नहीं है। इसमें पारिवारिक सम्बन्धों में बिखराव, स्वार्थान्धता, स्त्रियों के मन की जाँच-पड़ताल, दलित और उपेक्षित तबकों के प्रति कर्तव्यनिष्ठता, उत्सव, त्योहार और रीति-रिवाज, वर्जनाएँ तोड़ते प्रेम-सम्बन्ध, खेती-किसानी और उपेक्षित वर्गों के प्रति उत्सुकता और आदर का भाव इत्यादि सब

सम्मिलित हैं। एक ही कवि इन सारे मुद्दों और विषयों को रचनाबद्ध करता हुआ मिल जाएगा। शहर में बैठकर लिखने के बावजूद उसकी जानकारी में कोई कमी नहीं है। वह देख रहा है कि आये दिन पारिवारिक सम्बन्ध विकृत हो रहे हैं, बुरी तरह से टूट रहे हैं। शरीर से पुतला, हृदय से पत्थर और बुद्धि से चालाकी ही चालाकी सोचने वाली मशीन बनते आदमी के लिए परिवार की जरूरत पहले से कई गुना बढ़ गयी है। देखें पवन करण की कविता 'जिसे तुम मेरा पिता कहती हो' की कुछ पंक्तियाँ–

पहली बार उसे लगा यह आदमी जो गाँव में मेरी माँ को छोड़कर
इस औरत से यहाँ ब्याह रचाये बैठा है
मेरा पिता होते हुए भी पिता की तरह नहीं है मेरे।[121]

आधुनिक साहित्य की किसी भी विधा में समाज और उसमें व्याप्त संस्कृति ही मुख्य केन्द्र में है। आन्तरिक बदलाव अनिवार्यतः बाहरी ढाँचे को परिवर्तित करता है, क्योंकि पुराना ढाँचा नये आन्तरिक परिवर्तन को धारण करने में समर्थ नहीं रह जाता। इसी प्रकार यदि समाज का बाहरी ढाँचा बदल रहा है तो वह भी भीतर की संस्कृति को बदलाव के लिए प्रेरित करता है। इस तरह समाज और संस्कृति में परिवर्तन एक-दूसरे पर निर्भर हैं। यह अवश्य है, सामाजिक परिवर्तन की गति सांस्कृतिक परिवर्तन की गति से धीमी होती है। जैसे खान-पान, रहन-सहन, पहनावा, रीति-रिवाज जो कि संस्कृति के तत्व हैं, युग के अनुसार अपना रूप बदलते रहते हैं, जबकि जाति-व्यवस्था, वर्ग-विभाजन, पुरुष प्रधान व्यवस्था समाज के अनिवार्य तत्त्व हैं–इनमें बदलाव इतना धीमा है कि परिवर्तन यहाँ हो भी रहा है कि नहीं पता नहीं चलता। समकालीन कविता की नज़र दोनों की यथास्थिति के खिलाफ परिवर्तन के प्रबल समर्थन पर है। वस्तुतः यह परिवर्तन काल की गति का अनिवार्य गुण है, जो मानव-सभ्यता के सभी क्षेत्रों में अपना असर दिखाता है। यह बदलाव अपनी मूल प्रकृति में सकारात्मक और नकारात्मक दोनों होता है। समकालीन कवि अपने आत्मविवेक के बल पर तत्काल भाँप लेता है कि समय की कौन-सी नयी प्रवृत्ति उत्तम है, ग्राह्य है और कौन सी प्रवृत्ति हद दर्जे की खतरनाक। वह आम आदमी के हित की कसौटी पर समय के बदलावों को परखता है। यदि वह हित के अनुकूल है तो समर्थन, यदि विपरीत है तो सख्त विरोध। समकालीन कवि समर्थन अथवा विरोध सिर्फ़ कविता में करके सन्तुष्ट नहीं हो जाता, बल्कि मंचों, गोष्ठियों और लेखों के माध्यम से भी अपनी उपस्थिति दर्ज करता है। प्रसिद्ध आलोचक और कवि रमेशचन्द्र शाह साहित्य और संस्कृति के रिश्ते को दावे के साथ स्पष्ट करते हैं– "समय और संस्कृति में आनेवाले बदलावों की आहट सबसे पहले साहित्य में सुनाई देती है या सुनाई देनी चाहिए। नहीं तो उसे साहित्य मत कहो। साहित्य की जगह

हमारे यहाँ हमेशा संस्कृति के केन्द्र में रही है।''[122] वस्तुतः इसी दायित्व के लिए साहित्यकार का प्रगतिशील या मानवतावादी होना आवश्यक है, क्योंकि बिना प्रगतिशील हुए युगीन परिवर्तन की चाल को समझ पाना मुश्किल है।

इस युग में जिस तरह धार्मिक पाखंड ने अपना विस्तार लिया है, उसी तरह कविता में उस पर आक्रमण का सिलसिला भी तेज हुआ है। आज का धर्म शुद्ध रूप से बिजनेस है, व्यापार है, रोजगार है, और है धन उगाऊ खेती। धर्म में धर्म खोजना रेगिस्तान में जल खोजने की तरह दुर्लभ हो गया है। भारत के कोने-कोने, में प्रत्येक गाँव, तहसील जिला और प्रान्त में धर्म की तूती बोलती है। हर जगह मन्दिर हैं, मठ हैं, पूजा स्थल हैं, डीह हैं और तान्त्रिक साधना केन्द्र हैं। 21वीं सदी में इनके घटने को कौन कहे, ये निरन्तर और विस्तार ले रहे हैं। धर्म पर निर्मम प्रहार का सिलसिला प्रेमचन्द के समय से ही जारी है, परन्तु आज तक धर्म के इस मनमानेपन पर कोई असर नहीं पड़ा है। साहित्य में धर्म की विकृतियों का कितना भी भंडाफोड़ क्यों न कर दिया जाए, उसकी वीभत्स सेहत पर तनिक भी असर नहीं पड़नेवाला। अयोध्या, प्रयाग, बनारस, उज्जैन, बद्रीनाथ, हरिद्वार, द्वारिका, रामेश्वरम, पुरी इत्यादि आज न जाने कितने धार्मिक गढ़ हैं। यहाँ धर्म-पुरोहितों के पास अपार धन है, ऊँची पहुँच है, प्रभुसत्ता है। धर्म का मायाजाल इन केन्द्रों में इतने दूर तक फैला हुआ है कि उसको पूरी तरह समझने में एक पूरा जीवन ही समाप्त हो जाएगा। समकालीन कविता बहुत ऊपर-ऊपर इसके खिलाफ हाथ-पाँव मार रही है। वस्तुतः धार्मिक-तन्त्र की तह तक जाने की सामर्थ्य इस कविता में नहीं है। चूँकि उसे प्रगतिशीलता का तमगा पहनना है, इसलिए धर्म की खिंचाई कर दी। चलो एक कर्तव्य और पूरा हुआ। सच तो ये है कि धर्म के वर्तमान चेहरे को समझने के लिए मात्र प्रगतिशीलता काफी नहीं है। जाने-अनजाने कवि खुद धार्मिक संस्कारों की गिरफ्त में हैं, पहले उससे मुक्त होना होगा। दबी निगाहों से रचनाकार भी अपना राशिफल पढ़ने से रोक नहीं पाता। आज मठों-मन्दिरों में बेइन्तहा व्यभिचार है, धोखाधड़ी और शोषण है-गरीब-मध्यवर्गीय नारी का शोषण। पुण्य के नाम पर, देवी-देवताओं के नाम पर नारियों के साथ अन्याय यहाँ बदस्तूर जारी है-यहाँ देखें 'स्वप्निल' जी की पंक्तियाँ-

अफीम ईश्वर को समझने में-
सबसे ज्यादा मदद करता है-
अतः अफीम की खेती को
प्रोत्साहन दिया जाना चाहिए।[123]

यह सच है कि आधुनिक सोच, वैज्ञानिक प्रगति एवं भौतिक उन्नति ने हमें धर्म की पुनर्व्याख्या करने, उस पर सन्देह करने और उसकी शताब्दियों पुरानी सत्ता

को चुनौती देने की दृष्टि प्रदान की है। औद्योगिक क्रान्ति के विश्वव्यापी विस्तार ने एक सिरे से धर्म के सिद्धान्तों और मान्यताओं को खारिज करने की प्रेरणा दी और आधुनिक दर्शन का मूलमन्त्र ही था–सन्देह। व्यक्ति पर, प्रकृति पर, ईश्वर पर, परलोक पर यहाँ तक कि समस्त दृश्य–अदृश्य सत्ता पर सन्देह। यही से शुरू होती है–तर्क और विश्लेषण की क्षमता। मनोविश्लेषण वाद, मार्क्सवाद या अस्तित्ववाद जैसे महान दर्शनों के मूल में ईश्वर की सत्ता का इनकार और मानव की प्रभुसत्ता का स्वीकार निहित है।

समकालीन कविता ज़ब धर्म के कर्मकांडी और तान्त्रिक चेहरे का सामना करती है तो उसमें प्रखरता का स्वर तीव्र हो जाता है, मानो वह हमारे बीच से इसकी विकृति को समूल नष्ट करके ही दम लेगी। लेकिन यही धर्म हमारे दैनिक जीवन में किस तरह प्रवेश किये हुए है–इसकी सजगता हमारे भीतर नहीं है। 'दुर्गा सप्तशती' का पाठ हमारे घरों में होता है–हम चुप रहते हैं, 'श्रीमद्‌भागवत कथा' का आयोजन हमारे घर होता है–हम कुछ नहीं कर पाते। हमारे भाई–भतीजों का जनेऊ संस्कार होता है–हम मौन धारण किये रहते हैं। कुंडली से मिलान करके नितान्त अपरिचित लड़की से हमारी शादी तय कर दी जाती है–हम सिर झुकाकर मान लेते हैं। मन्दिर का पुजारी लाल टीका लगाकर दक्षिणा माँगता है–हम चुपचाप दे देते हैं। अपने जीवन में घुसी हुई ये छोटी–छोटी धार्मिक करतूतें सही अर्थों में हमें विशुद्ध प्रगतिशील बनने ही नहीं देतीं। बड़े–बड़े बुद्धिजीवी और प्रगतिशील लेखक धर्म के खतरनाक सच को जानने–समझने के बावजूद दो–टूक शब्दों में बोलने से सौ कदम पीछे भागते हैं।

आज भी समकालीन कविता में एक भी रचनाकार मौजूद नहीं जो धर्म के अपार पाखंड को खुलेआम चुनौती देने का साहस रखता हो। इस कसौटी पर सबसे खरा उतरने वाला नाम राजेन्द्र यादव हैं। वे कहते हैं–"मैं कौन हूँ, कहाँ से आया हूँ, कहाँ पैदा हुआ, कहाँ जाऊँगा आदि–आदि जिसके जवाब मानव के पास नहीं थे। तो यह मान लिया गया कि इस सबका ज्ञाता ईश्वर है। वहीं से धर्म की शुरुआत होती है और आदमी ईश्वर का गुलाम होता चला गया।"[124]

समाज और धर्म के बाद समकालीन कविता का तीसरा क्षेत्र है–राजनीति। यह आज के मनुष्य को नियन्त्रित और प्रभावित करने वाला सर्वाधिक शक्तिशाली तन्त्र है। राजनीति का आदर्श है देश का बहुमुखी विकास और जनता का उत्थान, किन्तु आजादी के बाद से ही भारतीय राजनीति हिंसा, षड्‌यन्त्र, धोखाधड़ी, घूसखोरी, नैतिक पतन, घोटाला इत्यादि कारनामों के चंगुल में इस तरह फँस चुकी है कि आगामी कई दशकों तक उसके अपने आदर्श रूप में लौटने के आसार नज़र नहीं आते। बुद्धिजीवी वर्ग में साहित्यकार ही एक ऐसा शख्स है जो सर्वशक्तिमान राजनीति के अन्याय के खिलाफ आवाज़ बुलन्द करता है। समकालीन कविता के वरिष्ठ या युवा दोनों प्रकार

के कवियों में राजनीति के प्रति घृणा, आक्रोश और विद्रोह का तेवर दिखाई पड़ता है। जनकवि नागार्जुन राजनीति की खिलाफत के प्रतिमान हैं ही, आज के दौर में राजेश जोशी, आलोक धन्वा, कात्यायनी, भगवत रावत या लीलाधर जगूड़ी भी इस मोर्चे पर पीछे नहीं हैं। समकालीन कविता में लगभग प्रत्येक कवि राजनीतिक चेतना से सम्पन्न हैं और राजनीतिक व्यवस्था पर कटाक्ष करना अपना मूल कर्तव्य समझता है। प्रसिद्ध कवि राजेश जोशी की इन पंक्तियों में राजनीति के खिलाफ कितना आक्रोश भरा हुआ है–

हमारी पार्टी ने तय कर लिया है कि नाटक का विरोध करना है
तो बस....नाटक का विरोध करना है
पार्टी जो तय कर लेती है हम बस वो ही करते हैं
सवाल करने की प्रथा हमारे यहाँ नहीं है।[125]

आज का प्रत्येक बुद्धिजीवी राजनीति से असन्तुष्ट है। उसको समूल परिवर्तित कर देना चाहता है। वह भूखा है न्याय का, सम्मान का, रोजगार का। राजनीतिक भ्रष्टाचार बौद्धिक प्रतिभाओं को पनपने नहीं देता, अयोग्यों और भ्रष्टाचारियों को ऊपर उठाता है। इसीलिए सत्ता के इस अक्षम और दिग्भ्रमित तन्त्र में मजदूर, किसान, लेखक, आम आदमी सब त्रस्त हैं। यह वह महारोग है जिससे घृणा भी होती है और रात-दिन चिपके भी रहना पड़ता है। आज की सत्ता के नवीनतम पैंतरे का खुलासा करते हुए चन्द्रकान्त देवताले कहते हैं–"देश की 70 प्रतिशत जनता आजादी की अर्द्धशती बीत जाने के बाद भी बुनियादी सुविधाओं से वंचित है।....गरीबों की दुनिया में अँधेरा और गहरा गया है, जबकि ऊपर की अधिरचना समृद्ध-भव्य दिखाई दे रही है।"[126]

समकालीन कविता की एक उल्लेखनीय विशेषता है–वादों से मुक्ति। अर्थात् आज का कवि किसी एक विचारधारा में बँधकर नहीं लिखना चाहता है। हिन्दी साहित्य के पिछले दौर में वादों से बँधकर लेखन करने की प्रवृत्ति खूब फली-फूली, लेकिन उससे न तो उस विचारधारा की गरिमा बढ़ी और न ही साहित्य की। समकालीन कवि इस सच्चाई को बखूबी समझ चुका है कि विचारधारा का सिपाही बनकर सृजन करने का युग लद चुका है। अधिक से अधिक वह इनसे दृष्टि ग्रहण करता है, अपने चिन्तन की धार को तेज करता है या यों कहें कि अपनी क्षमता को और अधिक व्यापक करता है। आधुनिक दर्शन की जितनी नयी-नयी विचारधाराएँ हैं–उनके उत्तम को ग्रहण करने से समकालीन कवि को कोई परहेज नहीं। सच तो यह है कि वैचारिक दौलत पाने के लिए वह दक्षिणपन्थी लोगों के पाले में भी घुस जाने को कटिबद्ध है। आज की तारीख में विवेकानन्द, अरविन्द और महात्मा बुद्ध धर्म के अन्तर्गत पहचाने जाते हैं, जबकि यह धर्म ही लेखक को सबसे बड़ी चुनौती

है, परन्तु उपरोक्त तीनों महापुरुषों की महत्ता वैचारिक दृष्टि से बेजोड़ है। इसीलिए समकालीन रचनाकार खुले मन-मस्तिष्क के साथ उनका प्रभाव सहर्ष ग्रहण करता है, और साथ ही साथ उनकी सोच में, निष्कर्ष में स्पष्टत: दोष नज़र आते हैं- उनकी तीखी आलोचना करने से पीछे नहीं हटता।

मार्क्सवाद से सर्वाधिक प्रभावित रहने वाला समकालीन कवि मार्क्सवाद का ही आलोचक है। मार्क्सवाद के महान योगदान को स्वीकार करने के बावजूद, सर्वाधिक उसी से प्रभावित रहने के बावजूद आज का कवि इस युगान्तकारी विचारधारा में कमियाँ खोज निकालने में समर्थ हो गया है। अब उसकी प्रगतिशीलता मात्र मार्क्सवाद का भजन गाना भूल चुकी है। उसमें दुनिया के तमाम दर्शन, अनेक इतिहासकारों और समाजशास्त्रियों के विचार और लेखकों की मौलिक दृष्टियों का मिश्रण है। यहाँ देखिए कर्मेन्दु शिशिर मार्क्सवादियों के बारे में क्या कहते हैं-''मार्क्सवादियों की मुश्किलों का एक सिलसिला रहा है। वे आज तक भारतीय समाज के परिवर्तन की कोई मौलिक राह नहीं तलाश पाये। विचारों की वैज्ञानिकता वे पहले सोच लेते रहे और उसी खाँचे में यथार्थ का विनियोग करते रहे। स्वभाव से हठी होने के कारण और वैचारिक गतिशीलता के अभाव से वे कभी विस्तार न पा सके।''[127]

समकालीन कविता में विरोध और आलोचना का एक और सार्थक स्वर खुद कविता और साहित्य के प्रति है। कवि स्वयं अपने दौर के साहित्यिक वातावरण से ख़फा है और अपनी कविताओं अथवा लेखों में यह असन्तुष्टि प्रकट करने से नहीं चूकता। स्थिति तो यहाँ तक बढ़ गयी है कि समकालीन कविता का युवा वर्ग अपने प्रतिष्ठित वरिष्ठ कवियों का मूल्यांकन पूरे आत्मविश्वास और हिम्मत के साथ कर सकता है। अब वह धीरे-धीरे उनकी प्रसिद्धि के व्यामोह से मुक्त हो रहा है और सिर्फ़ रचना के आधार पर आलोचना करने का दमखम विकसित कर रहा है। पिछली सदी के अन्तिम तीन दशकों में प्रायोजित आलोचना, स्तुति और उठाने-गिराने की तिकड़मबाजी का बोलबाला रहा। इसका असर आज भी खत्म नहीं हुआ है। इस खेल में पुरस्कारों की महामाया ने बड़ी भूमिका निभाई है। आज साहित्य में छोटे-बड़े, प्रतिष्ठित-गुमनाम जितने भी पुरस्कार दिए जा रहे हैं, उसमें रचना की श्रेष्ठता के आधार पर मिलने वाले पुरस्कारों की संख्या एक प्रतिशत से अधिक नहीं है। रचनाकार से परिचय, घनिष्ठता और उसकी प्रसिद्धि पुरस्कार की प्राथमिक शर्तें हैं। साहित्य अकादमी पुरस्कार जो देश में साहित्य का सबसे प्रतिष्ठित पुरस्कार है- स्वार्थों और घनिष्ठ सम्बन्धों के आपसी गुटबाजी में किस कदर फँसा हुआ है, इसका खुलासा करने के लिए किसी प्रमाण की जरूरत नहीं।

आज साहित्य का कोलाहल सब तरफ है और साथ ही विधाओं के विलुप्त हो जाने का संकट भी मँडरा रहा है। राजेन्द्र यादव तो कई बार कविता के अन्त की

भविष्यवाणी कर चुके हैं। दूसरा संकट उपन्यास विधा पर। महाकाव्य जाने को हुआ तो उसका स्थान उपन्यासों ने ले लिया। अब यदि उपन्यास भी चला गया तो उसका स्थान लेने के लिए कौन सी विधा जन्म लेगी? यह भी भविष्य का प्रश्न है। उदय प्रकाश जो कि प्रतिष्ठित कहानीकार होने के साथ ही एक समर्थ कवि भी हैं– समकालीन कविता के बाजारीकरण से चिन्तित हैं, शायद लाचार भी। वे समकालीन कविता को श्री विहीन करने वालों की भर्त्सना करते हैं–

उनके संरक्षण में हैं संस्कृति, संस्थाएँ और कटिबद्ध है
भ्रष्ट हर सरकार
देखो कितनी बार कितने प्रकार से ले रहे हैं वे पुरस्कार
समकालीन साहित्य के पेज श्री के ये सब मँजे हुए
वर्णवादी कलाकार।[128]

पिछले एक दशक से दिल्ली ही सर्वाधिक आलोचना के केन्द्र में रही है। अब तो दिल्ली के साहित्यिक माहौल की खरी–खोटी आलोचना कर देना एक फैशन बन चुका है। यद्यपि दिल्ली की हवा में साहित्य को दूषित करनेवाले तत्त्व मौजूद तो हैं ही, किन्तु इसका सामान्यीकरण नहीं किया जा सकता। इसको पूरी दिल्ली पर लागू नहीं किया जा सकता। प्रत्येक दौर का साहित्य अपने नयेपन के साथ कुछ नयी कमजोरियाँ भी ले आता है। यही कमजोरियाँ जब प्रबल हो उठती हैं, विस्तृत हो जाती हैं तो साहित्य की अस्मिता का ही संकट खड़ा कर देती हैं। दरअसल ये कमजोरियाँ खुद साहित्य द्वारा उत्पन्न नहीं होतीं, बल्कि परिवर्तित होते हुए युग, उसके मनुष्य और आगे बढ़ती सभ्यता में मौजूद होती हैं। जैसे बाजारवाद, प्रदर्शन प्रियता और प्रचारवाद आधुनिक सभ्यता की देन हैं। ये अनिवार्यतः हिन्दी साहित्य को ही नहीं, देश की अन्य भाषाओं के साहित्य को प्रभावित कर रही हैं। अब एक पुस्तक, चार कहानी, या दस कविताएँ लिखकर चर्चित हो जाने के लक्ष्य का युग है। गुमनाम रहकर भी मुक्तिबोध की तरह युगान्तकारी रचनाएँ लिखते रहने का धैर्य अब किसी रचनाकार में नहीं। कम से कम लिखकर अधिक से अधिक कैसे चर्चित हुआ जाता है–यह कोई समकालीन हिन्दी साहित्य से सीखे। प्रसिद्ध आलोचक विजय कुमार की इस तल्खी में सच्चाई के सूत्र तो मौजूद हैं ही, भले ही वे प्रतिक्रियावादी लगती हों।

"अस्सी के बाद उभरा समकालीन हिन्दी कविता का सौन्दर्यबोध धीरे–धीरे एक बड़ी हद तक गैर–पालिटिकल हो चुका है। अब उसमें अनुभव कम और स्मार्ट वक्तव्यों की कीमियागिरी ज्यादा है। जैंटल, ठंडे और निष्प्राण वक्तव्य। ज्यादातर कवियों की भाषा और स्वर का तापमान भी लगभग एक जैसा ही है।"[129]

दिनकर कुमार : पक्षधरता का उद्दाम आवेग

5 अक्टूबर, 1967 को बिहार के दरभंगा जिले में जन्मे दिनकर कुमार समकालीन युवा कविता में अपनी पहचान रखने के साथ-साथ असमिया और हिन्दी के स्थापित अनुवादक के रूप में भी जाने जाते हैं। अब तक कवि के चार कविता-संग्रह प्रकाशित हो चुके हैं-एक हत्यारे शहर में वसन्त आता है, क्षुधा मेरी जननी, ब्रह्मपुत्र को देखा है और लोग मेरे लोग।

दिनकर कुमार जीवन, प्रकृति, राजनीति और व्यक्ति के यथार्थ से उत्पन्न अलक्षित सत्य के साधक हैं। विषयों का चुनाव भी वे आसपास की जानी-पहचानी दुनिया से करते हैं, किन्तु अपनी दृष्टि का नयापन कुछ इस तरह भरते हैं कि वह आम से खास हो जाता है। दिनकर कुमार के कवि की ताकत है जीवन्त सहजता। उनकी अभिव्यक्ति में भाषागत उलझाव तनिक भी नहीं, न ही वे चौंकाने वाले अर्थ देने के मोह में उलझते हैं। अपने मकसद के प्रति कवि की दृष्टि आत्मविश्वास से भरी है, इसीलिए वे सुस्पष्ट हैं। सशक्त और जिन्दा भावनात्मकता उनकी कविताओं में आरम्भ से अन्त तक बहती रहती है। वे बारीक से बारीक अर्थ देते हुए भी बुद्धि-निर्देशित कवि नहीं हृदय-संचालित कवि सिद्ध होते हैं। जैसे उनके संग्रह-'एक हत्यारे शहर में बसन्त आता है'-कि कुछ पंक्तियाँ-अभी तक उसने गँवाई नहीं है रीढ़ की हड्डी/ अभी तक वह शामिल नहीं हुआ है भेड़ों की जमात में/ अभी तक उसके सीने में बची हुई है बेचैनी/ उसकी आंखों में है-बदलाव का मानचित्र (पृष्ठ संख्या 9)।

दिनकर कुमार की बेचैन निगाह अपने चारों ओर फैले वर्तमान के विविध रूपों पर है। यही कारण है कि कभी वे मालगाड़ी के गार्ड को कलम के दायरे में लाते हैं, कभी ब्रह्मपुत्र नदी का धुमैला किनारा। कभी वे ड्राइंग रूम की टी. वी. संस्कृति पर असन्तुष्ट नज़र आते हैं, कभी वे स्वयं को भी कटघरे में ला खड़ा करते हैं। आज के भागमभाग भरे समय में मनुष्य खुद का यन्त्रीकरण करने को अभिशप्त है। वे अपनी बात बिलकुल स्पष्ट और सीधे कहने को प्रतिबद्ध दिखाई देते हैं, इस लिहाज से वे आम पाठकों के, जन-मन के कवि हैं।

'लोग मेरे लोग' काव्य संकलन की पहली कविता है-'अपनी आवाज़ में'। यह कविता एक कवि के सच्चे इंसान बनने की उत्कट आकांक्षा और भूख है। एक सच्चे रचनाकार की चरम कसौटी भी यही है कि वह अपने पारदर्शी व्यक्तित्व से कविता को प्रमाणित करे। यह प्रचार का वक्त है, बाज़ार का वक्त है। आज सौदेबाजी है, मोलतोल है, मायाजाल है, विज्ञापनों का भ्रमजाल है। लोकलुभावन हजारों उपाय हैं, पर गायब हुआ है वह मनुष्य जो सोचनेवाला, द्रवित होनेवाला, गैरों के आँसू जीनेवाला और हजारों की धड़कनों को महसूस करनेवाला माना जाता था।

'मुझे अभाव से डर नहीं लगता' कविता एक सामान्य व्यक्ति के भय से अलग एक संवेदनशील कवि के भय का आख्यान है। एक कलाकार का भय सामान्य आदमी के भय से बहुत अलग होता है। अलग इस अर्थ में कि संसार की विकट दुश्वारियाँ जिसे तोड़ नहीं पातीं, वह हृदयहीन चेहरों की चालाकियों से टूट-टूटकर बिखर जाता है। 'मुझे मत उछालो' कविता में खुद को समझने, पहचानने और अपने साथ सदैव बने रहने की भावाकुल प्रतिबद्धता है।

'वेनिस का सौदागर' कविता में भावात्मक नयापन तो है मगर उसे उसी स्तर की ताजातरीन भाषा में पेश करने का कौशल नहीं है। यह अभाव केवल दिनकर कुमार ही नहीं, समकालीन कविता के अधिकांश कवियों में उपस्थित है। उनकी दृष्टि नये तथ्य, नये मर्म, नये विचार खोज लेती है, किन्तु उसे चलन से हटकर खास अपने अन्दाज में पेश करनेवाली भाषा-शैली नहीं है। वही एकरेखीय वाक्य, वही ज्ञानगुंठित शब्दावली, वही वर्णनात्मक संवाद। 'तुम प्रजा हो तुम क्या जानो' कविता में कवि प्रजा के बारे में बनी बनाई सोच और धारणा के विरुद्ध खड़ा हो जाता है। सदियों-शताब्दियों से प्रजा को अन्धा, भक्त और दास बनाये रखने का अबूझ खेल चालू है। गौर कीजिए कुछ पंक्तियों पर-तुम प्रजा हो तुम क्या जानो/ तुम सीधी हो तुम भोली हो/ वे धूर्त भी हैं चालाक भी हैं/ वे क्रूर भी हैं ऐय्याश भी हैं/ वे हिंसक पशुओं के वंशज हैं/ तुम प्रजा हो तुम क्या जानो (लोग मेरे लोग पृ. 23)।

दिनकर कुमार इस अर्थ में एक सफल कवि हैं कि वे किसी खास दायरे से बँधकर सृजन नहीं, करते बल्कि अपनी उन्मुक्त चेतना को लिए-दिए समय के अनेक स्तरों में विचरण करते हैं। जैसे उनकी कविता है-'स्विस बैंकों तक बहनेवाली खून की नदी में'। यहाँ समझ-बूझ से परिपूर्ण उनकी राजनीतिक चेतना की गहराई देखी जा सकती है। प्रमाण हैं पंक्तियाँ-स्विस बैंकों तक बहनेवाली खून की नदी में/ थोड़ा खून मेरी धमनियों का भी है/ थोड़ा मेरे पूर्वजों का/ थोड़ा मेरे ग्रामीणों का/ थोड़ा मेरे शहर के निवासियों का/ थोड़ा-थोड़ा खून एक अरब भाई-बहनों का (पृ. सं. 26)।

कवि का एक संग्रह-'ब्रह्मपुत्र को देखा है'। यह पूर्वोत्तर भारत की 'गंगा'-ब्रह्मपुत्र नदी और उसकी सहस्राब्दियों पुरानी संस्कृति को समर्पित है। इस संग्रह तक पहुँचने के पहले कवि की दृष्टि परिपक्व हुई है, भाषा का कलात्मक प्रयोग समझ में आ गया है और मर्म को व्यंजित करने का तरीका भी सधने लगा है। पहली कविता है-'ब्रह्मपुत्र'। देखिए आगे कुछ पंक्तियाँ-तब नदी का भी हृदय लहूलुहान हो जाता है/ जब माँझी कोई शोकगीत गाता है/ मैं कई बार बना हूँ माझी/ गाया है शोकगीत (पृ. सं. 9)। कवि गुवाहाटी की गणिकाओं को नहीं भूलता। वे याद हो आती हैं-किसी अपने की तरह। वेश्याओं पर कथा-साहित्य में बहुत कुछ लिखा

गया है–मगर कविताओं में बहुत कम। यहाँ याद आता है ज्ञानेन्द्रपति का काव्य संग्रह–गंगातट, जो कि गंगा की कालजयी ममता–क्षमता का गीतात्मक दस्तावेज है। ठीक इसी तरह दिनकर कुमार की कृति। ब्रह्मपुत्र के इतिहास, भूगोल, व्याकरण और संरचना पर केन्द्रित एकमात्र काव्य–संग्रह। इसके तट पर बिहारवासियों का जीवन कटता है तो असम निवासियों का भी। 'ब्रह्मपुत्र किनारे छठ पूजा' कविता में कवि बखूबी एकाकार हुआ है–आम नागरिकों की आस्था से। तादात्म्य की गहनता कुछ इस तरह कि मानो कवि स्वयं उन्हीं के बीच का एक आम चेहरा हो और जनता के बहाने खुद सूर्य को अर्घ्य देने को तत्पर। थिरक उठता है, उछल पड़ता है, रोमांचित हो जाता है कवि का समूचा वजूद जब ब्रह्मपुत्र की सुदूर जलराशि के फैलाव में धुँधलका झरता हुआ देखता है, जब उस पार के प्रान्तर में कांसवन एक अनसुलझा, अनजाना रहस्य भर देते हैं। काव्यत्व की नैसर्गिक क्षमता से सम्पन्न लगभग प्रत्येक कवि एक अलौकिक रोमानियत लिए होता है। 'ब्रह्मपुत्र किनारे कांसवन में' कविता की पंक्तियों पर नज़र डालिए–ब्रह्मपुत्र किनारे कांसवन में/ शैशव और यौवन के पदचिह्न/ ढूँढ़ने की इच्छा होती है/ मोतियों की बारिश में/ भीगने की इच्छा होती है (पृ. सं. 14)।

माँझी, केवट, नाविक, मल्लाह अनेक नाम हैं–उस चेहरे के जो कि नदी के इस पार से उस पार तक हमको, आपको, सबको ले जाता है। उसी की एकान्तिक आत्मपीड़ा को भावासिक्त किया गया है–'माँझी का एकालाप' कविता में।

दिनकर कुमार की कविताओं में प्राय: उत्साह, उछाह और अनुराग भरे मोह के दर्शन होते हैं। यह मोह अपनों के प्रति, अपने समाज के प्रति और मामूली से मामूली जीवन काट रहे लोगों के प्रति है। प्रगतिशीलता यहाँ कवि की बुद्धि का विषय नहीं, बल्कि स्वभाव का हिस्सा है। वे अपने लगभग प्रत्येक संग्रह में जनसाधारण के स्वप्न, आकांक्षा, निराशा, विश्वास और आस्था के पक्ष में खड़े नज़र आते हैं। उदाहरणार्थ 'क्षुधा मेरी जननी' संग्रह की कविता–'दोपहर ओढ़कर सो रहा है रिक्शा चालक' की कुछ पंक्तियाँ–दोपहर ओढ़कर सो रहा है रिक्शा चालक/ शिरीष पेड़ की छाया में/ अभाव को ईंधन बनाकर सबेरे से ही/ खींचता रहा है रिक्शा। है (पृ. सं. 10)।

'क्षुधा मेरी जननी' कविता कवि की आत्मकथा है। भूख की माया में नाच–नाचकर सयाना हुआ बचपन कवि को जीवन के सबसे कठिन पाठ की तरह लगता है। असंख्य भारतीयों का बचपन जैसे दबाव, तनाव, अभाव और बुझदिली में गुजरता है, मगर दिनकर कुमार ने इस उम्र में कुछ ज्यादे ही कठिन परीक्षा दी है। भूख उनकी दृष्टि बन गयी, इंसानियत की रीढ़ बन गयी, कलम की प्रेरणा हो गयी। दिन–रात घाव की तरह टभकते भूख के इस दर्द ने कवि को दुखों का रचनाकार बना

दिया। कुछ पंक्तियाँ–क्षुधा ने ही पाल–पोसकर बड़ा किया मुझे/ क्षुधा ने ही मेरे भीतर सुलगाकर रखी आग/ क्षुधा ने ही मेरे इरादे को बनाया फौलादी/ क्षुधा मेरी जननी मैं क्षुधा की सन्तान (पृ. सं. 19)।

दिनकर कुमार में नयी–नयी बनावट की कविताएँ भरपूर हैं, किन्तु वे बनावटीपन से सौ कदम दूर हैं। प्रत्येक विषय से नेह का नाता कुछ ऐसा जोड़ते हैं कि वे उनके शब्दों का स्पर्श पाते ही पुनर्जीवित हो उठती हैं। उनकी कलात्मकता कभी भी उनकी भावप्रवणता पर भारी नहीं पड़ने पायी है। इसका मूल कारण है कवि का धरातलीय व्यक्तित्व। उन्हें पता है कि वे किसके लिए लिख रहे हैं, उनके सृजन का मानक क्या है, वे अगर बचेंगे तो कैसी कविताओं की रचना करके? अपनी दादी के निधन पर अपार वेदना को सम्भाले कवि किन शब्दों के साथ रो रहा है, जरा गौर कीजिए–'बसन्त में झर गया एक पीला पत्ता/ दुख का एक अध्याय पूरा हो गया/ ऋतु ने गाया परिवर्तन का राग/ मैं पानी पर लकीरों को गिनता रहा (पृ. सं. 26)।

भावों, विचारों और अभिनव मर्म से समृद्ध करनेवाली क्षमता के बावजूद कवि दिनकर का दुर्बल पक्ष भी है। यह दुर्बलता है उनकी भाषाई एकरसता और शिल्पगत इकहरापन। एक शिक्षित और बौद्धिक रचनाकार की सीमाओं को लाँघ नहीं पाये हैं दिनकर कुमार। जनता के पक्ष में वे निरन्तर बोल तो रहे हैं किन्तु उनका टोन, उनके शब्द, मुहावरे और अन्दाज गायब हैं। कविता में विषय यदि अपने अन्तर्बाह्य के साथ साकार हो उठे तो कालजीवी हो जाता है। किन्तु यह सम्पूर्णत्व केवल विषय के मर्म, सत्य, मूल्य या निहितार्थ को प्रकाशित कर देने भर से नहीं आता, बल्कि विषय के रंग, गन्ध, अन्तर्ध्वनि, गरिमा और आकर्षण को परम समर्थ शब्दों में साकार करने से आता है। नागार्जुन की कविता 'पछाड़ दिया मेरे आस्तिक ने' या 'शिशिर की निशा' जैसी कविताएँ या 'बहुत दिनों के बाद' कविता इसी सम्पूर्णत्व की कला सिखाती है। दिनकर कुमार पाठकों के मन में जगह बना लेने वाले भाववादी कवि हैं, किन्तु इतना पर्याप्त नहीं है। आम पाठक को भी कला के नये अन्दाज से समृद्ध करना, नये–नये सर्जनात्मक शब्दों, वाक्यों और मुहावरों से परिचित कराना और अन्तर्ज्ञान के क्षितिज का विस्तार करना अधिक कीमती दायित्व है।

उनकी कविताएँ यथार्थ और उसकी अन्तर्बाह्य सम्भावनाओं की कविताएँ हैं, जबकि कविता की उच्चता दृष्टि की चेतनावस्था पर पहुँचकर सिद्ध होती है। यह परमदृष्टि यथार्थ के दृश्यों को, उसके रूप, रंग, आकर्षण को बहुत पीछे छोड़ देती है और उसमें दार्शनिक सूक्ष्मता की ऐसी ज्योति जगाती है–जो शब्दातीत है, अर्थ से परे है–जो मात्र अनुभूति में खिलती है, जिसे सृजन के किसी भी अन्दाज में बाँधा नहीं जा सकता। उदाहरणार्थ, कविवर रवीन्द्रनाथ टैगोर की कविता–'नव वर्षा'। पंक्तियाँ देखिए–मैंने घने वन की छाया में/ नवीन दूर्वादल पर अपना हृदय बिछा

दिया है/ पुलकित कदम्ब कुंज में मेरे प्राण/ आज प्रसन्न भाव से जागृत हो उठे हैं (पृ. सं. 175, रवीन्द्रनाथ की कविताएँ–साहित्य अकादमी)।

अपनी कविता के मौजूदा अक्स से बड़ा कद खुद कवि की दुर्लभ पंक्तियों में छिपा होता है–नव नाजीवाद संक्रमित होता गया है समूचे मानचित्र में/ अपनी-अपनी बात मनवाने की होड़ आक्रामक तेवर/ अपनाने वाले इसी तरह परिभाषित कर रहे हैं आजादी को/ असहिष्णुता की कसौटी पर परख रहे हैं–मानवीय मूल्यों को क्षुधा मेरी जननी (पृ. सं. 91)।

सन्तोष चतुर्वेदी : अनछुई काव्य-दृष्टि के अन्वेषक

'दक्खिन का भी अपना पूरब होता है' शीर्षक ही प्रमाणित कर देता है कि कवि सन्तोष चतुर्वेदी की दृष्टि में लीक से हटकर देखने की क्षमता है। यह उनके दूसरे काव्य-संग्रह का शीर्षक है, जो कि साहित्य भंडार, इलाहाबाद से प्रकाशित हुआ। इसके पूर्व 'पहली बार' शीर्षक काव्य-संग्रह कवि सन्तोष के नाम दर्ज हो चुका है।

वैसे तो मात्र दो काव्य-संग्रह किसी कवि की प्रारम्भिक भाव-विचार यात्रा का ही प्रमाण दे सकते हैं, किन्तु कुछ युवा कवि ऐसे होते हैं, जिनकी अभिनव चिन्तन क्षमता और कलात्मक झंकार के आधार पर भविष्य की ऊँचाई का भी अनुमान लगाया जा सकता है।

सन्तोष चतुर्वेदी प्रायः सुपरिचित और अपरिचित सामान्य और खास दोनों प्रकार के विषयों को उठाते हैं, किन्तु सभी विषयों को कविता की सान पर चढ़ाने का उनका तरीका सामान्य या सुपरिचित नहीं होता। उन विषयों की प्रकृति, उसके मूल्य, उपयोगिता और अनिवार्यता से हम भी परिचित हैं, किन्तु सन्तोष चतुर्वेदी जब अपनी लीकभंजक अन्तर्दृष्टि को फैलाते हैं–तब एक नये ही तेवर, नये ही अर्थ, नये ही सौन्दर्य के साथ चमक उठता है। यही कहलाती है–कवि दृष्टि, इसे ही कहते हैं कलात्मकता और यही है सन्तोष की काव्य-क्षमता। प्रसंगवश यह भी स्पष्ट कर दिया जाए कि समकालीन कविता के अनेक बीहड़, कठिन और गरिष्ठ युवा कवियों की तरह सन्तोष कलाबाजी के जादूगर नहीं, बल्कि **सार्थक अन्तर्दृष्टि के बढ़ई** हैं। उनकी भाषा अति सामान्य कहे जाने का खतरा उठाकर भी जमीनी, सहज और आम बात व्यवहार की बनी रहती है।

हिन्दी कविता में लम्बी कविताओं के महागुरू तो निस्सन्देह मुक्तिबोध ही हैं। अज्ञेय, राजकमल चौधरी और धूमिल ने भी समय के फसलों में गूँजती रहनेवाली अर्थवान कविताएँ लिखीं। सम्भवतः हमारी युवा पीढ़ी लम्बी कविता के इन मानक कवियों से गहरे प्रभावित है और निरन्तर लम्बी कविताओं का नया ताना-बाना रचने का आत्मसंघर्ष कर रही है। ऐसे ही श्रमरत युवा कवियों में एक नाम

सन्तोष चतुर्वेदी भी हैं, कवि के धैर्य, विश्वास और प्रचुर भावावेश का परिचय देती हैं 'भोंछू नटुआ' दलित-पिछड़े समाज का साधारण चेहरा जो कि सफलता, ऐश्वर्य, समृद्धि, प्रसिद्धि और प्रतिभा में कुछ भी खास नहीं-मगर कमाल देखिए-कवि ने उसमें मानवीय विलक्षणताएँ दिखा-दिखाकर अविस्मरणीय बना दिया। अपनी निर्मिति में यह कविता बेशक लम्बी कविता का कोई मानक, चिरस्थायी उदाहरण नहीं रचती। किन्तु एक सशक्त सन्देश अवश्य देती है कि जो अदृश्य हैं-उन्हीं में नींवपन हैं, जो बेखास लगते हैं, उसमें अद्वितीयता लबालब है, जो साहित्य से दूर हैं, वही साहित्य के योग्य हैं।

लम्बी कविता अब विधा के तौर पर शेष रह गयी है। उसके विन्यास में, ढाँचे और कथानक में कुछ मौलिक, विलक्षण और युगान्तरकारी नहीं विकास हो पा रहा। मुक्तिबोध के द्वारा खड़ा किया गया लम्बी कविताओं जैसे-भूल गलती, ब्रह्मराक्षस, भविष्य धारा, इस नगरी में, का अनगढ़ वितान और बहाव दरअसल जमाने की संरचना का प्रतिफल था-इसीलिए वे कविताएँ समय की प्रतिसृष्टि मानी गयीं। जबकि आज के युवा कवि अपनी क्षमता की सीमाओं को मौनवत् स्वीकार करते हुए लम्बी कविताओं को रच दे रहे हैं। इसीलिए ये कविताएँ कवि की सृष्टि तो हैं, किन्तु समय को उद्भाषित करनेवाली समानान्तर सृष्टि नहीं। समय समाज, व्यक्ति, संस्कृति और अदृश्य सत्ता की, जटिलताओं, रहस्यों को आत्मसात कर लेनेवाले औघड़ कवि की लम्बी कविताओं के शब्द-शब्द में, पंक्ति-पंक्ति में, प्रत्येक विचार में, सैकड़ों प्रकार से ध्वनित होता गूँजता है देशकाल। स्वाभाविक है जब कवि में भाव प्रखरता, वैचारिक आवेग, सृजन-संकल्प, अबाध कल्पना और परकाया प्रवेश की विलक्षणता आपस में गुत्थमगुत्थ होकर उर्ध्वगामी बनते हैं तब जाकर समय का आईना बननेवाली लम्बी कविता जन्म लेती है।

सन्तोष कुमार की कविताओं का तीसरा पक्ष विषयों के चयन का अलहदापन भी है। जैसे हलन्त, भभकना और पानी का रंग जैसी कविताएँ। निश्चय ही सूक्ष्म अर्थधर्मी कविताएँ कवि की अपनी खोज, अपनी उपलब्धि, बल्कि अपनी देन हैं। यदि इस कला, इस नवदृष्टि का लम्बे वक्त तक गुणात्मक विकास होता रहा तो सन्तोष चतुर्वेदी अपने इस 'ट्रेंड' के लिए अलग से जाने जाएँगे।

ऐसी कविताएँ न केवल अपने अपरिचित विषयों के कारण आकर्षण हैं, बल्कि अर्थ-विस्तार की प्रक्रिया में मूल्यवान पंक्तियाँ खड़ी करने के कारण भी चित्तहारी हैं। बारीक प्रकृतिवाले विषयों में यह शक्ति होती है कि कवि के भीतर छिपी गुप्त रचनात्मक शक्ति को प्रेरित करती, उद्भाषित कर देती हैं। यदि कवि सन्नद्ध है, एकाग्र है, संकल्पी है तो ऐसे विचार, ऐसे वाक्य और बिम्ब अनायास ही प्रकट होते हैं जिसका पूर्वानुमान स्वयं कवि को भी नहीं होता।

सन्तोष चतुर्वेदी के विकासशील कवि की सीमाएँ और दुर्बलताएँ हैं– कलात्मकता, वर्णन और व्यास शैली। प्राय: वे अपनी मौलिकतापूर्ण मंशा को सुगठित कलात्मकता में बाँधने से चूक जाते हैं। नये से नये मर्म से पूरित बातें तो वे कह ले जाते हैं, पाठक को बखूबी समझा भी लेते हैं, मगर लम्बे वक्त तक अर्थ की गूँज से सम्मोहित, आन्दोलित किए रहने की कलात्मक विलक्षणता नहीं भर पाते। कम-से-कम शब्द खर्च करके अधिक से अधिक अर्थ-ध्वनियाँ बिखेरनेवाली कविताएँ रच देना सधे हुए काव्य शिल्पी का परिचय है। उम्मीद भरपूर है कि सन्तोष चतुर्वेदी अपनी लम्बी काव्य साधना में इस दुर्लभ किन्तु बहुमूल्य शिखर को अनिवार्यत: हासिल करेंगे।

सन्दर्भ

1. ब्रह्मदेव शर्मा, गरीबी का मकड़जाल, प्रथम हिन्दी संस्करण–2000, पृ. सं. 36
2. अरुन्धती राय, इतिहास बोध (पत्रिका), जनवरी–05, पृ. सं. 10
3. कुमार विकल, रंग खतरे में है, प्रथम संस्करण–1982, पृ. सं. 26
4. परमानन्द श्रीवास्तव, शब्द और मनुष्य, प्रथम संस्करण–1998, पृ. सं. 166
5. परमानन्द श्रीवास्तव, शब्द और मनुष्य, प्रथम संस्करण–1998, पृ. सं. 163
6. अरुण कमल , समय का भुजबंध (लेख), वसुधा–अप्रैल–जून–04, पृ. सं. 46
7. विजेन्द्र, घना के पाँखी, संस्करण–2000, पृ. सं. 49
8. साक्षात्कार, विजेन्द्र, वसुधा, अप्रैल–जून–04, पृ. सं. 73
9. विजेन्द्र, घना के पाँखी, संस्करण–2000, पृ. सं. 55
10. मंगलेश डबराल, पुस्तक वार्ता (पत्रिका), जुलाई–अगस्त–2003, पृ. सं. 9
11. विष्णु खरे, पिछला बाकी, प्रथम संस्करण–1998, पृ. सं. 30
12. विष्णु खरे, पिछला बाकी, प्रथम संस्करण–1998, पृ. सं. 37
13. रघुवीर सहाय, भूमिका (पिछला बाकी), प्र.सं. 1998
14. लीलाधर जगूड़ी, अनुभव के आकाश में चाँद, प्रथम संस्करण–1994, पृ. सं. 10
15. ए. अरविन्दाक्षन, समकालीन हिन्दी कविता–संस्करण–2001, पृ. सं. 63
16. नरेश सक्सेना, समुद्र पर हो रही है बारिश, प्र सं.–2001, पृ. सं. 13
17. नरेश सक्सेना, समुद्र पर हो रही है बारिश, प्र सं.–2001, पृ. सं. 16
18. पहल (पत्रिका), सम्पा. ज्ञानरंजन, अंक–80, पृ. सं. 254
19. नरेश सक्सेना, समुद्र पर हो रही है बारिश, प्रथम संस्करण–2001, पृ. सं. 42
20. भगवत रावत, भगवत रावत–निर्वाचित कविताएँ, प्रथम संस्करण–2004, पृ. सं. 11
21. भगवत रावत, भगवत रावत–निर्वाचित कविताएँ, प्रथम संस्करण–2004, पृ. सं. 28
22. भगवत रावत, भगवत रावत–निर्वाचित कविताएँ, प्रथम संस्करण–2004, पृ. सं. 12
23. रेवती रमण, वसुधा (56–57), जनवरी–जून–03, पृ. सं. 51
24. सुधीश पचौरी, कविता का अन्त, संस्करण–1994, पृ. सं. 69

25. राजेश जोशी, धूप घड़ी, प्रथम संस्करण–2002, पृ. सं.
26. परमानन्द श्रीवास्तव, शब्द और मनुष्य, प्रथम संस्करण–1988, पृ.स. 183
27. राजेश जोशी, स्वाधीनता (शारदीया विशेषांक-03), सम्पा. राम आह्लाद चौधरी, पृ. सं.-17
28. सुधीश पचौरी, कविता का अन्त, संस्करण 1994, पृ. सं. 35
29. विनोद कुमार शुक्ल, वसुधा-अंक-65, अप्रैल–जून–2005, पृ. सं.-212
30. देवी प्रसाद मिश्र, पहल–अंक–82, जनवरी–मार्च 06, पृ. सं. 139
31. परमानन्द श्रीवास्तव, शब्द और मनुष्य, प्रथम संस्करण–1988, पृ. सं. 169
32. परमानन्द श्रीवास्तव, शब्द और मनुष्य, प्रथम संस्करण–1988, पृ. सं. 169
33. अरुण कमल , अपनी केवल धार, तीसरा संस्करण 1999, पृ. सं. 12
34. परमानन्द श्रीवास्तव, शब्द और मनुष्य, प्रथम संस्करण–1988, पृ. सं. 179
35. विश्वनाथ त्रिपाठी, कथादेश–अक्तूबर–1998, सम्पा. हरिनारायण, पृ. सं. 37
36. अरुण कमल , नये इलाके में, द्वितीय संस्करण–1999, पृ. सं. 54
37. अनामिका, कहती हैं औरतें, प्रथम संस्करण–2003, पृ. सं. 146
38. अनामिका, कहती हैं औरतें, प्रथम संस्करण–2003, पृ. सं. 152
40. अनामिका, कहती हैं औरतें, प्रथम सस्करण–2003, पृ. सं. 11
41. अनामिका, इन्द्रप्रस्थ भारती, (सम्पा. ज्योतिष जोशी), जुलाई–दिस 08, पृ. सं. 156
42. निर्मला गर्ग, वागर्थ, सम्पादक–एकान्त श्रीवास्तव, अगस्त–08, पृ. सं. 87
43. निर्मला गर्ग, कहती हैं औरतें, सम्पादक–अनामिका, संस्करण–मई 2003, पृ. सं. 99
44. मंगलेश डबराल, पहाड़ पर लालटेन, दूसरा संस्करण–1997, पृ. सं. 25
45. सुधीश पचौरी, कविता का अन्त, प्रथम संस्करण–1994, पृ. सं. 24
46. परमानन्द श्रीवास्तव, शब्द और मनुष्य, प्रथम संस्करण, पृ. सं. 172
47. मंगलेश डबराल, हम जो देखते हैं, पहली आवृत्ति–1997, , पृ. सं. 35
48. प्रयाग शुक्ल, यह जो हरा है, संस्करण–1990, पृ. सं. 16
49. अरविन्द त्रिपाठी, कवियों की पृथ्वी, प्रथम संस्करण–2004, पृ. सं. 171
50. प्रयाग शुक्ल, इस पृष्ठ पर, प्रथम संस्करण–1993, पृ. सं. 139
51. विष्णु खरे, पत्थर की बैंच, प्रथम संस्करण–1996, आवरण पृष्ठ
52. चन्द्रकान्त देवताले, पत्थर की बेंच, प्रथम संस्करण–1996, पृ. सं. 91
53. चन्द्रकान्त देवताले, इंडिया टुडे, नवम्बर–2006, पृ. सं. 88
54. जीवन सिंह, अथातो काव्य जिज्ञासा, प्रथम संस्करण–1996, पृ. सं. 263
55. कुमार अंबुज, अनंतिम, प्रथम संस्करण–1998 ई., पृ. सं. 10
56. कुमार अंबुज, वागर्थ, जून–2004, पृ. सं. 82
57. कुमार अंबुज, अतिक्रमण, प्रथम संस्करण–2002, पृ. सं. 20
58. अरविन्द त्रिपाठी, कवियों की पृथ्वी, प्रथम संस्करण–2004, पृ. सं. 235
59. वीरेन डंगवाल, दुष्चक्र में स्रष्टा, प्रथम संस्करण–2002, पृ. सं. 99
60. वीरेन डंगवाल, दुष्चक्र में स्रष्टा, प्रथम संस्करण–2002, पृ. सं. 67
61. वेणु गोपाल, साभार, समकालीन हिन्दी कविता (सम्पा. ए. अरविन्दाक्षन), प्रथम संस्करण–1990, पृ. सं. 214

62. ए. अरविन्दाक्षन, समकालीन हिन्दी कविता, पहली आवृत्ति-2001, पृ. सं. 65
63. असद जैदी, सपने में एक औरत से बातचीत, प्रथम संस्करण-1992, मुख्य पृष्ठ
64. विमल कुमार, सपने में एक औरत से बातचीत, प्रथम संस्करण-1992, पृ. सं. 85
65. विमल कुमार, सपने में एक औरत से बातचीत, प्रथम संस्करण 1992, पृ. सं. 27
66. अरविन्द त्रिपाठी, कवियों की पृथ्वी, प्रथम संस्करण-2004, पृ. सं. 163
67. इब्बार रब्बी, साभार-कवियों की पृथ्वी, प्रथम संस्करण-2004, पृ. सं. 166
68. अरविन्द त्रिपाठी, कवियों की पृथ्वी, प्रथम संस्करण-2004, पृ. सं. 221
69. ज्ञानेन्द्र पति, गंगातट, पहला संस्करण 2000, पृ. सं. 9
70. श्री प्रकश शुक्ल, साठोत्तरी हिन्दी कविता में लोक सौन्दर्य, प्र. सं. 2001, पृ. सं. 197
71. ज्ञानेन्द्र पति, गंगातट, पहला संस्करण-2000, पृ. सं. 151
72. ज्ञानेन्द्र पति, अकार (पत्रिका)-सम्पा.-गिरिराज किशोर-अप्रैल-जुलाई-07, पृ. सं. 169
73. ज्ञानेन्द्र पति, संशयात्मा, पहला संस्करण-2004, पृ. सं. 30
74. आलोक धन्वा, दुनिया रोज बनती है, पहली आवृत्ति-2000, पृ. सं. 11
75. श्री प्रकाश शुक्ल, साठोत्तरी हिन्दी कविता में लोक सौन्दर्य, प्रथम संस्करण 2001, पृ. सं. 195
76. अरविन्द त्रिपाठी, कवियों की पृथ्वी, प्रथम संस्करण-2004, पृ. सं. 201
77. राजेन्द्र यादव, हंस (सम्पादकीय), जनवरी-2006
78. अरविन्द त्रिपाठी, कवियों की पृथ्वी, प्रथम संस्करण-2004, पृ. सं. 242
79. अरविन्द त्रिपाठी, कवियों की पृथ्वी, प्रथम सस्करण-2004, पृ. सं. 245
80. उदय प्रकाश, समकालीन सृजन, विशेषांक-कविता इस समय-2006, पृ. सं. 137
81. उदय प्रकाश, नया ज्ञानोदय (सम्पा.-रवीन्द्र कालिया), नवम्बर-06, पृ. सं. 25
82. कात्यायनी, सात भाइयों के बीच चम्पा, प्रथम संस्करण-1994, पृ. सं. 11
83. सुरेश सलिल, सात भाइयों के बीच चम्पा, प्रथम संस्करण-1994, फ्लैप पर
84. विष्णु खरे, इस पौरुष पूर्ण समय में, प्रथम संस्करण-1999, भूमिका में
85. कात्यायनी, अन्यथा (सम्पा.-कृष्ण किशोर), मई-2006, पृ. सं. 132
86. ओम प्रकाश बाल्मीकि, बस्स बहुत हो चुका, प्रथम संस्करण-1997, पृ. सं. 11
87. ओम प्रकाश बाल्मीकि, कथादेश (सम्पा. हरि नारायण), मई-2006 ई., पृ. सं. 64
88. शरण कुमार लिम्बाले, बस्स बहुत हो चुका, प्रथम संस्करण-1997, आवरण पृष्ठ
89. ओम प्रकाश बाल्मीकि, समयान्तर (सम्पा.-पंकज बिष्ट), जन-फर.-2001, पृ. सं. 33
90. ओम प्रकाश बाल्मीकि, समयान्तर (सम्पा.-पंकज बिष्ट), जन-फर.-2001, पृ. सं. 34
91. ओम प्रकाश बाल्मीकि, प्रगतिशील वसुधा-अप्रैल-जून, 2006, पृ. सं. 57
92. ओम प्रकाश बाल्मीकि, प्रगतिशील वसुधा, अप्रैल-जून, 2006, पृ. सं. 50
93. श्री प्रकाश शुक्ल, साठोत्तरी हिन्दी कविता में लोक सौन्दर्य, प्रथम संस्करण-2001, पृ. स. 211
94. स्वप्निल श्रीवास्तव, मुझे दूसर पृथ्वी चाहिए, प्रथग संस्करण-2001, पृ. सं. 23
95. देवी प्रसाद मिश्र, पहल-82 (सम्पा.-ज्ञानरंजन), जनवरी-मार्च, 06, पृ. सं. 103
96. देवी प्रसाद मिश्र, पहल-82 (सम्पा.-ज्ञानरंजन), जनवरी-मार्च, 06, पृ. सं. 104

97. देवी प्रसाद मिश्र, पहल-82 (सम्पा.-ज्ञानरंजन), जनवरी-मार्च, 06, पृ. सं. 132
98. देवी प्रसाद मिश्र, पहल-82 (सम्पा.-ज्ञानरंजन), जनवरी-मार्च, 06, पृ. सं. 134
99. देवी प्रसाद मिश्र, पहल-82 (सम्पा.-ज्ञानरंजन), जनवरी-मार्च, 06, पृ. सं. 140
100. देवी प्रसाद मिश्र, पहल-82 (सम्पा.-ज्ञानरंजन), जनवरी-मार्च, 06, पृ. सं. 142
101. ज्ञानरंजन, पहल-82, जनवरी-मार्च, 06, पृ. सं. 127
102. अरविन्द त्रिपाठी, कवियों की पृथ्वी, प्रथम संस्करण-2004, पृ. सं. 137
103. अरविन्द त्रिपाठी, कवियों की पृथ्वी, प्रथम संस्करण-2004, पृ. सं. 139
104. आग्नेय, पहल-78 (सम्पा.-उपरोक्त), अगस्त-अक्टू.-2004, पृ. सं. 143
105. एकान्त श्रीवास्तव, अन्न हैं मेरे शब्द, पहला संस्करण-1994, पृ. सं. 70
106. जीवन सिंह, कृति ओर (सम्पा.-विजेन्द्र), जुलाई-सित.-2007, पृ. सं. 15
107. एकान्त श्रीवास्तव, वागर्थ (सम्पा.-एकान्त श्रीवा.), मई-2007, पृ. सं. 8
108. जीवन सिंह, कृति ओर (सम्पा.-विजेन्द्र), जुलाई-सित.-2007, पृ. सं. 24
109. गोबिन्द प्रसाद, कोई ऐसा शब्द दो, पहला संस्करण-1996, पृ. सं. 15
110. गोबिन्द प्रसाद, कोई ऐसा शब्द दो, पहला संस्करण-1996, पृ. सं. 39
111. बोधिसत्व, साक्षात्कार (सम्पा.-भगवत रावत), जनवरी-2004, पृ. सं. 18
112. परमानन्द श्रीवास्तव, कविता का उत्तर जीवन, पहला संस्करण-04, पृ. सं. 213
113. बोधिसत्व, वागर्थ (सम्पा.-एकान्त श्रीवा.), जुलाई-07, पृ. सं. 85
114. श्री प्रकाश शुक्ल, साठोत्तरी कविता में लोक सौन्दर्य, प्रथम संस्करण-2001, पृ. सं. 220
115. भगवत रावत, भगवत रावत-निर्वाचित कविताएँ, प्रथम संस्करण-2004, पृ. सं. 113
116. विजेन्द्र, वागर्थ (सम्पा.-एकान्त श्रीवास्तव) नवम्बर-06, पृ. सं. 47
117. नरेश सक्सेना, प्रगतिशील वसुधा (सम्पा. कमला प्रसाद), जनवरी-मार्च, 07, पृ. सं. 227
118. नरेश सक्सेना, प्रगतिशील वसुधा (सम्पा. कमला प्रसाद), जनवरी-मार्च, 07, पृ. सं. 226
119. विनय दूबे, समकालीन सृजन (विशेषांक), वर्ष-2006, पृ. सं.-123
120. मृदुला गर्ग, इंडिया टुडे (साहित्य वार्षिकी), सन् 2000, पृ. सं.-22
121. पवन करण, स्त्री मेरे भीतर, पेपर बैक संस्करण-2006, पृ. सं.-16
122. रमेश चन्द्र शाह, इंडिया टुडे (साहित्य वार्षिकी), वर्ष-2000, पृ. सं.-24
123. स्वप्निल श्रीवास्तव, मुझे दूसरी पृथ्वी चाहिए, प्रथम संस्करण-2004, पृ. सं.-11
124. राजेन्द्र यादव, अन्यथा (सम्पा.-कृष्ण किशोर), दिस.-07-फरवरी-08, पृ. सं.-17
125. राजेश जोशी, स्वाधीनता (सम्पा.-राम आह्लाद चौधरी), विशेषांक-2003, पृ. सं.-177
126. चन्द्रकान्त देवताले, इंडिया टुडे, नवम्बर-2006, पृ. सं.-88
127. कर्मेन्दु शिशिर, सृजन संवाद-अंक-6, दिसम्बर-2006, पृ. सं.-253
128. उदय प्रकाश, वागर्थ (सम्पा.-एकान्त श्रीवास्तव), जनवरी-2007, पृ. सं.-77
129. विजय कुमार, नया ज्ञानोदय (युवा पीढ़ी विशेषांक), मई-2007, पृ. सं.-13

सवालों की शताब्दी

दलित विमर्श रहस्य

वर्तमान हिन्दी साहित्य में सही मायने में यदि कोई आन्दोलन का रूप लेता हुआ विमर्श है–तो वह दलित-विमर्श। मात्र हिन्दी साहित्य ही नहीं मराठी, पंजाबी, तेलुगू, कन्नड़ जैसे देश की अन्य भाषाओं के साहित्य में इस आन्दोलन ने गौरवशाली रूप धारण कर लिया है। इस अभियान के पीछे सही अर्थों में उन्हीं दलित, अपमानित और उपेक्षित करोड़ों जनों की शक्ति है, जिनके हित में यह उठ खड़ा हुआ। वे अनुचित और अन्यायपूर्ण तरीकों से कुचले-सताये गये हैं। उन्हें उनके अनुसार जीवन-जीने का हक नहीं दिया गया। उनके मन-मस्तिष्क, शरीर और यहाँ तक कि आत्मा पर शताब्दियों से कब्जा जमाया गया और उस पर अपनी शोषक-संस्कृति का पहरा लगाया गया। समाज, राजनीति अथवा साहित्य के क्षेत्र में आज जो उनकी बुलन्द आवाज़ मुखर हो रही है–वह युगों से दबी हुई सच्चाई की ताकत है।

डॉ. भीमराव अम्बेडकर दलित आन्दोलन के प्रणेता माने जाते हैं, जिन्होंने अथक स्वाध्याय और क्रान्तिकारी चिन्तन के फलस्वरूप भारत के सामने दलितों की आजादी का ऐसा दस्तावेज प्रस्तुत किया जो आज तक इस आन्दोलन की रीढ़ बना हुआ है। गाँधी जी दलितों की समस्याओं के प्रति सुधारवादी दृष्टिकोण के थे, काफी हद तक समझौतावादी भी। वे दलितों के उत्थान के लिए किसी वर्ग को नाराज अथवा असन्तुष्ट नहीं करना चाहते थे। दरअसल गाँधी जी उस वर्ग के नहीं थे, जिन्हें अपनी जाति बताते हुए अपमान महसूस हो। दलितों के प्रति उनका लगाव सहानुभूतिपरक या मानवतावादी किस्म का था। सदियों पुरानी अन्तर्नाद करती हुई पीड़ा को अपनी पीड़ा बना पाना गाँधीजी के लिए सम्भव न था। इस पीड़ा को अपनी पीड़ा समझकर अम्बेडकर ने अन्तरात्मा की आवाज़ सुनते हुए अपना पूरा जीवन दलित-स्वाधीनता के उद्देश्य के लिए समर्पित कर दिया। वे घोषणा करते हैं–"मुझे यह विश्वास हो गया है कि हिन्दू अशुद्ध सिद्धान्तों को प्रिय समझते हैं तथा

अशुद्ध सामाजिक जीवन व्यतीत करते हैं। हिन्दू और हिन्दू धर्म के साथ मेरे झगड़े का कारण उनके सामाजिक व्यवहार की कमियाँ नहीं, इससे कहीं अधिक इसका मूल कारण उनके आदर्श हैं।''[1]

देखा जाए तो भारतीय समाज के लिए जाति, धर्म से भी भयावह रोग है। धर्म की असीम जड़ताओं के बावजूद उसमें कई मानवीय गुणों को खोजा जा सकता है, किन्तु जाति सिर से लेकर पैर तक, बाहर से लेकर भीतर तक आदि से लेकर अन्त तक अमानवीय, विनाशकारी और जन कल्याण-विरोधी है। इसकी शुरुआत ही भौतिक, बौद्धिक और सामाजिक स्वार्थों की जमीन पर हुई। विभाजन और अलगाव तो वैसे भी एकता के शत्रु होते हैं, ऊपर से जान-बूझकर किसी निहित स्वार्थवश यदि इन्हें व्यवहार में लागू कर दिया गया तो यह मानव की प्रगति को कितने गहरे गड्ढे में गिरा सकते हैं इसकी कल्पना करना मुश्किल है। सृष्टि मूलत: भिन्नताओं की अटूट एकता का नाम है। जंगल, पहाड़, मैदान, रेगिस्तान, समुद्र, नदियाँ उसके न जाने कितने निर्माणकारी तत्त्व हैं। सबकी भूमिकाएँ-अलग-अलग, कार्य भिन्न-भिन्न, कीमत अपनी-अपनी। इनमें से किसी एक तत्त्व का विलुप्त हो जाना मानवता पर खतरे की घंटी बजना माना जाएगा। ठीक उसी तरह यह मानव-सभ्यता है। धरती पर करोड़ों मनुष्य हैं। सबका महत्त्व अलग-अलग, कार्य भिन्न-भिन्न, कीमत अपनी-अपनी। यदि इनमें से किसी एक समूह को निरर्थक बना दिया जाए तो वही परिणाम निकलेगा जो सृष्टि के किसी एक अनिवार्य तत्त्व के गायब होने से होता है। अर्थात् मानव-सभ्यता को सम्पूर्णता देने में पृथ्वी के प्रत्येक समूह की अकाट्य भूमिका है। यह तो हमारी नज़रों का काम है कि उसे ठीक से देख पाती हैं कि नहीं, उसकी अमर कीमत आँक पाती हैं कि नहीं. इसमें कोई दो मत नहीं कि यदि हमारे भारतीय इतिहास ने जातीय विभाजन की यह निकृष्टतम गलती न की होती तो आज के भारतीय मनुष्य का इतिहास अपने वर्तमान से दसियों गुना गौरवशाली और उन्नत होता।

इस जातीय विभाजन से हमारा मन विभाजित हो गया है, चाहत बँट गयी है, लगाव सिमट गया है। हमारे हृदय के स्वाभाविक विस्तार पर एक ऐसा स्थायी ग्रहण लग चुका है-जो बिना किसी सूर्यवत् मेधा के हटनेवाला नहीं। यहाँ समकालीन कवि गोबिन्द प्रसाद की कविता-'अब तो बोल' में इस वर्ग के प्रति सहानुभूति का स्वर ध्यान देने योग्य है-पहले पहल उन्होंने आँका/हमारे हाथों का मोल/फिर आँखों के अनछुए/सपने अनमोल/फिर; पेट की आग को/देखा गया छूकर/टटोल, टटोल...[2] (कोई ऐसा शब्द दो, पृ.-73)। अम्बेडकर ने पूरे साहस के साथ, तर्क के साथ, प्रतिबद्ध होकर भारतीय जाति-व्यवस्था को उखाड़ फेंकने का प्रयत्न किया, किन्तु ये इस जहरीले महावृक्ष की जड़ों पर निर्णायक प्रहार करने से कहीं चूक गये।

अब जरूरत है–उनसे भी ताकतवर शब्दों में जाति पर चोट करने की। वे कहते हैं–"आर्थिक पहलू से भी जाति–प्रथा हानिकारक प्रथा है, क्योंकि यह मनुष्य की स्वाभाविक प्रेरणा–रुचि व आत्मशक्ति को दबाकर उन्हें अस्वाभाविक नियमों में जकड़कर निष्क्रिय बना देती है।"[3]

डॉ. अम्बेडकर को दलित समाज का मात्र राजनीतिक विचारक नहीं कहा जा सकता। वस्तुत: वे दलित दुनिया के दार्शनिक नेता के रूप में सामने आते हैं। स्वाधीनता आन्दोलन के समय में ही उन्होंने दलितों की पीड़ा को ऊँची आवाज़ दे दी थी। वर्तमान समय की भारतीय राजनीति में जहाँ भी दलितों की शक्ति भारी पड़ रही है–उसकी नींव में बहुत पहले से अम्बेडकर ही खड़े हैं। उन्होंने भारतीय संविधान में दलित वर्ग के आर्थिक, सामाजिक और भौतिक हितों की रक्षा के लिए स्थायी व्यवस्था कर दी है–जिसे आने वाले समय में भी कोई स्थगित या समाप्त नहीं कर पाएगा।

वर्तमान समय में दलित राजनीति की अगुवाई बहुजन समाज पार्टी के हाथों है, जिसकी मुख्य प्रेरणा कांशीराम रहे हैं। अब इस दल का नेतृत्व मायावती के हाथ में है। चन्द्रभान प्रसाद और उदितराज दो अन्य ऐसे नाम हैं–जो सीधे तौर पर न सही, अप्रत्यक्ष रूप से दलित राजनीति में सक्रिय हैं। कांशीराम के बाद सही मायने में एक भी ऐसा बड़ा राजनीतिक नहीं है, जिसे राष्ट्रीय स्तर पर दलितों की अहमियत का दावा करनेवाला कहा जा सके। एक तरफ राजनीतिक अधिकारों की माँग और दूसरी तरफ सामाजिक बराबरी की मुहिम, यही दो ऐसे बिन्दु हैं–जिनके इर्द–गिर्द दलित आन्दोलन का पहिया घूमता है। राजनीति तो अन्तत: राजनीति ठहरी, वो भी वर्तमान युग की राजनीति, जिसमें अवसरवाद, कुर्सी–भक्ति और सत्तामोह ने गहरी जड़ें जमा ली हैं। अब दलितों के हितों की वकालत करने वाला नेता वोट का खेल खेल रहा है। उसे पता है कि किस मुद्दे को मंच पर उछाल देने से दलितों की भावनाओं को भुनाया जा सकता है। दलितवाद के नाम पर इस शोषित वर्ग को कितना ठगा जा सकता है–इसकी पूरी मुहिम दलित पार्टी में जारी है। सही मायने में दलितों के न्यायपूर्ण उत्थान और दूरगामी प्रगति के प्रति इन राजनीतिकों के मन में न तो ऊँची महत्त्वाकांक्षा है, और न ही कोई बड़ी योजना। ओम प्रकाश बाल्मीकि का कहना उचित है कि–"दलित–विमर्श में इसके लिए यदि अपने सिद्धान्तों, आदर्शों, मान्यताओं को छोड़कर समझौते किये जाते हैं, उससे सत्ता परिवर्तन तो हो सकता है, लेकिन न देश, न ही समाज का कोई हित दिखाई देता है।"[4]

समकालीन हिन्दी साहित्य में दलित विमर्श ने जो मुकाम हासिल किया है वह अविस्मरणीय सच है। लगभग दो दशक के भीतर ही विधिवत् दलित–मुद्दों को उठाते हुए हिन्दी साहित्य में जितना लेखन हुआ है–वह फ़ख्र करने के काबिल

है। कविता, कहानी, संस्मरण, आत्मकथा इत्यादि शीर्षस्थ विधाओं में दलित लेखकों की धुआँधार कलम चली है। अब तो उपरोक्त सभी विधाओं में बीस-बीस, पच्चीस-पच्चीस स्थापित लेखकों का मोर्चा तैयार हो गया है, और ये सभी अपने द्वारा जान-बूझकर सृजित दोषों एवं अतिरेकों के बावजूद पूरी मुश्तैदी से दलित-समाज की मार्मिक अभिव्यक्ति कर रहे हैं। कविता के क्षेत्र में सबसे महत्त्वपूर्ण नाम ओमप्रकाश बाल्मीकि का है, जिनमें तल्ख आक्रोश और निर्भीक तेवर के साथ अन्तर्दृष्टि का उदार सन्तुलन भी दिखाई पड़ता है। इसके बाद कविता के क्षेत्र में सूरजपाल चौहान, जय प्रकाश कर्दम, हरिराम मीणा, असंग घोष, जैसे नाम उल्लेखनीय हैं। कहानी विधा तो दलित रचनाओं से समृद्ध हो रही है। इसके बाद श्योराज सिंह बेचैन, मोहनदास नैमिषराय, रत्नकुमार साम्भरिया, अजय नावरिया, राज बाल्मीकि और अनिता रश्मि जैसे कहानीकार रेखांकित करने योग्य हैं। दलित आत्मकथा ने अभी लम्बी यात्रा तो तय नहीं की है, परन्तु ओमप्रकाश बाल्मीकि की 'जूठन', मोहनदास नैमिषराय की 'अपने अपने पिंजरे' ने इस विधा को अलग पहचान दी है। देखा जाए तो हिन्दी दलित साहित्य का कारवाँ बड़ी तेजी के साथ शिखर पा लेने को बेताब है।

परन्तु एक अवरोध जो दलित-विमर्श के साथ लगातार बना हुआ है-वह यह कि क्या स्वानुभूत यथार्थ ही दलित लेखक की एकमात्र शर्त है। आज हिन्दी साहित्य में गैर दलित लेखक प्रतिबद्धता और ईमानदारी के साथ दलित-मुद्दों के पक्ष में मोर्चा थामे हुए हैं। सच तो यह है कि कई प्रगतिशील रचनाकारों की मुख्य कर्मभूमि दलित जीवन बन चुका है। दलितों के विषमतापूर्ण और अलक्षित जीवन को नजदीक से देखना-अनुभव करना उनके रचनात्मक-संकल्प का हिस्सा है। यहाँ पर ओमप्रकाश बाल्मीकि पुनः प्रासंगिक हो उठते हैं-"जो गैर दलित हैं, उन्हें वर्ण-व्यवस्था, जातिभेद से उपजी अमानवीय, शोषण, उत्पीड़न की गम्भीरता को समझना होगा। साथ ही यह भी तय करना होगा कि वे किसके साथ हैं। शोषक के या शोषित के।"[5]

दलित-विमर्श के अन्तर्गत यह एक अहम सवाल है कि आखिर दलित समाज के किन-किन पक्षों को हम प्राथमिकता देते हैं। सिर्फ़ ब्राह्मणवाद की खिलाफत, हिन्दू धर्म का बहिष्कार, वेदों-उपनिषदों और पुराणों का तिरस्कार या इसके अलावा भी और कुछ। दरअसल दलितों में इस अलगाववादी हिन्दू-संस्कृति के प्रति विद्रोह का स्वर वहीं सर्वाधिक मुखर है जहाँ वे शिक्षित और जागरूक हैं और विगत-सभ्यता के विषैले दंश को महसूस करने लगे हैं। प्रश्न यह उठता है कि दलित वर्ग का कितना प्रतिशत हिस्सा आज सही मायने में शिक्षित है, सचेत है। अभी भी इस प्रश्न का उत्तर बेहद निराशाजनक और चकित कर देनेवाला है। भारत में दलित मनुष्य आज भी सर्वाधिक गाँवों में बसता है। कई प्रान्तों में उनकी अलग-थलग बस्तियाँ

भी हैं, पर हैं वे गाँव के रंग-ढंग में ही। शिक्षा के नाम पर प्राइमरी और जूनियर हाईस्कूल का राज है। यहीं तक उनकी सर्वोच्च पढ़ाई होती है। इसके बाद विद्यार्थी जीवन खत्म, पढ़ाई पूरी और जीवन की असली पढ़ाई, अभावों-संघर्षों से लड़ाई के रूप में शुरू। उत्तर प्रदेश, बिहार, मध्य प्रदेश, राजस्थान, हरियाणा, पंजाब आज भला ऐसा कौन सा प्रान्त है जहाँ हजारों बन्दिशों और आघातों में जीता हुआ यह दलित मानव न मिल जाए।

आज हिन्दी साहित्य में जितना भी दलित-यथार्थ सामने आया है, वह सम्पूर्ण सच का अर्धसत्य है-शायद इससे भी कम। दूसरी चिन्ता यह कि कविता, कहानी या उपन्यास के मैदान में दलित साहित्य का निराला या प्रेमचन्द नहीं प्रकट हुआ है। जब तक इस क़द का कोई रचनाकार इस साहित्य में खड़ा नहीं हो जाता, सच्चे अर्थों में दलित-सभ्यता की आजादी अधूरी रहेगी।

आज दलित चिन्तकों, कवियों और लेखकों को एक समाजशास्त्री की तरह गाँवों में इस समुदाय का प्रामाणिक अध्ययन करने, उनका साक्षात्कार करने और सीधे उन्हीं की जुबान से आपबीती सुनने की जरूरत है। मीडिया में उनका सच बहुत कुछ छनकर सामने आता है। उनके अन्धकारपूर्ण जीवन की न जाने कितनी सारी कटु वास्तविकताएँ गुमनामी में सुलगती हुई समाप्त हो जाती हैं। अपने प्रबुद्ध मस्तिष्क पर उनके जीवन का अपार ऋण मानकर जब तक हम स्वयं जाकर उनके द्वार पर उनका दरवाजा नहीं खटखटाएँगे तब तक उनकी मुक्ति का दरवाज़ा बन्द ही पड़ा रहेगा।

स्त्री विमर्श के ऐतिहासिक कदम

साहित्य और राजनीति की दुनिया में दलित-विमर्श के बाद दूसरा सर्वाधिक महत्त्वपूर्ण मुद्दा है-स्त्री-विमर्श। 'सीमोन द बोउवार' ने अपनी अमर कृति 'द सेकेंड सेक्स' लिखकर स्त्री-पराधीनता की दुनिया में मानो तूफान पैदा कर दिया। आज भी स्त्री की मुक्ति की वकालत करनेवाली इससे बड़ी कोई कृति नहीं है। इस पुस्तक में बोउवार ने स्त्री की उत्पत्ति और उसके निर्माण एवं विकास का जैसा सिलसिलेवार, तर्कपूर्ण और तथ्यात्मक विश्लेषण प्रस्तुत किया है, वह क्रान्तिकारी है। इसमें यह सिद्ध किया गया है कि एक स्त्री जन्मना स्त्री नहीं होती, बल्कि उसे स्त्री बनाया जाता है। उसके निर्माण की सुनिश्चित प्रक्रिया है, जिसमें उसके स्त्री बनने की ट्रेनिंग दी जाती है। इस निर्माण में पूरी मानव-संस्कृति लगी हुई है। विचार करके देखें तो बोउवार के इस निष्कर्ष में शत-प्रतिशत सच्चाई है, क्योंकि जन्मत: एक स्त्री भी अन्य बच्चों के समान सिर्फ़ अबोध सन्तान ही है। ध्यान दें तो पता चलेगा कि पैदा होने के बाद स्त्री और पुरुष की परवरिश का तरीका अलग-अलग होता है। पहले

तो यही कि अप्रत्यक्ष रूप से उसको लिंग भेद का एहसास दिलाना। तुम लड़की हो, कम बोलो, अकेले बाहर मत जाओ, दो बातें सहकर शान्त रहो, तुम्हें पराये घर जाना है, दूसरे की दौलत हो इत्यादि। बचपन से ही स्त्री को लिंग भेद के आधार पर अलग कर देना और कर्म-व्यवहार, विचार और प्रवृत्ति के क्षेत्र में अपने पसन्दीदा नियमों एवं मर्यादाओं का पहरा बिठा देना स्त्री के मात्र स्त्री रह जाने का प्रमुख कारण है।

'वर्जीनिया वुल्फ' का नाम इस क्षेत्र में बड़े आदर के साथ लिया जाता है। इन्होंने अपनी मशहूर पुस्तक 'ए रूम ऑफ वंस ओन' में अपने स्वतन्त्र और वर्जना विरोधी मन का निर्भीक वर्णन किया है। यहाँ वे मुक्ति के उस स्तर को छूना चाहती हैं-जहाँ स्त्री का शरीर, उसका मन, मस्तिष्क और आत्मा सिर्फ़ उसकी हो। अपने ऊपर सर्वाधिक अपना अधिकार हो। वे लिखती हैं-"अगर मर्दों द्वारा लिखे गये कथा-साहित्य के अतिरिक्त औरतों का कहीं और अस्तित्व न होता तो उनकी कल्पना अत्यन्त महत्त्वपूर्ण प्राणी के रूप में की जाती, अत्यन्त विविधतापूर्ण, बहादुर और अधम, अद्‌भुत और घिनौनी, अनन्त रूपवती और चरम विकराल।"[6]

दर्शन की दुनिया में अनेक पुरुष विचारकों ने स्त्री के पक्ष में बड़ा काम किया है। इस कसौटी पर 'जान स्टुअर्ट मिल' का नाम बेहद महत्त्वपूर्ण है। इन्होंने 'द सब्ज़ेक्शन ऑफ विमेन' नामक कृति में स्त्री की गुलामी से जुड़े तमाम प्रश्नों का बड़ी सहानुभूति और कर्तव्यनिष्ठा के साथ उत्तर दिया है। मूलतः इस पुस्तक में मिल ने स्त्री की मूल प्रकृति उसकी मानसिक ऊर्जा और मानव सभ्यता के प्रति उसकी भूमिका को विस्तारपूर्वक रेखांकित किया है। वस्तुतः स्त्री की पराधीनता का प्रश्न सिर्फ़ स्त्री का नहीं है, बल्कि वह शेष मानव समाज का भी प्रश्न है, क्योंकि स्त्री वह अस्तित्व है जिसमें स्त्री और पुरुष दोनों को जन्म देने और धारण करने की क्षमता है। यदि स्त्री तमाम तरह की गुलामी के बीच जी रही है तो प्रत्यक्ष अथवा परोक्ष रूप से उसकी सन्तानों का विकास उनकी इस दशा में प्रभावित होता है। कोई पददलित स्त्री किसी साहसी, वीर और न्यायप्रिय बालक को जन्म दे दे, यह कोई आश्चर्य नहीं, परन्तु अधिकांश बच्चे जो शिक्षक और गुरु के रूप में अपने माँ-बाप को पाते हैं-उनका निर्माण एक पराधीन माँ के संरक्षण में कैसा रहेगा? 'स्टुअर्ट मिल' निष्कर्ष देते हैं-

"पुरुष अपनी स्त्रियों को एक बाध्य गुलाम की तरह नहीं, बल्कि एक इच्छुक गुलाम की तरह रखना चाहते हैं। सिर्फ़ गुलाम नहीं, बल्कि पसन्दीदा गुलाम इसलिए उनके मस्तिष्कों को बन्दी बनाए रखने के लिए उन्होंने सारे सम्भव रास्ते अपनाए हैं।"

इस कथन का थोड़ा सुधार करके कहा जाए तो यह इच्छित गुलामी जो स्वेच्छा

से स्त्रियों द्वारा अपनायी गयी है–पुरुष के शारीरिक और बौद्धिक भय एवं उनके असीमित अधिकारों के दबाव का परिणाम है। स्वेच्छा से स्त्री तो क्या मामूली जीव और जानवर भी गुलाम बनने से इनकार कर देते हैं। चूँकि स्त्री की गुलामी शारीरिक से कहीं ज्यादा मानसिक होती है इसलिए ऊपर से दिखाई पड़ती है। बाहर से हँसती-बोलती, अपने वजूद का दावा करती और पुरुष के समानान्तर खड़ी होती हुई यह स्त्री कब अपनी गुलाम आत्मा से बात करती है, कब अपनी असली दशा पर रोती है और अपने होने को धिक्कारती है कह पाना इतना आसान नहीं है। जीते जी पुरुष की हैसियत पाने की तमन्ना उसके भीतर कितनी उद्दाम होती है, यह कोई उसकी अन्तरात्मा से पूछे।

'स्टुअर्ट मिल' स्वयं अपने निष्कर्ष का खंडन करते हैं या यों कहें–अपने अधूरे सत्य को पूर्णसत्य बनाते हैं। पूर्वोक्त पुस्तक में मिल ने पहले से प्रचलित स्त्री के स्वभाव का खंडन किया है और कहा है–"जिसे आज स्त्री का स्वभाव कहा जाता है, वह एक नकली चीज़ है, और कुछ दिशाओं में बाध्यतापूर्ण दमन और कुछ दिशाओं में अप्राकृतिक फैलाव का परिणाम है।"[8]

टाल्स्टाय मूलतः उपन्यासकार और कहानियों के सिद्धहस्त लेखक थे, किन्तु समय-समय पर उन्होंने अपने युग की मूलभूत समस्याओं पर बड़ी गहराई के साथ चिन्तन किया है। आध्यात्मिक और धार्मिक प्रवृत्ति के होते हुए भी मजदूरों, किसानों और कामगारों के पक्ष में लिखा गया उनका साहित्य चौंका देनेवाला है। समाजवाद का सपना टाल्स्टाय के मन में इतना व्यापक था कि आज के समाजवादियों के भीतर भी वैसा दिखाई नहीं पड़ता। 'अन्ना करेनिना' स्त्री-स्वतन्त्रता और उसके प्रेम की आजादी का उद्घोष करने वाली कालजयी कृति है। उनके लेख 'स्त्रियों का कार्यक्षेत्र' में कुछ अलग ही स्वर उभरकर सामने आता है–"हमारे वर्ग की स्त्री पुरुष से अधिक शक्तिशाली है, इसका कारण यह नहीं कि वह आकर्षक है या पुरुष की ही भाँति श्रम का ढोंग रचने में पटु है। इसका कारण यह है कि उसने अपने कर्तव्य का उल्लंघन नहीं किया और जान को जोखिम में डालकर तथा अधिक से अधिक चेष्टा करके सच्चे परिश्रम को वहन किया, उस सच्चे परिश्रम को जिससे धनिक वर्ग के पुरुष ने अपने को मुक्त कर लिया था।"[9]

वर्तमान युग में स्त्री की स्वतन्त्रता की बेइन्तहा पक्षधर तस्लीमा नसरीन है। 'मेरे बचपन के दिन', 'उत्ताल हवा', 'द्विखंडिता' जैसी आत्मकथात्मक कृतियों के माध्यम से नारी-विमर्श में जो आग उन्होंने सुलगाई है, –उसकी आँच को बर्दाश्त कर पाना बड़े से बड़े प्रगतिशील और नारी समर्थक बुद्धिजीवियों के लिए आसान नहीं। इसमें दो मत नहीं कि उनके विद्रोह में नारी-मुद्दे को मशाल से कहीं अधिक मसाला बनाकर पेश करने की महत्त्वाकांक्षा है। बावजूद इसके तस्लीमा ने जिस अदम्य

साहस और धैर्य के साथ पुरुष-वर्चस्व को नेस्तनाबूद करने का बीड़ा उठाया है-वह ऐतिहासिक है।

यदि साहित्य के क्षेत्र में स्त्री-विमर्श की नवीनतम प्रवृत्ति देखनी हो तो यहाँ सर्वप्रथम तस्लीमा नसरीन की कविता का उल्लेख करना अनिवार्य होगा। पुरुषों के लोलुप चरित्र को बुरी तरह बेनकाब करना और अपने प्रेम-सम्बन्धों का खुले से खुले शब्दों में चित्रण करना तस्लीमा के स्त्री-विमर्श का प्रमुख हिस्सा है। पता नहीं इससे स्त्री आन्दोलन को फायदा पहुँच रहा है कि नहीं। हाँ, तस्लीमा की चर्चाओं का ग्राफ़ बहुत तेजी से ऊपर चढ़ रहा है और उनकी पुस्तकें बुक-स्टालों से देखते ही देखते बिक जा रही हैं। इसे कहते हैं-कलम का कमाल, इसे कहते हैं-प्रतिभा का चमत्कार। जरा ग़ौर से इन शब्दों की प्रतिध्वनि सुनने का प्रयास करें-

साठ में पहुँचकर भी हृदय जार-जार रो सकता है
प्रेम कातर उँगलियाँ आलिंगन के लिए/लरज सकती हैं
साठ की उम्र में भी सीने में उमड़ता है सैलाब
साठ में पहुँचकर भी कीचड़ में लथपथ हो
कमल तोड़ने की चाह नहीं मरती।[10]

(कविता-प्यार की कोई उम्र नहीं)

वैसे यह सच है कि स्त्री-मुक्ति को उसकी शारीरिक स्वाधीनता से अलग करके नहीं देखा जा सकता, क्योंकि पुरुष-सत्ता ने स्त्री के इस शरीर की ही सर्वाधिक रहस्यमय, अबूझ और अव्यावहारिक व्याख्या की है। वह देवी है, पतिव्रता है, लक्ष्मी है-बस वह आदमी की तरह एक शरीरधारी अस्तित्व नहीं है। यहाँ कात्यायनी की कुछ पंक्तियों पर ग़ौर करें, वे क्या अर्थ ध्वनित करती हैं-संकल्प चाहिए/अद्भुत-अन्तहीन/इस सान्द्र, क्रूरता भरे अन्धेरे में/जीना ही क्या कम है/एक स्त्री के लिए/जो वह रचने लगी कविता![11] (कविता-इस पौरुषपूर्ण समय में)।

स्वाभाविक रूप से जो कामनाएँ, वासनाएँ और यौन वृत्तियाँ पुरुष के भीतर हमेशा उभार लेती हैं-एक स्त्री में भी वैसा ही नितान्त स्वाभाविक है, फिर उसके शरीर को लेकर इतनी बन्दिशें क्यों? वर्जनाएँ क्यों? हाय, हाय क्यों? हमारा पुरुष समाज क्यों स्त्री के प्रति सहज नहीं हो पा रहा है? क्यों उसको अलग-थलग दर्जा देने पर तुला हुआ है? यहाँ प्रसिद्ध चिन्तक राजकिशोर की कुछ पंक्तियों पर ग़ौर कीजिए, जो स्त्री-पुरुष के बीच कुछ मूलभूत सवालों को सामने लाती हैं-"वस्तुतः सभ्यता के शुरू से ही स्त्री एक शान्त-सम्मोहक आतंक रही है। इसलिए पुरुष ने कभी उसकी पूजा की है, कभी उसका दमन किया है तथा कभी उसके समक्ष पूर्ण आत्मसमर्पण कर अस्तित्व के केन्द्र में पहुँचकर जो शान्ति हासिल होती है, उसका स्वाद लेने का जोखिम उठाया है।"[12]

प्रभा खेतान, मैत्रेयी पुष्पा, मृदुला गर्ग, रमणिका गुप्ता, चित्रा मुद्गल, अनामिका, कात्यायनी, गीतांजली श्री, अलका सरावगी और क्षमा शर्मा ये कुछ स्त्री लेखिकाएँ और कवयित्रियाँ हैं, जिन्होंने समकालीन हिन्दी साहित्य में स्त्री-विमर्श को बहुआयामी फलक प्रदान किया है। इस दृष्टि से हिन्दी के समकालीन युवा कवियों में पवन करण, और चिन्तकों में अभय कुमार दूबे, राजकिशोर, अरविन्द जैन का नाम महत्त्वपूर्ण है। आज समूचे साहित्य जगत में स्त्री-विमर्श एक अभियान और मोर्चे की शक्ल में दिखाई पड़ रहा है-तो इसका काफी कुछ श्रेय इन्हीं कवयित्रियों, लेखिकाओं और चिन्तकों को जाता है। 'राजेन्द्र यादव' जहाँ स्त्री को बोल्डनेस देने पर आमादा नज़र आते हैं, वहीं 'मनीषा' जैसी लेखिकाएँ स्त्री के यौन-बन्धनों को तार-तार कर डालना चाहती हैं। यहाँ भी पुरुष-सत्ता से बगावत और उससे नफरत का अभियान इतना तेज है कि उचित-अनुचित का स्वर ठीक से सुनाई नहीं दे रहा। स्त्री को यहाँ भी अतिशयोक्ति ढंग से व्याख्यायित किया जा रहा है। उसके जीवन से जुड़े हुए यौन-सन्दर्भों को कुछ इस तरह 'हाइलाइट' किया जा रहा है कि जमीनी समस्याएँ दृश्य से गायब हो जा रही हैं। यहाँ भी बार-बार वही उन्मुक्त भोगवाद, स्वच्छन्द प्रेम और सामाजिक पारिवारिक बन्धनों से छुटकारा पाने की छलकती हुई हसरतें। भोग और शारीरिक सुख स्त्री और पुरुष की जीवन-प्रक्रिया का अनिवार्य अंग है, प्रत्येक पुरुष अपने मन के अनुसार प्रेम करना और उसे पाना भी चाहता है। एक अकाट्य रहस्य यह भी है कि स्त्री और पुरुष के मन में एक से अधिक प्रेम पाने और देने की अबाध तमन्ना रहती है। परन्तु मानव के व्यक्तित्व का मात्र इतना ही सच नहीं है। आज भी यह लगता है कि लेखिकाएँ और लेखक बार-बार उन्हीं विषयों को उठा रहे हैं जिससे पाठक की यौन-जिज्ञासा सन्तुष्ट होती है। दूसरी बात यह कि आज अधिकांशतः कस्बाई और शहरी स्त्रियों का विमर्श है, उच्च और निम्न-मध्यवर्गीय स्त्रियों का विमर्श है। रमणिका गुप्ता के सार्थक प्रयत्नों के बावजूद दलित और आदिवासी स्त्रियों के अन्तर्बाह्य सत्य का प्रकट होना अभी बहुत दूर तक बाकी है। 'चन्द्रकान्त देवताले' की कविता 'बाई! दरद ले' की चार पंक्तियाँ-

आकाश पाताल में भी अट नहीं सकता
इतना है औरत जात का दुख
धरती का सारा पानी भी धो नहीं सकता
इतने हैं आँसुओं के सूखे धब्बे।[13]

सामाजिक भेदभाव पर बहसें

जाति-व्यवस्था को शत-प्रतिशत मिटाने का महान दायित्व जो भारत के समस्त प्रगतिशील और बौद्धिक वर्ग पर है, खेद है कि वही अपने इस कर्तव्य से पीछे भाग

रहा है। अपनी जाति की खिलाफत करने, उसे छोड़ देने या उसकी खरी आलोचना करने की बात तो दूर, उस पर खुलकर बहस करना तक पसन्द नहीं करता। साहित्य अथवा विचारधारा की दुनिया में जितने भी प्रगतिशील बुद्धिजीवी हैं, उनमें से बमुश्किल कुछ लोग जाति–व्यवस्था को समाप्त करने के पक्षधर हैं, बाकी तो सभी लेखन और व्यक्तिगत जीवन में सशक्त दोहरापन जी रहे हैं। गोष्ठियों, सभाओं और मंचों पर जाति–व्यवस्था के खिलाफ आग उगल आना और बात है और घर आकर मंगलवार का व्रत रहना, यात्रा में निकलने के पहले पंचांग में शुभ–तिथि जानना, ग़ैर जाति के लड़के से प्रेम करने की गुस्ताखी पर लड़की को पीट डालना और बात। ऐसे तथाकथित प्रगतिशील और विवेकशून्य बुद्धिजीवियों में जब तक कहने और करने का वह शक्तिशाली दोहरापन बना हुआ है–जाति के महारोग का तनिक भी क्षरण नहीं होने वाला। मानवीय स्तर पर यह कितना क्रूर, जघन्य और घृणास्पद व्यवस्था है–इसका अन्दाजा लगाने के लिए डॉ. अम्बेडकर का एक ही उदाहरण पर्याप्त है–"हिन्दू समाज व्यवस्था ने देश की पंचमांश जनसंख्या को अछूत बना रखा है। पेशवाओं के शासनकाल में, महाराष्ट्र में इन अछूतों को उस सड़क पर चलने की आज्ञा नहीं थी, जिस पर कोई सवर्ण हिन्दू चल रहा हो। इनके लिए आदेश था कि ये अपनी कलाई में या गले में काला धागा बाँधें, ताकि हिन्दू इन्हें भूल से छू न लें। पेशवाओं की राजधानी पूना में तो इन अछूतों के लिए यह आदेश था कि ये कमर में झाड़ बाँधकर चलें ताकि इनके पैरों के चिह्न झाड़ से मिट जाएँ और कोई हिन्दू इसके पद–चिह्नों पर पैर रखकर अपवित्र न हो जाए।"[14]

भारतीय जाति–व्यवस्था की लपट में धधकते हुए दलित–जीवन को देखकर अम्बेडकर के भीतर जो मर्मान्तक टीस थी वही आगे चलकर दलित आन्दोलन के रूप में फूट निकली। अब चार वर्णों पर आधारित सामाजिक संरचना बेईमान, खोखली और नंगी हो चुकी है। इसको पूर्ववत् या बदले हुए रूप में बनाए रखने का एक भी उचित कारण नहीं है।

आधुनिक भारतीय चिन्तन के क्षेत्र में डॉ. अम्बेडकर के बाद सच्चिदानन्द सिन्हा, कँवल भारती, डॉ. धर्मवीर, मस्तराम कपूर, एम.एन. श्रीनिवास और राजकिशोर का नाम उल्लेखनीय है। बहुत तयपूर्वक न सही परन्तु विवेकानन्द, भगतसिंह जैसे श्रेष्ठ व्यक्तित्वों ने भी भारतीय जाति–व्यवस्था की कठोर से कठोर शब्दों में निन्दा की। यहाँ अछूतों की नगण्य स्थिति पर भगतसिंह के विचार ध्यान देने योग्य हैं–"इन लोगों के साथ जब हमारे बुजुर्ग आर्यों ने वह जुल्म किया, उन्हें नीच कहकर अलग कर दिया और नीच काम करवाने लगे और साथ ही यह चिन्ता हुई कि कहीं ये बगावत न कर दें, तब पुनर्जन्म के दर्शन का प्रचार करना शुरू किया कि यह सब तुम्हारे पिछले जन्मों के पापों का फल है, क्या हो सकता है। चुपचाप गुजारा करो।

इस तरह से सब्र करने का सबक पढ़ाकर वे इन लोगों को इतने समय तक चुप करवा गये। उन्होंने बहुत बड़ा पाप किया।''

काश! आज का एक भी विचारक या साहित्यकार भगतसिंह या विवेकानन्द की शैली में बोलता। सचमुच सामाजिक परिवर्तन की क्रान्ति आ जाती। धार्मिक, आध्यात्मिक, साधु, भगवाधारी विवेकानन्द; समाजवादी, असीम देशभक्त, चेतना का विस्फोटक, दलित जनता का आराधक-दीवाना विवेकानन्द। दो परस्पर विरोधी प्रवृत्तियाँ एक ही शरीर में कैसे विकसित हुईं–आश्चर्य है। विवेकानन्द द्वारा मुर्दा ब्राह्मण व्यवस्था का तिरस्कार और आगामी दलित-सत्ता का सत्कार कुछ इस तरह व्यक्त हुआ है–''इन लोगों ने (दलित वर्ग) सहस्र-सहस्र वर्षों तक नीरव अत्याचार सहन किया है, उससे पायी है अपूर्व सहिष्णुता। सनातन दुख उठाया, जिससे पायी है अटल जीवन-शक्ति। ये लोग मुट्ठी भर सत्तू खाकर दुनिया उलट दे सकेंगे। आधी रोटी मिली, तो तीनों लोक में इनका तेज न अटेगा। ये रक्त बीज के प्राणों से युक्त हैं।''[16]

वर्तमान चिन्तकों में सर्वप्रथम एम.एन. श्रीनिवास को देखा जा सकता है। इसके अनुसार–''कसाई का काम करने, चमड़ा पकाने, सुअर पालने या ताड़ी उतारने जैसा धन्धा करना किसी जाति को नीचा बनाते हैं। मछली और बकरे का गोश्त खाने की तुलना में सूअर या गाय का गांरा खाना दूषित कार्य माना जाता है। वे जातियाँ जो देवी को बलि चढ़ाती हैं। उन जातियों से नीचे मानी जाती हैं जो देवी को फल-फूल ही चढ़ाती हैं। इस सोपानक्रम में रहन-सहन का तरीका ऊँची जातियाँ-से नीची जातियाँ की दिशा में धीरे-धीरे प्रवाहित होता है।''[17]

सच्चिदानन्द सिन्हा, जो कि प्रसिद्ध समाजवादी, राजनीतिक विचारक माने जाते हैं, ने जाति की जटिलता पर गम्भीरतापूर्वक विचार किया है। वे इस व्यवस्था को धार्मिक और वर्गीय विभाजन से भी अधिक कठोर मानते हैं। धर्म परिवर्तन हो सकता है, वर्गान्तरण भी हो सकता है, परन्तु जाति-परिवर्तन? असम्भव। हजार बार असम्भव। यहाँ हमारे समाज में एक बार कोई आदमी जिस जाति में जन्म ले लिया, मृत्युपर्यन्त वह उससे एक कदम क्या एक इंच भी बाहर नहीं निकल सकता। यहाँ सच्चिदानन्द जी का यह निष्कर्ष बिलकुल प्रामाणिक है–''अपने विश्वास परिवर्तन से भी आदमी अपनी जाति से निकल नहीं सकता। कोई लाख कोशिश करे, अपनी जाति को उस तरह नहीं बदल सकता, जैसे अपने धर्म को। अपनी जाति को छोड़कर आदमी दूसरी जाति का नहीं बन सकता, वह सिर्फ अजात बन सकता है–यानी सभी जातियों से बहिष्कृत। किसी भी व्यक्ति के लिए यह पूर्ण रूप से निराश्रित एकाकीपन की स्थिति है।''[18]

यह जातीय-संरचना अपरिवर्तनीय क्यों है, इसकी पड़ताल जरूरी है। मनुष्य

के तमाम नकारात्मक स्वभावों में से एक स्वभाव है उसका अलगाववादी होना। वह अलग होता है अपने अहं के कारण। प्रकृति से ही मिला हुआ उसका अहं न तो किसी दूसरे मनुष्य को अपना बना पाता है और न ही किसी का अपना बनकर रह पाता है। बाहर से दिखते हुए तमाम अपनत्व प्रत्यक्ष अथवा अप्रत्यक्ष, स्थूल और बारीक स्वार्थों पर टिके होते हैं। खैर! अहं से दूसरे का तिरस्कार और तिरस्कार से उसको पृथक् रखने की ज़िद का जन्म होता है। इस स्थिति में यदि आदमी भौतिक, बौद्धिक और आर्थिक दृष्टि से अधिक सम्पन्न साबित हुआ तो उसी अनुपात में उसका अहं तीव्र हो जाता है। स्वाभाविक है कि उसमें तिरस्कार करने की प्रवृत्ति भी काफी बढ़ जाए। अब वह दूसरे को अपने बराबर, अपने समानान्तर, अपनी ही तरह देखना सहन नहीं कर पाता। इस असहिष्णु आदत को सन्तुष्ट करने के लिए वह गैर-मानवीय, कृत्रिम और आत्मानुकूल व्यवस्था का निर्माण करता है।

चर्चित दलित चिन्तक कँवल भारती का चिन्तन पिछले विचारकों से कहीं अधिक तेवरपूर्ण और विद्रोहात्मक है। वे बाकायदा राजनीतिक परिप्रेक्ष्य में इस समस्या को देखते हैं, मानो निष्कर्ष दे रहे हों कि राजनीतिक हस्तक्षेप के बिना इस व्यवस्था को समाप्त करना असम्भव है। बेशक वे सही बिन्दु पर हैं, परन्तु दलितों की राजनीतिक आजादी का सपना तब तक अधूरा है, जब तक शैक्षिक, आर्थिक और भौतिक दृष्टि से वे पर्याप्त सम्पन्न नहीं हो जाते। क्या अम्बेडकर, क्या राजकिशोर और क्या कँवल भारती, कोई भी विचारक ज्यों ही दलितों पर अत्याचारों का उदाहरण पेश करता है, सचमुच ब्राह्मणवाद की हिंसक जड़ता मानो आँखों के सामने नंगा नृत्य करने लगती है। यहाँ अविश्वनीय किन्तु सच्चा उदाहरण प्रस्तुत है-"इस हिन्दूवाद ने इतना ही नहीं किया, गाँवों में दलितों को अपने आतंक के बल पर दबाकर भी रखा। इन्हें इतना गरीब बनाकर रखा गया कि उसका संघर्ष दो जून की रोटी तक ही सीमित होकर रह गया। आवाज़ उठानेवालों पर भयानक से भयानक अत्याचार किए गये, उन्हें झूठे मुकदमों में फँसाया गया, पर जलाए गये, हाथ-पैर काट दिए गये, स्त्रियों के साथ बदसलूकी की गयी और इससे भी बात नहीं बनी तो उन्हें गोलियों से भून दिया गया।"[19]

जिन्हें सवर्ण-आतंक का ज्ञान है, जो खुली आँखों से समाज की दर-हकीकत देख सकते हैं, जो शुद्ध आदमी की भूमिका में खड़े होकर दूसरे मनुष्य का आंकलन कर सकते हैं-उन्हें कँवल भारती की पंक्तियों में तड़पती हुई सदियों पुरानी सच्चाई झलकती नज़र जाएगी। गाँव जो कि आज भी जातियों के कारखाने हैं किसी देशव्यापी सामाजिक क्रान्ति की प्रतीक्षा कर रहे हैं। वस्तुतः अब क्रान्ति जैसी क्रान्ति असम्भव है, असमीचीन है। इसका सर्वोत्तम रूप है-वैचारिक क्रान्ति, जो चिरस्थायी परिवर्तन का महामन्त्र है। हथियारों से लड़कर नहीं, खून बहाकर नहीं, न ही किसी का घृणामय

तिरस्कार करके, बल्कि तर्क से, बहस से, आमने-सामने संवाद करके यह क्रान्ति लानी है। लड़ना है, मोर्चा बनाना है और अभियान भी चलाना है—उन सबके खिलाफ जो ब्राह्मणवाद को, जातिवाद को पाल-पोस रहे हैं।

हिन्दी साहित्य में भी इस व्यवस्था को लेकर कुछ कम वाद-विवाद नहीं हुआ है। पुनः इस रूप में सर्वप्रथम राजेन्द्र यादव का नाम उभरता है। उन्होंने हंस के विचारोत्तेजक सम्पादकीय के माध्यम से धर्म, जाति, सम्प्रदाय इत्यादि विषयों का बहुत अच्छा पोस्टमार्टम किया है। अपने एक सम्पादकीय में वे लिखते हैं—''जिस दिन दलित अपने आपको ब्राह्मण के स्थान पर पाएगा, समाज के सारे अन्यायों का प्रतिकार हो जाएगा। इस प्रक्रिया में जाति समाप्त नहीं होती, सिर्फ़ शक्तिकेन्द्र बदल जाते हैं। कल जब ब्राह्मण की स्थिति बदलकर आज के दलित की हो जाएगी तो वह ज्यादा खूँखार प्रतिशोध के रास्ते अपनाएगा।''[20]

राजेन्द्र यादव अपने चिन्तन और लेखन में परम्परा-भंजक हैं, अतिशय विद्रोही हैं, बल्कि एक हद तक अराजकतावादी, किन्तु वे यह क्यों भूल जाते हैं कि आमूल परिवर्तन की शुरुआत सर्वप्रथम अपनी समीक्षा से होती है। जब तक अपने भीतर बैठे हुए गर्दोगुबार को, अपने शरीर पर जमी वर्षों पुरानी धूल को झाड़ नहीं दिया जाता, तब तक परिवर्तन तो क्या थोड़ा-बहुत सुधार भी मुश्किल है।

राजेन्द्र यादव अपने नाम के साथ जाति सूचक शब्द (यादव) क्यों लगाए हुए थे? वे खुलकर इस साहित्य-व्यापी समस्या पर क्यों नहीं लिखते थे? हिन्दी साहित्य की प्रत्येक विधा मार्क्सवादियों, प्रगतिशीलों और क्रान्तिकारी लेखकों से अँटी पड़ी है, और इनमें से कुछ प्रतिशत लेखक तो सचमुच व्यवस्था पलट देने की कसम खाये रहते हैं, परन्तु अपने नाम के साथ, जन्म से ही जो जातिसूचक शब्द लगा हुआ है उसे नहीं हटाना चाहते। न हटाने के पीछे उनकी मंशा क्या है? अड़चन क्या है? इस पर बेबाक-विश्लेषण की आवश्यकता है। इसका एक कारण तो यह कि हम सही अर्थों में जातीय पहचान खो देने से डरते हैं। घर-परिवार से विरोध का डर, शादी-विवाह के संकट का डर, सामाजिक उपेक्षा झेलने का डर इत्यादि। कलम से आग उगलनेवालों में यादव, गुप्ता, जायसवाल, बाल्मीकि से लेकर तिवारी, मिश्रा, शुक्ला, दूबे, पांडेय सब हैं। इनमें से प्रायः कोई भी अपनी जातिसूचक पहचान हटाने को तैयार नहीं। जो सदियों से अपमानित हैं—वे भी नहीं। यहाँ समकालीन दलित कविता के प्रतिनिधि कवि ओमप्रकाश बाल्मीकि की पंक्तियाँ उल्लेखनीय हैं—''चाहे संकीर्ण कहो या पूर्वाग्रही/मैं जिस टीस को बरसों बरस/सहता रहा हूँ/अपनी त्वचा पर/सूई की चुभन जैसे/उसका स्वाद एक बार चखकर देखो/हिल जाएगा पाँव तले जमीन का टुकड़ा।''[21]

अभिव्यक्ति पर संकट

पंजाबी भाषा के शीर्षस्थ कवि अवतार सिंह पाश और मशहूर नाट्यकर्मी सफदर हाशमी की हत्या अभिव्यक्ति का गला घोंटने के लिए ही की गयी थी। वैश्विक क्षितिज पर सलमान रुश्दी और तस्लीमा नसरीन की कलम पर लगाम कसने के लिए कट्टर पन्थियों द्वारा फतवा जारी किया जाना साहित्य के आकाश पर मँडराते भयावह संकट का संकेत है। कुछ वर्ष पहले राजेन्द्र यादव द्वारा हनुमान को आतंकवादी कहने से जो बवाल मचा, वह काफी लम्बे समय तक वातावरण को तनावपूर्ण बनाए रहा। आश्चर्य है कि राजेन्द्र यादव दक्षिणपन्थियों के निशाने से बच गये। सृजन कोई सहूलियत के अनुसार किया जानेवाला काम नहीं है और न ही सारा माहौल अनुकूल देखकर मुँह खोलने की चालाकी है। यदि यही स्वभाव वह बनाए रखता तो अब तक कब का मर चुका होता। न्याय के पक्ष में खड़े रहने, सच का साथ देने, अत्याचार की सभ्यता पर निर्भय प्रहार करने के कारण ही साहित्य की अहमियत बची हुई है। प्रेमचन्द जैसा मानवतावादी लेखक भी इस खतरे से बच नहीं पाया और 'पंडित मोटेराम शास्त्री' कहानी लिखने के चलते उन पर मुकदमा चलाया गया। उन्हें घृणा का प्रचारक घोषित किया गया।

बाँग्लादेश के कट्टरपन्थियों द्वारा तस्लीमा पर फतवाई हमला और भारत की धर्मान्ध ताकतों द्वारा कलकत्ता की सड़कों पर विरोध-प्रदर्शन कोई मामूली घटनाएँ नहीं हैं। जो पूरी पृथ्वी पर नारी-मुक्ति चाहती हैं उसे धरती पर रहने की जगह नहीं मिल रही, जो धार्मिक जड़ता से मुक्ति का आह्वान करती है वह स्वयं कट्टरता के साये में भाग-भागकर जी रही है। विज्ञान, लोकतन्त्र, मानवाधिकार और समानता के हिमायती इस नये युग में तस्लीमा की अन्तहीन बदहाली रचनाकारों को सजग करने और आगामी खतरे से सावधान करने के लिए काफी है। उनके मन की पीड़ा का सच निम्नलिखित शब्दों में-"लेखिका ने कहा कि वह मात्र जिन्दा लाश बन गयी है, जिसकी खुशी के अनुभव और अस्तित्व को लूट लिया गया है और जो एक कमरे तक ही सीमित रह गयी है। उसकी ज़िन्दगी में धीमा ज़हर घुल गया है, जो धीरे-धीरे जीवन के सभी रसों को खत्म कर रहा है।"[22]

सलामन रुश्दी, तस्लीमा अथवा राजेन्द्र यादव के लेखन पर जमकर बहस हो सकती है, उनकी मान्यताओं और स्थापनाओं को खारिज किया जा सकता है, उनके एक-एक वक्तव्य की दो-टूक आलोचना की जा सकती है, परन्तु उन पर सीधे हमला बोलना, कलम चलाने पर रोक लगाना और खुलकर अपने विचार न रखने का हिंसक दबाव डालना अक्षम्य अपराध की श्रेणी में है। यह युग आलोचना के लोकतन्त्र का युग है, जिसमें प्रत्येक प्रबुद्ध पाठक, विवेकवान साहित्यिक और आम नागरिक को भी हक है कि वह सार्वजनिक हित और प्रगति की कसौटी पर किसी

रचना की जमकर आलोचना और प्रशंसा करे, और यह साहित्य के अच्छे स्वास्थ्य के लिए अति आवश्यक भी है, किन्तु रचनाकार के लेखन के कारण उसे मानसिक रूप से प्रताड़ित करना, मारने-पीटने का भय दिखाना या खिलाफ़त में प्रदर्शनबाजी करना अपनी दरिन्दगी का ही प्रमाण है। अपमानजनक खिलाफ़त प्रेमचन्द की हुई, मुक्तिबोध की हुई। हरिशंकर परसाई को तो बहशियाना तरीके से मारा-पीटा भी गया। 'भारत : इतिहास और संस्कृति' नामक पुस्तक जो कि मुक्तिबोध द्वारा प्रखर मार्क्सवादी तेवर में लिखी गयी, फासिस्ट ताकतों का निशाना बनी। साहित्य का इतिहास अपने सर्जकों के घावों से भरा पड़ा है। इस सन्दर्भ में 'राजेश जोशी' की एक कविता उल्लेखनीय है। कैसे जानबूझकर अन्धा हुआ जाता है, कैसे व्यक्तिगत स्वार्थवश अपनी बुद्धि को बेंच खाया जाता है। राजेश जोशी की कविता इसका बारीक खुलासा करती है–

भारतीय जनता पार्टी हबीब तनवीर से नाराज है
तो हबीब तनवीर के नाटक से भी नाराज है–
भारतीय जनता पार्टी।[23]

(कविता–नाटक और विरोध)

साहित्य के विरोधियों को डर सिर्फ़ इस बात का नहीं रहता कि उनकी पतनशीलता को रचनाएँ बेनकाब कर देंगी, बल्कि इस बात का भी गहरा भय रहता है कि कलम की ताकत उसकी सत्ता को उखाड़ सकती है, उनके खिलाफ जनाधार तैयार कर सकती है और आन्दोलन भी खड़ा कर सकती है। यह साहित्य के उत्थान की नियति है कि सच के धरातल पर खड़े रहने के बावजूद तत्कालीन सत्ता और शासन से कभी भी सहयोग नहीं मिला। यदि उसे बल मिला है तो विशाल पाठक वर्ग से, उस आम वर्ग से भी जिसके समुचित अधिकारों के लिए कई कलमकारों ने युग के खिलाफ कठिन लड़ाई छेड़ रखी है।

लेखन की दुनिया के बाहर कला की जो अन्य धाराएँ हैं, रूप हैं–वे भी अपने युग की हिंसा से आतंकित हैं। इसकी चपेट में सबसे आगे नाटक विधा है। खासतौर पर वे नाट्यकर्मी जो राष्ट्रीय स्तर पर अपने नाटकों के कारण लोकप्रिय हैं, ग़ैर देश में घूम-घूमकर चेतनापूर्ण नाटकों का प्रदर्शन करके दर्शकों में जागरूकता फैला रहे हैं–बलवायियों के निशाने पर हैं। सफदर हाशमी का बलिदान इस कायर मानसिकता का कोई अकेला उदाहरण नहीं है। मंचों पर प्रदर्शित नाटकों में ऐसा क्या है। जो मज़हबी कट्टरपन्थियों को सड़क पर उतरकर तोड़फोड़ मचाने के लिए बेचैन कर देता है। चाहे नाट्य थियेटर के नाटक हों, या नुक्कड़ों पर दिखाए जानेवाले नाटक सबका एक ही उद्देश्य होता है–व्यक्ति, सत्ता और समाज में व्याप्त आधुनिक विसंगति, भ्रष्टाचार और पतन के प्रति सचेत करना। वह चाहे धन-पिपासु मन्त्री का

मुद्दा हो, श्रद्धालु स्त्री के शरीर पर नज़रें गड़ाये महात्मा जी का मुद्दा हो या दलितों की वीरान बस्तियाँ जला दिए जाने का मुद्दा। 'हर जोर जुल्म के टक्कर में–संघर्ष हमारा नारा है।' लगभग कुछ ऐसे ही संकल्प होता है–जनवादी नाटकों का। कहना आवश्यक है कि ऐसे नाटक खुलेआम तथाकथित भारतीय–संस्कृति के खिलाफ जाते हैं–उसके धर्म पर प्रहार करते हैं, उसकी सामाजिक–व्यवस्था पर व्यंग्य कसते हैं। अब जिन्हें तीर्थ, पूजा, व्रत, आरती और रुद्राक्ष में ही धर्म की आत्मा दिखाई पड़ती है। वे भला धर्म की ऐसी सरेआम तौहीनी कैसे बर्दाश्त करेंगे जिनके लिए भारतीय संस्कृति प्राचीनता का भजन गाने, पूर्वजों के करतूतों की नेत्र बन्द पूजा करते रहने और वैदिक व्यवस्था का शब्दशः पालन करने का नाम है। अन्ध–श्रद्धा वैसे भी मनुष्य को असहिष्णु बना देती है, वह चाहे धर्म के प्रति हो, व्यक्ति के प्रति हो या विचारधारा के प्रति। 'समयान्तर' पत्रिका के सम्पादकीय में एक घटना का उदाहरण स्थिति को समझने के लिए पर्याप्त है–"ऐसे दो थिएटरों में, जहाँ 'जो बोले सो निहाल' नाम की फ़िल्म दिखाई जा रही थी। दिल्ली में जिस तरह से धमाके हुए हैं, वे हमारे समाज में बढ़ती अहिष्णुता का प्रतीक हैं।"[24]

बर्टोल्ट ब्रेख्त जो कि विश्वविख्यात नाटककार और कवि के रूप में प्रतिष्ठित हैं, उन्होंने अपनी प्रसिद्ध कविता 'पुस्तकों की होली' में अपने भरपूर आक्रोश के साथ ज्ञान के दुश्मनों पर हमला बोला है। वस्तुतः इस कविता के माध्यम से एक सच्चे कलाकार के दमन की पीड़ा को समझा जा सकता है। कविता कुछ इस तरह है–

जब शासन का आदेश हुआ कि खतरनाक ज्ञान से भरी पुस्तकों की
सार्वजनिक होली जलाई जाए और हर तरफ से
बैलों को किताबों के ठेले खींचने को मजबूर किया गया
ताकि उन्हें आग में झोंका जा सके तो एक प्रतिबन्धित लेखक
जो कि श्रेष्ठ में से एक था, जलाई जानेवाली पुस्तकों की सूची में
यह देखकर हैरान रह गया कि उसमें उसकी किताबों का नाम नहीं था।
भीषण क्रोध में अपनी मेज की ओर दौड़ा
और उसने सत्ताधारियों को एक पत्र लिखा
मुझे जला दो![25]

कला के दमन का इससे सशक्त प्रतिरोध और क्या हो सकता है? दरअसल अभिव्यक्ति पर पाबन्दी लगाना लेखक का गला घोंट देने की तरह ही है। कलम खुलेआम नहीं छीनी जाती लेखक को मारने की धमकी दी जाती है, उसे सरेआम बेइज्जत किया जाता है और आतंकपूर्ण नसीहत दी जाती है कि अपनी सीमा में रहकर कलम चलाओ। चीली के तानाशाह ने 'पाब्लो नेरुदा' के घर पर भी छापे मरवाये थे। तलाशी से पता चला कि उसके घर में बड़ी खतरनाक वस्तु छिपाकर

रखी गयी है–उसका नाम कविता है। जी हाँ! तानाशाही, साम्राज्यवादी, शोषणवादी और आतंकपोषक सत्ता के लिए कविता, विचार, आन्दोलन इत्यादि खतरनाक वस्तुएँ ही हैं, क्योंकि सही मायने में ये ही चीज़ें अन्यायी शासन के खिलाफ सबसे मजबूत मोर्चा सँभालती हैं। ये बड़े-बड़े तानाशाहों की नींद हराम कर देती हैं।

धर्म का छद्‌म चेहरा

धर्म का मूलभूत चरित्र हिंसा-विरोधी और अहिंसा-प्रवर्तक माना गया है। यह धर्म का प्रशंसनीय पक्ष है, परन्तु जैसे-जैसे मानव प्रबुद्ध, शक्तिसम्पन्न और विज्ञानमय हो रहा है, उसकी असहिष्णुता, ईर्ष्या और हिंसक प्रवृत्ति नये-नये रूप धारण कर रही है। कहना मुश्किल है कि कौन पढ़ा से पढ़ा-लिखा मनुष्य अन्दर से धार्मिक नहीं है। आधुनिक युग में बिलकुल नये सिरे से अपना साम्राज्य स्थापित करते धर्म ने अपने सीमित होने के सारे पूर्वानुमानों को निष्फल सिद्ध कर दिया है। ऐसा माना जाता रहा कि विज्ञान की तरक्की जैसे-जैसे आगे बढ़ेगी, मनुष्य जैसे-जैसे प्रकृति और ब्रह्मांड के रहस्यों को जानेगा वैसे-वैसे उसकी धार्मिक प्रवृत्ति कम होगी, दैवी शक्तियों के ऊपर से विश्वास समाप्त होगा, परन्तु यह मान्यता कुछ हद तक ही सही साबित हुई है।

यह तो तय है कि वर्तमान युग में अधर्म ही धर्म का मुखौटा पहने हुए है। आज चारित्रिक दृष्टि से ऐसी कौन सी विकृति है, जो धार्मिक केन्द्रों में पलती-बढ़ती न मिल जाए। हत्याओं की साजिश, अबोध बच्चों और स्त्रियों का यौन शोषण, धार्मिक माफियागिरी, क्या कुछ नहीं चलता यहाँ? मठाधीश, महन्त और बाबा खुलेआम पिस्तौल बाँधकर घूमते हैं। धर्म से पिस्तौल का क्या सम्बन्ध? मगर अयोध्या, इलाहाबाद जैसे धर्माधीशों का दर-सत्य है–यह। इन्हें पता ही नहीं कि धर्म क्या है वे इसे जानना भी नहीं चाहते। रुद्राक्ष पहन लिया, तिलक लगा लिया, गेरुआ वस्त्र धारण कर लिया और हो गये धार्मिक। अब इसके पीछे मजे से अधार्मिक कुकृत्य चलते रहें, कौन बोल सकता है? प्रसिद्ध विचारक असगर अली इंजीनियर बाबरी-मस्जिद गिरने के बाद साम्प्रदायिक दंगों की सुनियोजित शृंखला पर लिखते हैं–"बहुत से स्थानों पर जहाँ मुसलमान बस्तियों में विशेष रूप से झोपड़-पट्टी कॉलोनियों में आग लगा दी गयी, दंगों ने बहुत से मनुष्यों की जान ली। बहुतों को अपंग बना दिया और बहुत से मानसिक सन्तुलन खो बैठे।"[26]

भारत, पाकिस्तान, अफगानिस्तान, बाँग्लादेश, ईरान ये विश्व के कुछ ऐसे देश हैं, जो पूरी दुनिया में धर्म का झंडा उठाए घूम रहे हैं। संविधान में घोषित तौर पर भारत भले ही धर्म-निरपेक्ष और लोकतान्त्रिक देश है, किन्तु बड़े से बड़े राजनीतिक दल मठाधीशों के सामने कैसे घुटने टेकते हैं, यह किसी से छुपा हुआ नहीं है। वह

चाहे भाजपा हो या काँग्रेस पार्टी। बाबरी-मस्जिद का विध्वंस हुआ काँग्रेस के शासन में। उपरोक्त पाँचों देशों में से यह तय कर पाना मुश्किल हो जाएगा कि धार्मिक झगड़े, साम्प्रदायिक उन्माद और मज़हबी मार-काट मचाने में कौन किससे आगे हैं? इराक, ईरान और पाकिस्तान में साम्प्रदायिक प्रवृत्ति ने तो बाकायदा आतंकवाद का रूप धारण कर लिया है। वैसे आतंकवाद का अनिवार्य सम्बन्ध धर्म से तो नहीं है, किन्तु आधुनिक इतिहास का सच बताता है कि धर्म और सम्प्रदाय ही आतंकवाद के सबसे बड़े आश्रयस्थल हैं। असगर अली की पुस्तक में साम्प्रदायिकता का अन्तः-सत्य इन शब्दों में-''साम्प्रदायिकता के पास धर्म का स्वाभाविक कवच तो होता ही है, वह संस्कृति, भाषा, राष्ट्र, सभ्यता, कौमियत को भी मौके के मुताबिक बतौर खेल इस्तेमाल करना जानती है। पर लालच और लम्पटता के हथियार से चलाई जानेवाली साम्प्रदायिक मुहिम न सहज मानवीय समीकरणों से तालमेल हासिल कर पाने में समर्थ है और न वैज्ञानिक जाँच की तर्क-पद्धति का सामना करने में।''[27] यह साम्प्रदायिकता अपने को उचित और वैध ठहराने के लिए विरोधी धर्म की ऐतिहासिक भूलों का सहारा लेती है। वह अपने अन्धे अनुयायियों के बीच अपनी आवश्यकता प्रमाणित करना चाहती है। एक तरह से उसे भारी जन समर्थन प्राप्त होता है। धर्म के अनुयायी जो घर में बैठकर पूजा-पाठ करते हैं, नियमित रूप से मन्दिरों की परिक्रमा करते हैं-अप्रत्यक्ष रूप से वे भी धार्मिक कट्टरता को ताकत प्रदान कर रहे हैं। साम्प्रदायिकता इन्हीं के बीच से अपनी उन्मादी सेनाएँ तैयार करती है, और विरोधी के प्रति इनकी दिग्भ्रमित आस्था का निर्बाध इस्तेमाल करती है। राजेन्द्र यादव का यह वक्तव्य महत्त्वपूर्ण है-''मैं समझता हूँ कि न्यूक्लियरिज़्म, आतंकवाद, बाजारवाद आदि जितने ही बढ़ेंगे, धर्म उतना ही कट्टर होता जाएगा। धर्म को ताकत देते हैं चारों तरफ फैले खतरे।''[28]

धर्म आतंकवाद को क्यों बल देता है? क्यों आतंकवाद धर्म को अपनी शरण-स्थली बनाता है? इन प्रश्नों पर गहराई से विचार करना आवश्यक है। धर्म सीधे-सीधे मनुष्य की आत्मा को नियन्त्रित करता है, उसे निर्देशित करता है। वह आत्मा की स्वतन्त्र चेतना-शक्ति को छीनकर उसको परलोक का गुलाम बना देता है। ऐसी मानसिकता का आदमी अपने लिए कम ईश्वर के लिए अधिक जीता है। इस संसार के बारे में कम परलोक के बारे में अधिक चिन्ता करता है। अर्थात् ऐसे मनुष्य के लिए ईश्वर, परलोक इत्यादि के प्रति खुद को समर्पित कर देना जीवन की सबसे बड़ी सार्थकता है। इस तरह धर्म आदमी के मनो-मस्तिष्क को अमूर्त कल्पनालोक पर अटूट आस्था करने लायक निर्मित कर देता है। इस मानसिकता से अलग हटकर वह कुछ देख नहीं पाता। आतंकवाद-जिसका उद्देश्य बेतरतीब रक्तपात मचाकर सत्ता से अपनी माँगें मनवाना है-ऐसे धर्मान्ध व्यक्ति का इस्तेमाल बड़ी आसानी से

करता है। अब यहाँ आतंकवाद धर्म की रक्षा का बहाना बनाता है। धर्म को मिटने न देने का नारा लगाता है, साथ ही आह्वान भी करता है कि महान धर्म खतरे में है–उसको बचाने के लिए ईश्वर के बन्दों का बलिदान चाहिए। अब खुदा के वे बन्दे जो उसी की चिन्ता में सोते–जागते हैं–धर्म के रक्षार्थ उठ खड़े होते हैं। यही आतंकवाद के जिन्दा हथियार बनते हैं, फिर आतंकवाद इस मानव को जहाँ चाहे अपने मकसद के लिए इस्तेमाल कर सकता है। यहाँ इस सन्दर्भ में 'बर्ट्रेंड रसेल' का यह विचार उल्लेखनीय है–''धर्म, मैं समझता हूँ–प्रारम्भिक और मुख्य रूप से भय पर आधारित है। यह आंशिक रूप से अज्ञात का आतंक है।''[29]

इस प्रकार धर्म और आतंकवाद दोनों मिलकर पृथ्वी पर वह हाहाकार मचाते हैं कि पूरी सभ्यता ही संकट में पड़ी हुई दिखाई देने लगती है। यहाँ यह कहना जरूरी है कि धर्म आतंकवाद का एक सशक्त भावनात्मक हथियार है। धर्म की आड़ में वह अपनी वैश्विकता प्राप्त करता है।

धार्मिक हिंसा का बड़ा ही घृणास्पद पहलू पशुबलि अथवा जीवहत्या के रूप में दिखाई पड़ता है। धर्म की इस विवेकशून्य प्रवृत्ति का विरोध करते हुए हजारों साल पहले कभी बुद्ध ने कहा था कि यदि पशुबलि देने से तुम्हारी देवी प्रसन्न होती है–तो मानव–बलि देने से और भी प्रसन्न होगी, फिर तो मेरी बलि दो। धर्म का इतिहास गवाह है कि उसमें नरबलि और पशुबलि दोनों प्रचलित हैं। आज भी जहाँ–जहाँ तान्त्रिक साधना केन्द्र हैं, जहाँ आज भी देवियों के शक्तिपीठ सक्रिय हैं, वहाँ पशुबलि दी जाती है, खुलेआम, विधिपूर्वक, पूजा–पाठ के साथ। हिन्दू धर्म में कुछ देवियाँ तो अपने सेवकों के सिर चढ़कर अपना आहार माँगती हैं–दो! नहीं तो खानदान में अकाल मौत का तांडव मच जाएगा, गाँव में हैजा फैल जाएगा। ये सेवक देवियों के डीह पर बकरा अथवा मुर्गा की बलि देते हैं। गुवाहाटी का कामाख्या मन्दिर तो प्रतिवर्ष भैंसों की बलि दिए जाने के कारण कुख्यात है ही। यहाँ की जागता देवी भैंसों का कच्चा हाड़–मांस खाकर और गर्म खूनकर पीकर ही जिन्दा रह पाती हैं। इतना खून पीकर तो किसी के सिर पर खून सवार हो जाए, भक्त–गण कैसे रह जा रहे हैं?

भारत में बहुत पहले से पशुबलि की प्रथा चली आ रही है। सदियों पुराना यह जघन्य कर्म अपराध की श्रेणी में है। यहाँ बलि के पीछे मूल कारण भय और आतंक जमाना है। देवी की शक्ति का धर्मान्ध जनता पर आतंक। धर्म खुद को जितना ही अबूझ, रहस्यमय, जटिल और ताकतवर रूप में प्रस्तुत करता है–भक्तों–अनुयायियों के हृदय पर उसका शासन उतना ही मजबूत होता है। वैसे यही धर्म एक तरफ शान्ति, अहिंसा, जीव–कल्याण का उपदेश भी देता है। हिंसा–प्रदर्शित करके आतंक जमाना और उपदेश दे करके विश्वास अर्जित करना धर्म का दोहरा उद्देश्य है।

संस्कृति, वर्चस्व और विरोध

भारत में संस्कृति को लेकर बड़ी उलझावपूर्ण स्थिति है। सामान्य तौर पर कहा जाता है कि यह विविधता में एकता वाला देश है। तथ्यात्मक दृष्टि से देखें तो यह बात सही भी है। क्योंकि हजारों जातियों, सैकड़ों सम्प्रदायों, दर्जनों धर्मों और अनगिनत भाषाओं का यह उप-महाद्वीप विविधतापूर्ण नहीं तो और क्या होगा? यह विविधता सिर्फ़ भारत ही क्यों, विश्व के किसी भी विशाल देश के लिए स्वाभाविक है। प्रायः विविधता को देश की कमजोरी के अर्थ में लेते हैं, जबकि यह उसकी संजीवनी शक्ति है, उसके अस्तित्व की विशालता है। यही विविधता ही उस देश की संस्कृति को लम्बी उम्र देती है। भारत के सन्दर्भ में प्रश्न यह है कि क्या इस विविधता में सचमुच कोई एकता है? उत्तर मिलेगा नहीं। वस्तुतः यहाँ भौगोलिक, राजनीतिक और संवैधानिक एकता है, जो कि प्राकृतिक है, बाहरी रूप में है। एकता की मूल शक्ति सही मायने में आन्तरिक होती है-जो बाहरी विविधता को भी एक सूत्र में बाँधे रखती है-परन्तु यहाँ स्थिति उल्टी है-बाहरी नियमों, कानूनों और उपायों से संस्कृति को एक सूत्र में बाँधने का प्रयास किया जा रहा है, वैसी मानसिकता कायम रखने की दीक्षा दी जा रही है।

यह समय वस्तुतः विकेन्द्रीकरण का युग है-सत्ता का, शासन का, अधिकारों और कर्तव्यों का, संसाधनों का विकेन्द्रीकरण। ठीक इसी तरह संस्कृति का विकेन्द्रीकरण आधुनिक युग की जरूरत है। अलग-अलग समुदाय, वर्ग, सम्प्रदाय और धर्म के लोग अपने उत्तम की रक्षा करते हुए युग के अनुसार श्रेष्ठ रूप में विकास करें-यह ज्यादा तर्कपूर्ण अवधारणा है। यह पहचान की विलय का युग नहीं, पहचान के संरक्षण और विकास का युग है। यह निष्कर्ष इस अवधारणा पर आधारित है कि प्रत्येक वर्ग, सम्प्रदाय और भाषाई समाज का अपना अलग मूल्य है। विकसित से विकसित वर्ग उसकी जगह नहीं ले सकता, उसकी देन का पुनर्निर्माण नहीं कर सकता। इसलिए आधुनिक विज्ञान, तकनीकी, शिक्षा और उन्नत विचारधारा के आधार पर इन विविध संस्कृतियों को उन्हीं के ढंग से विकसित करना वर्तमान युग में अपरिहार्य है।

प्रसिद्ध मार्क्सवादी विचारक 'पूरनचन्द्र जोशी' इस सन्दर्भ में लिखते हैं- "इतिहास बताता है कि अभिजन सभ्य और सुसंस्कृत होने का घमंड भले ही करें, उसकी सभ्यता और संस्कृति जन से ही आती है। अभिजनों की सारी कला और संस्कृति की जड़ें लोक-संस्कृति में होती हैं। जब वह अपनी जड़ों से कट जाती है, यान्त्रिक और प्राणहीन हो जाती है। वह बाजार में बिकने वाली एक वस्तु मात्र बन जाती है।"[30] पूरनचन्द्र ने इस कथन के माध्यम से साफ संकेत किया है कि संस्कृति का स्रोत जन ही हैं-जो प्रायः पृष्ठभूमि में होते हैं, किनारे रहते हैं-लेकिन संस्कृति को दीर्घायु वही बनाते हैं।

भारत में विविध संस्कृतियों का संघर्ष एक बड़ी समस्या है। शिक्षित, बुद्धिजीवी, नौकरीशुदा और आर्थिक दृष्टि से सम्पन्न वर्ग अपनी संस्कृति को अलग बताता है–उसे श्रेष्ठ कहता है और उसके दायरे में दूर-दूर तक जन-संस्कृति को नहीं शामिल करना चाहता, न ही उन्हें अपने स्तर का लाने का वह इच्छुक है। यह प्रवृत्ति भी जातिभेद की तरह खतरनाक है। इस तथाकथित सभ्य वर्ग का खान-पान, रहन-सहन, बात-व्यवहार कुछ आतंक जमाने की मुद्रा में भी होता है। मानसिक तौर पर जन में दबाव डालता है कि उसकी श्रेष्ठता को स्वीकार करें और अपनी सभ्यता को हेय मानें। काफी हद तक वे अपने लक्ष्य में सफल भी होते हैं। इसका परिणाम सांस्कृतिक गुलामी के रूप में सामने आता है जो जातीय गुलामी से अधिक भयावह साबित होता है। सांस्कृतिक गुलामी की दशा में जीता हुआ मनुष्य अपने आपको मामूली और तुच्छ मान बैठता है। उसमें आत्मगौरव की चेतना लुप्त हो जाती है और वह जीवन-शोषक हीनग्रन्थि का शिकार हो जाता है। उसकी आत्मा में यह बात घर कर जाती है कि वह असभ्य है, अज्ञानी है, निरर्थक है, दुनिया में उसके गुणों की कोई कीमत नहीं है। इस तरह यह जन गुलामी की दुहरी तिहरी मानसिकता में जीने लगता है। जबकि सच यह है कि आन्तरिक सभ्यता की कसौटी पर इस जन का दुनिया में कोई मुकाबला नहीं है। वह सर्वाधिक मनुष्य है, सर्वाधिक सहज है, सबसे संवेदनशील है। यदि सभ्यता का अर्थ व्यक्तित्व की श्रेष्ठता से है–तो कौन अधिक सभ्य हुआ? जन या भद्रवर्ग? पूरनचन्द्र जोशी पुनः कहते हैं–''आज हम इतिहास के ऐसे बिन्दु पर खड़े हैं, जहाँ से एक नयी सभ्यता का निर्माण हो सकता है, जिसमें अभिजन या उच्च वर्गों के लोग ही सभ्य नहीं होंगे, साधारण जन भी सभ्य होंगे।''[31]

सत्ता की संस्कृति सदैव सर्वशक्तिमान मानी जाती रही है। वस्तुतः उसकी संस्कृति विचारधारा, परिवर्तन, प्रयोग इत्यादि को बहुत पसन्द नहीं करती। कानून और प्रशासन उसके दो प्रमुख हथियार होते हैं, जिसके आधार पर वह अपना प्रभुत्व कायम करना चाहती है। सत्ता की संस्कृति का व्यापक जनाधार न होने के बावजूद वह अपने अधीन जीनेवाले पूरे मानव-समुदाय को प्रभावित करना चाहती है और दबाव या आत्मीयता दिखाकर भी अपनी संस्कृति को ऊपर रखना चाहती है। मन्त्रियों और नेताओं द्वारा बड़े-बड़े सरकारी उपक्रमों का उद्घाटन, पुलों का शिलान्यास इत्यादि उसकी संस्कृति का हिस्सा है। सही अर्थों में आम जन या बुद्धिजीवी वर्ग के बीच सत्ता की संस्कृति के लिए जगह नहीं होती, न ही आम जन मानस उसे स्वीकार करता है, परन्तु उससे मुक्त होना भी सम्भव नहीं है। जनहित के प्रति अत्यधिक संवेदनहीन होने के बावजूद यह जन को ही अपनी सफलता का आधार बनाती है। जन-संस्कृति पर सत्ता का वर्चस्व सीधे-सीधे नहीं दिखाई पड़ता, किन्तु लोक-

संस्कृति अपनी सारी व्यापकता के बावजूद उसका अतिक्रमण नहीं कर सकती, न ही उसका विरोध करके रह सकती है।

सत्ता की संस्कृति से सीधी टकराहट बुद्धिजीवी वर्ग से होती है। यहाँ वर्चस्व की लड़ाई नहीं, बल्कि उचित, अनुचित की लड़ाई होती है। सत्ता के सामने डटकर खड़ा होना न तो आमजन के लिए सम्भव होता है, और न ही सम्पन्न बौद्धिक वर्ग के लिए। जनमत तैयार करके प्रबुद्ध मध्यवर्ग सत्ता की गैर-जिम्मेदार और तानाशाही रवैया पर रोक तो लगा सकता है, उसकी नीतियों में लोकतान्त्रिक परिवर्तन का दबाव भी बना सकता है, किन्तु उसकी मूल संरचना को कभी बदल नहीं सकता। इसीलिए सत्ता, बुद्धिजीवी वर्ग और आम जन के बीच वर्चस्व और विरोध का संघर्ष हमेशा चलता ही रहता है।

युवा आलोचक अरविन्द त्रिपाठी का वह वक्तव्य सचमुच आँखें खोलनेवाला है-''उपलब्धि के नाम पर आज अमेरिका के पास पूँजीवाद की साम्राज्यशाही और उसकी विकृति शिखर पर है। अमेरिकी बाशिन्दे अपने शासकों से प्रेरित हो चुके हैं, प्रवासी भारतीयों द्वारा जरूर सांस्कृतिक सुरुचि वहाँ पहुँची है, पर वह भी पैसा कमाऊ भारतीयों के व्यवसाय का हथकंडा बन चुकी है।''[32]

भारत में वर्चस्व और प्रतिरोध का सबसे भयावह रूप समाज के स्तर पर देखने को मिलता है। यहाँ दलित और पिछड़े समाज में अभूतपूर्व जागरण है। वे अपने अधिकारों के प्रति अत्यधिक सचेत हैं, सामाजिक हैसियत प्राप्त करने के लिए सवर्ण व्यवहार से जूझ रहे हैं, आन्दोलन कर रहे हैं, पूरी संरचना पर प्रहार कर रहे हैं। यहाँ तक कि हिन्दू-संस्कृति का ही परित्याग कर दे रहे हैं. यह हो भी क्यों? जिस हिन्दू धर्म ने शताब्दियों से इन्हें गूँगा बनाए रखा, इनकी आत्मा को बन्धक बनाकर रखा और गलत तर्कों के आधार पर समाज के निचले पायदान पर फेंक दिया, उसका यह वर्ग तिरस्कार नहीं करेगा तो और क्या करेगा? यहाँ विद्रोही स्वभाव के अग्निधर्मी कवि गोरखपांडे की कविता 'तुम्हें डर है' ध्यान देने लायक है हज़ार साल पुराना है उनका गुस्सा/हजार साल पुरानी है उनकी नफ़रत/मैं तो सिर्फ़/उनके बिखरे हुए शब्दों को/लय और तुक के साथ/लौटा रहा हूँ/मगर तुम्हें डर है कि/आग भड़का रहा हूँ।[33]

इसके साथ-साथ सामाजिक विप्लव का एक सच यह भी है कि सवर्ण समाज दलितों में आये इस जागरण से घबरा गया है, असहिष्णु हो उठा है और अपनी निर्जीव परम्पराओं के प्रति और सचेत हो गया है। अब वह पूरी तैयारी के साथ अपने धार्मिक कृत्यों को सम्पन्न कर रहा है। पूजा-पाठ, त्यौहार और षट्कर्म के प्रति अधिक उत्साह प्रदर्शित कर रहा है। सही अर्थों में यह दौर संक्रमण का दौर है, जहाँ सवर्ण और दलित के बीच वर्चस्व को कायम रखने और उसे पूरी तरह मिटा

देने की मुहिम छिड़ी हुई है। आधुनिक भारत में अभी यह सम्भव नहीं दिखता कि भक्ति–आन्दोलन की तरह दलित आन्दोलन व्यवहार में उठ खड़ा हो, परन्तु अन्याय एवं अनीति को बचाए रखने तथा उसको मिटाने का जैसा तनाव दिनोदिन बढ़ता जा रहा है–उससे कब संघर्ष की विस्फोटक स्थिति पैदा हो जाए, कहना मुश्किल है। कालचक्र दलित की ओर घूम चुका है। अब दलित समाज को उसका वाजिब हक मिलने से कोई रोक नहीं सकता। जो इस सच को सहर्ष स्वीकार कर लें, कालचक्र उसके अनुकूल घूमेगा।

आधुनिकता से आगे का समय

21वीं सदी के दस्तक देते ही आधुनिकता अब पिछड़ने सी लगी है, और उसका स्थान उत्तर–आधुनिकता लेने लगी है। आवश्यक नहीं कि आधुनिकता के अप्रासंगिक होने के बाद उत्तर–आधुनिकता पूर्णतः आ ही गयी हो, क्योंकि वैश्विक बदलाव, वो भी विचारधारा और जीवनशैली के स्तर पर इतनी जल्दी सम्भव नहीं होता। उसमें एक लम्बा अन्तराल आता है, जो विकसित हो रही, निर्मित हो रही नवीन विचार–संस्कृति का संकेत है। सदी का यह आरम्भ उत्तर–आधुनिकता के इसी निर्माण की प्रक्रिया का समय है। सुप्रसिद्ध उत्तर आधुनिक विमर्शकार सुधीश पचौरी इस विचारधारा की प्रकृति पर लिखते हैं–"उत्तर–आधुनिकता हर महानता को विदाई देती है और एक सामान्यता या न्यूनता सबको सम्भव करती है। विचारों की समग्रता की जगह वह विखंडन सम्भव करती है। रचना को विज्ञापन बनाती है, समीक्षा को प्रायोजन बनाती है। आधुनिकता के तमाम महान मनोरथ यहाँ आकर दीन और आनन्ददायक बन जाते हैं।"[34]

गौर से देखें तो आधुनिकता अभी कहीं गयी कहाँ है? अभी सबसे बड़ा विस्तार उसी का है, बल्कि यह आधुनिकता के चरम–विस्तार का युग है। महानगर से लेकर ठेठ गाँवों तक, कस्बों से लेकर जनजातीय क्षेत्रों तक इस आधुनिकता ने अपना विस्तार किया है। वे क्षेत्र जो आर्थिक रूप से पिछड़े हैं, जहाँ शिक्षा का स्तर साधारण है, जहाँ पुरानी मान्यताएँ और परम्पराएँ हावी हैं वहाँ आधुनिकता के बाद पहले आधुनिकता की ही सुबह होगी। गाँव, कबीले और कस्बे अभी ढंग से आधुनिक कहाँ हुए हैं कि उत्तर आधुनिक हो जाएँगे। आधुनिकता और उत्तर–आधुनिकता दोनों सूचना क्रान्ति, तकनीकी विकास, औद्योगिक क्रान्ति की देन हैं। जैव–प्रौद्योगिकी में मिली आश्चर्यजनक सफलताओं ने आधुनिकता को पीछे छोड़ दिया है। अब तकनीकी से हृदय प्रत्यारोपित हो रहा है, अंग लगाए जा रहे हैं, घातक रोग ठीक हो रहे हैं–यहाँ तक कि मरा हुआ दिल फिर से धड़कने लग रहा है। ये सारे बदलाव निश्चय ही मनुष्य की सोच पर दूरगामी प्रभाव डालेंगे।

इतिहास का अन्त, विचारों की मृत्यु, साहित्य और कला की प्रसंगहीनता–ये कुछ घोषित नारे हैं–उत्तर आधुनिकता के। ऐसा होगा क्यों? इसका सटीक उत्तर इस विचारधारा के पास भी नहीं है। उसके अनुसार इतिहास जैसी चीज़ अब मूल स्वभाव में नहीं रह गयी है। पुराने ढाँचे टूट रहे हैं। घटनाएँ सूचनाओं में बदल रही हैं। बड़ी से बड़ी वारदातें मात्र सूचना बनकर रह गयी हैं, और वे बहुत तेज़ी के साथ विस्तृत हो जा रही हैं। विगत एक वर्ष के भीतर ही उल्लेखनीय घटनाओं को याद कर पाना कठिन होता जा रहा है। वस्तुत: आज का युग न तो वर्तमान इतिहास के प्रति दिलचस्पी रखता है और न ही विगत इतिहास के प्रति कोई जुड़ाव रखना चाहता है।

विचारों के मुद्दे पर उत्तर आधुनिकता का तर्क यह है कि अब विचार मात्र सिद्धान्त, आदर्श या उपदेश के रूप में अपनी अर्थवत्ता खो चुके हैं। यहाँ तक कि यथार्थ और तर्क की कसौटी पर खरे उतरने वाले विचार कब अधूरे और गलत सिद्ध हो जाएँ, कह पाना मुश्किल है। दुनिया इतनी तेजी से बदल रही है, हर चीज़ में परिवर्तन की प्रक्रिया इतनी तीव्र हो उठी है कि यथार्थ में भी किसी एक सत्य की स्थिरता सम्भव नहीं रह गयी है। यथार्थ से कुछ सत्य समाप्त हो रहे हैं, तो कुछ नये जुड़ रहे हैं। इसीलिए किसी वस्तु के बारे में एक ही तरह से सोचना और एक ही अवधारणा कायम किये रहना अनुचित है। विचारधारा बस एक रोशनी की तरह है, जो कि हमें कुछ हद तक सही रास्ता दिखा सकती है–परन्तु वह दिन का विकल्प बन जाए, यह सम्भव ही नहीं। दूसरे विचारों के आधार पर जीवन चलाने या वादों के अनुसार बुद्धि को संचालित करने के युग का लोप हो गया है। गाँधीवाद, मार्क्सवाद, मनोविश्लेषण और अस्तित्ववाद जैसे बड़े दर्शन अब न तो विश्व का संचालन कर सकते हैं, और न ही मनुष्य की सारी जिज्ञासाओं का समाधान कर सकते हैं। आज मन में कोई एक धारणा बनाओ, कल वह गलत साबित होती नज़र आती है। जब यह सृष्टि प्रकृति का संयोग मात्र है तो उसको तय नियमों में क्यों बाँधना? उसे एक सुनिश्चित दृष्टि से क्यों देखना? एक सोच के तहत हर वस्तु को देखने की हमारी आदत बन गयी है, आवश्यक नहीं कि वह उचित और सत्यान्वेषी हो ही। देखा जाए तो सोचने की हमारी आदत हर वस्तु के प्रति एक अवधारणा बना लेती है। जबकि आधुनिक सोच का तकाजा यह है कि वस्तु जैसी है–उसे अपने अनुसार नहीं, उस वस्तु के अनुसार सोचें। फिर तो वस्तु के प्रति नज़रिया ही पलट उठेगा।

सुधीश पचौरी ने साहित्य के बारे में बेहद दिलचस्प निष्कर्ष दिया है–"आनेवाले दिनों का साहित्य 'कंडोम' की तरह होगा। यूज एंड थ्रो। वह नित्य हो उठेगा। वह संक्रमणहीन, सत्तामूलक और सुप्रबन्धनीय विराट सांस्कृतिक उद्योग का हिस्सा होगा।"[35] कहना आवश्यक है कि सुधीश पचौरी उत्तर-आधुनिकता के भविष्य का

दिवा-स्वप्न देख रहे हैं। ये भी वही चश्मा चढ़ाकर चीज़ों के देखने के शिकार हैं- जिस तरह धुर मार्क्सवादी या गाँधीवादी दुनिया को देखते हैं। इनकी मानें तो उत्तर-आधुनिकता आ चुकी है, सर्वत्र फैल चुकी है। अब साहित्य, समाज, राजनीति, बाज़ार सब जगह उसी की सत्ता बोल रही है। ऐसा न तो अभी है, और न आगे होगा, क्योंकि मनुष्य की मौलिक प्रवृत्ति स्वीकार और विरोध की साथ-साथ होती है। बदलाव आ रहे हैं, मान्यताएँ बदल रही हैं, कसौटियाँ पुनः निर्मित हो रही हैं-ये सारी बातें सच हैं, परन्तु मनुष्य के शरीर का ढाँचा ज्यों का त्यों है, दिमाग का स्थान ज्यों का त्यों है, दिल के धड़कने का स्वभाव ज्यों का त्यों है। सारे बदलावों के बावजूद स्थिरता नाम की कोई चीज़ तो है ही। वैसे भी उत्तर-आधुनिकता कोई आदर्श स्थिति तो है नहीं, कि उसी को पाने के लिए मनुष्य पागल रहे। यह मनुष्य के भौतिक, बौद्धिक और सांस्कृतिक विकास का एक नया मोड़ है। विकास को इसी गति ने जिस तरह आधुनिकता को पीछे छोड़ दिया है, उसी तरह एक दिन उत्तर-आधुनिकता को भी पीछे छोड़ देगा। सोचने, महसूस करने और मुकाबला करने वाला यही आदमी उत्तर-आधुनिकता की गैर मानवीयता से लड़ेगा, उसकी अन्धी चाल पर रोक लगाएगा और काफी हद तक उसे अपने अनुसार ढालेगा। युग के अनुसार ढल जाना और उसे भी अपनी चाहत एवं रुचि के अनुसार ढाल लेना मनुष्य की प्रबल विशेषता है। यह उत्तर-आधुनिकता भी मानवता के अनुकूल ढलकर ही जी पाएगी, वरना उसकी अकाल-मृत्यु तय है।

उत्तर-आधुनिकता के कारक तत्त्वों की सूचना देते हुए सुधीश पचौरी पुनः कहते हैं-"तकनीकी क्रान्ति, सूचनाक्रान्ति, भूमंडलीकरण और विश्वबाजार वस्तुतः ऐतिहासिक और निर्विकल्पात्मक स्थितियाँ हैं। यह हमारी उत्तर-आधुनिक ज्ञानावस्था है।"[36]

इस तरह देखा जाए तो आधुनिकता की तरह उत्तर-आधुनिकता भी ज्ञानी-विज्ञानी मानव के अभूतपूर्व विकास की एक अवस्था है जो पिछली तमाम मान्यताओं को खारिज करने की शर्त पर टिकी हुई है।

समकालीन कविता के प्रतिष्ठित कवि कैलाश वाजपेयी ने अपनी पुस्तक 'आधुनिकता का उत्तरोत्तर' में इससे जुड़े कई प्रश्नों पर गम्भीरतापूर्वक विचार किया है और सुधीश पचौरी से कहीं अधिक स्पष्ट शब्दों में आधुनिकता के बाद की स्थितियों को स्पष्ट किया है। "आज का सामान्य आदमी पिछले युग की तुलना में बहुत अधिक उलझा हुआ आदमी है। किन्तु उसकी सबसे बड़ी कमजोरी उसकी सामान्यता है। इस तथ्य से भी इनकार नहीं किया जा सकता। भ्रष्ट राजनीति, दैत्याकार यन्त्र और विराट नगरीकरण द्वारा निरन्तर कुरूप होते हुए समाज में सामान्य आदमी के लिए अपना एक व्यक्तित्व गढ़कर बुरे-अच्छे का भेद कर पाना और मूल्यों के लिए

लड़ पाना अब सम्भव नहीं रहा।''[37]

देखा जाए तो 21वीं सदी शुद्ध रूप से आर्थिक प्रभुसत्ता और विज्ञान-तकनीकी के अभूतपूर्व शासन का युग है। अर्थ ने जीवन के प्रत्येक विभाग को अपनी गिरफ्त में ले लिया है। यहाँ तक कि भावनात्मक सम्बन्ध, आपसी रिश्ते, पारिवारिक जीवन मूल्य, मानवीय गुण भी वित्त की माया से संचालित और प्रभावित होने लगे हैं। 'बाप बड़ा ना भइया, सबसे बड़ा रुपइया' जैसा लोक मुहावरा अब कहीं भी सुना जा सकता है। धन से गरिमा है, सम्मान है, महत्त्व कायम है और आत्म-सम्मान भी है। उत्तम से उत्तम मानवीय गुणों का व्यक्ति खुद को हीन महसूस करता है, यदि उसके पास धन पर्याप्त नहीं है। अब निःसंकोच कहा जा सकता है कि यह भीतरी व्यक्तित्व के पलायन का युग है, उसकी उपेक्षा का युग है, उसके महत्त्वहीन हो जाने का दौर है। मनुष्य के मस्तिष्क पर भौतिक उपलब्धियों की भूख इस तरह हावी है कि सारे मूल्यों, मान्यताओं और आदर्शों को उसने पलटकर रख दिया है। मानव दिग्भ्रमित है, अस्थिर भाव में है कि उसे करना क्या है, और वह कर क्या रहा है? इस असमंजस की नियति को नयी सदी की पूरी मानव-सभ्यता पर लागू किया जा सकता है। मृदुला गर्ग के ये शब्द इसी सत्य की पुष्टि करते हैं-''द्वितीय विश्वयुद्ध के बाद के कुल पचास वर्षों में प्रकृति ही नहीं, स्वयं मनुष्य को भी हाशिए पर डाल दिया। मनुष्य अपने ही ईजाद किये तकनीकी चमत्कार के हाथों की कठपुतली बन गया।''[38]

आधुनिकता ने सही अर्थों ने अब जाकर अपना विश्वव्यापी विस्तार लिया है, और शहरों, महानगरों को पार करती हुई कस्बों, गाँवों, बस्तियों और आदिवासी इलाकों तक में प्रवेश कर गयी है। परन्तु आधुनिकता का विस्तार बाहरी उपलब्धियों और सुविधाओं के रूप में अधिक, मानसिक स्तर पर कम ही हुआ है। तर्क, वैज्ञानिक सोच, परलोक पर सन्देह और यथार्थवादी दृष्टिकोण, जो कि आधुनिकता के केन्द्रीय लक्ष्य माने जाते हैं, अभी भी अत्यन्त कम लोगों के पास हैं। एक ही व्यक्ति एक समय में ई-मेल कर रहा है और हनुमान-मन्दिर में मत्था भी टेक रहा है। प्रेमिका के साथ घूम-टहल रहा है और हाथ की लकीरें भी बाबा जी से दिखवा रहा है। देखा जाए तो पुरातनप्रियता अभी गयी नहीं है और आधुनिकता ने प्रवेश पा लिया है। विज्ञान के विविध अनुशासनों में आगे बढ़ा हुआ व्यक्ति अपनी सोच और जीवन कर्म में पोंगापन्थी और गैर-वैज्ञानिक है। इस तरह उपलब्धियों के रूप में आधुनिकता का आना व्यक्ति के सचमुच आधुनिक हो जाने की गारन्टी नहीं है। अधिकांश मानव-समुदाय अर्द्ध-आधुनिक अवस्था में हैं, जड़-परम्परा और भौतिक-आधुनिकता दोनों को साथ लेकर चल रहा है। आज विज्ञान द्वारा दी गयी सुविधाओं को अपनी परम्परा एवं आस्था के साँचे में फिट किया जा रहा है। मानव की बाह्य प्रगति उसकी विचारधारा

को भी प्रेरित करती है। औद्योगिक क्रान्ति से उपजी वैश्विक आधुनिकता इसका प्रमाण है, परन्तु बाह्य विकास ने हमारी मानसिक जड़ता का पोषण भी खूब किया है, यह भी सच है। वैसे मानसिक, विचारधारात्मक स्तर पर भी आधुनिकता ने अपना उल्लेखनीय असर दिखाया है, लेकिन वर्तमान जीवन में बाहरी और भीतरी आधुनिकता का अनुपात 10 और 1 का है।

प्राचीन जड़ताओं के पोषण, व आधुनिक उपलब्धियों के असीम विस्तार के बीच ही इस उत्तर आधुनिकता ने अपना प्रवेश किया है। इसके क्षेत्र अति-विकसित वे महानगर हैं, जहाँ मानव-जीवन का स्तर इतना ऊपर उठ चुका है, कि अब उसको परिभाषित करने के लिए नवीनतम दृष्टिकोण की जरूरत पड़ेगी, सिर्फ़ आधुनिकता की कसौटियों पर कस देने मात्र से काम नहीं चलेगा। यह उत्तर-आधुनिकता अल्ट्रा-महानगरी सभ्यता में ही आज पल-बढ़ रही है।

युद्ध की वर्तमान नियति

अभी तक ज्ञात ब्रह्मांड में पृथ्वी जैसी पृथ्वी एक है, परन्तु यहाँ युद्ध हो रहे हैं, जीवित सत्ताओं में मनुष्य प्रकृति की सर्वश्रेष्ठ घटना है-परन्तु उसके बीच युद्ध जिन्दा है, जबकि यह तय है युद्ध से किसी बड़ी समस्या का स्थायी हल कभी नहीं निकल पाता, मगर युद्ध हो रहा है। प्रश्न उठता है कि युद्ध क्यों? क्या यह विकल्प हीन है? क्या इसके बिना मानव-संघर्ष अपूर्ण है? वस्तुतः इन प्रश्नों का उत्तर सीधे हाँ या ना में देने के बजाय युद्ध के कारणों को पहले समझना पड़ेगा।

प्रायः युद्ध तब होता है जब एक सबल सत्ता किसी दूसरी सत्ता के द्वारा अपना अधिकार, अस्तित्व और महत्त्व छीना हुआ महसूस करती है और छीनने वाली दूसरी सत्ता इस कार्य को अनुचित नहीं मानती, बल्कि छीनने की वैधता का दावा भी करती है। आवश्यक नहीं कि दोनों सत्ताएँ समान रूप से शक्तिशाली हों, लेकिन भौगोलिक, राजनीतिक या आर्थिक अधिकारों के दावे को लेकर ही प्रायः युद्ध की शुरुआत होती है। प्राचीन युगों में युद्ध की प्रकृति अलग थी, उसके कारण भी भिन्न होते थे, लेकिन अब युद्ध का अन्दाज बदल गया है, उसका उद्देश्य भी बदल गया है। अब युद्ध का उद्देश्य राजनीतिक प्रभुत्व स्थापित करना नहीं, बल्कि आर्थिक उपनिवेश कायम करना है। अब शक्तिशाली देशों को पता है कि विश्व में सबसे ताकतवर वही कहलाएगा, जिसके पास अपार धन होगा, अपार संसाधन होंगे, अकूत तकनीकी दक्षता होगी। पूरी दुनिया अब एक महाबाजार का रूप ले रही है जिसके देशों के बीच सबसे आगे रहने की होड़ मची हुई है। मानवाधिकारों के हनन की आड़ में युद्ध छेड़कर अमेरिका जैसे शक्तिसम्पन्न देश अपना राजनीतिक दबदबा कायम रखना चाहते हैं, लेकिन इसके पीछे उनका बड़ा उद्देश्य आर्थिक-दोहन भी है। कभी

तीसरी दुनिया के देशों को आजादी दिलाने के नाम पर तो कभी आतंकवाद को उखाड़ फेंकने के नाम पर अमेरिका का युद्ध-अभियान वर्षों से जारी है।

हाल के वर्षों में अमेरिका द्वारा इराक पर जारी आक्रमण युद्धोन्मत्त प्रवृत्ति को ताजा कर देता है। द्वितीय विश्वयुद्ध के दौरान जापान के दो शहरों हिरोशिमा और नागासाकी पर गिराए गये परमाणु बम पूरी दुनिया की शान्ति के खिलाफ सबसे बड़ी घटनाएँ हैं। अमेरिका लगातार इस तानाशाही सोच में जीता चला जा रहा है कि विश्व पर प्रभुत्व जमाने का सबसे असरदार तरीका यह है कि कहीं न कहीं युद्ध जारी रखा जाए, सैनिक अभियान बन्द ही न हो। 'वर्ल्ड ट्रेड सेंटर' पर अलकायदा के हमले के बाद तो मानो अमेरिका को युद्ध छेड़ने का सबसे बड़ा कारण मिल गया है। विगत एक दशक में अमेरिका ने अफगानिस्तान पर जमीनी और हवाई इतने आक्रमण किये हैं कि पूरा देश खँडहरों और वीरान बस्तियों की सभ्यता में पहुँच गया है। बच्चे, औरतें, किसान, कामगार सभी अपने अफगानी-जीवन पर रोते हैं। सही-साबुत और खुशहाल परिवार को देख पाना वहाँ मानो सदियों पहले की बात हो। आधुनिक विश्व में युद्ध की चोट से आहत अफगानिस्तान जैसे देश शायद ही मिलें। प्रसिद्ध विचारक 'भारत डोगरा' का यह वक्तव्य इस सन्दर्भ में स्मरणीय है- ''इराक में अमेरिकी हमले के बाद शिया-सुन्नी, अरब-कुर्द जैसे साम्प्रदायिक या जातीय भेदभाव भड़काए गये, जो इराक को बेहद दर्दनाक विभाजन जैसी स्थिति की ओर ले जा सकते हैं। यहाँ अब गृहयुद्ध की स्थिति है। अमेरिकी हमले के बाद अब तक हिंसा से लगभग साढ़े छ: लाख लोग मारे जा चुके हैं। सद्दाम हुसैन को फाँसी देने का फैसला व विशेषकर फाँसी देने का तरीका इस तरह का था कि इससे भी आपसी हिंसा और फैले।''[39]

खैर, इस समय अमेरिका विश्व के मंच पर राजनीति खेलने का अगुवा है। वह चाहे परमाणु-संधि की राजनीति हो, चाहे पैसा उगाने की राजनीति हो या फिर युद्ध करने की राजनीति। यद्यपि इस खेल में उसे राष्ट्रीय धन का बहुत बड़ा हिस्सा खर्च करना पड़ रहा है, परन्तु अन्य देशों से धन उगाहने के स्रोत भी उसके कम नहीं हैं। इधर इराक के अलावा अमेरिका की कुटिल-दृष्टि सोमालिया जैसे निहायत पिछड़े और गरीब देश पर है। वहाँ अमेरिका समर्थित इथोपियाई सेना में 'काउंसिल ऑफ इस्लामिक कोर्ट्स' की सरकार गिरा कर सैन्य अभियान चला रखा है।

इस तरह वर्तमान समय में युद्ध जहाँ कहीं भी चल रहा है, उसके पीछे अमेरिका बलपूर्वक खड़ा है। कहीं सैन्य-समर्थन, कहीं आर्थिक सहयोग, तो कहीं सैद्धान्तिक स्वीकृति अमेरिका द्वारा मिली हुई है। उसके अभियान में शामिल होने वाले विकसित देश भी हैं। इंग्लैंड, फ्रांस, जर्मनी जैसे देश अमेरिकी युद्धवाद की प्रत्यक्ष अथवा परोक्ष रूप से सहायता करते हैं। देखा जाय तो पृथ्वी के ये 'इलीट' राष्ट्र हैं, जिनका

मकसद एक है, नीति एक है, सिद्धान्त एक है और स्वभाव भी एक जैसा है, वह है, अपने सभ्य कहलाने के अहं को बरकरार रखना और हर तरीके से अपनी बादशाहत बनाए रखना। यह भी एक प्रकार की रंगभेदी प्रवृत्ति है। पूरे विश्व में अपना भौगोलिक साम्राज्यवाद मिट जाने के बावजूद अँग्रेज़-प्रजाति अपनी श्रेष्ठता की ग्रन्थि से मुक्त नहीं हो पायी है। सीधे धौंस जमाकर शासन करने का जमाना तो लद गया, लेकिन कूटनीति के द्वारा अन्य देशों पर अप्रत्यक्ष शासन करने का तरीका इन विकसित देशों ने ढूँढ़ निकाला है। विष्णु चन्द्र शर्मा 'खाये अघाये लोग' कविता में युद्ध के प्रति हमारी संवेदनहीनता को इन शब्दों में व्यक्त करते हैं-पहली बार अफगान युद्ध के ऊपर/पारदर्शी काँच की दो और सतहें/जमा दी थीं कलाकार ने/एक सतह में बन्द था सद्दाम हुसैन/दूसरी सतह में इराकियों के बुलबुलों को/तराशने का प्रयोग हो रहा था।[40]

युद्ध से सिर्फ़ धन-जन की ही क्षति नहीं होती, इससे देश के विकास का पहिया ही चरमरा कर टूट जाता है। विकासोन्मुख योजनाएँ छिन्न-भिन्न हो उठती हैं, सारी आर्थिक गतिविधियाँ ठप्प हो जाती हैं, और देश की सारी सम्पत्ति युद्ध की आग में झोंक दी जाती है। इससे प्रशासनिक अराजकता फैलती है-सो अलग, आम जीवन कठिन से कठिन हो जाता है। युद्ध की दहशत देश की श्रमशक्ति को हतोत्साहित करती है, आम श्रमिक बेरोजगार होकर भटकने लगते हैं। सरकार खुद संकट में है तो जनता की सुविधाओं का ख्याल कैसे करे? बारूद, बम, हथियार इत्यादि के साये में जीते हुए देश की प्रकृति बाँझ होने लगती है। मिट्टी प्रदूषित, हवा विषाक्त, पानी अस्वास्थ्यकर। जीवन और प्रकृति के प्रत्येक क्षेत्र में मानो विप्लव मच गया हो। इस्रायली आक्रमण से उपजी विभीषिका पर विचार करते हुए पॉटिक कॉकबर्न लिखते हैं-"गाजा मर रहा है। वहाँ लोग भुखमरी की कगार पर हैं। सारा समाज खत्म हो गया है। कहीं कोई सुनवाई नहीं है। वे मोबाइल फोन पर सुनाई देनेवाले उस अनजान स्वर से बहुत डरे हुए हैं, जिसमें उन्हें कोई धमकाता हुआ कहता है कि उनके पास घर छोड़ने को मात्र आधा घंटा है।"[41]

विश्व प्रसिद्ध नाटककार और कवि बेर्टोल्ट ब्रेष्ट की एक कविता है-'जब हमारे शहर बर्बाद हुए।' इस कविता में ब्रेष्ट ने युद्ध के बाद की ख़ौफनाक और पस्त हाल ज़िन्दगी का दृश्य प्रस्तुत किया है।

जब हमारे शहर बरबाद हुए
बूचड़ों की लड़ाई से नेस्तनाबूद
हमने उन्हें फिर से बनाना शुरू किया
ठंड, भूख और कमजोरी में।
मलवे लदे ठेलों को,

खुद ही खींचा हमने, धूसर अतीत की तरह
नंगे हाथों खोदीं ईंटें हमने
ताकि हमारे बच्चे दूसरों के हाथों न बिकें
अपने बच्चों के लिए हमने बनाये तब
स्कूलों में कमरे और साफ किया स्कूलों को
और मांजा, पुराना कीचड़ भरा शताब्दियों का ज्ञान
ताकि वह बच्चों के लिए सुखद हो।[42]

आज का विश्व-साहित्य, विश्व जनमत एवं वैचारिक आन्दोलन युद्ध के खिलाफ खड़ा है, और लगातार युद्ध की ख़िलाफत का मोर्चा मजबूत हो रहा है। आक्रमणकारी देश के नागरिक कभी युद्ध के पक्ष में नहीं जाते, यह युद्ध को अवैध ठहराने के लिए काफी है। इस समय दुनिया के तमाम बड़े देशों के पास परमाणु हथियार मौजूद हैं, बहाना तो देश की सुरक्षा है, लेकिन यह पास-पड़ोस के देशों को गलत तरीके से धमकाने का उपाय भी है। विनाश करने की क्षमता में एक से बढ़कर एक हथियार पूरी पृथ्वी की मानव-सभ्यता के लिए खतरा बने हुए हैं। परमाणु बम गिरने के बाद आगामी सौ वर्षों के लिए मानव के शारीरिक और आर्थिक विकास को कैसे लकवा मार जाता है यह कोई हिरोशिमा और नागासाकी की बर्बादी से सीखे। युद्ध समस्या के हल करने का तरीका नहीं, बल्कि एक असाधारण विध्वंसक प्रवृत्ति है। यह आदमी में भीतर-भीतर सक्रिय रहती है, और सत्ता, अधिकार, कानून, सम्पत्ति अपने हाथ में आते ही बाहर निकलने को बेताब होने लगती है।

भूमंडलीकरण और विश्वगाँव

मानव-सभ्यता के विकास के इस दौर में राजनीतिक, आर्थिक और सांस्कृतिक उदारवाद एक बहुत बड़ा सच है। यह विकास की तेज प्रक्रिया का ही परिणाम है कि विश्व-ग्राम की विचारधारा विकसित हो चली है। आज जिस तरह आवागमन के साधनों का आश्चर्यजनक विकास हुआ है, जिस तरह पूरी पृथ्वी का मानचित्र हमारी आँखों के सामने साक्षात् घूमता दिखाई देने लगा है, उससे यह स्वाभाविक है कि पृथ्वी को वैश्विक देखें। देशों का आपसी स्वार्थ उन्हें करीब लाने और भूमंडलीकरण का नारा लगाने को प्रेरित कर रहा है। अब राष्ट्राध्यक्ष अन्य देशों की दम-पर-दम यात्राएँ कर रहे हैं, आर्थिक, सांस्कृतिक और शैक्षिक क्षेत्रों में आदान-प्रदान के शिखर समझौते हो रहे हैं और एक देश से दूसरे देश में आने-जाने और रहने के नियमों को आसान बनाया जा रहा है। देखा जाए तो 21वीं सदी विश्व के आर्थिक एकीकरण की अभूतपूर्व सदी है। चाहे सूचना तकनीकी का क्षेत्र हो, चाहे जैव-प्रौद्योगिकी का क्षेत्र हो या फिर चिकित्सा, कृषि, शिक्षा इत्यादि के विकास का प्रश्न, सब इस उदारवाद के

अन्तर्गत आ रहे हैं। निश्चित रूप से उदारता के इस झोंके में कई देशों का अत्यन्त तीव्र उत्थान हुआ है, और सुविधाओं के विकास की गति जो तीव्रतर है। इसे न तो पूर्णतः खारिज किया जा सकता है, न ही स्वीकार। पहले तो यह कि इसका रूप साम्राज्यवादी नहीं है, न ही हो सकता है। अब लाख प्रयास के बावजूद कोई भी शक्तिशाली देश किसी पिछड़े देश को आर्थिक या राजनीतिक उपनिवेश नहीं बना सकता, कुछ वर्षों के लिए झाँसा देकर दोहन कर लेना और बात है। विश्व के विकासशील देशों में इसका व्यापक विरोध जारी है–जिसके अपने उचित कारण भी हैं–परन्तु भूमंडलीकरण की प्रक्रिया को अब रोका नहीं जा सकता, यह भी सच है।

आर्थिक और तकनीकी उदारीकरण का सर्वाधिक लाभ विकसित देशों को ही मिल रहा है–क्योंकि वे अपनी शर्तों को विकासशील देशों पर लागू करते हैं। वे शर्तें जो उनके हितों के अनुकूल होती हैं, भले ही उससे तीसरी दुनिया के देशों का नुकसान होता हो। वे अल्पविकसित देश जिन्हें अभी विविध ढाँचागत विकास करना है, अपनी सम्पन्नता की रफ्तार तेज करनी है, विकसित देशों से उनकी मनचाही शर्तों पर समझौता कर लेते हैं। उन्हें आर्थिक सहायता तो मिल जाती है, परन्तु ऊँची ब्याज दरों पर। तय योजना के अनुसार अगर उसका संरचनात्मक विकास नहीं हुआ तो उसके पिछड़ने की गति दुगुनी हो जाती है। विकासपरक योजनाओं के विफल हो जाने की मार झेलता वह देश कर्ज में डूब जाता है, और ऋण का यह शिकंजा उसके गले पर दिन-ब-दिन कसता ही चला जाता है। इसका एक दु:खद परिणाम यह भी होता है कि कर्ज में डूबा देश अपने कर्जदाता की नीतियाँ, शर्तों और राजनीतिक दबावों को सहने के लिए बाध्य हो जाता है। इसी को आधुनिक शब्दावली में नव-साम्राज्यवाद कहा गया है।

यहाँ सर्वेक्षणों पर आधारित आर्थिक-विशेषज्ञों का निष्कर्ष ध्यान देने योग्य हैं–''हार्वर्ड विश्वविद्यालय के अर्थशास्त्र के प्रोफेसर 'दानी रोद्रिक' और अन्तर्राष्ट्रीय मुद्राकोष के अर्थशास्त्री 'सुब्रमण्यम' ने अपने एक अध्ययन में यह साबित किया है कि उदारीकरण, बाजारीकरण और निजीकरण की मुख्य प्रेरणा और मकसद कम्पनी क्षेत्र के लिए लाभदायक नीतियों का पुलिन्दा खोलना रहा है।''[43]

इस तरह देखा जाए तो वैश्वीकरण की प्रक्रिया धन की धुरी पर घूम रही है और इस प्रक्रिया में हाशिए के लोग तेजी से बाहर फेंक दिए जा रहे हैं। वे जहाँ हैं, जैसे हैं, जिस स्तर में हैं, उतना भी नहीं रहने पा रहे। रिहायशी बस्तियों को उजाड़कर कारखाने लगवाना और उन्हें सड़कों पर ला खड़ा करना इसी भूमंडलीकरण का एक बड़ा सच है।

हिन्दी में उत्तर-आधुनिक विमर्श के प्रसिद्ध उपन्यासकार मनोहर श्याम जोशी

ने इस उदारवाद के बाजारू चेहरे को विधिवत् खोलकर रख दिया है। वे लिखते हैं–''बहुराष्ट्रीय कम्पनियाँ जिनमें से अधिकतर अमेरिकी हैं, अमेरिकी ढंग की सड़क छाप संस्कृति के भूमंडलीकरण में जुट गयी हैं। पहले स्वयं अमेरिका में हर तरह की क्षेत्रीय विविधता समाप्त की गयी और फिर विज्ञापन विशेषज्ञों के गढ़ मैडिसन एवेन्यू, न्यूयार्क द्वारा तैयार की गयी समेकित अमेरिकी युवा-संस्कृति को सारे संसार में फैलाने का अभियान छेड़ दिया गया।''[44]

आर्थिक और सांस्कृतिक क्षेत्र में विश्व का 'अमेरिकीकरण' यह नयी सदी का एक खतरनाक सच है। यह तीन प्रकार से हो रहा है–एक तो राजनीतिक स्तर पर असंख्य समझौतों के माध्यम से, दूसरे अन्धाधुन्ध पैमाने पर इंजीनियरों, डॉक्टरों और युवा वैज्ञानिकों के अमेरिका पलायन के माध्यम से और तीसरे, देश में अमेरिकी बहुराष्ट्रीय कम्पनियों के फैले जाल के माध्यम से। भारत एक विकासशील देश है, जहाँ आधारभूत सुविधाओं का विकास तेजी से हो रहा है, किन्तु भौगोलिक विशालता इस गति को पता नहीं चलने देती। ऐसी स्थिति में अमेरिका या विश्व के किसी भी अन्य देश की कम्पनियाँ अपना अवसर यहाँ तलाशेंगी ही। भारत सरकार के पास न तो इतना धन है, न ही उच्च स्तरीय तकनीकी दक्षता कि अपने देश के इंजीनियरों और वैज्ञानिकों को उनकी शर्तों पर सेवाएँ दे सके। हमारे पास प्रतिभाएँ पैदा करने के कारखाने तो हैं, परन्तु उन्हें रोजगार देने लायक योजनाएँ नहीं हैं। वैसे आज भारत और भारतीयता का एहसास भी नये सिरे से जागृत हो रहा है, ऐसी स्थिति में यदि संस्कृति का अमेरिकीकरण हुआ भी, तो वह भारतीय किस्म का होगा। अर्थात् ऐसी नव-संस्कृति जिसमें अमेरिका की उपभोक्तावादी मानसिकता भी होगी, और अपने देशी मूल्यों को बनाये रखने का अभ्यास भी होगा। यह दौर बहुसंस्कृतियों के मिश्रित विकास का दौर है। आज अफगानिस्तान, पाकिस्तान, अरब और मिस्त्र जैसे धुर इस्लामिक देश भी बाजारवाद, उपभोक्तावाद, फैशनपरस्ती इत्यादि के तेज झोंकों से बच नहीं पा रहे।

इस भूमंडलीय और आर्थिक उदारीकरण का सबसे घातक पहलू कृषि-सभ्यता का संकटग्रस्त हो जाना है। विगत दस वर्षों के भीतर कृषि-संस्कृति का कई शताब्दियों पुराना ढाँचा ही चरमरा गया है। कृषक-जीवन और कृषि-उत्पादों पर ऐसा अप्रत्याशित संकट कभी नहीं रहा। आन्ध्र प्रदेश, उड़ीसा, महाराष्ट्र और पंजाब में हजारों किसानों द्वारा की गयी आत्महत्याएँ और उत्तर प्रदेश के कई जिलों में भूख से हुई मौतें इस विश्वास के नारे का खोखलापन सिद्ध कर देती हैं। वस्तुतः यह विकास महानगरीय है, ऊपर-ऊपर है–मात्र सम्पन्न वर्ग के लिए है। कम्पनियों के उत्पाद सबसे पहले और सर्वाधिक उच्च-सम्पन्न वर्ग के घरों में पहुँचते हैं। अमेरिका, लन्दन, पेरिस और दुबई में बसने का अवसर सर्वाधिक इसी वर्ग को मिलता है। उच्च वर्ग का

जीवन स्तर कल्पनातीत ढंग से आगे बढ़ रहा है, किन्तु पिछड़े और अविकसित समाज की दुश्वारियाँ भी दिनोदिन उसी अनुपात में बढ़ रही हैं। बाहर से दिखते हुए इस लाइलाज संकट के पीछे कारण इतने ऊपरी और तुरन्त पकड़ में आ जानेवाले नहीं हैं, बल्कि बहुत गहरे हैं। जरूरत है इस महाविकास और महाअवनति के बीच मूल कारणों के खोज करने की और उसकी तार-तार व्याख्या करने की। विख्यात पर्यावरणविद् वन्दना शिवा इस सन्दर्भ में लिखती हैं-''विश्वव्यापार संगठन के तीन समझौते अन्न से सीधे तौर पर जुड़े हैं-व्यापार से सम्बन्धित सम्पदा अधिकार समझौता, कृषि पर समझौता तथा स्वच्छता एवं वानस्पतिक स्वच्छता समझौता। लेकिन इस समझौतों में अन्तर्निहित कानून किसानों, हमारी पृथ्वी, हमारे स्वास्थ्य के खिलाफ जाते हैं। ये ऐसे नियम-कानून हैं, जो छोटे किसानों, खेती के देशज तरीकों तथा सांस्कृतिक एवं लोकतान्त्रिक तरीकों से निर्धारित खाद्य सुरक्षा चक्र को नष्ट करने के लिए बने हैं।''[45]

वन्दना जी के वक्तव्य से स्पष्ट है कि किसानों के संकट का सूत्र कहाँ है? कृषि का स्वाभाविक ढाँचा टूटने से किसान क्यों हताश हैं? वे क्यों आत्महत्या करने को विवश हैं? जब तक इन बड़े-बड़े आर्थिक-व्यापारिक समझौतों को विश्व की आम जनता के हितों के अनुकूल नहीं बनाया जाता, तब तक उदारवाद और भूमंडलीकरण निर्दोष मौतों के ऊपर खेलती दानवी राजनीति के रूप में देखा जाता रहेगा और बौद्धिक क्षेत्र में इसका निरन्तर विरोध भी तय है। जरा ग़ौर करें, समकालीन कविता के सशक्त कवि भगवत रावत किन शब्दों में इस छद्म-भूमंडलीकरण के प्रति हमें सचेत करते हैं-प्रिय नागरिको/एक बार/बस एक बार/इस विश्व-हितकारी विश्वव्यापी कम्पनियों को/पूरी तरह सत्ता में आ जाने दो/थोड़ी उदारता से काम लो/फिर धर्म और अधर्म में/फ़र्क़ ही नहीं रह जाएगा।[46]

संस्कृतियों का संक्रमण काल

कोई भी देश ऐसा अलग-थलग अस्तित्व नहीं है कि उस पर किसी अन्य देश के तौर-तरीके, फैशन और आचार-व्यवहार का असर न पड़े। भौगोलिक सीमाओं को पार करती हुई संस्कृतियों की आवाज़ाही कोई नयी बात नहीं है। अब कोई भी देश यह दावा नहीं कर सकता कि उसकी संस्कृति विशुद्ध रूप से अपनी है और उसमें किसी बाहरी तत्त्व का प्रभाव नहीं है। यदि ऐसा है भी तो उस देश के मानसिक विकास के लिए बेहद घातक है। जब कोई चलन, मूल्य या नीति किसी देश के व्यापक जीवन में प्रवेश करती है, तब पुराने मूल्यों, मान्यताओं और आदतों से उसकी टकराहट होती है-जो लम्बे समय तक खिंचती रहती है। यदि नये विदेशी चलन में टिकने का दम है, तो पुरानेपन को स्थगित कर देती है और धीरे-धीरे वहाँ के

लिए स्वाभाविक बनने लगती है। एक समय था जब भारत में समुद्र-यात्रा को नीचकर्म माना जाता था, किन्तु अब वही आधुनिक उन्नति का दौलत-मार्ग बन चुका है। विदेश यात्रा को अब अपनी प्रगति का पैमाना माना जाता है। बहुत पहले विवेकानन्द ने ठीक ही कहा था कि यदि हमें पूर्ण भारतीय मनुष्य का निर्माण करना है तो पाश्चात्य जगत के विज्ञान और यथार्थवादी चिन्तन को अपनाना ही पड़ेगा, यद्यपि इसी क्रम में उन्होंने अध्यात्म एवं धर्म को भी अपनाने की बात कही, जो वर्तमान युग में अपनी उपयोगिता खो रहे हैं।

भारतीय संस्कृति के नाम पर हमारे पास गर्व करने लायक क्या है? दर्शन के क्षेत्र में बौद्ध, जैन, लोकायत और गाँधीवाद की बड़ी अहमियत है, किन्तु सही मायने में आज तक यह देश एक महान भौतिकवादी विचारक नहीं पैदा कर सका। साहित्य अथवा चिन्तन के क्षेत्र में आज जितने भी नाम मिलते हैं, उन पर पाश्चात्य दार्शनिकों-कार्लमार्क्स, फ्रायड, रूसो, कांट, बेंथम और सार्त्र का बहुत बड़ा ऋण है। इसी तरह साहित्य के क्षेत्र में आधुनिकता का सूत्रपात पाश्चात्य साहित्य के परिणामस्वरूप हुआ। जब यहाँ का हिन्दी साहित्य रीतिकाल में उलझा हुआ था, पश्चिम के उपन्यास-जगत में यथार्थवादी दृष्टिकोण का जन्म हो चुका था, जिसने आगे चलकर भारत सहित शेष दुनिया के कथा-साहित्य को गहराई से प्रभावित किया।

संस्कृति अपने आपमें ऐसी कोई आदर्श और पवित्र चीज़ नहीं है, जिसकी सुरक्षा के लिए भाजपाई अन्दाज में लाठी-डंडा उठा लिया जाए। सच तो यह है कि संस्कृति में खुद को सन्तुलित करने की भी शक्ति होती है। शुरुआत में पुराने और नये की टकराहट के कारण उथल-पुथल तो होती है, किन्तु कुछ समय बाद उसमें स्थिरता भी आती है, स्वच्छ प्रवाह ऊपर पारदर्शी दिखाई देने लगता है, और अनर्गल वस्तुएँ नीचे जाकर बैठ जाती हैं। यह अपने आपमें इतना बड़ा अस्तित्व है कि इसको एक ढंग से, एक नियम से या एक तौर-तरीके से संचालित करने की बात सोची ही नहीं जा सकती। यह हमारे पसन्द-ना-पसन्द का मंच नहीं है, बल्कि हजारों वर्षों से प्रवाहित होती हुई मानव कर्म, स्वभाव और दोषों की धारा है जो न तो पूर्णत: बेहतर है और न ही निकृष्ट। यह प्रबुद्ध मनुष्य ही है जो खतरनाक दिशा में मोड़ लेती संस्कृति पर लगाम कसता है, और उसकी आलोचना करके सही रास्ते पर ले जाता है। एक ढाँचे में अनादि काल से दिखता हुआ मनुष्य जैसे निरन्तर बदल रहा है, वैसे ही हजारों वर्षों से मानवता की सीमा में बहती हुई यह संस्कृति नये-नये मोड़ ले रही है। जब मानव के स्वभाव में परिवर्तन को नहीं रोका जा सकता तो संस्कृति में आये नये मोड़ को रोकना कैसे सम्भव है?

इस सन्दर्भ में हमारा दायित्व बस इतना है कि संस्कृति मानवता के खिलाफ न जाने पाये। उसमें मनुष्यता विरोधी तत्त्व न पनपने पाएँ, वह मानव के भौतिक,

आत्मिक और बौद्धिक उत्थान में तरंगें पैदा करने वाली हो। नये बदलावों के झोंके एक साथ युग को बेहतर बनाने और उसका नुकसान करने के गुणों से पूर्ण होते हैं, इसीलिए इन झोंकों में बहने या उड़ने के बजाय सँभलकर तेज चलने की जरूरत है। बदलावों की प्रवृत्ति को परखना ज्यादा महत्त्वपूर्ण है, बजाय इसके कि हम उसे सीधे-सीधे अपना लें, या उसके समक्ष मारे उत्साह के समर्पण कर दें।

संस्कृति को किसी देवी-देवता की तरह पूजने के बजाय उसको वस्तुनिष्ठ होकर देखने और परख कर अपनाने की जरूरत है। अपना निजी-संस्कार पूर्णतः बेहतर नहीं है, और बाहर की परायी-संस्कृति पूर्णतः गलत नहीं है। इस उदार सोच के तहत संस्कृति को देखना चाहिए, और त्यागने-अपनाने का स्वभाव भीतर से कभी मरने नहीं देना चाहिए।

सुप्रसिद्ध विचारक पूरनचन्द्र जोशी ने पश्चिम संस्कृति के प्रति दृष्टिकोण के सन्दर्भ में गाँधी और टैगोर के बीच संवाद को याद करते हुए लिखा है-"पश्चिमी सभ्यता और संस्कृति को मॉडल मानकर अपनी सभ्यता और संस्कृति को उसी के अनुरूप ढालने की प्रक्रिया नयी नहीं है। यह प्रक्रिया औपनिवेशिक शासन के दौरान ही शुरू हो गयी थी, और इस पर हमारे स्वाधीनता आन्दोलन के दौरान हमारे राजनीतिक और सांस्कृतिक नेताओं में बड़ी गम्भीर बहस चली थी। इस सन्दर्भ में हम गाँधी जी और रवीन्द्रनाथ ठाकुर के बीच की बहस को याद कर सकते हैं उस बहस में गाँधी जी ने कहा था-मियर इमीटेटर्स नॉट क्रिएटर्स (महज नकलची कभी सृजनशील नहीं होते)। हमारी संस्कृति महज पश्चिम का अनुकरण नहीं होगी।"[47]

भारत की संस्कृति के सन्दर्भ में यह गाँधी की इच्छा थी, वे ऐसा चाहते थे कि अपनी संस्कृति किसी अन्य देश की संस्कृति की अनुगामी न बने, बल्कि उसके उत्तम गुणों को अपने स्वभाव में ढालकर उसे भारतीय आत्मा प्रदान करे। वस्तुतः संस्कृति के किसी नये तत्त्व का आगमन लगभग शासन जमाने के अन्दाज में होता है। आते ही वह जनमानस पर छा जाती है-यद्यपि नव-संस्कृति के विस्तार की इस प्रक्रिया के दौरान जगह-जगह से विरोध और अघोषित संघर्ष भी शुरू हो जाता है। मनुष्य के भीतर नवीनता के प्रति यह अनिवार आकर्षण ही नये चलन का दीवाना बना देता है। जीवन में उसका व्यवहार करने के दौरान ही मनुष्य उसके हानि-लाभ और अन्तर्निहित गुण-दोष से परिचित होता है, फिर धीरे-धीरे उससे एक तटस्थता बनाने का अभ्यास शुरू होता है। हाँ, यह अवश्य है कि जब नव-संस्कृति के प्रति एक ठंडापन, उदासीनता और सजगता का भाव पैदा होता है, तब तक उसकी बहुत सारी विशेषताएँ जनमानस में अपनी गहरी जड़ें जमा चुकी होती हैं, और वे कभी निकाले नहीं निकलतीं। यही विशेषताएँ आगे चलकर देशज-संस्कृति का परिष्कार करती हैं, उसे अनिवार्यतः बदलती हैं, उसे युग के अनुकूल और उदार भी बनाती हैं।

किसी देश में सांस्कृतिक परिवर्तन की लहर युवा वर्ग के माध्यम से अकसर आती है। यह युवा वर्ग देशज परम्पराओं का आलोचक होता है, उसमें नये के प्रति उत्साह और पुराने के प्रति असन्तोष का भाव होता है। कुछ नया करने की तरंगें उसके भीतर जोर मारती रहती हैं, इसीलिए अपने नवीनवादी हृदय के अनुकूल उसे जहाँ भी, जो कुछ नया दिखाई पड़ता है–युवा वर्ग दौड़ पड़ता है–उस तरफ। 14 फरवरी का 'वैलेन्टाइन डे' शुद्ध विदेशी फैशन है, लेकिन इसी युवा वर्ग ने इस चलन को इतना लोकप्रिय बना दिया है कि अब परम्परागत घर–परिवार में रहने वाले पति–पत्नी इसे मनाने से नहीं चूकते। इसी तरह नववर्ष को एक उत्सव के रूप में मनाने का फैशन। संस्कृति सबसे पहले एक फैशन के रूप में शुरू होती है। फिर वह उत्सव और प्रचलन का रूप धारण करती है, और अन्त में जीवन का अनिवार्य हिस्सा बन जाती है। फ़ैशन से संस्कृति तक की इस यात्रा में उसे परम्परागत सोच–विचार, आचरण–व्यवहार और देशी रीति–रिवाज से बहुत जूझना पड़ता है। काफी–उठापटक, उतार–चढ़ाव और स्वीकार–इनकार के बाद कोई नवीन जीवन–पद्धति संस्कृति का अभिन्न हिस्सा बन पाती है। इसलिए जो यह सोचते हैं कि पश्चिमी संस्कृति अपनी भाषा, सोच और उच्च जीवन स्तर के बल पर यहाँ कब्जा जमा लेगी, वे अतिरिक्त रूप से डरे हुए हैं। बदलाव हो रहा है और होगा, लेकिन वह पश्चिमी–सभ्यता की फोटोकापी नहीं, बल्कि पश्चिमी–रंग का भारतीय मॉडल होगा, अर्थात् ढाँचा तो भारतीय होगा, किन्तु पहनावा देखने में पश्चिमी लगेगा। आज शूट–बूट और टाई में कहाँ जनवादी संवेदनशील मन छिपा हुआ है, बता पाना बहुत मुश्किल नहीं। यहाँ शिखर आलोचक नामवर सिंह की एक टिप्पणी इस सन्दर्भ में उल्लेखनीय है–"हमारे यहाँ यूरोप और अमेरिका की नकल करने वाले लोग बराबर रहे हैं। वे वहाँ से चीज़ें ले लेते हैं और यहाँ आतंक जमाने की कोशिश करते हैं। यह दिखाने के लिए कि हम परम आधुनिक हैं। और नयी चीज़ को जानते हैं। जहाँ तक उत्तर–आधुनिकता की बात है, सवाल यह है कि उसमें हमारा अपना कमाया हुआ सत्य क्या है?"[48]

पश्चिमी संस्कृति ही क्यों, अपनी पूर्वी या दक्षिणी (दक्षिणपन्थी) संस्कृति के प्रति भी हमेशा विश्लेषण, शोधक और आलोचक का दृष्टिकोण होना चाहिए। सम्पूर्ण स्वीकार न तो पश्चिमी–सभ्यता का उचित है, न ही अपनी पूर्वी संस्कृति का। हम जहाँ के हैं–वहाँ की छाप तो जन्म–जन्मान्तर तक रहेगी, जहाँ के हम नहीं हैं–उसके उत्तम को अपना बनाने में अनुचित क्या है? आज जबकि देश की सीमाएँ खुलने लगी हैं, लोग अभूतपूर्व मात्रा में एक देश से दूसरे देश को जा रहे हैं, वहाँ जीवन का बड़ा हिस्सा व्यतीत कर दे रहे हैं। तब, क्या अब यह समीचीन है कि पश्चिमी दुनिया के सांस्कृतिक दुर्गुणों का रोना रोते रहें। जिस तरह भारत को अपने

अध्यात्म और मानवसेवा पर गर्व है। उसी तरह यूरोप को अपने विज्ञान और भौतिक उपलब्धियों पर गर्व है। जिस तरह हम उन्हें भोगवादी कहकर मज़ाक उड़ाते हैं, उसी तरह वे हमें जादू-टोने और सपेरों के देश का नागरिक कहकर पिछड़ा-पोंगापन्थी कहते हैं। अपनी संस्कृति पर गर्व करना और दूसरी संस्कृति को दुश्मन के नज़रिये से देखना लगभग प्रत्येक देश के मनुष्य की आदत है, जबकि दोनों दृष्टिकोण गलत हैं। दरअसल संस्कृति पर गर्व करने के बजाय उसकी शक्ति पर विश्वास रखने से उसके उत्तम विकास की कोशिशें तेज करते हैं। हमारी संस्कृति इतनी श्रेष्ठ नहीं कि पश्चिमी सभ्यता को कमतर आँकें, और वह इतनी हीन भी नहीं कि उसको छोड़कर हम पलायन कर जाएँ, और पश्चिमी संस्कृति को साष्ठांग दंडवत् कर लें।

सन्दर्भ-सूची

1. डॉ. बी. आर. अम्बेडकर, जाति भेद का उच्छेद, संस्करण-2001 ई., पृ. सं. 109
2. डॉ. गोबिन्द प्रसाद, कोई ऐसा शब्द दो, संस्करण-1996 ई., पृ. सं. 73
3. डॉ. बी. आर. अम्बेडकर, जाति भेद का उच्छेद, संस्करण-2001 ई., पृ. सं. 36
4. ओम प्रकाश बाल्मीकि, सेतु (पत्रिका), जुलाई-सितम्बर-07 ई., पृ. सं. 44
5. ओम प्रकाश बाल्मीकि, सेतु (पत्रिका), जुलाई-सितम्बर-07 ई., पृ. सं. 49
6. वर्जीनिया वुल्फ, अपना कमरा (अनु.-गोपाल प्रधान), पहला संस्करण-02, पृ. सं. 52
7. जान स्टुअर्ट मिल, स्त्री और पराधीनता (अनु.-युगांक धीर), पहला संस्करण-02, पृ. सं. 25
8. जान स्टुअर्ट मिल, स्त्री और पराधीनता (अनु.-युगांक धीर), पहला संस्करण-2002 पुस्तक की भूमिका
9. लियो टॉलस्टॉय, हम करें क्या, आठवाँ संस्करण-1997, पृ. सं.-348
10. तस्लीमा नसरीन, यह दुख यह जीवन, तृतीय संस्करण, 2000 ई., पृ. सं. 95
11. कात्यायनी, इस पौरुषपूर्ण समय में, प्रथम संस्करण-1999ई., पृ. सं. 55
12. राजकिशोर, स्त्री-पुरुष, कुछ पुनर्विचार, संस्करण-2000 ई., पृ. सं. 20
13. चन्द्रकान्त देवताले, वसुधा (स्त्री-मुक्ति का सपना), अक्तूबर-03-04, पृ. सं. 267
14. डॉ. बी. आर. अम्बेडकर, जाति का ज़हर (सं.-राजकिशोर), संस्करण-2000 ई. , पृ. सं. 11
15. भगतसिंह, भगतसिंह के दस्तावेज, तीसरा संस्करण-1996 ई., पृ. सं. 31
16. विवेकानन्द, स्वामी विवेकानन्द साहित्य संचयन, संस्करण-1999 ई., पृ. सं. 335
17. एम.एन. श्रीनिवास, जाति का ज़हर (सं-राजकिशोर), संस्करण-2000 ई. , पृ. सं. 106
18. सच्चिदानन्द सिन्हा, जाति का ज़हर (सं.-राजकिशोर), संस्करण-2000 ई., पृ. सं. 32
19. कँवल भारती, जाति का ज़हर (सम्पा.-राजकिशोर), संस्करण-2000 ई., पृ. सं. 69
20. राजेन्द्र यादव, हंस (विशेषांक-सत्ता विमर्श और दलित, अगस्त-04 ई., सम्पादकीय
21. ओम प्रकाश बाल्मीकि, बस्स बहुत हो चुका, प्रथम संस्करण-1997, पृ. सं. 30

22. दैनिक पूर्वोदय (अखबार), 13 जनवरी–08 ई., पृ. सं. 10
23. राजेश जोशी, स्वाधीनता (शारदीया विशेषांक), वर्ष–2003 ई., पृ. सं. 176
24. पंकज विष्ट, समयान्तर, जून–2005 ई., पृ. सं. 3
25. बर्टोल्ट ब्रेख्ट, समयान्तर (विशेषांक–हिन्दी क्षेत्र में बुद्धिजीवी), फरवरी–2001, पृ. सं. 66
26. असगर अली इंजीनियर, भारत में साम्प्रदायिकता, इतिहास और अनुभव, प्रथम संस्करण–2003 ई., पृ. सं. 154
27. लाल बहादुर वर्मा, भारत में साम्प्रदायिकता, इतिहास और अनुभव, प्रथम संस्करण 03, प्रस्तावना में
28. राजेन्द्र यादव, अन्यथा (पत्रिका), दिस.–07 से फरवरी–08, पृ. सं. 24
29. बर्ट्रेंड रसेल, समकालीन सृजन (पत्रिका) (धर्म, आतंकवाद और आजादी), वर्ष 2004, पृ. सं. 34
30. पूरनचन्द्र जोशी, संस्कृति और व्यावसायिकता, प्रथम संस्करण–06 ई., पृ. सं. 28
31. पूरनचन्द्र जोशी, संस्कृति और व्यावसायिकता, प्रथम संस्करण–06 ई., पृ. सं. 28
32. अरविन्द त्रिपाठी, सृजन संवाद (21वीं सदी, शृंखलांक–1), सितम्बर–06 ई., पृ. सं. 63
33. गोरखा पांडेय, समय का पहिया, पहला संस्करण–04 ई., पृ. सं. 22
34. सुधीश पचौरी, उत्तर आधुनिकता–कुछ विचार, प्रथम संस्करण–2000 ई., पृ. सं. 19
35. सुधीश पचौरी, इंडिया टुडे (साहित्य वार्षिकी), वर्ष–2000 ई., पृ. सं. 19
36. सुधीश पचौरी, इंडिया टुडे (साहित्य वार्षिकी), वर्ष–2000 ई., पृ. सं. 19
37. कैलाश वाजपेयी, आधुनिकता का उत्तरोत्तर, पहला संस्करण–1999 ई.), पृ. सं. 52
38. मृदुला गर्ग, इंडिया टुडे (साहित्य वार्षिकी), वर्ष–2000 ई., पृ. सं. 20
39. भारत डोगरा, युवा संवाद, जून–2007, पृ. सं. 16
40. विष्णु चन्द्र शर्मा, समकालीन सृजन (कविता–इस समय), वर्ष–06, पृ. सं. 92
41. द्वारा–नॉरमन जी फिन्केल स्टीन, युवा संवाद, अगस्त–07, पृ. सं. 7
42. बर्टोल्ट ब्रेख्त, इकहत्तर कविताएँ और तीस छोटी कविताएँ, द्वितीय संस्करण–1998, पृ. सं. 79
43. कमल नयन काबरा, युवा संवाद, अगस्त–07, पृ. सं. 11
44. मनोहर श्याम जोशी, समयान्तर, मार्च–05, पृ. सं. 89
45. वन्दना शिवा, समयान्तर, मार्च–05, पृ. सं. 39
46. भगवत रावत, समकालीन सृजन (कविता, इस समय), वर्ष–06, पृ. सं. 112
47. पूरनचन्द्र जोशी, संस्कृति और व्यावसायिकता, प्रथम संस्करण–06, पृ. सं. 28
48. नामवर सिंह, नयेपन की अवधारणा, पेपर बैक संस्करण–04, पृ. सं. 22

नये हिमालय का स्वप्न

सृजन की केन्द्रीय प्रासंगिकता आज प्रश्न और सन्देह के घेरे में है। सवाल यह भी उठाया जा रहा है कि जीवन के लिए साहित्य अब कोई अनिवार्य जरूरत नहीं रह गया है। साहित्य के बिना भी जीवन चल सकता है। निश्चित तौर पर ये कुछ सवाल और सन्देह तथा सृजन की सत्ता को हाशिए पर करने की मुहिम एक ऐसे आत्मसन्तुष्ट, सुखभोगी और कर्तव्यहीन वर्ग की चाल है जो विचार, मूल्य, संवेदना, मानवीयता, पक्षधरता जैसे शब्दों से सख्त परहेज करता है। जो अपनी सुख-सुविधा और उन्मुक्त सन्तुष्टि में दखल देने वाले किसी भी प्रकार के प्रतिरोध को सहन नहीं कर पाता। जिसकी अवैध सत्ता ही इस मानसिकता पर टिकी है कि शारीरिक और दैनिक आनन्द में रुकावट बनने वाले किसी भी अस्तित्व को इनकार कर दो। वह चाहे दर्शन हो, साहित्य हो या फिर कोई कला।

समकालीन हिन्दी कविता का दौर आधुनिक हिन्दी साहित्य के इतिहास में सबसे लम्बा चलनेवाला काव्ययुग साबित हुआ है। अपनी गरिमा और अर्थवत्ता में छायावाद, प्रगतिवाद और नयी कविता के समतुल्य न सही, परन्तु इन तीन आन्दोलनों के बाद महत्ता में यदि कोई चौथा नाम आएगा, तो वह समकालीन कविता होगी। प्रसाद, निराला, नागार्जुन और मुक्तिबोध के समानान्तर किसी प्रतिमान-सर्जक को न दे पाना, समकालीन कविता की सबसे बड़ी सीमा है, और इसी कारण से अपनी लम्बी उम्र के बावजूद समकालीन कविता अग्रगण्य काव्यान्दोलन नहीं बन पायी है। इसका तात्पर्य यह नहीं कि इस दौर ने अर्थवान कवियों को पैदा नहीं किया। सच तो ये है कि अपनी सृजनधर्मिता और समय से कदमताल मिला-मिलाकर चलने की मूलभूत प्रवृत्ति के चलते समकालीन कविता के वरिष्ठ कवियों ने कविता की जरूरत को आधुनिक ढंग से परिभाषित किया है। यह हकीकत है कि भारतीय मानव समाज और उसके दैनिक जीवन में साहित्य या कविता की भूमिका लगातार कमजोर हुई है और उसकी अनिवार्यता का ग्राफ आश्चर्य करने की हद तक लगातार गिर रहा है, बावजूद इसके समकालीन सृजन में अपने समय को देने के लिए, उसे सजाने,

सँवारने, चमकाने के लिए बहुत कुछ है। उसमें समय को वैज्ञानिक विवेक से सम्पन्न, सटीक दिशा देने की क्षमता है, जो राजनीति नहीं दे सकती, कोई एक व्यक्ति नहीं दे सकता, कोई आन्दोलन भी नहीं दे सकता। सृजन की दिशा सर्वग्राह्य, सर्वमान्य भले ही न हो सके, मगर अपनी युगान्तकारी भूमिका में वह विकल्पहीन होती है। किसी भी युग में सृजन की सत्ता का कोई विकल्प नहीं है।

समकालीन हिन्दी कविता में अभिव्यक्ति का अपूर्व खुलापन है, वह संकेत, प्रतीक, व्यंजना और ध्वनि के अनिवार्य महत्त्व को बखूबी समझने के बावजूद अर्थ के गोपन या अमूर्तन में विश्वास नहीं करती, बल्कि अभिधाशैली में निहित अर्थ को प्रकट करने में ज्यादा विश्वास करती है। यहाँ अभिधा शैली का अर्थ कविता की सपाटबयानी या संवेदना की सतही अभिव्यक्ति नहीं, बल्कि कविता का एक सुस्पष्ट अर्थ देकर पाठक को विषय के बारे में और अधिक चिन्ता एवं चिन्तन के साथ सोचने को प्रेरित करना है। अभिधा शक्ति तब सतही, बेजान और निष्प्रभावी लगती है, जब उसमें संवेदना की सचाई न हो, दृष्टि की परिपक्वता न हो और अर्थ का रंग बनावटी जान पड़े। इसके ठीक विपरीत अभिधाशक्ति कविता में वहाँ व्यंजना से भी भारी पड़ जाती है, जहाँ ऊर्ध्व चेतना की बलखाती तरंग उसमें दिखाई देती है, जहाँ कविता विषय की गहराई से सीधे उठती है और बेरोक-टोक सहृदय पाठक के जेहन में उतरती चली जाती है। विषय के अमूर्त मर्म को दो-टूक लहजे में स्पष्टत: उद्घाटित करने वाली ऐसी कविता अभिधा का मात्र भ्रम पैदा करती है, वस्तुत: अपनी व्याख्या में वह इतनी सीधी-सपाट होती नहीं। सच तो यह है कि तत्त्वपूर्ण अर्थवत्ता से भरपूर ऐसी स्पष्ट कविता अपने प्रभाव में व्यंजनापूर्ण कविता पर भी भारी सिद्ध होती है।

समकालीन हिन्दी कविता में इस अभिधाशैली ने नयी प्रासंगिकता और परिभाषा पायी है, जिसे अभिव्यक्ति की अनिवार्य और सशक्त शैली के रूप में समादृत किया जा रहा है। लगभग सर्वमान्य रूप में यह लोकप्रिय शब्द-शक्ति गद्य के अन्दाजे-बयाँ में प्रस्तुत हो रही है। समकालीन हिन्दी कविता में ऐसे किसी भी कवि के लिए जगह नहीं, जो गद्यशैली में कविता न लिख रहा हो। गीत तो एक तरह से समकालीन-सृजन से खारिज कर दिया गया है। गद्य शैली में कविता लिखने के अपने नुकसान और फायदे हैं। इससे एक तरफ कविता रचने का दायरा अतिशय बढ़ा है, वहीं दूसरी ओर विश्वसनीय और बेहतर कविता में हद दर्जे की गिरावट आयी है। यह कहना अनुचित न होगा कि उपेक्षित कर दिए जाने की सीमा तक हिन्दी कविता की इस अधोगति के लिए गद्यशैली एक बड़ा कारण है। गद्य के बहाने कविता में स्तरहीन बयानबाजी और स्वच्छन्द वाक्य-प्रवाह समकालीन कविता की विकट कमजोरी बनकर उभरे हैं। गद्य कविता की भीड़ में भेड़-चाल कुछ इस कदर बढ़ गयी है कि

कविता पढ़कर दृढ़तापूर्वक कह पाना मुश्किल होगा कि यह अमुक कवि की कविता है।

यह तथ्य है कि कविता के वर्तमान दौर का नाम समकालीन कविता ही इस आधार पर पड़ा कि वह अपने समय के साथ, उसके ठीक समानान्तर, उस पर सर्वाधिक नज़रें गड़ाये हुए विकसित हो रही है, आगे बढ़ रही है। समकाल को अत्यन्त बृहद् परिप्रेक्ष्य में, सम्पूर्णता में लेने के कारण समकालीन कविता का विषय-क्षेत्र असाधारण ढंग से विस्तृत हुआ है। एक तो करीब चालीस वर्षों का दायरा, दूसरे दिन-प्रतिदिन नये-नये कवियों की उमड़ती हुई बाढ़, दोनों कारणों ने समकालीन कविता को आधुनिक हिन्दी साहित्य की अति विस्तृत विधा के रूप में तब्दील कर दिया है। इसमें एक ओर बाजारवाद, उपभोक्तावाद, भूमंडलीकरण, सूचनातन्त्र, फ़ैशनवाद, साम्प्रदायिकता, आतंकवाद जैसे नवीन विषय केन्द्र में हैं, तो ठीक दूसरी ओर चरित्रहीनता, मूल्यों का पतन, पारिवारिक विघटन, अविश्वास का विस्तार, अवसरवादिता, प्रदर्शनप्रियता को भी इस कविता ने अपने तेवर और आक्रोश का निशाना बनाया है। किसी वाद, सिद्धान्त और एकल विचारधारा से लगभग मुक्त यह सृजनधारा प्रगतिशीलता का अभिनव उत्थान नज़र आती है, जो मार्क्सवादी प्रगतिशीलता से कहीं आगे 21वीं सदी के काबिल उत्तर-प्रगतिशीलता के रूप में रेखांकित की जा सकती है। आज समकालीन कविता के दायरे में दलित विमर्श, स्त्री-विमर्श के साथ-साथ आदिवासी या जनजातीय विमर्श भी शामिल हो चुका है। उल्लेखनीय तथ्य यह कि यह कविता चौखटों के बाहर निकल चुकी है, सीमाओं को अपर्याप्त घोषित कर चुकी है, नये से नये वैचारिक सिद्धान्त या वाद की वह अनुगामिनी या मोहताज नहीं रह गयी। समकालीन कविता का वैचारिक और चेतनागत फलक अप्रत्याशित ढंग से विस्तृत हुआ है। उसमें आधुनिक विश्व के लगभग सभी महत्त्वपूर्ण दर्शनों का निखरा हुआ स्वर एक साथ सुना जा सकता है। आज मार्क्सवाद का हिमायती कवि विवेकानन्द और गाँधी की वैचारिक मेधा का सम्मान कर रहा है, वह एक तरफ उपनिषद् के चिन्तन में रुचि ले रहा है, तो दूसरी ओर एडवर्ड सईद के नवीनतम निष्कर्षों की भी परीक्षा कर रहा है। तात्पर्य यह कि आज के कवि को अन्तर्विरोधी विचारधाराओं से परहेज नहीं है। उसके चिन्तन पर किसी एक वाद का एकाधिकार नहीं रह गया है, न ही वह किसी एक चिन्तक के महत् प्रभाव से संचालित हो रहा है, बल्कि आज का कवि अपने विचारवान मस्तिष्क का कुशल संचालक स्वयं है।

समकालीन कविता अपने विषयों के जटिल से जटिलतर सत्य में डूबने की सफलतम कला से फिलहाल वंचित है, और अभी इस काव्यधारा में एक भी मौलिक मेधा मौजूद नहीं जो मुक्तिबोधीय चेतना के साथ विषय की अन्धतहों में प्रवेश करे,

और अपनी मौलिक-सत्य उद्घाटिनी प्रतिभा, संवेदनशीलता के दम पर वस्तु के महत्त्व को सदा-सदा के लिए स्थायी, चट्टानी बना दे। धूमिल और कुमार विकल के बाद कुछ हद तक भगवत रावत और नरेश सक्सेना इस दिशा में बेहतर प्रयास करते दिखाई देते हैं, मगर पुनः कहना पड़ेगा कि कुछ हद तक ही।

समकालीन कविता का समग्र महत्त्व इस तथ्य में निहित है कि उसने समय की कलात्मक पुनर्रचना की, हूबहू उसी अर्थवत्ता, विद्रूपता, जटिलता के साथ न सही, काफी कुछ आधे-अधूरेपन की साथ ही। यह सत्य है कि समकालीन कविता अपनी विधा के चरमोत्कर्ष को न छू सकी, परन्तु यह तो है कि अपने समय के प्रति उचित जिम्मेदारी निभाने के सम्मान को हासिल करने में सफल जरूर रही। समकालीन कविता ने कविता को भाषा की असीमित सम्भावनाओं से परिपूर्ण किया है, शिल्प, शैली और संरचना के नये से नये रूपों को जन्म दिया है, और कविता को सामान्य पाठक के करीब आनेवाली, उनके दैनिक जीवन में शरीक होनेवाली विधा बनाया है। समग्रतः देखा जाए तो समकालीन हिन्दी कविता एक राह दिखाती है, कला के शिखर को पाने की भूख जगाती है, और एक स्पष्ट सपना देती है कि निरन्तर भाव-साधना करते हुए कैसे आकांक्षा को यथार्थ का रूप दिया जाए। समकालीन कविता की यात्रा अपने लम्बे कारवाँ के बावजूद बहुत दूर तक बाकी है। हिन्दी कविता के इतिहास में अभी तक ऐसा हुआ ही नहीं, कि कोई काव्यान्दोलन बिना कोई कालजयी-शिखर सर्जक दिए बगैर रह गया हो, समाप्त हो गया हो। आदिकाल हो, भक्तिकाल हो या फिर रीतिकाल, सारे युगों में एक से बढ़कर एक बेमिसाल, शब्दसिद्ध कवियों का उदाहरण हमारे सामने है। यदि प्रगतिवाद नागार्जुन-त्रिलोचन को दे सकता है, नयी कविता मुक्तिबोध को पैदा कर सकती है, तो फिर समकालीन कविता शत-प्रतिशत इन्हीं के समानधर्मा उदग्र सर्जक को क्यों नहीं पैदा कर सकती? यदि महत् सर्जना अप्रत्याशित घटना का दूसरा नाम है, तो हमें अवश्य ही समकालीन कविता के हिमालय को देखने के लिए आकंठ रोमांचित रहना चाहिए। हमारा विषम समय लगातार ऐसा असह्य दबाव पैदा कर रहा है कि किसी स्वतःस्फूर्त सृष्टि-सर्जक प्रतिभा का जन्म हो जाना आश्चर्यजनक न होगा।

(क) समकलीन कविता और आज की भाषा

भाषाई विविधता की दृष्टि से समकालीन कविता हिन्दी साहित्य की महत्त्वपूर्ण उपलब्धि है। इसमें विषयों का विस्तार इतना अधिक है, जीवन के असंख्य पक्षों का उद्घाटन इतना व्यापक है कि सचमुच आश्चर्य होता है। समकालीन कविता को ठीक-ठाक पहचानना हो तो उसके लिए दो बातें आवश्यक होंगी-एक तो समसामयिकता और दूसरे उसमें निहित प्रगतिशील दृष्टिकोण। समसामयिक सत्य

उस काल की जीवित भाषा में ही प्रकट हो सकता है। यह भाषा ही है जो उस युग के साहित्य को समीचीन सिद्ध करती है। इस दृष्टि से समकालीन कविता की भाषा का स्वभाव बहुमुखी है। उसमें सर्वाधिक मध्यवर्गीय जीवन को अभिव्यक्ति मिली है। उच्च-शिक्षित मध्यवर्ग और निम्न-अर्द्धशिक्षित मध्यवर्ग अपने जीवन-व्यवहार में जिस भाषा का प्रयोग करता है समकालीन कविता उसको प्रामाणिक अभिव्यक्ति देती है। शिक्षित मध्यवर्ग की भाषा कुछ संस्कृतनिष्ठ, कुछ तराशी हुई और एक हद तक कृत्रिम भी होती है। उसमें देशज, अँग्रेज़ी और संस्कृत प्रधान शब्दों का कुछ इस तरह घालमेल होता है कि किसी एक सूत्र से उसके मिज़ाज को समझ पाना बेहद कठिन है। इसी तरह निम्न-मध्यवर्गीय परिवार ग्रामीण जीवन के अपेक्षाकृत अधिक करीब होते हैं, इसीलिए इनकी भाषा में देहाती शब्दों, मुहावरों और जनश्रुतियों का अधिक प्रयोग होता है। यहाँ जीवन अपने गुण-दोष के साथ खुली किताब की तरह है, इसीलिए यहाँ की बोली-भाषा में जीवन्तता दिखाई पड़ेगी। उसमें तराशने की प्रवृत्ति कम है। भाषा के प्रति कोई हीनता की ग्रन्थि भी नहीं है, शायद इसीलिए यहाँ अँग्रेज़ी और संस्कृत के पीछे दौड़ने की हड़बड़ी भी नहीं दिखाई देती। कहना आवश्यक है कि साहित्यिक दृष्टि से निम्न मध्यवर्ग की भाषा अपने अकृत्रिम व्यवहार के कारण अधिक आकर्षक है और उच्च-मध्यवर्ग की भाषा अपने काट-छाँट की प्रवृत्ति और कृत्रिमता के चलते शुष्क, उबाऊ और अल्प सृजनात्मक है। उदाहरण के तौर पर समकालीन कविता में प्रयुक्त दोनों उपवर्गों की भाषाएँ यहाँ देखी जा सकती हैं–

उच्च मध्यवर्ग की भाषा–

1. सितम्बरान्त, शीतारम्भ, जीवनोच्छवास, सड़क-प्रतिबिम्बी (संग्रह-'गंगातट'-ज्ञानेन्द्रपति)
2. निर्माणाधीन पुलिया, अजीवित, टेपवार्म, ज्येष्ठ के दोपहर का मौन ('अनन्तिम'-कुमार अंबुज)
3. शान्तम पापम्, शब्दार्थ-गायन, कफ़न खसोट ('इस पौरुषपूर्ण समय में'-कात्यायनी) और

निम्न मध्यवर्ग की भाषा–

1. फड़फड़ाते कैलेंडर, थुल-थुल, पल्लू, अय्याश, मुँह बिचकाकर ('भगवत रावत : 'निर्वाचित कविताएँ'-भगवत रावत')
2. भवानी का खप्पर, बुहारी गयी, झाड़-झंखाड़ ('बस्स! बहुत हो चुका'-ओम प्रकाश बाल्मीकि)
3. बढ़ई खाई, खूँटा, फुर्र, पोथे उलटे, ठौर-ठिकाना ('समय का पहिया'-गोरख पांडेय)

4. कबाड़िये, हिकमतों से बेसाख्ता, नचनिहे ('मुझे दूसरी पृथ्वी चाहिए'– स्वप्निल श्रीवास्तव)

ग्रामीण और आंचलिक जीवन के प्रति समकालीन कविता का सीधे-सीधे ताल्लुक भले ही कम हो, किन्तु उसकी स्मृति यहाँ लगातार बनी हुई है। समकालीन कविता के अधिकांश कवि नौकरीशुदा हैं, वे सरकारी या प्राइवेट क्षेत्रों में नौकरी कर रहे हैं, इसलिए शहरों में बस जाना उनकी नियति है। सच तो ये है कि वे प्रयासपूर्वक, जी-तोड़ कोशिश करके शहर के नागरिक बन रहे हैं, किन्तु अपने गाँव-क्षेत्र के प्रति उनका जुड़ाव बना हुआ है। उनकी भाषा का मूल स्वभाव वैसे तो शहरी हो चुका है, सम्भ्रान्त अन्दाज में तब्दील हो गया है, किन्तु बीच-बीच में ठेठ ग्रामीण शब्दों का प्रयोग खूब हुआ है। कहीं स्वाभाविक ढंग से तो कहीं जानबूझकर आंचलिक शब्दों को कविता में बिठाना इसमें देखा जा सकता है। समकालीन कवि थोड़ा इस भ्रम में भी हैं कि आम बोलचाल की गँवई भाषा का प्रयोग करके लोकवादी कवि कहलाने का हक पा लेंगे, जबकि सच तो ये है–बिना लोक की आत्मा को आत्मसात किये और उसको उद्दाम आवाज़ दिए कोई लोककवि बन ही नहीं सकता। यद्यपि लोकजीवन ही भाषाओं की जन्मभूमि होती है, और वहीं से बिलकुल टटके, मौलिक, अज्ञात शब्दों का जन्म होता है, परन्तु उस जमीन से लगातार दूर रहकर उसके रस, स्वाद और सुगन्ध को नहीं समझ सकते। समकालीन कविता में आये हुए, आंचलिक शब्द आधुनिक हैं, निरन्तर प्रयोग में लाये जा रहे हैं, किन्तु सृजन में आकर वे अकेले पड़ गये हैं, अपने सन्दर्भों से कट गये हैं, आगे-पीछे इन सजीव शब्दों के साथी पीछे छूट गये हैं, इसीलिए नगरीय और सम्भ्रान्त शब्दों के बीच वे उदास, लाचार और बेगाने लगते हैं। यहाँ उदाहरण के तौर पर कुछ ठेठ गँवई शब्द–

1. कौ, बिटिया, चिल्लानी, घानी, ढोलकिया (अष्टभुजा शुक्ल)
2. तेरही, अलगनी, सेटा है, औंधी-सी (यश मालवीय)
3. पतरंगिया, दुआर, गुल्लक, खन्न (एकान्त श्रीवास्तव)

समकालीन कवियों को आड़े हाथों लेते हुए शिखर कवि त्रिलोचन ने भाषा के सन्दर्भ में बेहद महत्त्वपूर्ण बात कही है–"मत घबराओ, ऐसी बोलियों को विकसित करो, जिनके बारे में लिखा नहीं गया है। मल्लाह, किसान और गड़रिये की भाषा खोजो। अपढ़ और धोबियों की भाषा खोजो। उनके शब्दों को भाषा की मुख्य धारा में लाओ। फिर देखो, तुम्हारी भाषा इतनी मधुर हो जाएगी कि उसके संगीत की विजय होगी।"[1]

यह बिलकुल तर्कसंगत है कि समकालीन कविता समाज के अत्यन्त साधारण और निचले तबके में जब तक प्रवेश नहीं करती, जब तक प्रत्येक गतिविधि के अनुसार पैंतरा बदलती हुई भाषा को नहीं पकड़ती और उनके प्रचलित कहावतों,

मुहावरों को अपने सृजन का हिस्सा नहीं बनाती, वह जीवन्त और प्राणवान नहीं हो पाएगी। धोबी, पासी, केवट, रैदास, जुलाहा, चर्मकार, ग्वाला, तेली, भड़भूजा, कुम्हार, बँसफोर, कुजड़ा, पथरकट्ट इत्यादि न जाने कितनी खानाबदोश, घुमन्तू और ग्रामीण जातियाँ समस्त उत्तरी और मध्य भारत में फैली हुई हैं। 'कोस-कोस पर पानी बदले, चार कोस पर बानी', वाला मुहावरा इन्हीं इलाकों में प्रचलित है। आज तक इन जातियों के द्वारा प्रयुक्त भाषाएँ साहित्य में सम्मानित दर्जा हासिल नहीं कर पायी हैं, जबकि इन्हीं की बोली-बानी में सृजनात्मक भाषा का खजाना छिपा हुआ है। समकालीन कविता में भगवत रावत, अष्टभुजा शुक्ल और एकान्त श्रीवास्तव कुछ ऐसे नाम हैं, जो क्षेत्रीय बोलियों की उम्मीद को जिन्दा किये हुए हैं, वरना परिष्कृत और साहित्यिक शब्दों के दबाव में इनका महत्त्व खतरे में ही नज़र आता है। बोलचाल में इन विविधतापूर्ण बोलियों का वजूद रहेगा, किन्तु साहित्य में जगह न बना पाने के कारण वे बहुत विस्तार नहीं ले पाएँगी। फणीश्वरनाथ रेणु ने अपनी कहानियों और उपन्यासों में बड़े आत्मविश्वास और साहस के साथ ठेठ, गँवई, क्षेत्रीय बोलियों का प्रयोग किया था, समकालीन कविता में वैसा निःसंकोच प्रयोग करने वाला तो बहुत दूर तक नज़र नहीं आता।

वस्तुत : यहाँ भी अलगाव का संकट है। जीवन-स्तर का अलगाव, रहन-सहन और रुचि का अलगाव, स्थितियों का अलगाव, संवेदना का अलगाव। भाषा सिर्फ़ सुनने और सीखने की चीज़ नहीं है, वह महसूस करने, भूख मिटाने और आत्मविस्तार करने की भी प्रेरणा है।

जैसा कि संकेत किया जा चुका है कि समकालीन कविता लगातार नगरोन्मुख हुई है। यद्यपि आरम्भ में यह प्रवृत्ति सीमित थी और इस काव्यधारा के वरिष्ठ कवियों जैसे-विजेन्द्र, भगवत रावत, राजेश जोशी, अरुण कमल इत्यादि में ग्रामीण और लोकजीवन की प्रधानता दिखती है और वे उसी जमीन से अपनी भाषा को संस्कार देते हैं। आगे चलकर आलोक धन्वा, उदय प्रकाश, ज्ञानेन्द्र पति जैसे कवियों में नागर भाषा और जुबान के प्रति झुकाव बढ़ा और उनकी कविताएँ जनोन्मुख होते हुए भी जनता के मुख से नहीं बोली जाती थी।

इसके बाद की युवा पीढ़ी ने तो मानो नगर-संस्कृति को सिर पर उठाकर चलने की कसमें ही खा लीं। वैसे नगर-सभ्यता को आधार बनाकर कविताएँ लिखना कोई अनुचित कार्य नहीं, किन्तु यह साहित्य में एक खास किस्म की सुविधा ले लेने की छूट है। कवि शहर में है, वहाँ की भाग-दौड़ का हिस्सा है, बाजार की असलियत को वह साक्षात् देख रहा है, अतः इन सब घटनाओं को सृजनबद्ध करना उसके लिए स्वाभाविक है, किन्तु वह कवि शहर के बाहर जल्दी आना ही नहीं चाहता, यदि आ भी गया तो बहुत तेजी से शहर की भाग-दौड़ में दुबक जाता है। वह बाहर के

कच्चे, अनगढ़, असमतल किन्तु सहज संसार को देखना ही नहीं चाहता। बाह्य जगत् के प्रति यह अरुचि उसके सृजन का भी हिस्सा बन चुकी है। लगभग प्रत्येक शहर व्यक्ति और रचनाकार दोनों को घड़ी की सूई बनाने के लिए बाध्य करती है। समय से ऑफिस, समय से ड्यूटी, समय से मीटिंग और समय से मुलाकात। वह समय का इतना गुलाम बन चुका है कि समय निकालकर शेष जीवन-जगत के लिए समय दे ही नहीं पाता। दरअसल नगर की उपभोक्तावादी संस्कृति उसकी पसन्द का हिस्सा बन चुकी है। पिकनिक, सैर-सपाटे, लंच-डिनर पार्टी, दोस्तों के साथ मस्ती इत्यादि नयी सदी के नगरी फैशन हैं। 21वीं सदी की समकालीन कविता में यह प्रवृत्ति थोड़ी कम मात्रा में ही सही, प्रवेश करने लगी है। इस काव्यधारा में नगरीय जीवन कैसे अभिव्यक्त हुआ है? कैसे वहाँ की सच्चाइयों को जुबान मिली है? इसके कुछ उदाहरण-

1. सुबह-सुबह दूध के पैकेट्स, पार्क की बेंच पर (अशोक बाजपेयी)
2. पैग बनाने वाले, कौट्सूल, काकटेल को याद कर (लीलाधर जगूड़ी)
3. पेसिफिक मॉल, ड्रग-एडिक्ट, आई.टी.ओ. पुल (उदय प्रकाश)

साहित्य की भाषा और जीवन की भाषा कभी एक नहीं हो सकती। दोनों में अनिवार्यतः एक भेद बना ही रहता है। वह कवि जो दिन-रात आम-ज़िन्दगी के बीच जी रहा है, वहाँ की जुबान में बोल रहा है, जो स्वयं वहाँ के सच का प्रत्यक्षदर्शी है-वह भी सृजन में हूबहू वहाँ की भाषा का प्रयोग नहीं कर पाता।

जनता की कच्ची जुबान भद्दी और अश्लील भी होती है, उसमें गाली, गलौज से लेकर मुफ्त में डराने-धमकाने और 'देख लेने' जैसे भड़काऊ शब्द शामिल होते हैं। समकालीन गद्य में तो काशीनाथ सिंह जैसे कुछ साहित्यकारों ने उसको सृजन के दायरे में लाने का भरपूर प्रयास किया और विवादास्पद हो उठे, कि ये क्या निर्लज्जता है? कविता में अभी ऐसे दुस्साहस की कमी दिखाई पड़ती है। यह बात और है कि समकालीन कविता एक दिन इस कसौटी पर भी सफल साबित हो जाए। यहाँ प्रश्न यह है कि जब हमारा जीवन, समाज और व्यावहारिक-यथार्थ उच्चकोटि का या बड़े मूल्यों वाला नहीं है तो साहित्य में बार-बार क्यों उसका आदर्शीकरण किया जाए। साहित्य उच्च मूल्यों का सृजन करे, यह तो आवश्यक है, किन्तु व्यक्ति की वास्तविकता को ढँककर उसका महिमा-मंडन करे यह उचित नहीं। इसका तात्पर्य यह नहीं कि उसमें जो भदेस है, कर्णप्रिय नहीं है, सुनने में गँवारू लगता है-उसे छाँट दिया जाए। प्रसंगवश गाली-गलौज का प्रयोग भी साहित्य में अनुचित नहीं। प्रेमचन्द ने गोदान में धनिया के माध्यम से इस शैली का इस्तेमाल करके रास्ता खोल दिया है।

समसामयिक सच्चाइयों और यथार्थ को रचनाकार चाहे जितनी खुली भाषा में

अभिव्यक्त करे, किन्तु उसके पीछे उद्देश्य ऊँचा होना चाहिए। समकालीन कविता को अभी हाशिए पर जीती हुई ज़िन्दगी की धड़कती भाषा की खोज करनी है, उसके एक-एक भाव की सान्द्रता महसूस करनी है। गद्य के क्षेत्र में यह काम बखूबी हो रहा है, अब समकालीन कविता को सघन और चटक लोक-भाषाएँ धारण करना है और उसके रंग में पूरी तरह रँग उठना है। वरिष्ठ कवि विजेन्द्र इस सन्दर्भ में कहते हैं-"भाषा का सवाल सिर्फ़ भाषा से ही नहीं, बल्कि जीवन, प्रकृति और सामाजिक यथार्थ के प्रति हमारी दृष्टि से सघन रूप में जुड़ा हुआ है।"[2]

(ख) समकालीन कविता में नयी शैली, नये बिम्ब

साहित्य में नयी शैली का आगमन वस्तुतः युग के बदलते हुए स्वभाव के अनुसार होता है। वह मनुष्य की मानसिक बनावट का प्रतिबिम्ब है, और समाज, संस्कृति एवं मानव-व्यक्तित्व को समझने का रास्ता भी। शैली मात्र एक तरीका नहीं है, बल्कि तमाम युगीन अर्थों से भरी हुई दिशा है, सत्य को जानने की युक्ति है और कला को युगीन प्रामाणिकता प्रदान करनेवाली शर्त।

समकालीन कविता मूलतः गद्योन्मुखी कौशल है, जो धूमिल से लेकर पवन करण तक में नये-नये रूप-आकार में देखा जा सकता है। गद्य-कविता के इस विकासक्रम में कई सारे उथल-पुथल मचानेवाले मोड़ आये हैं। समकालीन कविता की नयी शैली विषय का ब्यौरेवार प्रस्तुतिकरण है। कवि बड़े इतमीनान से विषय के एक-एक पक्ष, एक-एक सन्दर्भ का ब्यौरा देते हुए आगे बढ़ता। कहा जाता है कि कविता की पंक्तियों के बीच सम्भावित अर्थों के लिए जगह जरूर छोड़नी चाहिए। कहानी शैली में क्रमशः एक-एक प्रसंग को बिलकुल गद्यात्मक तरीके से लिखते चले जाना इस काव्यधारा की प्रवृत्ति रही है। प्रायः इस शैली में चित्रात्मकता का गुण आ जाना स्वाभाविक है, और पाठक को विषय या घटना की पूरी जानकारी भी हो जाती है, परन्तु कविता इतिवृत्तात्मक और वर्णन प्रधान हो जाती है। यहाँ पाठक के लिए अर्थ के बारे में स्वतः कुछ सोचने का अवकाश ही नहीं मिलता, उसकी उत्सुकता में तरंगें नहीं उठ पातीं। वैसे बीच-बीच में कवि मार्मिक शब्दों का प्रयोग करके प्रसंग को असरदार बनाने का श्रम करता है, किन्तु उसकी अतिशय वर्णनात्मकता मन को दौड़ा-दौड़ाकर थका डालती है। यदि इतना दौड़ने के बावजूद पाठक को कविता से कुछ हासिल नहीं हुआ तो उसके प्रति पाठक के भीतर कैसा भाव पैदा होगा, यह आसानी से सोचा जा सकता है। वरिष्ठ कवियों में विष्णु खरे और उदयप्रकाश दोनों इस कथा-शैली के प्रतिमान हैं। यहाँ विष्णु खरे की कविता-'किसलिए' की चन्द पंक्तियाँ-

गोंडवाना, सतपुड़ा की शुरुआती सर्दियों की शाम का घिरता अँधेरा।
गाड़ी जब रफ्तार पकड़ती है तो पीले बल्ब कुछ तेज होते हैं।
डिब्बे में इतने लोग हैं कि उसमें एक गर्माहट सी आ गयी है।[3]

समकालीन कविता में इस कहानी-शैली से भी आगे बढ़कर गद्य-कविताएँ लिखी गयीं। वह वक्तव्यों की पैराग्राफ शैली। सचमुच इससे बढ़कर गद्य-कविता की कल्पना नहीं की जा सकती। जैसे कोई लेख लिखता है, व्याख्या करता है, या बयान प्रस्तुत करता है, ठीक वैसे ही यह पैराग्राफ-कविता है। इसमें बाकायदा कामा (,), अर्धविराम (;) और पूर्ण विराम (।) चिन्हों का सचेत प्रयोग करते हुए सन्दर्भ को विस्तार दिया जाता है। 'आक्तोवियो पॉज़' जैसे विश्वविख्यात कवियों के यहाँ इस शैली को देखा जा सकता है, किन्तु समकालीन कविता में कात्यायनी और मंगलेश डबराल इस शैली के प्रतिनिधि कवि हैं। कहना आवश्यक है कि यह एकदम अलग दिखने की प्रदर्शनप्रियता का भी परिणाम है। यदि कवि सचमुच शहरी चेतना का नहीं है, सधी हुई भाषा-शैली का कलाकार नहीं है, तो यहाँ कविता को पिसकर नष्ट हो जाने से कोई रोक नहीं सकता। वस्तुतः अन्तर्दृष्टि, प्रखर संवेदनशीलता और रचनात्मक ईमानदारी ही कविता को किसी भी शैली में बचाए रखती हैं। कवि चाहे कहानी-शैली में लिखे या पैराग्राफ शैली में वह पूरी गरिमा और कीमत के साथ कविता को बचा सकता है, बशर्ते कि कवि में विषय से मौलिक अर्थ निकालने की दृष्टि हो। चाहे तो वह कविता को गद्यात्मक उपन्यास का रूप दे सकता है- मगर शर्त वही कि उसकी मार्मिक लेखन शैली कहीं स्खलित न हो। समकालीन कविता अभी गद्य के इन ढाँचों को सहने लायक नहीं बन पायी है यही कारण है कि मंगलेश और कात्यायनी इस मार्ग पर अकेले पड़ गये हैं और नवसिखुवा कवियों में भी कोई उनका साथ देता नज़र नहीं आता। आज कविता को कम से कम शब्दों में पढ़कर उससे कुछ नया पा लेने का पाठकीय शौक बढ़ता जा रहा है। विवेकानन्द उद्दाम भाव-गर्जना करते थे, प्रेमचन्द योद्धा की तरह कलम चलाते थे। दोनों में से कोई कवि नहीं/एक बैरागी दार्शनिक और दूसरा महान कलाकार, परन्तु मजाल क्या कि उनका एक भी वाक्य या एक भी विचार कविता का आनन्द दिए बगैर समाप्त हो जाए। आखिर ऐसा क्या था कि दोनों अपनी गद्य-शैली में ही कविता का ज्वार खड़ा कर गये। प्रसिद्ध कवयित्री 'कात्यायनी' ने इस पैराग्राफ़ काव्य-शैली में कुछ सफल कविताएँ लिखने का प्रयास जरूर किया है-

"फिर कहीं बैठकर बातें करेंगे ज़िन्दगी के बारे में। और उस ज्वालामुखी के बारे में जहाँ से लगातार धुएँ का गुबार उठता रहता है। और पिघला हुआ लावा बहता रहता है बीच-बीच में।"[4]

इधर कुछ वर्षों के भीतर समकालीन कविता की एक विलक्षण शैली विकसित

हुई–विधाओं की कोलाज शैली। अर्थात् कविता की वह अत्याधुनिक तकनीक जिसमें एक साथ नाटक, कहानी, संस्मरण और आत्मकथा का आनन्द उठा सकें। इधर जब से कहानी और उपन्यास विधा में इतिहास, दर्शन, समाजशास्त्र, विज्ञान इत्यादि विषयों की विशेषताएँ शामिल करने का प्रचलन शुरू हुआ है, तब से कविता भी लगातार कई विधाओं में आवाज़ाही करने लगी है। कविता अब सिर्फ़ सूचना के लिए कविता है–उसमें गद्य की तमाम विधाओं को खुलेआम चमकते हुए देखा जा सकता है। कहानी और पैराग्राफ–शैली की तरह इसे भी पाठकों का बहुमत हासिल नहीं हुआ है, और इक्का–दुक्का युवा कवि ही इस शैली को खींचे जा रहे हैं, किन्तु जिस तरह समकालीन कविता में शैली के नये–नये प्रयोगों की भरमार हुई है उससे कविता की संरचना को अभूतपूर्व विस्तार मिला है। 'देवी प्रसाद मिश्र' और कुछ हद तक 'लीलाधर मंडलोई' इस शैली के प्रमुख हस्ताक्षर माने जा सकते हैं।

इस बहु–विधात्मक कविता के पीछे छिपे हुए कवि के मनोविज्ञान को समझने का प्रयास करें, तो यहाँ भी अलग हटकर दिखने का शौक ही नज़र आता है। समकालीन कवि एक टिपिकल ढर्रे पर गद्य–कविता लिखते–लिखते ऊबा हुआ है, खुद उसे भी इस गद्य–भक्ति से असन्तोष है, किन्तु वक्त का तकाजा है कि गद्यात्मकता को छोड़ नहीं सकता, वरना वह कविता के दायरे से ही बाहर कर दिया जाएगा, इसीलिए वह गद्यात्मकता के दायरे में बँधकर ही कुछ नया प्रयोग करने को व्याकुल है। यद्यपि यहाँ भी बाहरी ताम–झाम ज्यादा है, नयी–नयी शैली पेश करके पाठकों को बाँधने की कलाबाजी अधिक है। उसमें संवेदनात्मक ऊर्जा का अकाल है। लगता है–कविता के रंचमंच पर विधाओं को बचाने की नौटंकी हो रही हो। समकालीन कविता सचमुच अपने संवेदनात्मक हलकेपन के संकट से जूझ रही है। शैली एकदम साधारण क्यों न हो, वह क्यों न अभिधा में प्रस्तुत कर दी गयी हो, किन्तु, यदि उसमें भावना की सच्ची तल्खी है, कुछ खास बात कहने की तड़प है तो कविता अविस्मरणीय और असाधारण बन सकती है। यही कारण है कि समकालीन कविता ने अपनी तमाम शैलीगत उपलब्धियों के बावजूद पाठकों को बड़े पैमाने पर खो दिया है।

नीचे प्रस्तुत है–देवी प्रसाद मिश्र की चर्चित और विवादास्पद कविता यह एक और आखिरी वाक्य है का कुछ हिस्सा–

मेरे पास मेरा यूटोपिया	*और कहा कि इतना ही पानी है और फिर*
कौन छीन सकता है	*खाना दिया और कहा कि*
फहराता उहार	*इतना ही खाना है और कहा कि भूख*
और मेरा पिया	*इतना ही नहीं है और कहा ये अंडर ग्राउंड*
जो तलब करता है आ जाये	*प्रेम इतना ही नहीं है*
सामने कि क्या क्यों किया	*और बात भी इतनी ही नहीं है।*

रौशनी का क्या कि जितना
जल पाया उतना दिया।
उसने पानी दिया

देवी प्रसाद मिश्र के अनुसार दायें तरफ की कविता उनकी मुख्य कविता है और बाएँ तरफ की कविता उप-कविता या मुख्य कविता की सहयोगी; लेकिन दोनों कविताएँ आपस में कोई सम्बन्ध रखती हैं या नहीं, इस पर देवी प्रसाद मौन हैं। वैसे दोनों बिलकुल अलग हैं अतः यह शैली के नयेपन का दिखावा है। समकालीन कविता में ऐसा प्रयोग करने वाले देवी प्रसाद अकेले तो नहीं हैं, परन्तु युवा कवियों का रुख ऐसे दुस्साहसिक प्रयोगों की ओर झुकता नज़र नहीं आता। वजह साफ है-जब तक किसी नयी शैली के भीतर कीमती संवेदनाओं का रस नहीं भर उठता, जब तक वह अपने प्रबल अर्थों की गरिमा से पाठक के मन को बाँध नहीं लेती, तब तक उसका अल्पमत में रहना शत-प्रतिशत निश्चित है। ये नये-नये प्रयोग वस्तुतः गद्य की एकरसता तोड़ने के लिए भी हैं, और ये कुछ ही देर के लिए सही पाठक-हृदय में कुतूहल पैदा करते हैं।

वैसे शैलीगत नवीनता कम मायने नहीं रखती। जब नयी कविता में मुक्तिबोध ने कविता के सुव्यवस्थित ढाँचे को तोड़कर अपनी मुक्तिबोध शैली का वितान खड़ा किया तो आनेवाले कवियों के लिए वह सबसे पसन्दीदा शैली बन गयी। उसी तरह समकालीन कविता में शैली के नये-नये प्रयोग-सम्भव हैं-एक मानक शैली दे ही दें-जो कि सदी के स्वभाव के अनुकूल हो और पाठकों के लिए भी सर्वमान्य हो। अभी फिलहाल वर्णनात्मक, अभिधापरक और विश्लेषणात्मक ढंग की गद्य-कविताएँ बड़े पैमाने पर विस्तार ले रही हैं।

विजेन्द्र, भगवत रावत और अष्टभुजा शुक्ल कुछ ऐसे उल्लेखनीय कवि हैं, जिन्होंने कविता की समकालीन अर्थवत्ता को बरकरार रखते हुए लय, ताल और छंद से युक्त उत्तम कविताएँ दी हैं। अष्टभुजा का संग्रह 'पद-कुपद' इसका सर्वोत्तम उदाहरण है। विजेन्द्र जैसे वरिष्ठ और सर्वमान्य कवि आज भी तुक और लय के ढर्रे पर कविताएँ रचते नज़र आते हैं। पाठकों को खींचने में यह शैली बहुत कारगर साबित हुई है। निराला, मुक्तिबोध और नागार्जुन ने इस लययुक्त और छन्दमुक्त शैली को शिखर पर पहुँचा दिया, और कुछ दशकों तक यही शैली पाठकों में सर्वाधिक लोकप्रिय रही, परन्तु अब ऐसा लगता है-नयी सदी में यह अन्दाज भी कारगर नहीं हो पाएगा। कवि को इससे आगे बढ़ना ही पड़ेगा। उसे नितान्त समकालीन काव्य-शैली की खोज करनी ही पड़ेगी। शायद वह दार्शनिक गद्य-शैली हो, आम-जुबान की शैली हो या अन्तर्मुखी लय की शैली।

कहना मुश्किल है कि यह उथल-पुथल क्या करवट लेगी। फिलहाल कविता

सहित साहित्य की अन्य विधाओं में भी यह शैलीगत प्रयोगों का अभूतपूर्व दौर है।

इतने व्यापक प्रयोगों से यह बात तो स्पष्ट हो गयी है कि कवि कुछ नया कर दिखाने के लिए होड़ मचाए हुए हैं और लगभग दावा कर रहे हैं–देखो मेरी कविता कैसे बने–बनाये ढाँचे को तोड़ रही है। इन्हें यह भ्रम भी है कि आगामी कई दशकों के लिए समकालीन कविता को बचा ले जाएँगे। इसी बीच एकान्त श्रीवास्तव, बोधिसत्व और पवन करण जैसे कवियों का आगमन शैली के बिलकुल अलग संस्कारों के साथ हुआ है। इनमें पवन करण ने कविता की ऐसी बतकही शैली को जन्म दिया है–जो किसी भी कलाबाजी, चमत्कारप्रियता अथवा प्रदर्शन से मुक्त है। कुछ खास बात कहने के लिए कविता लिखी जा रही है। इसमें चिर–परिचित अनुभवों और भावनाओं की धारा निरन्तर बहती रहती है। अर्थात् पवन करण ने बिलकुल सामयिक बोलचाल की भाषा में समर्थ कविता को सम्भव किया है, जो हिन्दी के आम पाठकों को भी प्रिय है। यहाँ प्रस्तुत है उनकी कविता 'मूक बधिर बच्चे' की कुछ पंक्तियाँ–

ये चार युवा लड़के सभागार के कोने में खड़े
बार–बार अपने पेटों पर मारते हुए धौल
पूछ रहे हैं एक दूसरे से, क्या यार अब तक खाने–पीने का कोई
इन्तजाम नहीं।[6]

(ग) समकालीन कविता का शिल्प

समकालीन कविता ने काव्य–शिल्प को काफी तोड़ा–मरोड़ा है, और उसमें इतनी सारी विविधताएँ विकसित की हैं कि बाकायदा शिल्प का बहुमुखी संसार ही खड़ा हो गया है। वस्तुत: कविता के शिल्प में बदलाव के प्रयास हमेशा होते रहे हैं, और यही बदलाव कविता को युग–सापेक्ष भी बनाते हैं, किन्तु समकालीन कविता में शिल्पगत परिवर्तन जितने व्यापक पैमाने पर हुए हैं, उतना आधुनिक काल की शायद ही किसी काव्यधारा में हुआ हो।

संरचना में तमाम छूटें लेने के बावजूद कविता का मूल ढाँचा गद्यात्मक ही है, परन्तु वह कोरा गद्य नहीं है। उसमें अन्य गद्य विधाओं ने खूब आवाज़ाही शुरू कर दी है। कहीं–कहीं तो कविता के बारे में पूर्व सूचनाएँ देने का फैशन चल निकला है। किसी–किसी कविता के बीच में चार–छ: ऐसी परिचयात्मक टिप्पणियाँ दी जाती हैं, जो कविता का ही अर्थ–विस्तार करती प्रतीत होती हैं। देखा जाए तो अधिकांश युवा कवि कविता की संरचना में अपने–अपने तरीके से निरन्तर बदलाव ला रहे हैं, उसमें कुछ–कुछ खास जोड़ रहे हैं। वस्तुत: यह कविता के शिल्प–विधान का अभूतपूर्व दौर है। लीलाधर जगूड़ी, विष्णु खरे और देवी प्रसाद मिश्र जैसे प्रतिष्ठित कवियों ने कविता के शिल्प को इस हद तक ऐंठ दिया है कि उसे सीधे–सहज तरीके से समझ

पाना दूर-दूर तक सम्भव नहीं रह गया है। इस शिल्प के समक्ष आम पाठक कहीं खड़ा नहीं हो पाता, और न ही उसके लिए कविता रची गयी जान पड़ती है। यहाँ विशुद्ध कलाबाजी है, कविता को अपने तरीके से हाँकना है और चौंका देने वाले शिल्प को गढ़ने की ज़िद है। एक ही कवि शिल्प, संरचना और गठन के स्तर पर इतने सारे प्रयोग कर रहा है कि अकेले उसी के शिल्प के बारे में अलग-अलग दृष्टियों से विचार करना पड़ रहा है।

यह विश्लेषण करने योग्य मुद्दा है कि समकालीन कविता के शिल्प में आये इतने सारे परिवर्तनों के प्रमुख कारण क्या हैं? क्यों प्रत्येक कवि शिल्प में तोड़-फोड़ करने को बेताब नज़र आ रहा है? इस बदलाव की पीछे कवि का कौन-सा मनोविज्ञान काम कर रहा है?

शिल्प, संरचना या ढाँचा वस्तुतः एक ही अर्थ को ध्वनित करते हैं। शिल्प अपने आप में स्वतन्त्र या निरपेक्ष वस्तु नहीं, बल्कि हमारी मानसिक बनावट और परिवर्तनशील प्रवृत्ति का एक अनिवार्य हिस्सा है। जिस तरह हम अपने व्यक्तिगत जीवन में आकर्षण और आनन्द पैदा करने के लिए नये-नये उपाय करते हैं, युक्तियाँ गढ़ते हैं और जीवन में उसका प्रयोग करते हैं-वैसे ही कला और साहित्य में भी। निश्चित तौर पर यह मनुष्य की मूल्यवान प्रवृत्ति है। लेकिन इसका तात्पर्य यह नहीं कि ढाँचा नया हो जाने से रचना कीमती हो गयी। इससे मात्र बाहरी आकर्षण पैदा होता है, आन्तरिक गुणवत्ता नहीं। कविता की आन्तरिक ऊर्जा का उसके शिल्प से कोई अनिवार्य सम्बन्ध नहीं। यह अवश्य है कि शिल्प यदि जटिल नहीं है, व्यवस्थित है, साफ-सुथरा है तो कविता को बोधगम्यता जरूर प्रदान करता है। यहाँ पुनः कहना आवश्यक है कि बोधगम्यता भी कविता की श्रेष्ठता का सूत्र नहीं। इस तरह सहज शिल्प और जल्दी समझ में आ जानेवाले अर्थ कविता को व्यापक बनाते हैं, यादगार बनाते हैं। कविता को दीर्घजीवी बनाने में सहयोग करते हैं।

कविता के शिल्प या संरचना में जो कुछ भी परिवर्तन दिखाई पड़ते हैं-वे सबसे पहले हमारे दैनिक जगत में, बहुमुखी कार्य-व्यापार में घटित होते हैं। सर्वप्रथम वे एक घटना, कार्य या गतिविधि ही होते हैं। रचनाकार इन्हें ग़ौर से देखता है, उसके सूत्र को बारीकी से पकड़ने का प्रयास करता है। जब उसे लग जाता है कि जीवन-व्यवहार में प्रयुक्त इस नयी युक्ति का रचनात्मक उपयोग किया जा सकता है तो उसको साहित्य में प्रयुक्त करता है। 21वीं सदी का युग प्रगति की विविधताओं के विस्फोट का युग है। अब लगभग प्रत्येक क्षेत्र का विशेषीकरण हो चुका है। अब कोई कार्य-व्यापार सामान्य घटना नहीं रह गयी है। वह क्यों घटित हुई, कैसे घटित हुई, उसके प्रेरक तत्त्व कौन-कौन से हैं? इन सब सवालों का सूक्ष्म से सूक्ष्म विश्लेषण करने की पद्धति अब बाकायदा विकसित हो चली है। एक रचनाकार भी जीवन में

सक्रिय किसी नये शिल्प को रचना में लाने का प्रयास करता है तो उस शिल्प के निर्माणक तत्त्वों का भी ख्याल रखता है। वह शिल्प को जन्म देनेवाले तत्त्वों को ठीक से समझे बिना उसका मूल्यवान उपयोग कर भी नहीं सकता। इस तरह जीवन के कार्य-व्यापार के तरीके कलाकार के मनोमस्तिष्क को उद्वेलित, विचलित और आकर्षित करते हुए कविता में रचनात्मक शिल्प का रूप धारण करते हैं।

यहाँ प्रस्तुत है-प्रतिष्ठित कवि लीलाधर जगूड़ी की कविता-'एक और नामकरण' की कुछ पंक्तियाँ-

घिसटते, लिथड़ते अपाहिज बना दिए गये जीवन में
मजबूती से फैलाये गये अन्याय के बारे में
धारणाएँ बदलकर और न बदलकर देखी-तौली जातीं
मुमकिन होता कि कमजोर का भी अपहृत यश
मरणोपरान्त वापस ला दिया जाता।[7]

इन पंक्तियों के माध्यम से कवि को जो बात कहनी है-वह बेधड़क और चमकदार नहीं है। वह इतना धुँधला भी नहीं, कि कुछ समझ में ही न आये। थोड़ा तर्क-वितर्क करने, मंथन करने और ध्यान लगाने के बाद अर्थ खुल जाता है, कहने के अन्दाज में घूमती-घुमड़ती हुई अर्थ-धारा दिखाई पड़ जाती है। बावजूद इसके यह कहना पड़ेगा कि जगूड़ी का यह शिल्प आम हिन्दी पाठकों के लिए नहीं है, प्रबुद्ध, सुशिक्षित साहित्यकारों के लिए है। इन पंक्तियों को ठीक से वही समझ सकता है जो समकालीन कविताओं को पढ़ने और समझने का अभ्यस्त है। मात्र जगूड़ी ही नहीं मंगलेश डबराल, ज्ञानेन्द्रपति, विष्णु खरे, विनोद कुमार शुक्ल और आलोक धन्वा जैसे प्रसिद्ध कवि भी अपने नये-ताजे और कीमती अर्थों को घुमा-फिराकर ही खोलते हैं। वे अभिव्यक्ति के बेधड़क अन्दाज से बचते हैं। जो कहना है उसे धारा प्रवाह या आवेग में कहने के बजाय इधर-उधर थोड़ा चक्कर मारकर प्रकट करते हैं। मूल बात थोड़ी सी कहनी है, किन्तु उसके लिए लम्बा सा ताना-बाना बुनते हैं, बिलकुल कथात्मक शिल्प का सहारा लेते हैं और तब उस अर्थ को धीमी गति और संयमित स्वर में प्रकट करते हैं। यहाँ विनोद कुमार शुक्ल की कुछ पंक्तियाँ उपरोक्त निष्कर्ष को बखूबी सिद्ध करती हैं-

कोई अधूरा पूरा नहीं होता
और एक नया शुरू होकर नया अधूरा छूट जाता
शुरू से इतने सारे
कि गिने जाने पर भी अधूरे छूट जाते।[8]

समकालीन कविता में शिल्प की विविधता के बावजूद बाह्य जटिलता उतनी अधिक नहीं है, जितनी कि आन्तरिक रूप से। वस्तुतः कविता पर शिल्प के गठन

का दबाव इतना अधिक है कि विषय का अन्तःमर्म दबकर रह जाता है, वह शिल्प के तनाव से मुक्त नहीं हो पाता। एक तरह से कविता का अर्थ शिल्प के कसाव में ऐंठ उठता है। इसका एक कारण यह भी है कि अधिकांश कवियों के पास बड़े अर्थ देने की मौलिक क्षमता ही नहीं है, अतः वे शिल्पगत नवीनता लाकर उस कमी की भरपाई करते हैं। कात्यायनी, देवी प्रसाद मिश्र या लीलाधर जगूड़ी अपनी कविता में रह-रहकर जो भी शिल्पगत प्रयोग कर रहे हैं, वे साहित्य जगत में कितने लम्बे समय तक टिक पाएँगे, यह विचार का मुद्दा है। इन प्रयोगों से प्रबुद्ध पाठकों के बीच कवि की एक अलग पहचान तो बन रही है, किन्तु इस पहचान का यह अर्थ कदापि नहीं कि उसे विशिष्ट दर्जे का कवि माना जा रहा है। वस्तुतः कविता के अर्थ में कुछ खास दम न होना ही ऐसी सजी-धजी कविताओं की असामयिक मौत का कारण बन रहा है। आम पाठक के भीतर लम्बी उम्र पाने की कूबत मौलिक दृष्टि सम्पन्न कविताओं में ही होती है, चाहे वे शिल्प में अत्यन्त साधारण ही क्यों न हों। यहाँ पवन करण की कविता 'मौसेरी बहनें' में शिल्प का एक अलग ही अन्दाज है –

दरअसल उन्हें उपेक्षाओं ने मौसेरी बहनें बनाया है
निराशा ने बनाया है उन्हें एक दूसरे के प्रति विश्वसनीय
एक दूसरे के लिए दीवार की तरह डटकर खड़े हो जाना
उन्हें चाटने को लपलपाती जीभों ने सिखाया है।[९]

उपरोक्त चारों पंक्तियों में अर्थ की मार्मिकता बनी हुई है, कहने का अन्दाज बिलकुल सामान्य, सहज, शालीन। पंक्तियाँ भावपूर्ण और असरदार हैं, परन्तु एक नये शिल्प में कही गयी हैं। इसीलिए पवन करण का काव्य-शिल्प समकालीन कविता का शिल्प है। वैसे जुबान की शैली में, दैनिक-व्यवहार के शिल्प में कविता रचना इतना आसान काम होता नहीं, क्योंकि जीवन की ठेठ सहजता को साधना सर्वग्राही और संवेदनशील हृदय से ही सम्भव बन पाता है।

समकालीन कविता में शिल्प की एक और धारा अभी भी बह रही है–वह है–प्रछन्न तुक, छन्द और लय की धारा। वह गीत भी नहीं है, न ही उसे मंचीय कविता कहा जा सकता है। वस्तुतः ऐसी कविता गद्यात्मकता के रूखेपन और उसमें तनी हुई अतिशय बौद्धिकता की प्रतिक्रिया में लिखी गयी है। गद्य एक सीमा के बाद अरुचि और ऊब पैदा करने लगता है, जबकि गद्य अपनी प्रचुरता के बावजूद रुचि को ताजा किये रहता है और अपने आकर्षण में श्रोता को आबद्ध किये रहता है। हरिवंश राय बच्चन इसीलिए महान गीतकार बन सके, क्योंकि उनके गीतों में तत्त्वपूर्ण अर्थों की गरिमा और नवीन लय का आकर्षण दोनों विद्यमान है। ऐसी क्षमता समकालीन कविता के एक भी कवि में मौजूद नहीं। इसीलिए कविता की गीतात्मकता

आज बेजान सिद्ध हो रही है। मात्र तुक भिड़ा देने, लय साध लेने या छन्द बिठा देने से श्रेष्ठ गीत नहीं पैदा हो जाता। यहाँ भी कवि को अपनी दूरदर्शी अन्तर्दृष्टि और तत्वान्वेषी क्षमता का प्रमाण देना पड़ता है। अपनी अनुभूतियों की रचनात्मक ऊर्जा सिद्ध करनी पड़ती है, तब जाकर कहीं श्रेष्ठ गीत का जन्म होता है।

यश मालवीय समकालीन कविता के ऐसे प्रतिष्ठित कवि हैं, जो निरन्तर प्रछन्न गीत शैली में कविाएँ रच रहे हैं। अब इस रूप में उनकी अच्छी पहचान बन चुकी है। दरअसल यश मालवीय गद्य कविताएँ और गीतात्मक कविताएँ दोनों लिखने में सक्षम हैं, यही कारण है कि वे गद्य कविता में लय और गीत-कविता में गद्यात्मकता को बखूबी साध लेते हैं। यहाँ प्रस्तुत हैं, उनकी कविता 'सीढ़ियाँ ही सीढ़ियाँ हैं' की कुछ पंक्तियाँ–

रोशनी ही पी गये
कुछ लोग रोशनदान थे जो
आग ही अपनी नहीं
किस आग को पीली सहेजो
जल रहे घर, बस्तियाँ ही
धुएँ वाली चिमनियाँ हैं।[10]

यह सच है कि समकालीन कविता ने अपनी इतनी लम्बी उम्र के बावजूद निराला, प्रसाद और मुक्तिबोध की श्रेणी का एक भी कवि नहीं दिया। भगवत रावत और नरेश सक्सेना निश्चय ही समकालीन कविता की महत्त्वपूर्ण उपलब्धियाँ हैं, परन्तु इन्हें बड़े कवियों की पंक्ति में लाने के बारे में सोचा भी नहीं जा सकता। इनकी अपनी-अपनी सीमाएँ हैं, जो विशाल पाठक वर्ग से अज्ञात नहीं हैं। यह अवश्य है कि भाषा, शिल्प और संरचना के स्तर पर समकालीन कविता ने अविस्मरणीय सफलता प्राप्त की है। कह सकते हैं कि 21वीं सदी की हिन्दी कविता अपने रूपगत विकास के लिए वर्तमान काव्य संरचना से प्रेरणा प्राप्त करेगी।

समकालीन कविता के गठन का यही नयापन ही भावी काव्य कला का चमत्कारिक मानदंड स्थापित करने में समर्थ होगा, जो एक साथ दोहरी भूमिका निभाएगा। वह अपार हिन्दी-पाठकों की मानसिकता के अनुकूल बैठेगा, साथ ही साथ सदी की सम्पूर्ण अन्तर्वाह्य जटिलताओं और रहस्यों को साफ-साफ खोलने में समर्थ होगा। अभी तो समकालीन कविता के पास अपनी कला का कोई सर्वमान्य पैमाना नहीं है, क्योंकि उसके पास कोई निराला मौजूद नहीं, किन्तु जिस दिन समकालीन कविता को उसका 'निराला' मिल गया, कविता खुद-ब-खुद कला का भी मानदंड पा लेगी।

विनोद कुमार शुक्ल, कात्यायनी, राजेश जोशी और देवी प्रसाद मिश्र के अलावा

कई युवा कवियों ने भाषा और शिल्प के स्तर पर साहसिक प्रयोग किये हैं, बल्कि कह सकते हैं कविता के रूपगत परिवर्तन की क्रान्ति मची हुई है। हर युवा कवि नये-नये शिल्प का प्रयोग करने में जुटा हुआ है। ऐसा लगता है अब वह कविता की गद्य शैली में भी घुटन महसूस कर रहा है, और वह उससे भी दस कदम आगे निकल जाना चाहता है-लय, कथात्मकता, गठन इत्यादि के उस पार। फिलहाल अभी वह बोधगम्य गद्य-कविता की शर्त से बँधा हुआ है, परन्तु कब इसमें अप्रत्याशित मोड़ आ जाए, कहा नहीं जा सकता।

वस्तुत: जब तक समकालीन कविता का शिल्प अपने युग को सम्पूर्णता में प्रकट करनेवाला प्रतिनिधि शिल्प नहीं बन जाता, तब तक तमाम तरह के प्रयोग महज एक अभ्यास साबित होंगे, क्योंकि प्रत्येक काव्य-शिल्प को चरम लक्ष्य पाना है-और यह तभी सम्भव है जब शिल्प युग की मानसिकता के अनुकूल हो, समसामयिक हो और गूढ़ से गूढ़ सत्य को भी आसानी से प्रकट कर पाने में समर्थ हो। मुक्तिबोध नयी कविता के प्रतिनिधि कवि तो बन गये और अद्वितीय कला के संस्थापक भी बन गये, परन्तु उनका शिल्प अपने युग का सर्वमान्य शिल्प न बन सका, क्योंकि वह आम पाठक की सोच के अनुकूल न बैठ सका, बैठ भी नहीं सकता था। मुक्तिबोध ने नितान्त निजी शर्तों पर कविता का आकार-प्रकार निर्मित किया। उनकी कविता कला का वह प्रतिमान है, जो चमत्कृत और आकर्षित तो बहुत करती है, किन्तु जिसकी नकल सम्भव नहीं।

अद्वितीय और मौलिक बौद्धिक संरचना का कवि ही असाधारण शिल्प का निर्माण कर सकता है। यह सायास होता भी नहीं, सृजन-श्रम की प्रक्रिया में अचानक होता है, अन्त:स्फूर्त होता है। इसमें तनिक भी नकल नहीं चलती। पूर्व काव्य परम्परा की श्रेष्ठ कला से भी इसका कोई नाता नहीं होता। वह किसी पूर्वकाव्य प्रतिमान के प्रभाव से लगभग मुक्त रहते हुए भी अपनी ऊँचाई में एक प्रतिमान होता है। ऐसी बेशकीमती कलात्मक कविता में युग-सत्य अनेकमुखी होकर बोलने लगता है, बल्कि कहें, ऐसे परम समर्थ शिल्प में युग का सत्य निचोड़ लेने की शक्ति होती है। यह हकीकत है कि प्रतिमान का अनुकरण करके प्रतिमान बनना असम्भव है, परन्तु युग के एक या दो काव्य-प्रतिमान ही ऐसे होते हैं, जिनकी तेज चमक से समकालीन युग प्रेरणा ग्रहण करता है, रोशनी पाता है। मुक्तिबोध की नकल तो सम्भव नहीं रही, किन्तु उन्होंने परवर्ती कवियों पर गहरी छाप छोड़ी। उनकी कविता का पचास प्रतिशत भी अनुकरण नहीं हो पाया, मगर समकालीन कवियों में जितनी प्रतिष्ठा मुक्तिबोध को मिली, उतनी नागार्जुन को छोड़कर और किसी भी कवि को न मिल सकी। बड़ा कवि विकल्पहीन होता है, लेकिन प्रछन्न रूप से वह शताब्दियों तक सृजन की दुनिया को ऊर्जा देता रहता है। धूमिल अपनी कविता में असहमति, टूट-

फूट, ध्वंस और विद्रोह इतना अधिक है, कि पाठक उससे घबड़ा जाता है और एक सीमा के बाद ऊब सी होने लगती है। उनकी कविताएँ एक तेवर, एक भंगिमा और एक ही तनाव में दौड़ने वाली कविताएँ हैं। इसीलिए धूमिल अपने युग को प्रतिनिधि कला दे पाने से चूक गये, उनकी नारेबाजी कवियों के बीच में स्थायी जगह न बना सकी। दूसरी ओर विष्णु खरे जिन्होंने बतकही की शैली में अर्थपूर्ण कविताओं का सृजन सम्भव किया, वे भी समकालीन पाठक को अपने शिल्प से सन्तुष्ट न कर सके, क्योंकि इन्होंने भी अपनी पसन्द को पाठकों की रुचि पर लादना शुरू कर दिया। पूरे पेज की चौड़ाई में खिंचते चले गये वाक्य और विषय का नख-शिख वर्णन कर डालने की आदत ने कविता को वर्णनात्मक कहानी बना दिया। यद्यपि उनकी कविता महज गद्य का विस्तार नहीं होती, उसमें मार्मिक संवेदना के तार रह-रहकर झनझनाते रहते हैं, परन्तु वर्णनात्मकता उन पर हावी दिखाई पड़ती है। दूसरी बात यह कि विष्णु खरे का काव्य-शिल्प युग-सत्यों के तनाव में फूट पड़ने वाला आत्म-स्फूर्त शिल्प नहीं है। विष्णु खरे पूरी योजना के साथ, सोच-सोचकर सायास अपना शिल्प गढ़ते हैं। उनका शिल्प एक मजे हुए बौद्धिक कवि का शिल्प है, किसी भावुक कवि का अन्तःज्वार नहीं। अत्यन्त सजगता के साथ थम-थमकर रचा गया काव्य-शिल्प अपने युग का प्रतिनिधि शिल्प बन ही नहीं सकता। उसमें प्रतिमान बनने की बहुमुखी क्षमता ही नहीं आती। यह समकालीन कविता का भयानक संकट ही है कि भगवत रावत को छोड़कर अधिकांश वरिष्ठ कवि सायास काव्य-शिल्प गढ़ते ही नज़र आते हैं। वे कहीं दो-चार कविताओं में तरंगमय हो जाएँ, तो आश्चर्य है।

इस समय धूमिल के बाद, किन्तु उनके कद से तनिक तभी कम नहीं, दूसरे श्रेष्ठ कवि भगवत रावत ही क्यों हैं? इसके कई पुख्ता कारण मौजूद हैं। पहले तो यही, उनकी कविता का शिल्प आम जन के मन का शिल्प है। वे कला की सीमा में कविता लिखते ही नहीं, बल्कि मन की समझ के दायरे में कविता रचते हैं।

'कविता क्या है?' जैसे निबन्ध में आचार्य रामचन्द्र शुक्ल लिखते हैं-"कविता हृदय को प्रकृत दशा में लाती है और जगत् के बीच क्रमशः उसका अधिकाधिक प्रसार करती हुई उसे मनुष्यत्व की उच्चभूमि पर ले जाती है। भावयोग की सबसे उच्च कक्षा पर पहुँचे हुए मनुष्य का जगत् के साथ पूर्ण तादात्म्य हो जाता है, उसकी अलग भावसत्ता नहीं रह जाती, उसका हृदय विश्व-हृदय हो जाता है।"[11]

शुक्ल जी ने मानो इस कथन में कवि के सामने भावात्मक अवस्था का एक शिखर तय कर दिया हो। स्वयं कवि जब तक अनुभूति के इस स्तर को नहीं प्राप्त कर लेता, सर्वत्यागी कविता का सृजन उसके द्वारा असम्भव है, और ऐसी ही असाधारण भावदशा में महान काव्य-शिल्प का भी विस्फोट होता है। क्या भाषा, क्या शैली

और क्या व्यंजना शक्ति–प्रत्येक स्तर पर कविता मौलिक हो उठती है, नितान्त भिन्न, विशिष्ट और चुम्बकीय। वह अपनी पूरी भाव–भंगिमा और भाषा–सामर्थ्य में श्रेष्ठतम का नायाब उदाहरण होती है। परन्तु ऐसी सधी अमर रचना बड़े से बड़े कलाकार में भी कभी–कभार ही प्रस्फुटित होती है, वरना जयशंकर प्रसाद एक और 'कामायनी' लिख देते और निराला एक और 'राम की शक्तिपूजा' रच डालते। श्रेष्ठ कवि अपने ही क्लासिक की ऊँचाई को दुहरा नहीं पाता, यह है–मानक रचना की विकल्पहीनता।

जब हमारा दौर एक ऐसे सर्जक को जन्म देगा, जिसमें समकालीन कविता की उपलब्धियों से बहुत कुछ ग्रहण करने और उसकी तमाम भागवत और शिल्पगत कमजोरियों को बारीकी से समझने की अकूत अन्तर्दृष्टि होगी, यह चमत्कार तभी सम्भव होगा। ऐसा कवि समकालीनता का गायक और चिकित्सक दोनों एक साथ होगा।

समकालीन कविता वैचारिक दृष्टि से काफी आगे निकल चुकी है, उसमें एक साथ कई सारी उन्नत विचारधाराओं के प्रभाव दिखाई पड़ रहे हैं। भाषा, शिल्प और गठन के स्तर पर उसमें विविधता तो है ही। अब आवश्यकता है एक आवेगपूर्ण धार की, एक भास्वर आवाज़ की, एक उद्दाम चेतना की। चाहिए ऐसा कवि जो वक्त की ऊँचाई पर बैठा हुआ अथाह अनुरक्त नेत्रों से सब कुछ देख रहा हो, परख रहा हो किन्तु किसी एक का न हो जाए, बल्कि सबके लिए अपना दृष्टिदान कर डाले। हम बार–बार जिस शिल्प की बात करते हैं, वह कोई अद्वितीय, अज्ञात या आश्चर्यजनक शिल्प नहीं होगा, बल्कि समकालीन कविता के सर्वोत्तम का निचोड़ होगा, एकीभूत रूप होगा, एक चरम निष्कर्ष होगा। वह कवि जो समकालीन कविता के अनेक प्रतिष्ठित कवियों के उत्तम को छाँटने में समर्थ होगा और उनकी कमियों को बखूबी समझेगा, निश्चय ही इस काव्य धारा को स्थायी गरिमा प्रदान कर सकेगा।

आज का समय कुछ विषयों से बँध जाने, विचारधारा में फिट हो जाने या अपनी मान्यताओं का पालक हो जाने का समय नहीं है। कवि अपने आपको कितना आत्ममुक्त कर सकता है, दूसरे की सत्ता को अपने भीतर कितनी जगह दे सकता है–यह आज ज्यादे महत्त्व की बात है। बिना 'मैं' से बाहर निकले, अपनी क्षमताओं का साधारणीकरण किये और शेष जगत के भीतर अपनी आत्मा को गलाकर प्रवाहित किये कविता की अमरता सम्भव नहीं। कविता अपने सर्जक से अधिकतम सहजता की माँग करती है। यह तभी सम्भव है जब कवि अपनी अकूत क्षमताओं से बेफ़िक्र बने रहने की चेतना विकसित कर ले। वह अपने बारे में लगभग मौन हो जाए और अपनी सफलताओं को विशिष्टता प्रदान करना बन्द कर दे। कवि जब तक अपना साधारणीकरण नहीं कर देता तब तक असाधारण रचना नहीं दे पाएगा। कला तो

भाव की अनुचरी होती है, वह भाव की गति के पीछे-पीछे दौड़ती है, बल्कि कहें अपने अस्तित्व के लिए भाव पर ही निर्भर रहती है। भावहीन आकर्षक कला की अकाल मृत्यु सुनिश्चित है। दुःखद है कि समकालीन कवि इसी दर हकीकत की निरन्तर उपेक्षा कर रहा है।

कविता की मृत्यु की निरन्तर घोषणाएँ करने वाले दिवा-स्वप्न देखते रहने की लत के शिकार हो गये हैं। उन्हें यही नहीं पता, कविता जो कि एक कला है-मनुष्य के आन्तरिक व्यक्तित्व का अनिवार्य प्रकाश है। कविता का उत्स मनुष्य का विकासशील हृदय है। जहाँ सोच है, अनुभूति है-वहाँ कविता न हो, यह कैसे सम्भव है? जब तक मनुष्य सही अर्थों में मनुष्य बना रहेगा, कविता बची रहेगी-चाहे लिखित रूप में या अभिव्यक्ति के अन्य किसी माध्यम के रूप में। समय जैसे-जैसे जटिल होता जा रहा है, मनुष्य जैसे-जैसे अबूझ बनता चला जा रहा है-कविता का दायित्व उतना ही बढ़ गया है। समकालीन कविता शत-प्रतिशत मुश्तैदी के साथ यह दायित्व निभाएगी। बस जरूरत है एक नखशिख समर्पित जीनियस की; और हमें प्रकृति की अद्वितीय जनन शक्ति पर आकंठ भरोसा है।

सन्दर्भ-सूची

1. द्वारा-जीतेन्द्र राम प्रकाश, युवा संवाद, जनवरी-2008, पृ. सं. 51
2. विजेन्द्र , वसुधा-61, अप्रैल-जून, 2004, पृ. सं. 72
3. विष्णु खरे, तद्भव, अक्तूबर-2005, पृ. सं. 152
4. कात्यायनी, इस पौरुषपूर्ण समय में, प्रथम संस्करण-1999, पृ. सं. 71
5. देवी प्रसाद मिश्र, पहल-82, जनवरी-मार्च-2006, पृ. सं. 116
6. पवन करण, अन्यथा, जुलाई-2006, पृ. सं. 86
7. लीलाधर जगूड़ी, समकालीन सृजन (विशेषांक-कविता इस समय), वर्ष-2006, पृ. सं. 69
8. विनोद कुमार शुक्ल, समकालीन सृजन (विशेषांक-कविता इस समय), वर्ष-2006, पृ. सं. 63
9. पवन करण , अन्यथा, जुलाई 2006, पृ. सं. 89
10. यश मालवीय, अन्यथा, जुलाई-2006, पृ. सं. 93
11. आचार्य रामचन्द्र शुक्ल, चिन्तामणि-प्रथम भाग, संस्करण-1992, पृ. सं. 106

❑❑❑

णाणं
पयासयं

वीर नि.सं. 2470

भारतीय ज्ञानपीठ

ई. सन् 1944